Antonio Risério

MULHER, CASA E CIDADE

Apresentação
Heloísa Buarque de Holanda

editora 34

EDITORA 34

Editora 34 Ltda.
Rua Hungria, 592 Jardim Europa CEP 01455-000
São Paulo - SP Brasil Tel/Fax (11) 3811-6777 www.editora34.com.br

Copyright © Editora 34 Ltda., 2015
Mulher, casa e cidade © Antonio Risério, 2015

A FOTOCÓPIA DE QUALQUER FOLHA DESTE LIVRO É ILEGAL E CONFIGURA UMA
APROPRIAÇÃO INDEVIDA DOS DIREITOS INTELECTUAIS E PATRIMONIAIS DO AUTOR.

Capa, projeto gráfico e editoração eletrônica:
Bracher & Malta Produção Gráfica
Tradução de trechos em inglês dos capítulos 7 e 9:
Elisa Rosas
Revisão:
Beatriz de Freitas Moreira
Cide Piquet

1ª Edição - 2015

CIP - Brasil. Catalogação-na-Fonte
(Sindicato Nacional dos Editores de Livros, RJ, Brasil)

Risério, Antonio
R492m Mulher, casa e cidade / Antonio Risério;
apresentação de Heloísa Buarque de Holanda. —
São Paulo: Editora 34, 2015 (1ª Edição).
424 p.

ISBN 978-85-7326-597-2

Inclui bibliografia.

1. Mulheres como grupo social.
2. Arquitetura, urbanismo e design.
3. Antropologia cultural. I. Holanda,
Heloísa Buarque de. II. Título.

CDD - 305.4

MULHER, CASA E CIDADE

Apresentação:
Notas de uma feminista
para um estudo masculino sobre mulheres,
Heloísa Buarque de Holanda 7

Introdução:
Pintura sobre papel 17

1. A cidade na imaginação textual feminina 33
2. Conversa de milênios 39
3. Coisa de mulher 43
4. Uma lenda luminosa 55
5. Ela, a cidade 63
6. A casa: de lugar a lar 67
7. A casa burguesa no Rio 103
8. Panorama norte-americano 113
9. Uma viagem alemã 129
10. Ainda a cozinha: quase um depoimento 139
11. Cambridge & Bauhaus 153
12. A senhora Schröder 165
13. Mora na filosofia 169
14. Entre o tato e o teto 173
15. Casa e tecnologia 185
16. Uma cadeira é uma cadeira é uma cadeira 189
17. Memos 203
18. Que casas são essas? 213
19. Mulheres da rua 215
20. O sagrado na cidade 225
21. Maria-fumaça no axé 233
22. As pretas do Prata 237
23. Urbanização e virada de mesa 241
24. A reinvenção da praia 247
25. Alguns cenários antifemininos 265
26. Novos centros urbanos? 279
27. Espaços perdidos 289
28. Encarando a barra 291

29. O jogo político 1 309
30. O jogo político 2 317
31. Coda 327

Anexos:
Mulheres em ação 339
Lota de Macedo Soares 341
Lina Bo Bardi 353
Carmen Portinho... 385

Referências bibliográficas 417

Apresentação
NOTAS DE UMA FEMINISTA
PARA UM ESTUDO MASCULINO SOBRE MULHERES

Heloísa Buarque de Holanda

Que Antonio Risério é um *expert* em cidade, não existe dúvida. Seu livro excelente — *A Cidade no Brasil* — é amplamente reconhecido como um estudo seminal e raro. Que tenha um interesse por casa é uma consequência previsível, uma vez que considera a casa como um fragmento da cidade, o ponto de partida do urbanismo. Mas o que a mulher estaria fazendo aqui nesta ordem de razão?

Imediatamente me lembro das polêmicas acirradas das feministas, principalmente americanas, sobre a presença do analista masculino no território feminista. Vários livros saíram a esse respeito e, pelo correr das discussões, tudo levava a crer que a relação do homem com o feminismo, como lamentava Stephen Heat, era fadada ao fracasso, ou, no mínimo, à evidência de sua impossibilidade. Dizia-se que o homem era o objeto das pesquisas como agente das estruturas que deveriam ser transformadas, os porta-vozes do patriarcalismo e por aí afora. É notório que o feminismo norte-americano muitas vezes foi radicalmente simplificador, especialmente no período de formalização desses estudos, por volta dos anos 1970-80. Esse foi claramente um período de "guerra de posição" — no sentido gramsciano —, e a demarcação de território era um elemento importante dessa guerra, digamos, acadêmica. Mas um detalhe dessa polêmica chama a atenção. Um dos pontos altos das teorias feministas, pelo menos na área das ciências exatas e médicas, era, como explicitava Sandra Harding, a elaboração conceitual da experiência como categoria de análise. Desse ponto de vista, os estudos sobre a mulher, realmente, apresentavam certa dificuldade para os analistas homens. Mas, se olharmos com cuidado, entre as influências maiores do pensamento feminista de ponta vamos encontrar as figuras de dois homens, Foucault e Derrida, como apoio estruturante, nas análises sobre alteridade. Derrida é, inclusive, clássico na proclamação de seu desejo de "escrever como uma mulher". Não vou entrar na matéria porque estou pensando nos estudos de Antonio Risério e não na evolução do pensamento feminista.

Volto portanto a Risério, e volto estrategicamente, seguindo seus passos no texto, com a curiosidade de ver como ele dá conta desse recado. O livro abre com uma hipótese corajosa. Observando a predominância da casa em detrimento da cidade nos textos literários escritos por mulheres, levanta a hipótese de que esta ausência é promovida pela própria idealização das cidades, pensada e construída por homens que, durante séculos, confinaram as mulheres no espaço doméstico, limitando drasticamente sua vivência das cidades.

Isto posto, seu estudo se dedica à análise da complexa relação cidade-casa-mulher. E faz isso com paciência e disciplina. Um primeiro passo curioso, respaldado por Rodrigues Lapa, é a observação de uma das características da língua portuguesa que é a constante preocupação sexual no vocabulário. Ou seja: as palavras entre nós são mais frequentemente sexuadas do que nas línguas clássicas ou saxônicas. No caso de dois dos temas do livro, a casa e a cidade, vemos que são dois substantivos femininos. Do ponto de vista da construção, tanto da casa quanto da cidade, não se justifica a feminização destes nomes. Do ponto de vista de suas idealizações ou configurações, também não. Na aldeia indígena, na oca ou nas construções coloniais brasileiras a mulher sempre teve um papel claramente secundário. Os homens sempre foram os responsáveis pela construção das ocas e as casas coloniais foram erguidas por construtores, pedreiros, ferreiros importados de Portugal. Na Europa Medieval, acontecia o mesmo, nos mostra o autor. A ideia do *fundador* acompanha a própria ideia da criação das cidades.

A intervenção de Risério aqui é interessante. A partir do fato de que as mulheres, na divisão de trabalho tradicional das sociedades indígenas, eram destinadas ao cultivo da mandioca, uma atividade vista como menor, observa que, por outro lado, a mandioca não se restringia a uma função alimentar. Sua importância ia bem mais além, no sentido de que a mandioca criava um estilo de vida tribal, tornando possível a criação da aldeia indígena que se contrapunha ao nomadismo das tribos. Portanto, o trabalho das mulheres e seu papel na esfera cultural foram responsáveis por formas de sedentarização progressiva, origem da vida urbana, ou seja, da criação da casa, da aldeia e da cidade. Um *tour de force* que resgata as mil variações da identificação da mulher com a cidade. Um procedimento que chamamos, nos estudos feministas, de resgate de vozes e sentidos silenciados.

Na mesma trilha de pensamento, resgata, no quadro dos sobrados urbanos coloniais e suas mulheres enclausuradas, as atividades das escravas e ex-escravas em pleno uso da vida urbana e, ainda, nas casas-grandes rurais, das senhoras de engenho que, na ausência de seus maridos, comandavam grandes unidades de produção rural fora do conforto de suas alcovas. A sensibilidade da pesquisa e da análise de Risério nos leva a partir daí para a construção de uma longa trajetória da presença das mulheres na arquitetura e no rito de passagem do doméstico ao público através de afirmações tanto na carreira como arquitetas, quanto como militantes políticas pelos direitos das mulheres. São as norte-americanas que, através da própria atuação na organização pragmática da casa, ganham consciência da economia de tempo e do trabalho doméstico e passam a reivindicar remuneração do trabalho doméstico e a questionar a separação entre o público e o privado. São as alemãs, como Clara Zetkin e Rosa Luxemburgo, que reagem à modernização tecnológica das casas e das cozinhas, no fundo grandes armadilhas patriarcais para a redomesticação das mulheres na época de Weimar.

O caso brasileiro merece especial atenção. Como seria a casa brasileira se, em vez da europeização impressa pelas mulheres ricas, tivéssemos nessas casas prototipais a marca das mulheres pretas e mulatas que faziam a História naquele momento? Mulheres politizadas como Luiza Mahin, que se envolveu nas conspirações dos negros malês, ou como as aguadeiras que fizeram o movimento do terreiro de Jesus. Como interpretar a predominância feminina nos espaços sagrados da cidade? Como pensar a matrilinearidade do candomblé ou a resistência dos calundus de mulheres? Parece que as coisas são mais complexas do que a simples lógica dual oprimido/opressor. E isso vai ficando claro à medida que o texto se dirige para a contemporaneidade, para a cidade moderna, globalizada. A diferença entre as mulheres, um dado fundamental para a análise das relações de gênero nos países em desenvolvimento, torna-se, neste estudo, uma chave para o entendimento da própria cidade.

A pauta de praxe do feminismo, como as questões da saúde e da violência contra a mulher (e a presença da melhor bibliografia dos estudos de gênero também!), se desenrola no texto sem proselitismo, mas com intensidade. O pano de fundo é a tríade cidade, casa e mulher e sua complexa relação com os mecanismos de inclusão/exclusão, espaço por excelência para a modelagem das posições de poder entre os sexos. O espectro deste estudo é amplo e cuidadoso; as conquistas femininas são buscadas com meticulosidade e as relações de gênero, metaforizadas pelo desenvolvimento da arquitetura e da idealização do espaço doméstico até o espaço público como um grande fórum onde as Mães da Plaza de Mayo ou as Damas de Branco de Cuba potencializam sua voz e força. Um espaço que foi inovado pelo protagonismo de mulheres como Lota de Macedo Soares, Lina Bo Bardi e Carmen Portinho. Mas também um espaço que se precipita neste século XXI em favelização progressiva, acirramento das diferenças, aumento brutal das desigualdades e do desemprego.

Penso em Risério e seu trabalho e vejo sua insatisfação com a escalada da desordem urbana de feitio masculino e sua brasilidade acentuada, que o levou a trazer o terreiro e a contrapartida das mulheres negras e mulatas na produção da linguagem da cidade colonial. Lembro de Roland Barthes, citado na polêmica gerada pela presença do homem nos estudos feministas, quando disse "só estudamos o que desejamos ou o que tememos". E aqui começo a entender de onde fala Risério ao estudar a mulher. Certamente não por temor, como as feministas clássicas diagnosticariam. Mas como uma peça-chave para o desejo de uma linguagem comum que possa interpelar a estrutura da ordem urbana globalizada.

MULHER, CASA E CIDADE

para Sara Victoria

Rings umgibt sie Glanz und Glorie,
Leuchtend fern nach allen Seiten;
Und sie nennet sich Viktorie,
Göttin aller Tätigkeiten.
(...)
Ist oben Frau Viktoria.
                                      J. W. von Goethe, *Faust II*

para Ana de Hollanda, Clarissa Morgenroth,
Eduardo Giannetti, Guta de Souza,
Mônica Nunes, Marcos Pompeia
e Manuel Touguinha,
amizades que iluminam.

Oh I get high with a little help
from my friends!
                                      John Lennon e Paul McCartney

"Na história, a obediência raramente compensa; o que compensa é a rebeldia. No entanto, ainda não há resposta à pergunta sobre que direções essa rebeldia deve tomar, se a meta é fazer avançar as promessas da democracia. Vemos hoje no mundo uma ortodoxia político-econômica universal contestada por uma série de heresias locais. Mas só uma heresia universal seria capaz de contrapor-se à ortodoxia universal."

Roberto Mangabeira Unger,
What Should the Left Propose?

"To claim the right to the city... is to claim some kind of shaping power over the processes of urbanization, over the ways in which our cities are made and remade, and to do so in a fundamental and radical way."

David Harvey,
Rebel Cities: From the Right to the City to the Urban Revolution

"La cultura crítica no puede otorgar cheques en blanco."

Edgard Montiel,
El Humanismo Americano

"Na infância, alguém me perguntou qual era a minha cor preferida. Anos a fio minha família zombou de mim porque, após alguma hesitação, respondi: 'minha cor preferida é o colorido'. Minha vida caracterizou-se por uma forte necessidade de encampar todos os componentes vivos da existência, em vez de desligar partes em prol de uma visão por demais estreita e dogmática."

Walter Gropius,
Bauhaus: Novarquitetura

"[...] na sociedade comunista, onde ninguém se encerra num círculo exclusivo de atividade, podendo antes desenvolver-se em qualquer ramo que escolha, a sociedade organiza a produção geral, tornando possível que eu faça hoje isto e amanhã aquilo, que possa caçar de manhã, pescar à tarde, tanger o gado à noite, fazer críticas depois do jantar, se me apraz, sem ser caçador, pescador, pastor ou crítico, conforme o caso."

Karl Marx e Friedrich Engels,
Die Deutsche Ideologie

Introdução
PINTURA SOBRE PAPEL

Este é um livro de artigos leves e ensaios breves. Inicialmente, o título era *Mulher e Cidade*. Falava da casa, tanto como unidade residencial quanto como lugar de constituição do indivíduo e da família, em termos históricos, culturais e ideológicos. Mas a casa, para mim, não passa de um fragmento da cidade. Na verdade, mais que isso: penso que a casa — o abrigo construído — é o ponto de partida, o começo mesmo do urbanismo. Ainda mais: quando alguém compra ou constrói uma casa para morar (e não para fazer negócio), o que passa por sua cabeça não é que um dia ela venha a ser destruída, mas que, embora tudo seja provisório por aqui, aquela construção vai durar e perdurar, transmitida até a descendentes um pouco mais remotos, como netos e bisnetos. Neste sentido, a casa não deixa de ser o lugar de um paradoxo. À míngua de melhores palavras, é o lugar de uma espécie de crença *efêmera* num bem *eterno*.

Decidi, por essas e outras coisas, colocar mais este substantivo comum entre "mulher" e "cidade". Porque, às vezes, é preciso destacar as coisas. E hoje em dia, os arquitetos, regra geral, parecem desconhecer o fato de que a casa é um pedaço da cidade, o pontapé inicial do jogo urbanístico e um sonho pessoal de fixidez e permanência nas marés instáveis do mundo. Quando projetam uma moradia, nossos arquitetos parecem fechar os olhos ou voltar as costas ao seu entorno, apagar a rua e a vizinhança, como se fosse possível construir uma espécie qualquer de domicílio-a-vácuo, uma escultura exposta no vazio. Não é diferente com o prédio de apartamentos, a não ser no sentido de que ele já se planta em terreno murado e gradeado, rejeitando ostensivamente o espaço mais próximo e básico da convivência citadina. Minha ideia de casa, de edifício de apartamentos e de cidade é outra. Penso sempre em termos de visibilidade e convívio. Fui criado assim, numa juventude livre, circulando com tranquilidade por todos os espaços urbanos, em cidades tão distintas entre si como Salvador e São Paulo. Tenho amor pelas duas, aliás. E ambas mudaram demais da minha juventude para cá.

São Paulo foi o exemplo mais vivo que tive de duas coisas fundamentais: nenhuma cidade é singular ou homogênea; toda cidade, se não estaciona ou decai, é sinônimo de transformação permanente. Baudelaire tem razão, num dos poemas de suas *Fleurs du Mal*: a cidade muda rápido demais para o coração de um mortal. Quando nasci, cerca de 400 mil pessoas moravam em Salvador, cidade que então parecia parada no tempo, vivendo dias animados, mas de uma tranquilidade rural, como podemos ver nos desenhos de Carybé, no romance de Jorge Amado, na música de Caymmi ou em fotos de Pierre Verger e Marcel Gautherot. No princípio de minha adolescência, não existia sequer a tal da Região Metropolitana de Salvador, que foi instituída por lei em junho de 1973, alguns meses antes de eu completar os meus vinte anos de idade. Hoje, Salvador é a terceira cidade mais populosa do Brasil, a oitava da América do Sul e caminha para se configurar, num futuro relativamente próximo (ou não muito distante), como megacidade, usando-se o critério que a define como um aglomerado de 10 milhões de habitantes ou mais. Via conurbações, é claro. A realidade já se mostra visível desde agora, em todas as direções para as quais olhamos. A Cidade da Bahia, como também a chamamos, conta hoje com aproximadamente 3 milhões de moradores e sua região metropolitana, com uma população quase inteiramente mestiça de cerca de 4 milhões de habitantes, distribuídos por uma dezena de municípios, praticamente todos com terras que se estendem à beira do mar.

A megacidade vai-se configurar tendo Salvador como centro, mas na conurbação do litoral norte mais próximo (de Santo Amaro do Ipitanga a Camaçari), no avanço em direção à fronteira sertaneja de Feira de Sant'Anna, cidade cuja expansão não para, e na reintegração com o velho Recôncavo barroco, num momento em que Cachoeira, por sinal, pode começar a se firmar como uma Ouro Preto baiana, no sentido da constituição de uma cidade universitária, com as margens do Paraguaçu cheias de jovens. Na verdade, o processo está em andamento: quase não vemos terrenos baldios no litoral ao norte da cidade, a partir de Itapoã; a estrada Salvador-Feira está ocupada por fazendas, prédios e condomínios; o avanço para o Recôncavo se deixa facilmente ver, já a partir de Aratu e São Sebastião do Passé, inclusive em termos de valorização imobiliária. Os sobrados de Cachoeira, que antes ninguém queria, estão mais caros a cada dia. Daí que seja inevitável a construção, mais cedo ou mais tarde, de uma ponte ligando Salvador e Itaparica. Muitos não gostam da ideia. Mas, em vez de recusar o inevitável, as pessoas deveriam discutir que ponte elas poderiam aceitar, esteticamente, a fim de não avacalhar o esplendor visual do golfo azul da Bahia com um pranchão-paliteiro traçado por arquitetos ou engenheiros estúpidos, à maneira do enorme trambolho que é a Rio-Niterói, verdadeiro monumento à grossura do regime militar.

Mas também São Paulo. São Paulo é uma cidade que surpreende sempre. E digo isso em termos objetivos, não como clichê literário — ou subliterário. Claro que toda cidade surpreende sempre. A cidade é, por definição, o lócus do acaso. O espaço dos acontecimentos que não foram exatamente previstos. O lugar das coisas não corriqueiras e mesmo incaracterísticas. Mas não é a isso que me refiro. Quero dizer que São Paulo me surpreende sempre tanto em sua história social e cultural, quanto na materialidade mesma de sua tessitura urbana. Um exemplo claro disso, na minha cabeça, é Vila Nova Conceição. Quando fui morar pela primeira vez em São Paulo, na passagem de 1974 para 1975, me assentei num endereço ótimo, dividindo a moradia com um casal amigo: Rua Purpurina 1, na Vila Madalena, antigo bairro do Risca Faca, com seus botecos e seu campo de futebol. Era uma casinha branca, térrea, quase de esquina, com um quintalzinho mínimo, num pequeno e gostoso bairro boêmio de artistas e estudantes sem grana. Anos adiante, Vila Madalena explodiu, verticalizou-se vertiginosamente, encheu-se de bares, lojas, etc., num processo como o que comecei a ver recentemente na Vila Mariana. Mas o que quero dizer é que, quando fui morar na Vila Madalena, a Vila Nova Conceição, hoje o bairro com "o metro quadrado mais caro" de São Paulo, era uma zona praticamente rural. Quase uma fazenda.

As pessoas sabiam do Ibirapuera, antigo antro de escravos fugidos que Ciccillo Matarazzo elegera para espaço de bienal artística e comemoração do aniversário da cidade, mas não do bairro hoje famoso. Vila Nova Conceição parecia então coisa do interior, de dias tranquilos, de tempos distantes. Um lugar cheio de árvores, por onde passava o Uberaba, um riozinho alegre sobre o qual construíram grosseiramente a atual Avenida Hélio Pellegrino. Um lugar de casarões e chácaras, com um mercado onde era possível comprar coisas da produção local de leite, verduras e frutas, onde podíamos ver o gado pastando. Mas não se trata só de desenho urbano, de um modo de vida semirrural que desapareceu, dando lugar a prédios caros e bem vigiados. São Paulo, como disse, me surpreende também na dimensão de sua história social e cultural. Exemplo disso é a velha Várzea do Carmo.

Com relação à passagem do século XIX para o século XX, São Paulo costuma ser vista, basicamente, sob dois aspectos. De uma parte, é cidade que se moderniza, em termos europeizantes. De outra, é cidade tomada por marés de imigrantes — italianos, principalmente. No primeiro caso, o que temos, mal acabada a guerra do Paraguai, são alterações físicas significativas na paisagem paulistana. Um processo de reconfiguração urbana, estendendo-se das últimas décadas do século XIX às primeiras do século seguinte. É o período em que São Paulo vai dar um verdadeiro salto, passando de assentamento citadino de feitio rústico, provinciano, a "capital do café". Em *Formação Histórica de São Paulo*, Richard M. Morse fala, a propósito, de um "surto de crescimento físico e econômico" que apagou pelo menos os traços exteriores do passado colonial da cidade. O que se impõe, agora, é a São Paulo da Avenida Paulista, aberta pelo engenheiro e urbanista uruguaio Joaquim Eugênio de Lima, e do Viaduto do Chá, com sua estrutura metálica fabricada na Alemanha. De outra parte, como disse, São Paulo se mostra cidade de imigrantes. Cidade cheia de japoneses, judeus, etc. Mas, sobretudo, de italianos. Imigrantes italianos tomavam conta da cidade, davam o tom do operariado em formação, disseminavam o anarquismo (falando até de "amor livre"), ascendiam socialmente e mesmo começavam a gerar riquezas. A *villa* do empresário Siciliano na Avenida Paulista do final do século XIX e a construção do edifício Martinelli, já em fins da década de 1920, são símbolos visíveis, ostensivos até, desse processo que modificou nosso desenho demográfico e transformou para sempre a configuração cultural brasileira.

No meio disso tudo, a Várzea do Carmo nos fala de uma outra e diferente realidade. Quando olhamos em sua direção e começamos a falar de sua fisionomia e de sua alma, a sensação inicial é de que não estamos tratando de São Paulo, mas de outra cidade. Várzea do Carmo surge como o avesso mesmo de Campos Elísios, primeira nova área residencial paulistana à europeia. E não tem nada a ver com Francisco Matarazzo e suas "indústrias reunidas", nem com imigrantes italianos mais pobres. No entanto, não se trata de outra cidade. Várzea do Carmo é São Paulo. A questão não é de mero pertencimento físico, de jurisdição municipal. É mais complexa. É que São Paulo é plural, heterogênea e até disparatada. É cidade múltipla e móvel.

Jorge Americano escreve, em *São Paulo Naquele Tempo (1895-1915)*: "A Várzea do Carmo (hoje Parque D. Pedro II) era alagadiça no tempo das chuvas. Na seca, entre o Gasômetro e o Carmo, dois braços do Tamanduateí formavam ilha. Um desses é o leito atual e o outro corria paralelo à Rua 25 de Março, até juntar-se ao primeiro, ali pela altura do atual mercado. Da Rua Glicério e de toda a encosta da colina central da cidade, descem lavadeiras de tamancos, trazendo trouxas e tábuas de bater roupa. À beira d'água, juntavam a parte traseira à parte dianteira da saia, por um nó no apanhado da saia, a qual tomava aspecto de bombacha. Sungavam-na pela parte superior, amarravam-na à cintura com barbante, de modo a encurtá-la até os joelhos ou pouco acima, tomando agora o aspecto de calção estofado". E isso me faz lembrar das lavadeiras da Cidade da Bahia, na minha infância e adolescência. Das lavadeiras que vi e das lavadeiras dos livros que li. Das lavadeiras do Rio da Prata, na Buenos Aires retratada por Jorge Lanuza em *Morenada*. Das lavadeiras que rebrilham ainda no romance moderno, com Joyce e Faulkner. Lavadeiras que são personagens fundamentais de qualquer história da mulher no Brasil. Mas não eram só as lavadeiras. Várzea do Carmo era lugar de pessoas variadas, de gente pobre e mestiça, de pretos e mulatos, que mais sugeria a Bahia ou o Rio do que a São Paulo urbano-industrial italianizada. E dizem que foi lá que aconteceu a primeira partida de futebol realizada no Brasil, em abril de 1895, com a bola de couro trazida por Charles Miller. Nos esquecemos de quase tudo isso, assim como dos rios e riachos da cidade, que só agora voltam à memória.

Mas Várzea do Carmo não deve ser esquecida. Já foi deletada do tecido urbano. Foi aterrada e recomposta (Attilio Corrêa Lima fez um projeto fascinante para lá, do qual só executaram um pedaço — e nem sequer o mais importante). Mas não deve ser abolida da história social paulistana. Ali ficava um espaço que contrariava frontalmente a visão oficial que se imprimia sobre a cidade. Um espaço que contrariava as fantasias progressistas e higienistas da classe dirigente. Um espaço que era ostensivamente "primitivo", com suas pretas fogosas e seus curandeiros, no contexto de uma cidade que se metropolizava e se queria moderna e sanitária e socialmente higiênica, expulsando putas e mendigos da vizinhança do Teatro Municipal. Espaço de mulatos pobres, com suas práticas próprias de cultura. Espaço de excluídos que, mais uma vez, seriam enxotados, para que o poder público ali erguesse um parque limpo e lógico. Enfim, o projeto era extirpar aquele antro supersticioso e devasso, avesso do asseio físico e moral que as classes privilegiadas de São Paulo desejavam para a cidade. E foi o que fizeram, aterrando e ajardinando o local, destruindo o Mercado dos Caipiras, banindo pretos e caboclos vendedores de ervas. Hoje, sempre que vou pegar o avião em Guarulhos/Cumbica, vejo a placa de sinalização urbana, no caminho para sair de São Paulo, apontando na direção lateral do Parque D. Pedro II. E não posso deixar de balançar a cabeça. Quando vamos pagar a nossa dívida pela destruição da Várzea do Carmo? Para que fizemos o Parque D. Pedro II, se o abandono continua marcando e carcomendo tudo? Como me diz um amigo, o Parque D. Pedro II, que viria para redimir a Várzea do Carmo, não passa atualmente de uma espécie de fronteira inóspita, separando o centro (a cidade) desse grande "incômodo urbano" que é a Zona Leste.

É claro que este livro vem de todas essas coisas. Mas não só, obviamente. Quando penso em minha adolescência baiana, me lembro de andanças tranquilas, atravessando a cidade sob a luz inteira das estrelas, cumprimentando as constelações que se deixavam ler, nítidas, no forro escuro do céu.

Na verdade, fazíamos longas caminhadas noturnas. Partíamos do Campo Grande para o Farol da Barra e o Morro do Cristo. Ou, na direção contrária, descendo o Elevador Lacerda e atravessando o Comércio, com destino ao bairro de Roma. Naquela época — para lembrar umas palavras do Padre Lopes Gama, escrevendo em seu *O Carapuceiro* na primeira metade do século XIX —, eu era, principalmente à noite e pelas madrugadas, "passeador incessante e quase inquilino das esquinas e botequins". E devo dizer uma coisa: nunca nada e ninguém me incomodaram, salvo um que outro cachorro mais chato ou ameaçador, que então afastávamos com uma ou duas pedradas. Pintavam mendigos, mas eram inofensivos — ainda não havia a mendicância agressiva dos dias de hoje, quando, mais do que pedir uma esmola, mendigos praticamente extorquem as pessoas, dizendo coisas e fazendo caras ameaçadoras. Além disso, rolavam umas paqueras que nunca nos interessavam, mas que, também, não ofendiam. Basicamente, bichas e prostitutas pobres convidando para fazer sexo em algum bordel das redondezas ou numa esquina mais escura.

Mas as moças nossas amigas e namoradas diziam que somente nós, os rapazes, podíamos andar assim pela noite. Elas tinham problemas até à luz do dia. Ouviam palavras pesadas, se ressentiam do assédio sexual, sentiam-se provocadas e até ameaçadas. Numa época em que o discurso contracultural pregava a igualdade entre os sexos, em que escritoras e ideólogas feministas (Betty Friedan, Gloria Steinem, Germaine Greer, etc.) botavam as cartas ostensivamente na mesa e em que John Lennon e Yoko Ono cantavam *"woman is the nigger of the world"*, aquilo me fazia pensar. Hoje, retrospectivamente, posso dizer que este livro nasceu também ali, das conversas com aquelas amigas e namoradas de meus dias (tardes e noites) adolescentes. E veio se desenhando ao longo dos anos, até às conversas atuais com Sara Victoria, minha mulher, sobre problemas femininos na cidade, reconfirmados agora (como se isto fosse necessário) pela campanha de combate ao abuso sexual nas estações e dentro dos vagões dos trens, que o metrô de São Paulo lançou em abril de 2014. Enfim, foi com as moças que aprendi que era possível falar de uma espécie de psicogeografia urbana. Elas podiam detestar ou amar determinado local da cidade não por motivos estéticos, por exemplo — mas por recordações existenciais. Havia lugares abomináveis por trazerem à mente algum acontecimento ou situação que prefeririam esquecer — havia lugares adorados por conta de momentos alegres ali vividos. Não que os homens não cultivassem coisas assim, mas as mulheres me pareciam bem mais sensíveis a isso, com seus pontos nefastos e benfazejos se espalhando pela cidade.

Mas vamos mudar de assunto. Durante décadas e décadas, por analogia com o mundo animal, com a vida zoológica, fizeram bastante sucesso as imagens da cidade como formigueiro e colmeia. Nada mais distante dos fatos. O "animal simbólico" de Ernst Cassirer nada tem de formiga ou abelha. Susanne K. Langer lembra o óbvio, ao dizer que não há insatisfação ou angústia entre insetos. Bichos sequer sabem que vivem no meio do Universo e que um dia vão morrer. Nem formigueiro, nem colmeia, portanto — mas cidade. Susanne, em seus *Ensaios Filosóficos*: "Tem-se afirmado que uma sociedade animal, como uma colmeia, é realmente um organismo, e as abelhas isoladas, seus componentes orgânicos. Penso que essa afirmação exige muitas reservas, mas não deixa de conter um grão de verdade. A colmeia é uma estrutura orgânica, um superindivíduo, algo semelhante a um organismo. Uma cidade humana, porém, é uma *organização*. Ela é, acima de tudo, uma estrutura simbólica, uma realidade mental". Obra humana, humaníssima, a cidade. Mesmo em seus aspectos mais áridos, violentos e cruéis. E tanto pode ser uma realidade material como uma fantasia, uma ficção postada no passado, uma encenação girando no presente ou uma obra de imaginação plantada no futuro. Aliás, como disse há tempos um antropólogo, o homem é o único animal que distingue entre água comum e água benta. Entre objeto e símbolo. Sem essa distinção, existiriam cidades? Não. E é na cidade que a humanidade se realiza.

Cidade é artifício humano. Cidade implica gente. O campo pode ser deserto. A cidade, não. Ela significa reunião, aglomerado de pessoas. Implica *vida conversável*, para lembrar a expressão de Pero Lopes de Sousa, ao falar de São Vicente no seu *Diário da Navegação*, escrito no século XVI: não existe *zoon politikon* fora do universo do discurso, da troca de signos, da fala (para Adam Smith, aliás, a própria troca econômica teria nascido do âmbito das operações simbólicas propiciadas pela capacidade discursiva da humanidade: da troca de palavras teríamos chegado à troca de objetos). E a imagem da colmeia, embora inteiramente inadequada, me faz lembrar de que não por acaso, até muito recentemente, as pessoas se orgulhavam de viver numa cidade grande, populosa, com multidão de pessoas. Era (e ainda é, em grande medida) o fascínio pela metrópole. O fascínio pelo poder urbano, pela grandeza artificial construída por mãos humanas. O fascínio do indivíduo por estar e se mover em meio a uma gigantesca maré de gente. Não devemos nunca perder isso de vista: a sedução do urbano associada aos grandes números. Ainda que individualmente, na vasta malha citadina, o sujeito possa escolher a solidão. Porque é solidão acompanhada, demograficamente densa. Solidão congestionada, numa floresta de olhares, gestos e vozes.

Introdução: Pintura sobre papel

A cidade produz, por isso mesmo, um certo orgulho citadino em seus moradores. Basta lembrar como são empregadas pejorativamente expressões linguísticas como "tabaréu". A urbanofilia saudável pode se converter em urbanocentrismo doentio. E vamos ver isso mesmo numa religião como o cristianismo, que prega a igualdade de todos os seres humanos entre si e sob o olhar divino. Uma religião que nasceu no ambiente da gente pobre da Palestina, sem vínculo com qualquer cidade de real relevo. Com o passar dos séculos, no entanto, as coisas mudaram de figura. Os cristãos ocuparam espaço no centro político e administrativo do império romano. É certo que a latinização do cristianismo, religião salvacionista de origem oriental, não se deu de imediato. Mas o fato é que, no fim das contas, ela se tornou uma religião realmente romana. Fez de Roma a sua cidade, centro do mundo. E, assim como passou a ter a sua cidade, o cristianismo também não deixou de olhar o campo com distanciamento. Não costumamos nos lembrar disso, mas é o que se inscreve na semântica da palavra "pagão". Em latim, o significado original do substantivo *paganus* é camponês, aldeão; o adjetivo remete ao que é relativo ao campo. "Pagão", então, é o habitante da aldeia, o morador do mato. E é justamente esta palavra que, no léxico da cristandade triunfante que se estabelece em Roma, vai designar o herege, o incréu, o que está fora do círculo dos conhecedores do verdadeiro deus, fora do círculo dos eleitos. No seu *Dicionário Onomástico Etimológico da Língua Portuguesa*, José Pedro Machado registra: "Do lat. *paganos*, os habitantes das aldeias e dos campos; a população civil, em oposição aos militares [daí, também, a noção de *paisano*, isto é, da pessoa natural de determinada região]; mais tarde, os gentios, o conjunto dos que não eram cristãos". É a cidade no centro mesmo do mundo, irradiando sentidos, introduzindo alterações lexicais. E vêm daí, do reconhecimento desse estatuto central, o desejo e o impulso migratórios em sua direção.

Que se pense no caso de nossos negros escravizados que fugiam do campo para as cidades. É claro que o móvel maior dessas fugas era a busca da liberdade. Por isso mesmo, discordo de Gilberto Freyre a este respeito. Diz ele: "A liberdade não era bastante para dar melhor sabor, pelo menos físico, à vida dos negros fugidos que simplesmente conseguiam passar por livres nas cidades. Dissolvendo-se no proletariado de mucambo e de cortiço, seus padrões de vida e de alimentação muitas vezes baixaram. Seus meios de subsistência tornaram-se irregulares e precários. Os de habitação às vezes degradaram-se. Muito ex-escravo, assim degradado pela liberdade e pelas condições de vida no meio urbano, tornou-se malandro de cais, capoeira, ladrão, prostituta e até assassino. O terror da burguesia dos sobrados".

Esta é uma conversa fiada de senhor de engenho ou de sobrado, logicamente. Como cheguei a ser preso na minha juventude, passando uma temporada entre o quartel do Barbalho e a base naval, em Salvador, sei que jamais trocaria liberdade por conforto. Para lembrar livremente o samba de Noel Rosa, mil vezes comer um balde de pepino à meia-noite, solto na praça de uma cidade qualquer, do que degustar um filé de linguado com creme de amêndoa, entre as paredes de um presídio. Mil vezes ser malandro de cais, capoeirista abrindo caminho para os desfiles das bandas do Recife, do que encher a pança na senzala de um engenho.

Atribui-se a Dolores Ibarruri (mas também a Emiliano Zapata) a frase: melhor morrer sobre os próprios pés do que viver de joelhos. Mas a nota esquisita do sociólogo me leva a outra coisa. O negro fugia, sobretudo, porque queria ser livre. Alcançar a liberdade já seria mais do que o bastante. Mas havia mais. Se o negro procurava um núcleo urbano e não um microquilombo na mata, por exemplo, é que havia o fascínio pela cidade, o desejo da existência citadina, da vida sociável, que ele, tivesse nascido em Angola ou no Daomé, conhecia já (e muito bem) desde a África. Não por acaso, penso eu, a expressão alemã *Geselligkeit* (de *Geselle* — companheiro, aprendiz; verbo *gesellen* — associar-se, juntar-se) pode significar tanto *sociabilidade* quanto *alegria*. O professor Álvaro Almeida me fez certa vez uma exposição erudita sobre o assunto, mostrando-me que, na língua alemã, há um vínculo de base medieval associando a sociabilidade ao festejo e ao festejar — à celebração festiva, à alegria. Em *The Human Condition*, Hannah Arendt escreveu que a Terra, nosso tão querido e maltratado planeta, hoje às voltas com terríveis pesadelos climáticos, "é a própria quintessência da condição humana". E podemos dizer que, dentro da Terra, a cristalização da disposição gregária da espécie, numa aldeia neolítica ou numa "cidade global" como Londres ou Tóquio, é a quintessência da sociedade. Mas é claro que até os deuses são históricos. Esta é realmente a única grande certeza que temos: nada é eterno.

Quando Hannah Arendt fez sua afirmação, os russos tinham acabado de colocar o Sputnik em órbita entre as estrelas. E ela então comentou: "Esse evento, que em importância ultrapassa todos os outros, até mesmo a fissão do átomo, teria sido saudado com incontida alegria, não fossem as incômodas circunstâncias militares e políticas que o acompanhavam. O curioso, porém, é que essa alegria não foi triunfal; o que encheu o coração dos homens que, agora, ao erguerem os olhos da Terra para os céus, podiam observar lá uma coisa produzida por eles, não foi orgulho nem assombro ante a enormidade do poder e do domínio humanos. A reação imediata, expressa no

Introdução: Pintura sobre papel

calor da hora, foi alívio ante o primeiro 'passo para a fuga dos homens de sua prisão na Terra'. E essa estranha declaração, longe de ter sido o lapso acidental de algum repórter norte-americano, refletia involuntariamente a extraordinária frase gravada há mais de 20 anos no obelisco fúnebre de um dos grandes cientistas da Rússia: 'A humanidade não permanecerá para sempre presa à Terra'. [...] O mesmo desejo de escapar do aprisionamento à Terra manifesta-se na tentativa de criar a vida em uma proveta, no desejo de misturar, 'sob o microscópio, o plasma seminal congelado de pessoas de comprovada capacidade, a fim de produzir seres humanos superiores' e 'alterar-lhes o tamanho, a forma e a função'; e suspeito que o desejo de escapar à condição humana também subjaza à esperança de prolongar a duração da vida humana para além do limite dos 100 anos [coisa que já se está conseguindo]. Esse homem do futuro, que os cientistas nos dizem que produzirão em menos de um século, parece imbuído por uma rebelião contra a existência humana tal como ela tem sido dada — um dom gratuito vindo de lugar nenhum (secularmente falando) que ele deseja trocar, por assim dizer, por algo produzido por ele mesmo".

Hoje, ninguém duvida de que tal troca é possível. Até mais, no campo da engenharia biológica. Um sociobiólogo que não acredita que a humanidade tenha qualquer desígnio externo à sua arquitetura molecular, Edward O. Wilson, nos alerta, em *Da Natureza Humana*, para o fato de que, com o avanço de nosso conhecimento acerca do sistema límbico, estamos nos aproximando do limiar da situação dilemática em que deveremos decidir o quão humanos desejamos permanecer. O homem avança no caminho de se tornar arquiteto de si mesmo. Mas tem uma coisa. Se a humanidade for gradualmente abandonando a Terra — coisa que nos parece improvável, mas que somos obrigados a admitir, pelo menos em tese (pode acontecer também algo muito diferente: uma catástrofe ecológica que reduza drasticamente a população terrestre e rebaixe espetacularmente nossas condições de produção material) —, nossas cidades irão obviamente se arruinar. Só não vejo exatamente em quê uma colônia espacial de terráqueos seria radical e essencialmente distinta de uma aldeia indígena. Na verdade, ela voltaria, obrigatoriamente, até a ter seus "muros", como aquelas aldeias cercadas de paliçadas, ou como as cidades antigas da Grécia ou dos tempos medievais. Delimitação ainda muito mais rigorosa, na verdade, pois só dentro de tal círculo fechado, inteiramente artificial, o ser humano teria (ou terá) como respirar.

Mas vamos pisar em terreno um pouco mais sólido — afinal, os processos citadinos ainda estão muito longe de se mostrar esgotados na superfície terrestre. Pelo contrário: a urbanização chinesa é hoje, na escala e na velocidade em que está acontecendo, algo de absolutamente novo na história da cidade no planeta. O que se está promovendo lá nesses últimos anos, em extensão e ritmo atordoantes, é uma verdadeira reconfiguração geográfica do país. Mas, ainda bem mais que isso, é uma reconstrução ou reinvenção radical do povo chinês. Mao perdeu o posto para Confúcio: é a cidade que está no centro de tudo, como motor e meta das transformações. Claro que toda grande transformação urbana produz uma nova gente e um novo estilo de vida. Com seus cortes e alargamentos espantosos para a época, Napoleão III e Haussmann não fizeram surgir apenas uma outra Paris, a cosmópolis da modernidade, mas também uma nova espécie de urbanita, personalidade citadina até então desconhecida. Basta comparar a conduta das pessoas na Atenas de Péricles e na Paris de Walter Benjamin. Bem mais recentemente, um bilionário que virou prefeito, Michael Bloomberg, consumou uma obra já prevista e previsível, ao converter Manhattan, nas palavras do geógrafo David Harvey, numa *vasted gated community for the rich*, num vasto e luxuoso condomínio fechado.

Costumo dizer que o plano piloto em Brasília e a Zona Sul no Rio são clubes. Mas a verdade é que não chegam ao extremo turístico-consumista bloomberguiano quase lacrando Manhattan. Não podemos falar da Zona Sul carioca como condomínio fechado — a presença vistosa desses núcleos humanos festivos, violentos e produtivos, que são as favelas, impedem a analogia. De qualquer sorte, o Rio (como Nova York, é claro) se apresenta hoje, como nunca antes em sua história, um exemplo de cidade que não apenas comercializa coisas, mas que se tornou, ela mesma, mercadoria. E aqui volto à China, onde tudo é superlativo. A China levou a um extremo antes impensável o caráter comercial especulativo das configurações urbanas. Possui hoje, em seu território, cidades completas, prontas, mas inteiramente vazias, sem população e sem atividades e processos socioeconômicos reais — cidades que estão à espera de que futuras companhias lá se implantem, carreando ofícios e moradores. É coisa que nunca se tinha visto na história mundial das cidades. Quanto ao Brasil, ninguém perde por esperar. Num futuro não muito distante, nossas atuais regiões metropolitanas ainda vão sugerir cidades de dimensão média, em comparação com as megacidades que começam a se desenhar. Caminhamos, com a profecia de Marx, para a cidade planetária, incorporando o campo e se espraiando por toda a superfície terrestre — e até, experimentalmente, pelos mares.

De momento, portanto, mesmo em vista da observação de Hannah Arendt, temos ainda de nos ocupar mais de coisas terrenas do que de transas siderais. Por exemplo: na contextura histórico-social em que nos encontra-

Introdução: Pintura sobre papel

mos, grandes aglomerações urbanas — e, em especial, as megacidades — colocam problemas altamente complexos em nosso caminho. É cada vez mais difícil governá-las, tentando reger um conjunto de interesses e ações, e administrá-las no seu dia a dia talvez até mais caótico do que contraditório. Ao longo do século XX, as metrópoles deixaram de ser realidades distintivas do mundo europeu, com a ascensão numérica espetacular de Nova York e, em seguida, de Tóquio. Já no século XXI, não temos uma só megacidade na Europa (Paris ainda vai chegar lá, com o concurso demográfico dos muçulmanos). Elas se expandem hoje pelos demais continentes, em solo americano, africano e asiático. Da Cidade do México aos saltos formidáveis do mundo urbano na China pós-maoista (ou neoconfuciana), passando por São Paulo, Bombaim (é uma bobagem essa história de "Mumbai", como nos mostra Suketu Mehta, em *Bombaim: Cidade Máxima*), Jacarta, Istambul, Buenos Aires, o Cairo, Calcutá, Teerã e a nigeriana Lagos, entre outras. E o que vemos, no hemisfério sul, são megacidades com suas megafavelas. Gigantescas aglomerações carentes de infraestrutura, de moradia ao menos razoável e dos serviços públicos mais elementares (educação, saúde, transporte), vivendo cotidianamente sob os signos da pobreza, das drogas e da violência. Às vezes, os problemas vão a um ponto tal que chegamos a pensar que certas cidades se tornaram ingovernáveis. Ao mesmo tempo, sabemos que estas cidades podem muito bem liderar processos que promovam avanços fundamentais e absolutamente necessários na vida do planeta, dos pontos de vista social e ambiental.

Em *Governança Inteligente para o Século XXI: Uma Via Intermediária entre Ocidente e Oriente*, Nicolas Berggruen e Nathan Gardels avivam justamente este ponto: "As cidades são também a maior escala onde indivíduos e pequenos grupos *ad hoc* ainda podem fazer uma grande diferença. Elas são o lócus global onde problemas tanto grandes quanto pequenos demais para o Estado-nação devem ser resolvidos. Particularmente com relação a questões globais como mudança climática, onde é difícil chegar a entendimentos por meio de reuniões de cúpula, as regiões urbanas ou entidades políticas subnacionais como os estados norte-americanos ou as províncias chinesas — afinal, os principais emissores de carbono que aquecem a atmosfera — podem adotar medidas mais diretas e efetivas que os Estados-nação. Por exemplo, cidades como Portland, Hangzhou e Nova York, assim como o estado da Califórnia, tomaram suas próprias medidas e se uniram a outras em nível subnacional para implementar estratégias de crescimento limpo. Embora vinculadas através da globalização, as regiões urbanas ou cidades-estado podem adotar diferentes valores sociais de outras, ou se juntar a outras cidades além das suas fronteiras que compartilhem esses valores". A propósito, Berggruen e Gardels citam George Yeo, ex-ministro do Exterior de Cingapura e um dos mais lúcidos pensadores atuais do mundo asiático e de suas relações com o Ocidente (autor da maravilhosa declaração "o Tao é bem mais profundo do que Hegel", colocando a dialética do *yin* e do *yang* acima da famosa tríade do filósofo germânico): "George Yeo crê que o futuro pertence a regiões megaurbanas [...]. Ele afirma que 'a revolução da informação não fará do mundo uma massa amorfa de entidades políticas enfraquecidas, mas o transformará em unidades de poder mais eficientes — cidades como foram as grandes cidades-nação da Europa e da China antes da era dos impérios'".

Devemos pensar isso com relação ao Brasil. Nossas cidades maiores e mais relevantes, dos pontos de vista político e econômico, precisam se mover para a superação de problemas e desafios que o governo federal dominado pelo PT, por conta de suas barganhas partidocratas e do imediatismo populista em busca de vitórias eleitorais para se perpetuar no poder, tem se revelado totalmente incapaz de encarar. O Brasil de Dilma Rousseff é um país que anda para trás, assistindo ao retorno da inflação, a um crescimento mínimo e de baixa qualidade, ao desmantelamento da Petrobras e da Eletrobras, ao abandono do projeto de reforma urbana (prometida com ênfase na campanha eleitoral de 2010), a retrocessos claros e condenáveis na agenda ambiental — incluindo-se aqui, evidentemente, o absurdo que se está fazendo com a nossa matriz energética, com as fontes renováveis deixadas de lado (etanol, biocombustíveis, energia eólica e solar) e o apelo para recursos finitos e sujos, do petróleo ao carvão. Na verdade, ambientalismo e mentalidade sindicalista-crescimentista não foram feitos um para o outro. No artigo "A Pior Traição de Dilma", estampado no jornal *Valor Econômico* (março 2014), José Eli da Veiga aconselha, a quem votou na senhora Rousseff em 2010 (e eu não só votei, como fiz parte do núcleo de criação de sua campanha — logo, *mea culpa, mea culpa*), que reveja os compromissos que ela assumiu no programa de governo que então apresentou ("Para o Brasil Seguir Mudando"). Em sua quase totalidade, esses compromissos não foram honrados.

"Nada se compara à meridiana clareza e à gravidade destas afirmações: 'será dada ênfase à produção de energia renovável', 'seguirão privilegiadas as fontes renováveis de energia'. Ocorreu o contrário, e com isso o Brasil contrariou as históricas decisões do G-20 em Pittsburgh (2009) e Los Cabos (2012), entrando no clube das nações já 'viciadas' em subsidiar o uso de energias fósseis. Ao discriminar contra as energias renováveis em favor das fósseis, o governo Dilma alavancou as emissões de gases de efeito estufa, aumentando brutalmente a carbonização da economia brasileira (sua 'intensidade-carbono'), na contramão do desenvolvimento sustentável. Em tão privilegiadas condições naturais, como são as brasileiras, esse retrocesso é crime de lesa-humanidade, mesmo que ainda não esteja assim tipificado no Estatuto de Roma, ou em sentenças de tribunais penais internacionais", escreveu José Eli. Além de abandonar as fontes limpas e arrombar a Petrobras, Dilma quebrou o setor elétrico, deixando uma dívida de bilhões de dólares que nós, os contribuintes, teremos de pagar assim que se consume "o estelionato eleitoral de 2014". Pior: Dilma causou um tremendo estrago à cadeia do etanol, "um dos raros casos em que o Brasil estava conseguindo transformar vantagens comparativas em vantagens competitivas no atual âmago da sustentabilidade: a descarbonização". Bem, não vou acompanhar aqui todas as contas de José Eli, mostrando como o governo gerou um tremendo rombo em nossa economia ("delirante saco sem fundo"), levando quarenta usinas à falência e provocando a supressão de dezenas de milhares de postos de trabalho. Mas o prejuízo presente não é nada, em comparação com o prejuízo que fica desde já para as próximas gerações e o futuro brasileiro. Poucas vezes teremos tido governo tão corrupto, medíocre e irresponsável. No entanto, as cidades brasileiras têm condições de enfrentar diversas questões das quais o governo federal foge — ou, com relação às quais, limita-se a dar de ombros, voltar as costas, fechar os olhos, mentir.

Em matéria de região megaurbana, por exemplo, pode vir a ter peso decisivo entre nós, num futuro próximo, a extensão territorial que vai de São Paulo (incluindo Campinas) ao Rio de Janeiro. Em *Planet of Slums*, Mike Davis chamou a nossa atenção, de passagem, para o fato de que geógrafos vêm discutindo, desde o início deste século XXI, o "leviatã" conhecido, em inglês, pela sigla RSPER (*Rio/São Paulo Extended Metropolitan Region*), com seu eixo viário de quinhentos quilômetros pontuado por cidades de porte médio — uma megalópole embrionária com dimensão maior que a da região Tóquio-Yokohama. Vamos ter aí conurbações sucessivas, numa extensão geográfica e numa densidade populacional ainda agora desconhecidas na história urbana do Brasil — processo que aponta para a conurbação final de nossas duas maiores metrópoles: São Paulo e Rio. Davis lembra, a este respeito, o texto "The Rio/São Paulo Extended Metropolitan Region: A Quest for Global Integration", de Hamilton Tolosa, publicado em *The Annals of Regional Science*, setembro de 2003. Quem chegou a tocar no assunto entre nós, mais recentemente, foi o economista André Urani, em *Trilhas para o Rio: do Reconhecimento da Queda à Reinvenção do Futuro*.

Verdade que Urani "propõe" uma megalópole, no sentido de cuja configuração deveriam se mobilizar as diversas esferas governamentais, deflagrando um leque de políticas públicas. Trata-se da pretensão planejadorística de praxe. O que realmente importa é outra coisa. É que esta megalópole tropical brasileira, axiando-se entre o Rio e São Paulo, pode se estender de Campos a Campinas, talvez até invadindo o espaço de Minas Gerais (coisa menos provável), para abarcar a região de Juiz de Fora. No seu âmbito mais nítido, as forças econômicas em movimento entre o Rio e São Paulo estão se encarregando, elas mesmas, de providenciar conurbações no território entre as nossas duas grandes metrópoles. É o mercado em ação, desempenhando a função de promotor do entrelaçamento de malhas urbanas, sem tomar conhecimento maior de limites municipais. Mas o Estado e a sociedade civil devem entrar em cena, assumindo um desempenho mais claramente configurador e equalizador nesse horizonte, pela simples razão de que o mercado não é uma divindade que mereça muita confiança. E esta região megaurbana, espraiando-se pelo território brasileiro, vai ter de se organizar no sentido de resguardar e ampliar conquistas sociais e de assegurar o avanço da agenda ambiental, hoje infelizmente comprometida pelo descaso e a leviandade das administrações petistas. Em outras palavras, será preciso assumir, explicitar e aprofundar o poder democrático da cidade.

Por fim, devo dizer que escrevi este livro pensando principalmente nas mulheres. Mas aqui não posso deixar de lembrar uma observação de Italo Svevo, em *A Consciência de Zeno* — observação que me acompanhou (e até me perseguiu) ao longo da redação dos textos aqui reunidos: "*La carta scritta per le donne ha troppo poca importanza. Bisognava trovare di meglio*". Ou: a escrita tem muito pouca importância para as mulheres — era preciso achar algo melhor. Pode ser. Quando penso em Murasaki Shikibu, Gertrude Stein, Cecília Meireles, Marianne Moore ou Susan Sontag, para dar uns poucos exemplos, acho a observação uma bobagem. Mas tenho também a experiência contrária: mulheres capazes de ouvir uma conferência sobre, digamos, a noção de tempo na cultura tradicional da Índia, mas que não teriam a menor paciência para ler um só parágrafo sobre o mesmíssimo assunto. Na verdade, não creio que sejam idênticos os modos como homens e mulheres se relacionam com a escrita. Mas, seja como for, aí segue este meu novo livro. Os textos (que foram escritos em tempos e momentos diferentes e com propósitos diversos) estão dispostos numa sequência mais lógica do que cronológica. E podem ser lidos separadamente. As dimensões dos escritos também variam, do artigo rápido ao ensaio apenas um pouco mais longo. E, anexos, três estudos. Organizar essas coisas num livro — revendo, adaptando ou ampliando notas e textos dispersos — foi algo que somente se impôs a mim depois de uma palestra ("Mulher e Espaço Público") que fiz em São Paulo, na Escola da Cidade, no meado de 2012.

Devo dizer ainda que, para a feitura deste volume, contei com a ajuda desinteressada, bonita e simpática de Clarissa Morgenroth, Cide Piquet, Giovanni Soares, Luiz Chateaubriand Cavalcanti, Mariana Risério e Susi Aissa, que me conseguiram materiais de leitura, me incentivaram e me indicaram pistas, além do sempre elegante Zeno Millet, tanto curtindo conversas (em especial, sobre o candomblé: afinal, ele é filho de Ogum — hoje, na Nigéria como no Brasil, o orixá da tecnologia de ponta, da informática — e neto de Menininha do Gantois), quanto tentando resolver, sem muito sucesso, problemas em meus computadores. E, é claro, de Sara Victoria, minha mulher, cúmplice essencial no artesanato cotidiano da vida, que vai fazendo possíveis tantos impossíveis. Agora, é torcer para que apareçam leitores e leitoras certos, percorrendo estes textos onde, mais do que tentar compor um xadrez de palavras, procurei me entregar às possibilidades menos ortogonais de uma teia algo emaranhada de signos.

1.
A CIDADE NA IMAGINAÇÃO TEXTUAL FEMININA

Começo por uma confissão. No campo das relações entre a mulher e a cidade, ainda há diversos temas sobre os quais até hoje não encontrei tempo suficiente para me demorar. Mesmo assim, não vou deixar de registrar uma hipótese. É que me chama a atenção uma certa ausência ou esgarçamento da cidade na criação textual feminina. Tenho para mim, pelo menos até o momento, que a redução da mulher ao espaço doméstico, durante séculos e nas mais variadas culturas, fez com que, regra geral ou quase geral, a cidade aparecesse como uma espécie de distância algo enevoada ou nebulosa, como coisa sem concretude e dinamismo intenso, na literatura produzida por nossas escritoras. Nessa literatura feminina, a casa, enquanto artifício físico e cultural, e as viagens interiores por universos muito pessoais, me parecem quase sempre mais reais e carregadas de mais vida e mais densidade do que as configurações urbanas.

Estive pensando sobre isso há pouco tempo, ao comparar casualmente as páginas iniciais de dois romances, escritos praticamente na mesma época: *O Vermelho e o Negro* (1830) de Stendhal e *Wuthering Heights* (1847) de Emily Brontë. O primeiro capítulo do livro de Stendhal se chama justamente "Uma Pequena Cidade". O romancista inventa uma cidade de 20 mil moradores, Verrières, descrevendo-a de forma precisa e conseguindo de fato insuflar-lhe vida — no romance, aliás, Verrières aparece com mais nitidez e espessura do que Paris. Já nos parágrafos iniciais de *Wuthering Heights* (prefiro citar em inglês, desde que não gosto nada do título da versão brasileira — *O Morro dos Ventos Uivantes*... "ventos uivantes" é realmente excessivo para o meu pobre gosto), o que conta é a casa. Em introdução a uma edição inglesa do livro, o crítico David Daiches fala de *"concrete domestic detail"* e observa que "o senso de rotina doméstica é forte", ao longo de toda a narrativa. Emily Brontë faz referência ao arquiteto e às janelas estreitas enterradas na parede, deslizando um olhar extremamente atento, olhar de *connaisseuse*, pela sala de estar e o mobiliário. Pode-se argumentar que *Wuthering Heights* é um romance campestre, passando-se em duas casas isoladas na área rural — uma das personagens faz uma viagem a pé até Liverpool, mas não há uma só palavra sobre a cidade onde, no futuro, nasceriam os Beatles. No entanto, diversos poemas, contos e romances "citadinos", escritos por mulheres, parecem também incapazes de ver, perceber e expressar a cidade. Ou, simplesmente, são indiferentes às construções, aos ritmos e às tramas da vida urbana. E isso tanto na obra de escritoras admiráveis, como Emily Dickinson, quanto na de escritoras apenas medianas, como Clarice Lispector, ou na de escritoras definitivamente menores, a exemplo de Adélia Prado e tantas outras. Aliás, com relação à cidade, a diferença entre Stendhal e Emily Brontë poderia ter equivalentes, no campo literário brasileiro, em diversos pares dessemelhantes, de Gregório de Mattos e Manuel Antônio de Almeida ou de Aluízio Azevedo e Jorge Amado, todos vigorosos leitores de suas realidades citadinas, a Gilka Machado e Clarice Lispector, por exemplo. Ou seja: embora os horizontes sociais e culturais tenham mudado muito do século XVII para o século XX, a recriação estética da cidade, também em nosso ambiente literário, continuou, nesse tempo, basicamente na posse de homens.

As mulheres parecem passar sempre longe de brilhos, bulícios e feitiços urbanos. Vemos isso, de imediato, na poesia. É bem verdade que a poesia é um ramo do fazer textual onde a dimensão referencial da linguagem não reina com o poder que impera na prosa. Mas, mesmo aqui, acho que podemos ver facilmente essa diferença semântica entre as criações poéticas masculinas e femininas. E o contraste, na história do texto criativo ocidental, já pode ser detectado nas produções de Homero e Safo (ou Sappho, a grafia correta, pronunciando-se Sapfo). É certo que não havia grandes centros urbanos na Grécia Arcaica, mas Homero não passa ao largo de focos ou embriões citadinos. Já Safo, poetisa maravilhosa, com seus ramos de macieiras e suas sombras de rosas, não toma conhecimento de Mitilene, a cidade mais importante da Ilha de Lesbos, onde passou a maior parte de sua vida.

Não sei se é preciso dizer que a criação poética pode muito bem focalizar, celebrar ou criticar cidades. Exemplo sempre citado é o das visões de Paris na poesia de Baudelaire. Mas exemplos não faltam. Como o da Londres que se desenha aos olhos de T. S. Eliot. O da "Nueva York" de Federico García Lorca. O do Recife de João Cabral. Ou o da *just city* de W. H. Auden. Enfim, como sugeri, não acho que o enevoamento ou o eclipsamento do urbano e de seus ritos e trâmites sociais tenha a ver com gênero estético, período estilístico ou escola literária. É evidente que, com sua estratégia de camuflagem semântica, a poética simbolista, por exemplo, parece convidar muito mais a transportes místicos, devaneios mais ou menos sombrios e mesmo a arrepios e estremecimentos eróticos (como em Gilka Machado), do que à abordagem clara do movimento de pessoas e veículos na esquina de uma rua ou na avenida central de uma cidade. De sua parte, o romantismo manifestou preferência por temas campestres e uma rejeição do mundo urbano-industrial. Mas o fato é que tanto poetas românticos quanto simbolistas não deixaram de tematizar a cidade. Blake é um belo exemplo disso. E pouco importa, de resto, que, em muitos textos, a cidade apareça mais como construção mental do que como entidade física, com suas pontes, praças, alamedas e lojas. O que parece permanecer, atravessando tempos, modas e estilos, é que a cidade reponta com firmeza em (e mesmo domina) textos masculinos, como no *Ulysses* de James Joyce, ao tempo em que quase se liquefaz, entre gazes e garoas verbais, em muitos textos femininos. E isto para não falar de Conan Doyle e seu Sherlock Holmes, cocainômano assexuado — alguém chegou a dizer, por sinal, que detetives encaram a cidade na escala humana, o que é correto.

Indo além, é bom negritar que este quadro das relações entre literatura feminina e cidade parece se dar, também, fora do âmbito do Ocidente. Na criação textual japonesa, por exemplo. Na própria construção inaugural da narrativa de ficção naquela literatura: o *Genji Monogatari*, de Murasaki Shikibu, escrito há cerca de um milênio, em princípios do século XI. Na introdução que escreveu para a sua versão inglesa do livro, *The Tale of Genji*, Edward G. Seidensticker fez um comentário relevante. Diz ele que, no começo daquele século XI, cultural e esteticamente, a Europa oriental ia melhor do que a ocidental. Mas a Ásia estava, então, acima das duas. Se olharmos bem, a poesia provençal, a lírica occitânica, só floresceria plenamente no século XII, dando-nos então as canções de Guillem de Peitieu, Arnaut Daniel e Bernart de Ventadorn. Na Itália, ainda não tínhamos Guido Cavalcanti, nem Dante Alighieri. No mundo de língua inglesa, afora o *Seafarer* celebrado por Ezra Pound em seu *ABC da Literatura* ("à parte o *Seafarer* não sei de outros poemas europeus daquele período [século X] que possam ser colocados ao lado da 'Carta do Exílio' de Li Po, situando o Ocidente no mesmo nível do Oriente"), ainda teríamos de esperar um bom tempo pela aparição de Geoffrey Chaucer. Para Seidensticker, o *Genji* de Lady Murasaki (como a tratam críticos anglo-saxões) foi a melhor coisa que o planeta produziu, literariamente, no século XI. E, até onde conheço o assunto, acho que ele está certo.

Genji Monogatari, ainda que muito repetitivo em seus sintagmas, é realmente uma obra fascinante — e, embora curta textos de Ihara Saikaku, como *Koshoku Gonnin Onna* (*Five Women Who Loved Love*) e *Koshoku Ichidai Otoko* — que li, evidentemente, em tradução inglesa — e de Genichiro Takahashi (*Sayonara, Gangsters*, por exemplo), não acho que a prosa japonesa tenha produzido nada igual, de lá para cá. É um livro cheio de citações, recheado de belas imagens, pleno de poemas, repleto de jogos verbais. Quanto ao fato de ter sido escrito por uma mulher, nenhuma surpresa. A este respeito, podemos apontar um paralelo entre o uso estético da escrita nas sociedades tuaregue e japonesa. A maioria dos primeiros textos criativos tuaregues foi escrita por mulheres, que se dedicavam à poesia panegírica e amorosa, ao tempo em que os homens viajavam. De modo algo parecido, a literatura japonesa é, sobretudo, criação feminina. Durante muitos e muitos anos, os homens japoneses escreveram em chinês. A escrita nipônica era coisa de mulheres. Quando os homens se voltaram para o seu próprio idioma, encontraram já modelos poéticos e narrativos bem estabelecidos, desenhados e fixados pelas mulheres. É por isso que, na origem da prosa literária japonesa, não encontramos um xogum ou um samurai, e sim a elegante Murasaki Shikibu, retratando tramas existenciais do estrato mais alto da sociedade Heian.

Mas há uma coisa, reforçando a hipótese que trago. Ao atravessar as mais de mil páginas do livro, fico sabendo das flores, das estações, das fases e faces da lua, da sensualidade nipônica na época (Genji é um sedutor incorrigível, engravidando inclusive Fujitsubo, uma das mulheres de seu pai — a favorita do velho, aliás), da onipresença da poesia e da música no cotidiano japonês, do prestígio incomparável da cultura chinesa no arquipélago, da dança das ondas marinhas em Akashi, da importância dada a "fisionomistas" e à caligrafia (numa carta, repara-se antes de tudo a forma do ideograma, do *kanji*, e a origem e qualidade do papel), da crença em "espíritos malignos" vitimando pessoas, da disseminação da visão budista do *karma*, etc. É um livro palaciano, um romance de interiores, com referências contínuas à natureza: as ações se passam entre muros, paredes e varandas de palácios e palacetes. Mas não encontro nada de significativo sobre Kyoto, a capital imperial do Japão no período Heian, por exemplo, nem sobre qualquer outra cidade japonesa. A cidade é referida, sim, coisas e mais coisas acontecem no interior de seus limites físicos, mas, para lembrar a célebre definição de Lewis Mumford, ela jamais aparece, no romance, como teatro para a ação social. Murasaki fala de roupas, não de ruas. Em resumo, tudo indica que, por determinações histórico-culturais que bem conhecemos, a cidade se impôs, no amplo arco da criação textual da humanidade, como matéria decidida ou preferencialmente masculina. As mulheres ficaram mais (não exclusivamente, mas *mais*) com a intimidade doméstica, as conexões interpessoais, as palhetas multicoloridas da subjetividade e do subjetivismo.

Alguns analistas trataram de tentar se aproximar do fenômeno. Em *Sobrados e Mucambos*, partindo de sua perspectiva antropológica e recorrendo ao Alexander Goldenweiser de "Sex and Primitive Society", Gilberto Freyre, por exemplo, escreveu: "Que existem entre os sexos diferenças mentais de capacidade criadora e de predisposição para certas formas de atividade ou de sensibilidade, parece tão fora de dúvida quanto existirem diferenças semelhantes entre as raças. Não é certo que a escola de [Franz] Boas pretenda ter demonstrado, como supõem alguns dos seus intérpretes mais apressados, ou dos seus críticos mais ligeiros, a inexistência de diferenças entre as raças, cuja variedade seria só a pitoresca, de cor de pele e de forma do corpo. O que aquela escola acentuou foi o erro de interpretação antropológica de se identificarem as diferenças entre as raças com ideias de superioridade e inferioridade; e, principalmente, o de se desprezar o critério histórico-cultural na análise das supostas superioridades e inferioridades de raça".

Esta mesma visão à Franz Boas, continua Freyre, pode ser aplicada ao campo da sociologia dos sexos, desmontando a falácia de qualquer pretendida superioridade masculina. Ocupando-se de "um dos aspectos mais expressivos da diferença entre os sexos", Goldenweiser, por sua vez, concluiu que a mulher se distingue, segundo Freyre, "nas criações mais concretas, mais ricas de elemento humano e mais exigentes de perfeição técnica — a indústria, a representação teatral, a técnica musical de interpretação, a ciência de laboratório, o romance, a poesia lírica — porém revelando-se sempre mais fraca que o homem na criatividade abstrata, a composição musical, a filosofia, o drama, a ciência teórica ou imaginativa, a alta matemática". Embora eu não deixe de desconfiar fortemente dessa vinculação tão imediata da mulher com a "lógica do concreto", a *pensée sauvage*, para lembrar Lévi-Strauss, a não ser frisando a ressalva dos constrangimentos histórico-sociais, creio que a atenção especial para o "elemento humano" e as tramas e conexões interpessoais, quase que em detrimento do "sociológico", contribui, sim, para uma criação literária que privilegia a pessoa, secundarizando a cidade, ou desta nos dando muitas vezes uma imagem apenas esfumaçada ou desbotada. Nem vou desconvir de que, em princípio e de um modo geral, a mulher talvez esteja mais preparada e tenha mais sensibilidade do que o homem para ver na penumbra anímica ou no escuro dos esconderijos do coração.

Mais recentemente, em *A Ascensão do Romance*, Ian Watt, ao voltar os olhos para os textos de Jane Austen, escreveu as seguintes palavras, citando Stuart Mill e Henry James: "Seu exemplo [de Jane Austen, claro] indica que sob certos aspectos a sensibilidade feminina estava mais bem qualificada para revelar as complexidades das relações pessoais e, assim, detinha uma posição vantajosa no campo do romance. Seria difícil e demorado detalhar os motivos pelos quais as mulheres dominavam a área das relações pessoais; um deles está contido, talvez, na declaração de John Stuart Mill: 'Toda a educação que as mulheres recebem da sociedade incute-lhes a sensação de que os indivíduos a elas ligados são os únicos aos quais devem alguma obediência'. Não há dúvida quanto à relação desta assertiva com o romance. Henry James, por exemplo, aludiu a isso num tributo característico pela escrupulosa moderação: 'As mulheres são observadores delicados e pacientes; por assim dizer, farejam de perto a textura da vida'".

Não duvido de nada disso. Como a antropologia nos ensina, as mulheres, desde a pré-história, conversam muito mais do que os homens sobre a vida das pessoas. Mas, como não vou pelas águas de nenhum "eterno feminino", lembro que isso não elimina a hipótese histórico-sociológica aqui defendida, como contribuição para o esclarecimento da questão da intensidade variável do urbano em obras literárias de homens e mulheres. Assim como definiram, desenharam, construíram e se fizeram senhores dos espaços públicos da cidade, os homens praticamente monopolizaram esses mundos no reino da produção literária, ainda que, inúmeras vezes, para atacar com violência a vida urbana. Mas dizer e mostrar isso não é fazer acusação alguma às mulheres. É, antes, acusar a cidade pensada e construída pelos homens, que, ao longo de séculos, confinaram as mulheres ao chamado espaço doméstico, limitando autoritária e drasticamente a sua vivência das realidades urbanas.

Mas, enfim, como disse, trata-se por enquanto de uma hipótese. É preciso verificá-la de mais perto, com rigor, sublinhando, inclusive, eventuais exceções nessa paisagem. No entanto, acredito que uma pesquisa ampla sobre o assunto estará muito provavelmente destinada a comprovar o que foi dito: a cidade não tem, na literatura feita por mulheres, presença comparável àquela que ostenta nos fazeres textuais masculinos, marcando-os em extensão e funda profundidade.

2.
CONVERSA DE MILÊNIOS

Até muito recentemente, quando arqueólogos falavam do "homem de Neandertal" ou do "homem da pré-história", parecia que estavam se referindo apenas a homens, que as mulheres não existiam. A antropologia não fazia por menos. Alguém chegou mesmo a observar que, em seu célebre estudo sobre o grupo nuer, na África, Evans-Pritchard falava muito mais das vacas do que das mulheres. Mas há tempos o campo se dividiu. Teorias androcêntricas e ginocêntricas passaram a competir. De uma parte, a tese da caça. De outra, a da coleta. A primeira diz que foi a organização coletiva das atividades de caça, entre machos, que abriu caminho para a formação da espécie humana e sua linguagem. A segunda afirma que foi a coleta, organizada por grupos de fêmeas hominídeas, saindo em busca de alimentos para si e seus filhotes, que produziu "os primeiros lampejos de humanidade", as primeiras ferramentas, os signos inaugurais. A fêmea estaria no centro das primeiras interações sociais: numa ponta, os machos adultos; na outra, as crianças; ao lado, as companheiras de trabalho. Antes de ser eleita "rainha do lar", a mulher teria sido rainha da socialização, empenhada em atividades que não bloqueavam ou que mesmo exigiam a fala, como a coleta e a educação dos filhos. Por isso mesmo, não é ao homem, mas à mulher, que se pode atribuir um lugar básico e central no desenvolvimento da linguagem.

É nesse terreno que se planta, por exemplo, Maria Jesús Buxó Rey, em *Antropología de la Mujer: Cognición, Lengua y Ideologia Cultural* — embora o que ela defenda, corretamente, seja a necessidade de ressaltar a importância da contribuição feminina na criação linguística que distinguiu a humanidade, e não colocar a mulher, sem mais, no papel de "criadora exclusiva da linguagem". A propósito das implicações entre divisão sexual do trabalho e fala, aliás, Maria Buxó Rey lembra que, enquanto os machos atuavam principalmente em ofícios silenciosos como a caça e a pesca, onde ruídos mínimos espantariam as cobiçadas presas, as fêmeas, envolvidas em atividades como a coleta e o artesanato, tiveram de inventar o código linguístico das mesmas, num cooperativismo que "deve ter colaborado, em grande medida, para o falatório abundante e generalizado". De um lado, o silêncio obrigatório da caçada, com homens se deslocando quase invisíveis pelo mato e se comunicando por gestos mudos — de outro, o vozerio da coleta, mulheres falando à vontade, enquanto apanhavam raízes e frutos. Como não pensar, aliás, nas conversas das lavadeiras (que, de James Joyce a William Faulkner, marcaram até mesmo a literatura moderna), em beiras de rio ou lagoa? Não é por acaso que ainda hoje os homens alimentam a fantasia de que as mulheres falam demais. Ou, ao menos, de que falam mais do que eles. De qualquer modo, é relevante reter essa visão da mulher como pivô das interações sociais, em grupos humanos arcaicos. Antropólogas feministas fazem questão de sublinhá-la, acentuando o cooperativismo na coleta e na produção artesanal, a força do nexo mãe-filho, o papel-chave da mulher na educação, que vai de detalhes práticos do desempenho cotidiano a modos de conduta em ritos sociais. Nada disso, porém, deve embaçar o fato de que, tanto nos grupos paleolíticos quanto nos neolíticos, a mulher sempre ocupou um lugar subordinado, secundário — e não raro foi encarada como mercadoria, moeda de troca em transações intergrupais. Nem havia espaço para ela se mover nas esferas do poder e da política.

Esta situação subordinada e circunscrita vai modelar, por assim dizer, seu campo de interesses (seu repertório temático) e se expressar em suas condutas linguísticas. "De acordo com esta realidade etnográfica, é inquestionável que a mulher jogou, e continua jogando, um papel determinante na criação da língua, pelo menos na parte a ela correspondente na divisão do trabalho. Neste sentido, a mulher possui um léxico muito específico em alguns domínios, da mesma maneira que a linguagem da caça é uma forma de ação referida a um papel social e econômico. Assim, por exemplo, Marshall explica, a respeito dos caçadores-coletores nyae nyae do sudoeste da África, que os homens falam da caça, do que caçaram e das preocupações e previsões quanto à caça futura, enquanto as mulheres falam de quem lhes deu ou não deu comida e sobre as ansiedades com relação a consegui-la. É indiscutível que esta preocupação é relativa à manutenção da prole, de cujas necessidades as mulheres são as principais observadoras e provedoras. Esta preocupação está acima de comentários sobre sua vida como coletoras", escreve Maria Buxó Rey. Para acrescentar: "Esta diferenciação de tópicos se manteve até à atualidade, salvo exceções relativas a mulheres que ocupam profissionalmente um papel-*status* semelhante ao do homem. O campo léxico tradicional da mulher cobre o âmbito das tarefas de casa, da socialização infantil e das relações com os demais (marido, vizinhos, amigos e outros), enquanto os homens são especialistas temáticos de seu campo de ação, trabalho ou profissão, esporte e, muito particularmente, política".

Pesquisas qualitativas de *marketing* político, durante a campanha presidencial brasileira de 2010, confirmaram amplamente este quadro: as mulheres se manifestavam vivamente diante de tópicos como o atendimento no serviço público de saúde, a educação de seus filhos, a segurança de sua família, enquanto os homens praticamente monopolizavam a conversa em torno de temas como a privatização de empresas públicas, a política externa do país ou a exploração do petróleo do pré-sal. E tais observações e constatações, da pré-história aos nossos dias, sobre o caráter acentuadamente pessoal, familiar e vicinal da mulher, são coisas que muito nos ajudam, ainda hoje, na leitura de lugares, posturas, vivências e fazeres femininos nas cidades.

Em todo caso, o que desejo sublinhar aqui é outra coisa. A fêmea teve um papel fundamental na produção da linguagem, dos códigos e signos linguísticos. E a cidade é filha da linguagem. Lembre-se o que nos diz Aristóteles, em sua *Política*: "Que o homem é um animal político em um grau muito mais elevado que as abelhas e os outros animais que vivem reunidos, é evidente. A natureza, conforme frequentemente dizemos, não faz nada em vão. Ela deu somente ao homem o dom do discurso (*logos*). O mero som da voz é apenas a expressão de dor ou prazer, e disso são capazes tanto os homens como os outros animais. Mas enquanto estes últimos receberam da natureza apenas essa faculdade, nós, os homens, temos a capacidade de distinguir o bem do mal, o útil do prejudicial, o justo do injusto. Com efeito, é isso o que distingue essencialmente o homem dos outros animais: discernir o bem e o mal, o justo e o injusto, e outros sentimentos dessa ordem [as qualidades ou propriedades de suas ações]. Ora, é precisamente a comunicação desses sentimentos o que engendra a família e a cidade", sendo que a cidade é anterior à família e ao indivíduo, "uma vez que o todo é necessariamente anterior à parte". Para o pensador grego, o homem que não consegue ou não precisa viver em sociedade, porque se basta a si mesmo, "não faz parte da cidade" — logo, "deve ser uma besta ou um deus". E Norman O. Brown, na prosa poética do *Closing Time*: "*a city is syntax*" — o ser humano é gramática (tempos e pessoas do Verbo), a cidade é sintaxe.

3.
COISA DE MULHER

É interessante como, do ponto de vista da língua que falamos diariamente, em Portugal como no Brasil, vamos sexualizando coisas insexuadas do mundo. Em nosso vocabulário, *casa* e *cidade*, por exemplo, são palavras femininas. Coisas fêmeas. Substantivos que se fazem preceder por um artigo que firma a determinação clara do gênero a que pertencem. Não temos um artigo neutro, como o *tò* da antiga língua grega ou o *das* alemão. Ao contrário, sexualizamos tudo. Coisa alguma do mundo aparece, no horizonte da língua portuguesa, desprovida de sexo.

Em sua *Estilística da Língua Portuguesa*, Rodrigues Lapa se sentiu obrigado a "acentuar, tratando-se do gênero, uma das características do português: a constante preocupação sexual que se verifica no vocabulário". Não se trata apenas de dividir o mundo (que é masculino, diversamente da Terra, que é fêmea) por um prisma sexualizante geral. Falamos uma língua que, além de desconhecer a indiferença ou a neutralidade sexual, avança um pouco mais no detalhe, criando supostos casais linguísticos. "É natural que os animais se dividam quanto ao sexo: cão — cadela, leão — leoa, etc. A própria configuração do macho e da fêmea torna necessária a distinção morfológica. Mas o que é mais curioso é que essa mesma tendência se verifique nos objetos, nos seres insexuados. A par do masculino, a língua criou formas femininas num sem-número de substantivos: saco — saca, poço — poça, barco — barca, melão — meloa, chouriço — chouriça, gancho — gancha, barraco — barraca, cesto — cesta, etc.", escreve Lapa, enveredando então por uma picada interpretativa que, de momento, deixo de parte.

O que me interessa, aqui, é assinalar o gênero feminino de *casa* e *cidade*. Pelo simples fato de que, entre nós, fazer casa e fazer cidade nunca foram coisas de mulher. Hoje, vemos mulheres operando máquinas pesadas no setor da construção civil, como no Recife, na construção do Shopping Riomar. Mas isso é coisa que faz muito pouco tempo. Nunca tais atividades construtivas constavam de qualquer rol dos fazeres femininos. Em princípio, ao menos, a "rainha do lar" nunca foi mestre de obra. Historicamente, no

Brasil como em todo o mundo, mulheres e construções foram entidades claramente apartadas. Umas nunca eram feitas pelas outras. À mulher, cabia habitar. Construir, não. E menos ainda conceber o que deveria ser um templo público ou uma habitação particular. O seu direito de povoar se resumia ao lá dentro, ao espaço interior, onde, às vezes, poderiam ter permissão para desatar alguma fantasia decorativa. Mulheres não definiam alicerces. Não estabeleciam paredes. Nem desenhavam fachadas. Limitavam-se a habitar o ambiente previamente delimitado, riscado e construído. A aceitar desenhos e prédios masculinos. E a palavra *pedreira*, aliás, em nossos dicionários, não designa mulher que opere em obras de pedra e cal, ou de tijolos, mas um lugar de onde se extrai pedra.

Já entre nossos índios litorais, lugar de mulher era, principalmente, na cozinha, no tear ou na roça. Participavam, sim, de ações coletivas para construir malocas — como hoje participam de nossos mutirões populares. Mas seu papel era secundário. Cumpriam ordens, apenas. Não lhes cabia determinar lugares para o estabelecimento de aldeias — ou, neles, o desenho delas. (É interessante, aliás, que a gente use uma palavra árabe para designar assentamentos ameríndios: aldeia, *aldayha*). Mulheres plantavam, colhiam, teciam, fabricavam farinhas e vinhos, domesticavam bichos, produziam vasilhames, preparavam alimentos, cuidavam do abastecimento de água, serviam cauim, catavam piolhos, faziam tatuagens, armavam redes, carregavam fardos, etc. Mas não eram artífices de aldeias e malocas. Seu lugar, na produção arquitetural dos grupos tupis, era comparável às funções que desempenhavam, por exemplo, na pesca e na navegação: mergulhar para apanhar os peixes flechados pelo marido ou retirar, com uma cuia, a água que se ia juntando no bojo da canoa.

Enfim, tudo o que hoje colocaríamos na conta da arquitetura e do urbanismo ficava no âmbito dos desempenhos masculinos. A localização de uma aldeia era coisa decidida em reuniões das quais as mulheres não participavam. Quem decidia, ali, era uma espécie de colegiado composto por índios mais velhos e chefes de maloca. Competia a este "conselho" discutir a conveniência da mudança do grupo para outro lugar — e escolher o espaço do novo pouso. Do mesmo modo, a decisão de construir uma nova maloca era atributo exclusivamente masculino. O índio que se dispunha a executar tal empreitada deveria ser dono de algum poder ou carisma. Segundo Hans Staden, era necessário arregimentar cerca de quarenta pessoas para a obra construtiva. Casa construída, o líder da façanha se tornava seu morubixaba, já que cada maloca tinha de contar com um chefe ou "principal", base da estrutura do poder político entre os tupis. As índias não monopolizavam sequer o campo que hoje podemos delimitar em termos gerais de *design*, para aí incluir produções artesanais (a recuperação do valor do artesanato, em nossos dias, contribui para embaralhar as coisas, embora não devamos confundir artesanato e *industrial design*, com seus protótipos mecanicamente reprodutíveis). Afinal, homens produziam canoas, arcos, flechas, tacapes, adornos corporais, bancos de madeira e mesmo as chamadas "redes lavradas". Em suma, o Matriarcado de Pindorama, inventado e ideologizado por Oswald de Andrade, nunca foi mais do que uma bela e sedutora fantasia mitopoética, sem qualquer correspondência em fatos.

As coisas não mudaram com a chegada dos colonizadores europeus, tanto na América Portuguesa quanto na América Espanhola. Lembre-se que a armada de Thomé de Sousa fez a travessia atlântica para construir uma cidade, que funcionaria como centro coordenador das operações coloniais lusitanas. Por isso mesmo, os navios não trouxeram somente soldados e missionários, mas, também, trabalhadores especializados nas artes de construir: pedreiros, carpinteiros, marceneiros, serralheiros, telheiros, caieiros, calafates, ferreiros, etc., que trabalhariam sob a coordenação de um "mestre das obras", Luiz Dias, encarregado de executar os planos traçados em Lisboa por Miguel d'Arruda, o arquiteto-mor do reino. A mão de obra tupinambá foi convocada para a empreitada — daí resultando, é claro, nossos primeiros sincretismos arquitetônicos, com uso de varas para ripamento e cipó substituindo a pregaria —, mas mão de obra masculina. E tudo continuou nessa base, ao longo de séculos. Serralheria, carpintaria, tanoaria, etc., seguiram sendo ofícios masculinos. Como masculinos eram os ramos da engenharia, da arquitetura, do urbanismo e, em grande medida, do *design*. Assim como não ouvimos falar de mulheres abrindo escritórios ou barbearias, não temos notícia de mulheres projetando ou construindo prédios e povoações. Mulheres não atuavam, como protagonistas, em órbitas vitruvianas. Suas relações com a casa e a cidade se davam em outros planos e dimensões.

Sempre foi assim. Já no campo do mito, vemos deuses fundar ou construir cidades, como Oduduwa criando Ifé, na Iorubalândia. Historicamente, o panorama não muda. A decisão política de construir uma cidade partia de um homem ou de um colegiado masculino. Sacerdotes sacralizavam o local. Arquitetos estabeleciam o desenho. As mulheres eram apenas introduzidas naquele novo espaço, sempre artificial e masculinamente produzido. Desde os tempos das mais antigas cidades do mundo, como a Babilônia de Hamurábi. Na narrativa bíblica, quem ergue a primeira cidade é um homem: Caim, o fratricida. Gilgamesh é o fundador de Uruk. Eana pode ser a morada da deusa Ishtar, mas foi um homem quem construiu seu templo. Enfim, o lance fica assim: mulher = "não" de obra. Com relação às criações egípcias, por exemplo, ouvimos falar de arquitetos como Imhotep e Senmut, homens excepcionalmente poderosos, circulando à vontade pelos palácios. A intimidade de Senmut com a rainha Hatshepsut é sempre assinalada. Ouvimos falar ainda de Ineni, de Haremsaf e de Bek, o arquiteto-mor de Akhenaton. Mas três coisas, pelo menos, devem ser notadas. A primeira é que nunca aparece um nome de mulher nas listas de arquitetos do Egito. A segunda é que até encontramos uma deusa da arquitetura, Seshat (a Senhora dos Construtores, da Escrita e da Casa dos Livros), mas nunca uma terráquea desenhando ou erguendo uma parede. A terceira é que mulheres poderiam ter surgido no exercício da profissão, já que a arquitetura egípcia era coisa familiar, passando de pai para filhos ao longo de gerações. Eram verdadeiras dinastias de arquitetos. Mas se o Egito teve rainhas, senhoras no comando do aparelho estatal, mulher alguma reinou no campo da arquitetura.

Não é diversa a história da arquitetura e do urbanismo nas cidades "clássicas" do Ocidente, a exemplo de Atenas e Roma. Sabe-se mais da arquitetura grega do que da egípcia, a começar pelo termo *architekton*, aparecendo pela primeira vez, por sinal, no texto de Heródoto. E sabemos o nome de um bom número de profissionais da área, a começar por Fílon de Elêusis, mas seguindo por Teodoro de Samos, Rhoikos, Quersífron (o arquiteto do Templo de Ártemis em Éfeso), Iktinos (autor de um livro sobre o Parthenon), Arquésias, Dinócrates (o arquiteto favorito de Alexandre, o Grande), etc. Mas nenhum nome de mulher aparece no rol. Tucídides fala de cantos e sacrifícios no dia da fundação de Esparta. Também a fundação de Roma foi um ato sagrado. Ritos assinalaram o nascimento da cidade. E quem a fundou, abrindo sulcos com uma charrua, foi Rômulo — e não uma mulher. O que temos é a figura do fundador, nunca a de uma fundadora. Em outro plano, ouvimos falar de Hipódamo de Mileto (figura fascinante, mescla de pensador social e planejador urbano — na verdade, foram suas preocupações políticas e sociais que o levaram a pensar a configuração urbana, propondo o hoje chamado modelo hipodâmico para a reconstrução de sua cidade natal, Mileto, destruída em guerra contra os persas —, andando com seus longos cabelos soltos ao vento e sempre coberto de joias caríssimas) ou de Vitrúvio, por exemplo, mas não se sabe da existência de nenhuma mulher arquiteta ou urbanista na antiguidade greco-romana.

Mas não é só. Atenas era uma cidade de homens públicos e de mulheres confinadas. De homens luzentes e plásticos na ágora e de mulheres sombrias e recolhidas em suas casas. De homens nus e mulheres vestidas. As que escapavam desse quadro geral constituíam contingentes sociologicamente significativos. As mulheres ativas, francamente narcisistas, sexualmente disponíveis, com livre acesso a farras masculinas (os célebres "simpósios"), eram escravas, prostitutas ou estrangeiras — nunca as senhoras cotidianamente respeitáveis da vida ateniense. Na verdade, estas senhoras eram excluídas do espaço público. A ideologia hegemônica e a concepção científica vigente, na Grécia de Péricles, negavam-lhes tanto a exibição da nudez corporal quanto o exercício público da palavra. Tudo por conta do corpo feminino ser considerado "frio", numa sociedade que dava extrema importância ao significado da "temperatura" corporal, assunto que não era então um tópico menor de semiologia médica, mas uma questão geral de fisiologia. E a verdade é que a fisiologia grega explicava e legitimava a submissão e a segregação femininas. Era discurso dominante e discurso da dominação.

Veja-se, a propósito, o estudo de Richard Sennett — *Flesh and Stone: The Body and the City in Western Civilization*: os gregos cultivavam a nudez pública masculina, nudez que "simbolizava um povo inteiramente à vontade na sua cidade", na qual a mulher se movia discreta, submissa e coberta. Sennett: "O valor que os gregos atribuíam à nudez decorria, em parte, de como eles imaginavam o interior do corpo humano. Na época de Péricles, o calor do corpo era a chave da fisiologia humana. Os seres capazes de absorver calor e manter o seu próprio equilíbrio térmico não precisavam de roupas. Segundo os gregos, o corpo quente era mais forte, reativo e ágil do que um corpo frio e inerte. Esses preceitos fisiológicos estendiam-se ao uso da linguagem. Quando as pessoas ouviam, falavam ou liam, a temperatura de seus corpos supostamente se elevava, junto com seu desejo de agir — uma crença sobre o corpo que confirma a convicção de Péricles sobre a unicidade das palavras e ações. [...] A fisiologia grega justificava direitos desiguais e espaços urbanos distintos para corpos que contivessem graus de calor diferentes, o que se acentuava na fronteira entre os sexos, pois as mulheres eram tidas como versões mais frias dos homens. Elas não se mostravam nuas na cidade. Mais: permaneciam confinadas na penumbra do interior das moradias, como se isso fosse mais adequado a seus corpos do que os espaços à luz do sol. Em casa, elas vestiam túnicas leves que as cobriam até os joelhos, ou linhos rústicos e opacos, até os tornozelos, quando saíam à rua. Similarmente, o tratamento dado aos escravos vinculava-se ao 'fato incontestável' de que as duras condições da servidão reduziam-lhes a temperatura, mesmo que se tratasse de um cativo do sexo masculino e de origem nobre; escravo, ele se tornava cada vez mais lento de raciocínio, incapaz de se expressar, apto apenas e tão somente para as tarefas impostas por seus amos. Só os cidadãos homens tinham uma 'natureza' adequada ao debate e à argumentação. Os gregos usavam a ciência do calor corporal para ditar regras de dominação e subordinação".

Em Roma, as mulheres respiravam uma situação menos opressiva. Frequentavam, inclusive, as *thermae*, as casas de banhos coletivos, mantidas pelo Estado ou pelo empresariado privado. Também no âmbito doméstico, a desigualdade entre os sexos, embora existisse, não era tão gritante. Volto ao supracitado Sennett: "As famílias, em Roma, tinham pelo menos uma notável diferença em relação às gregas, pois existia muito mais igualdade entre os sexos. Não era negado às esposas o direito de ter propriedades, desde que estivessem casadas sob o sistema *sine manu*, isto é, não submetidas à autoridade — *manu* — total do marido. Além disso, as filhas poderiam dividir com os filhos alguns tipos de herança. Homens e mulheres comiam juntos; nos tempos mais antigos, eles se reclinavam nos divãs, enquanto elas permaneciam de pé, mas na época de Adriano os casais já se recostavam juntos — algo inconcebível no tempo de Péricles. O grupo familiar, entretanto, era fortemente hierárquico e patriarcal, dominado pelo homem mais idoso. A casa romana, o *domus*, espelhava a vida urbana exterior nas relações mais complexas entre os sexos".

Mas se as mulheres romanas mais ricas podiam se reclinar nos divãs durante as refeições, elas, como as gregas, permaneciam excluídas de qualquer participação na conceituação, no desenho ou na feitura do ambiente construído. Em "Roman Architects" (na antologia *The Architect: Chapters in the History of the Profession*, editada por Spiro Kostof), William L. MacDonald sublinha que, para os romanos, a arquitetura, "tanto funcional quanto simbolicamente", era a *mistress art*. Ora, *mistress* é ama, soberana, mestra, mas também mulher amada, cortejada, amante, concubina. E o que temos, na história da arquitetura da Roma antiga e imperial, é um elenco de homens que se dedica, de modo ao mesmo tempo viril e delicado, a esta arte-mulher. Seus principais nomes, todos realmente excepcionais: Severo, o arquiteto de Nero, autor da célebre *Domus Aurea*; Rabírio, parceiro de Severo, projetista do palácio de Domiciano; Apolodoro, nascido em Damasco (Síria), arquiteto do imperador Trajano, engenheiro renomado, escultor, *designer*, autor do Fórum daquele soberano, de termas e mercados, de pontes como a do Danúbio e a de Alcântara, na Espanha; o arquiteto, matemático, engenheiro e geômetra Antêmio, que, em parceria com Isidoro de Mileto, projetou e implantou uma igreja estupenda, uma das mais impressionantes edificações do mundo ocidental, a Hagia Sophia construída pelo imperador Justiniano em Constantinopla, atual Istambul. E nenhuma mulher aparece na foto. Ou seja: em Roma, como na Grécia, não tivemos nenhuma Safo no campo da arquitetura.

Vale, aqui, mais uma nota. Quando falamos de arquiteto e arquitetura hoje, em dias de *scanner*, montagens visuais, jogos de edição, photoshop, etc., estamos apontando para realidades bem distintas das que se viam nos tempos clássicos da Grécia e de Roma. A começar pela própria aparência física pessoal. Pelo modo como o arquiteto passou a se mover no campo visual das relações sociais. Boa parte deles (a maioria, talvez) aparece e se comporta, hoje, muito mais como "artista", numa padronização pseudo-*avant-garde* supérflua e superficialmente neorromantizada, do que como um *factor* finalizando prédios em sítios específicos, sob o peso das pedras e a poeira das obras. É uma personagem mais de brilharetes de passarela do que do mundo tradicional do trabalho. Em vez da seriedade de um Gaudí (bancado, aliás, pelos ricos da Catalúnia) ou de um Lúcio Costa (também íntimo do poder), a gaiatice narcísica do pós-moderno. Mas é que riqueza e poder não significam falta de seriedade. O que se passa hoje é outra coisa. É o desejo de ser "celebridade" — e isto não é sério. No âmbito profissional de nossos dias, a figura de que se encontra mais próximo, em termos gestuais e vestuais, é a do "diretor de arte" ou a do "diretor de criação" das agências de publicidade — uma terminologia, aliás (o que é mesmo "dirigir" arte ou criação?), bastante sintomática do afã do mercado em burocratizar/rotinizar a criatividade, fazendo-a sentar-se numa cadeira de escritório, com dieta de horários e normas trabalhistas. A criação deve deixar de ser uma entidade nômade, errática, para se sedentarizar, enfiada numa poltrona giratória, na sala de uma empresa fetichista. O "criador", agora, é funcionário de um "departamento de criação". Recebe um salário para ser "criativo" das 12 às 20 horas, por exemplo, segundo o que determina a tabela do mercado.

Diante disso, o que podemos dizer é que, de um modo social e culturalmente bem amplo, acabamos por perder a visão do arquiteto como *fabbro* ou *maker*. Como *construtor*. No mundo clássico, ao contrário, o lugar por excelência da práxis do arquiteto não era a prancheta ou coisa semelhante num escritório *fashionable*, com sofás de couro ou cadeiras metálicas, mas o canteiro de obra. O arquiteto não era o indivíduo que passava o dia ou atravessava a noite bosquejando ou tentando definir formas em sua mesa de desenho, encerrado nos limites de uma espécie qualquer de escritório, mas um sujeito ativo, andando de um lado para o outro, dando orientações finais em fases decisivas da obra construtiva. Em *Ancient Greek Architects at Work*, J. J. Coulton lembra, por sinal, que antigas inscrições sublinham a relevância desse trabalho de supervisão do arquiteto — e que a própria palavra *architekton* significa algo assim como *chief builder*, "construtor chefe", e mesmo mestre de obras (os gregos não faziam uma distinção nítida entre arquitetura, engenharia e planejamento urbano). Enfim, o arquiteto grego, além de conceptor ou conceituador mais imediato do ambiente construído, era ao mesmo tempo engenheiro e *designer* — de modo semelhante, o arquiteto romano era *expert* em construção, engenharia hidráulica e planejamento. Inexistia, na Grécia, maior distância entre o desenho (ou o modelo de cera) e sua materialização em templos, teatros ou residências, com suas formas refinadas, mas, basicamente, muito simples.

O que não quer dizer que o arquiteto grego não se distinguisse como tal. Que não fosse portador de uma diferença cultural e de uma especificidade profissional. Não: um *architekton* era um *architekton*. Regra geral, uma pessoa que recebera educação e treino, em termos práticos e teóricos, no seu campo geral de interesses e no seu horizonte profissional, além de andar em dia com o que produziam as principais correntes intelectuais de sua época. A própria feitura e leitura de tratados arquitetônicos, que atravessa a história da cultura grega, mostra o quanto aquela categoria profissional era educada e *self-conscious*, sabendo muito bem que medida tinha de si mesma. Como escultores e pintores, os arquitetos não eram colocados no mesmo plano privilegiado do escritor, do filósofo ou do músico (em Roma, arquitetura não era profissão para aristocratas). Mas eram pessoas que podiam alcançar muito prestígio (embora não tanto quanto no Egito de Imhotep e Senmut), por sua proximidade com o poder e seus inevitáveis vínculos com os segmentos sociais mais ricos — enfim, com quem tinha dinheiro para construir obras mais refinadas —, chegando até mesmo a habitar a geografia de névoa luminosa do reino das lendas, como Dédalo, o autor do labirinto de Creta, mas também os arquitetos do primeiro templo de pedra dedicado a Apolo, em Delfos.

Mas vamos adiante. Na Europa medieval, diversas cidades-estado foram criadas entre os séculos XII e XIII. Eram as *comunas* que se afirmavam contra o sistema rural e a organização eclesiástica. Até que a própria aristocracia ou a igreja começou a bancar as obras: naquele horizonte, criar uma cidade foi coisa que passou a ser vista como um investimento, desde que o assentamento de um mercado poderia significar desenvolvimento do comércio, com o fundador da urbe taxando seus moradores. E o resultado, em termos arquiteturais, podia ser belo, como nos arcos do mercado de Montpazier e em outras *bastides* (do verbo *bâtir*, "construir") francesas. Eram cidades sempre pequenas, diz-nos Spiro Kostof, em *A History of Architecture: Setting and Rituals*: no máximo, um quilômetro de comprimento e meio de largura. "Para o fundador [ou *bastidor*], o custo era desprezível." Se a cidade desse certo, geraria uma renda bem maior do que a soma investida em sua construção. "Fazer cidade, a grande aventura do final da Idade Média, provou ser um grande jogo", diz Kostof. E ainda: "A terra, subdividida em lotes, era distribuída entre os primeiros que chegavam. Cada homem tinha de construir sua própria casa, no lote que lhe fora dado, dentro de um prazo estabelecido — um ano, no máximo. O fundador, ou *bastidor*, por seu turno, arcava com o projeto e a construção das ruas e do mercado. Se fosse generoso, poderia oferecer uma igreja [...] prover facilidades como prisões, postos de peagem, olarias e moinhos que se pagariam no tempo, sob a forma de taxas. Muros eram proibidos [...] Talvez dois terços das *bastides* da França e da Inglaterra nunca tiveram muros".

Mas quem as criava? Um homem, não uma mulher. Em sua *História da Cidade*, ao falar desses novos núcleos urbanos fundados na Baixa Idade Média, Leonardo Benévolo escreve: "Quem funda uma cidade — o rei, o feudatário, o abade ou o governo de uma cidade-estado — é também o proprietário de todo o terreno: pode, pois, traçar o desenho da cidade em todos os detalhes: não só as ruas, as praças, as fortificações, mas também as divisões dos lotes que serão destinados aos futuros habitantes". Estas cidades podiam se constituir em "ilhas de liberdade" no mundo feudal (nasce aí, de resto, o famoso provérbio alemão: "*Stadtluft macht frei*", o ar da cidade liberta, referência ao direito de o servo se tornar livre depois de viver um ano e um dia numa cidade), como as chama Kostof, mas a iniciativa de criá-las era monopolizada masculinamente. Mulheres palpitavam, mas não davam palpites. E era assim também no plano mais específico do fazer arquitetônico. Elas não tinham nada a ver com as grandes construções medievais. Com castelos, fortalezas, mosteiros ou catedrais.

Em nada este quadro vai se alterar no Renascimento italiano. Temos a redescoberta do mundo clássico e as questões colocadas por um novo conjunto de formas arquiteturais. Mas arquitetos, *designers* e urbanistas continuarão sendo o que sempre foram: homens. No campo da arquitetura, como Donato Bramante, o primeiro grande arquiteto renascentista, e Antonio da Sangallo. Ou como o fascinante *scholar-designer* Leone Battista Alberti e Filippo Brunelleschi, que começou como ourives e escultor para depois se fazer arquiteto, assinando a esplendorosa cúpula gótica da catedral de Florença. Senhoras se intelectualizariam, escreveriam, debateriam francamente com os homens, seriam madonas, objetos de contemplação, ao vivo ou sorrindo numa pintura, objetos sexuais na cama de algum senhor — mas, nunca, construtoras, artífices de palácios, templos ou residências. E se mulheres não construíam cidades e monumentos, na Itália renascentista, muito menos ainda nos tempos coloniais das Américas, a partir daquele mesmo século XV.

E aqui retornamos ao nosso ponto de partida, quando nos referimos a Thomé de Sousa e à construção da Cidade da Bahia. Estamos já no Novo Mundo. E a exclusividade masculina prossegue. A Cidade do México, como Salvador, foi feita por homens. Lima, Buenos Aires, Assunção do Paraguai, Santiago e Montevidéu foram obras masculinas, assim como Nova York e Nova Orléans. São Paulo nasceu do esforço conjunto de índios e missionários jesuítas que subiram a Serra do Mar. São Cristóvão, a capital de Sergipe d'El-Rei, foi obra de senhores de engenho do Recôncavo Baiano. Duarte Coelho fez Olinda. Martim Afonso de Sousa sacramentou São Vicente. Nas últimas décadas do século XVIII, o urbanismo pombalino fez nascer dezenas de vilas na Amazônia brasileira. Todas, sem exceção, projetadas e construídas por homens. As mulheres, no máximo, ajudavam, cozinhando para o batalhão de trabalhadores, quiçá realizando alguma pequenina intervenção pontual. Mas nada realmente digno de nota. A mão feminina é, assim, a grande ausente dos fazeres arquiteturais e urbanísticos do mundo. No caso brasileiro, nunca ouvimos falar da existência de uma Aleijadinha.

A única exceção nesse quadro exclusivista do ambiente construído, se é que Doris Cole não força a mão em seu *From Tipi to Skyscraper: a History of Women in Architecture*, estaria entre índios norte-americanos. Mais precisamente, entre índios das grandes planícies, montando, desmontando e carregando de um lado para o outro seu tradicional tipi (*teepee*, na pronúncia em inglês), a tenda cônica formada por uma moldura de madeira coberta com couro de búfalo. O tipi, além de ter sua beleza (e elegância) como objeto plástico, pode ser visto como perfeita solução de *design* para as condições climáticas da região e o modo de vida nômade (ou ambulatório, no sentido etimológico da expressão; *ambulatorius*, relativo a marcha, movimento, circulação, assim como ao que "pode ser transportado", à maneira do próprio tipi) daqueles índios, entre os quais, lembra Doris, estavam os grupos comanche, cheyenne, blackfoot, sioux, arapaho, kiowa, crow, pawnee. Longe de se aproximarem de uma maloca, os tipis, como disse, eram tendas. Dispostos no terreno, formavam não exatamente uma aldeia, mas um acampamento. Coisa de índios coletores-caçadores em constante deslocamento, cabendo às mulheres armar e desarmar as barracas. Mas o que Doris sublinha é outra coisa. Fala da colaboração de homens e mulheres em diversos grupos índios da América do Norte, a começar pela produção dos iglus esquimós. Mas afirma que, em meio aos indígenas das grandes planícies, só mulheres faziam "arquitetura", produzindo tendas para acampamentos, tipis: "As mulheres índias eram as arquitetas de suas comunidades. Entre muitas tribos indígenas da América do Norte, as mulheres desenhavam, fabricavam e construíam as unidades de moradia. De fato, a arquitetura era com frequência considerada trabalho de mulheres". Na verdade, não "desenhavam" o tipi, cuja forma era rigorosamente padronizada. Mas o principal é a afirmação de que, entre aqueles índios, arquitetura e *design* eram atributos exclusivos das mulheres, que ainda apareciam como proprietárias dos tipis e determinavam o sítio onde o grupo deveria acampar. Vale dizer, a mulher fazia, era dona e ainda decidia onde assentar os abrigos portáteis.

Não sou conhecedor do assunto, mas é difícil fugir à sensação de que estamos, em boa parte, lidando com uma mistificação da feminista Doris Cole. Tudo bem que o tipi tenha sido um artefato feminino, coisa feita somente por mulheres, mas desconfio de um exagero retórico de leitura geral (*"architecture was solely their domain"*). Há um excesso ideológico aí. Na verdade, Doris força a mão em outros momentos de sua análise, como no caso dos *pueblos* dos índios hopis. Ela parte de estudos de especialistas, usados para avaliar seus avanços, mas que, bem vistas as coisas, não os autorizam. Cita, por exemplo, Fred Eggan, *Social Organization of the Western Pueblos*, no capítulo da divisão sexual do trabalho. Ao contrário dos índios da planície, quase erráticos, os hopis eram sedentários, agricultores. Os homens cultivavam os campos e produziam tecidos, enquanto cabia às mulheres "moer milho, cozinhar, cuidar das crianças, remendar e reparar casas, e fazer cestos, ornamentos e cerâmica". De imediato, Doris já trata essas mulheres que faziam reparos em moradias como construtoras de suas próprias casas. Adiante, ela recorre a William Current e Vincent Scully, *Pueblo Architecture of the Southwest*, autores que escrevem que as póvoas pré-históricas encontradas na América do Norte foram erguidas graças à cooperação entre homens relativamente qualificados — *"and, probably, women"* (e, *provavelmente*, mulheres). Pois bem: logo em seguida, Doris Cole simplesmente atropela ou rasura o *probably*. É categórica, esquecendo-se providencialmente de que Current e Scully colocaram a eventual colaboração feminina sob o signo de um talvez: "As mulheres e os homens que construíram esses *pueblos* foram os primeiros planejadores urbanos da América do Norte".

Ora, como o papel que a mulher supostamente assume neste enredo é simplesmente espetacular, por seu ineditismo tanto histórico quanto antropológico, seria de esperar que qualquer estudioso dessas matérias fizesse referência ao assunto, mesmo que apenas de passagem. Não é o que acontece. Para dar somente um exemplo, em *Vida nas Cidades: Expectativas Ur-*

banas no Novo Mundo, Witold Rybczynski nem menciona uma presença feminina, digna ou indigna de nota, ao falar brevemente da arquitetura e do urbanismo indígenas dos Estados Unidos. Refere-se ele aos algonquinos (seminômades, mudando de lugar conforme as estações, suas tendas, feitas de galhos de árvores e cobertas de couro, eram montadas e desmontadas várias vezes por ano). À Confederação Iroquesa, Liga das Cinco Nações, formada no século XVII, onde hoje está o estado de Nova York — "Os iroqueses autodenominavam-se 'povos das casas compridas' e as comunidades eram organizadas em clãs, com estrutura comunitária. As maiores casas compridas tinham 120 metros de largura e abrigavam mais de duzentas pessoas". Para enfim chegar, andando em direção ao passado, à cultura do Mississippi, onde se formou uma cidade como Cahokia, que atingiu seu auge no século XII. Ou ao mundo urbano anasazi, do qual descendem os *pueblos* dos acomas, dos zunis, dos hopis. Nenhuma palavra sobre uma arquitetura só de mulheres. Além disso, Doris Cole passa ao largo de duas questões. Primeira: não se sabe se o tipi foi invenção feminina, apenas que as mulheres hoje os fabricam. Segunda: tipi não é casa, mas tenda de acampamento; não é propriamente arquitetura, mas *design*. De qualquer sorte, até pela beleza da ideia, admitamos dar aos tipis o título de exceção planetária. Exceções, todavia, são exceções. E o certo é que, em todos os demais cantos do planeta, em todas as épocas de que temos notícia, a construção de assentamentos e moradias foi ofício só — e somente só — masculino.

4.
UMA LENDA LUMINOSA

É claro que podemos encarar de diversos prismas a presença feminina nos horizontes da arquitetura e do urbanismo. Por exemplo: olhemos a vida litorânea de nossos índios, entre os séculos XV e XVI, do ponto de vista do trabalho. Da garantia da subsistência aldeã. Porque vigorava ali, entre os grupos tupis, uma divisão sexual do trabalho: trabalho de índio era uma coisa; trabalho de índia, outra. E a produção agrícola — embora exibisse alguma face familiar, com todos frequentando a roça — era, basicamente, trato feminino. Os homens cuidavam das preliminares. Escolhiam o lugar da futura plantação e preparavam o terreno para recebê-la, na base predatória da queimada. Árvores maiores eram devoradas pelo fogo, delas restando apenas troncos calcinados. Acontecia, depois disso, uma segunda "queima", para dar conta dos pedaços de pau espalhados pelo campo. Até aí, encargos masculinos. Fazia-se, então, a limpeza final do terreno, já com a participação de mulheres. A partir daí, o trabalho era delas. Fêmeas semeavam. E também a elas cabia a colheita.

O principal produto das lavouras tupis era a mandioca. E, nesse caso, o trabalho não era nada simples. Antes de mais nada, porque mandioca é veneno. Quem a come crua, corre o risco de morrer. A grande proeza cultural ameríndia foi transformar um veneno no pão de cada dia de todo um povo. Em *Raça e História*, Lévi-Strauss escreveu: "Este imenso continente [a América] vê chegar o homem, em pequenos grupos nômades atravessando o estreito de Behring favorecido pelas últimas glaciações, numa data talvez não muito anterior ao vigésimo milênio. Em vinte ou vinte e cinco mil anos, estes homens conseguiram uma das mais admiráveis demonstrações de história cumulativa que existiram no mundo: explorando a fundo as fontes do novo meio natural, domesticam (ao lado de determinadas espécies animais) as espécies vegetais mais variadas para a sua alimentação, os seus remédios e os seus venenos — fato nunca antes igualado —, promovendo substâncias venenosas como a mandioca ao papel de alimento base". Um feito que ele compara ao da descoberta do zero, base da matemática, pelos maias, meio milênio antes dos sábios indianos, que transmitiram o número aos árabes.

Em sua *História da Alimentação no Brasil*, Câmara Cascudo dedicou um capítulo à mandioca. Ela aparece, aí, como "a rainha do Brasil": "A mandioca é rainha dos trópicos, reinando sozinha na culinária popular da zona em que nasceu e ostenta sua coroa irrenunciável". Está presente no churrasco dos gaúchos, na caça consumida no mundo amazônico, na paçoca, nas comidas ribeirinhas, nos repastos do sertão, nas culinárias de nossos litorais. Cascudo: "Quando a posse [lusitana] da terra começou a ser feita nasceu o elogio da mandioca e seu registro laudatório em todos os cronistas. Afirmavam, unanimemente, ser aquela raiz o alimento regular, obrigatório, indispensável aos nativos e europeus recém-vindos. Pão da terra em sua legitimidade funcional. Saboroso, fácil digestão, substancial". Dos caprichos no seu preparo nasciam a farinha, os mingaus, os bolos e beijus. Consta, aliás, que foi a mandioca o único produto americano que Montaigne degustou. "Devia ter sido um beiju, um triste beiju, exilado e nostálgico" — comenta o estudioso.

Mas o fato que nos interessa é que não se abria roça indígena sem que lá houvesse a mandioca. Onde havia índio, havia mandioca. O mandiocal era indispensável à vida ameríndia. Dele vinha o alimento de todos — e de sempre: do dia a dia na aldeia às expedições de guerra. Nossos tupis não eram somente nus, polígamos e canibais. Eram, também, consumidores de mandioca. Suas lavouras eram lavouras farinheiras. A importância da mandioca era de tal ordem, na vida indígena, que nos leva a um aspecto de alta relevância sociológica. Emprega-se a expressão *seminomadismo* em caracterizações gerais da vida tupi. E este *semi* não existiria sem a mandioca, como acreditam, corretamente, Steinen e Cascudo. Escreve o próprio Cascudo: "A mandioca se não fixou o indígena fê-lo demorar-se ao derredor das plantações porque a farinha não era colheita mas preparo, demandando tempo e conhecimentos de processos indispensáveis à fabricação, conservação, transporte. Karl von den Steinen [*Entre os Aborígenes do Brasil Central*] é mais explícito: 'Na economia doméstica dos nossos indígenas a importância dessa planta (a mandioca) ultrapassa consideravelmente a do milho. Fornece a provisão principal, cabendo-lhe, outrossim, o mérito de obrigar os aborígenes [...] a adotarem uma vida sedentária; é que a sua preparação exige uma série de processos que requerem paciência'".

Claro. Uma coisa é pegar um caju aqui e pescar um peixe ali. Outra, radicalmente diferente, é uma atividade que implica plantio, colheita, fabricação e armazenagem. Neste caso, é-se obrigado a dar tempo ao tempo, pousando, mais calma e largamente, num determinado lugar. Que a mandioca tenha instado índios a uma permanência maior num certo sítio, é evidente. O que não entendo é que estudiosos como Steinen e Cascudo não tenham dito o óbvio. Quem sedentarizou os tupis não foi a mandioca. Foram as mulheres. Elas plantavam, colhiam, transformavam a raiz em produtos, em gêneros alimentares. Elas fizeram da mandioca a base não só da alimentação, como de um estilo de vida tribal, onde todos esperavam pela ação benéfica das plêiades sobre as plantações. Elas deram o sentido da sedentarização. Não fosse a mulher, cuidando de suas crias — na rede ou na roça —, aqueles índios prosseguiriam vagando pelas matas, em farras de guerra ou em festas de caça. Nem pensariam em aquietar o facho. Logo, se a mulher não concebeu, ela foi, no mínimo, quem tornou possível a realização da ideia de aldeia. Se não comandou construções visíveis, propiciou a sua existência concreta, palpável, em grandes casas vegetais comunitárias. Não é por acaso que, na mitologia tupi, no campo simbólico da existência ameríndia, a mandioca é uma dádiva feminina ao mundo. Esta mitologia ou este fabulário nos fala de uma criança do sexo feminino que morre e dá uma vida nova a todos. Em *As Singularidades da França Antártica*, Thevet informa que os tupis acreditavam que a mandioca fora confiada por um caraíba (um grande xamã, um profeta) a uma jovem tupi — crença confirmada por Couto de Magalhães, em *O Selvagem*, ao recontar lendas daqueles índios. É a "Lenda de Mani". Talvez não seja excessivo relembrá-la aqui, segundo as palavras de Magalhães, ainda que elas venham carregadas de acentos etnocentristas:

"Em tempo idos apareceu grávida a filha de um chefe selvagem [...] O chefe quis punir, no autor da desonra de sua filha, a ofensa que sofrera seu orgulho e, para saber quem ele era, empregou debalde rogos, ameaças e por fim castigos severos. Tanto diante dos rogos como diante dos castigos, a moça permaneceu inflexível, dizendo que nunca tinha tido relação com homem algum. O chefe tinha deliberado matá-la, quando lhe apareceu em sonho um homem branco, que lhe disse que não matasse a moça, porque ela era efetivamente inocente e não tinha tido relação com homem. Passados os nove meses, ela deu à luz uma menina lindíssima e branca, causando este último fato a surpresa não só da tribo como das nações vizinhas que vieram visitar a criança para ver aquela nova e desconhecida raça. A criança, que teve o nome de Mani e que andava e falava precocemente, morreu ao cabo de um ano, sem ter adoecido e sem dar mostras de dor. Foi enterrada dentro da própria casa, onde era descoberta diariamente, sendo também diariamente regada a sua sepultura, segundo o costume do povo. Ao cabo de algum tempo brotou da cova uma planta que, por ser inteiramente desconhecida, deixaram de arrancar. Cresceu, floresceu e deu frutos. Os pássaros que comeram os frutos embriagaram-se e este fenômeno, desconhecido dos índios, aumentou-lhes a superstição pela planta. A terra afinal fendeu-se; cavaram-na e julgaram reconhecer no fruto que encontraram o corpo de Mani. Comeram-no e assim aprenderam a usar da mandioca [...] O fruto recebeu o nome de Mani-oca, que quer dizer casa ou transformação de Mani, nome que conservamos corrompido na palavra mandioca, mas que os franceses conservam ainda sem corrupção".

É comum que uma planta fundamental para a vida de um povo tenha a sua origem retraçada ao mundo extranatural. Não surpreende que os tupis, um povo basicamente guerreiro e agrícola, tenham criado mitos relativos à agricultura — e recorrido a práticas mágicas para favorecer as suas plantações. Uma dessas práticas, de resto, destinava-se a garantir a abundância da colheita da mandioca. Mas o mais significativo, aqui, é a fantasia de que a mandioca chegou ao mundo através do corpo de uma mulher. É realçar que eram as mulheres que cuidavam de plantar, colher e transformar a mandioca. E que, por isso, encaminharam os tupis para uma vida menos nômade, quando aldeias puderam se assentar e florescer. Neste sentido, a mulher criou e sustentou a condição de existência da maloca e da aldeia.

É claro que isso não altera em nada seu lugar subordinado na sociedade tupi. Era ela, ali, figura claramente dominada. Podia ser dada de presente a algum homem, inclusive. E mitos, como o do Jurupari, legitimavam ideologicamente a supremacia masculina. O que quero dizer é que, para além de tudo a que se dedicavam no cotidiano aldeão, as mulheres possibilitaram a permanência e o enraizamento territorial do grupo, ao garantir a regularidade alimentar coletiva. E a sedentarização muda tudo. Sabemos hoje, por pesquisas arqueológicas e reflexões da paleontologia, que a espécie humana não dispunha espontaneamente de abrigos. Fala-se, aliás, que a conversa sobre o "homem das cavernas" mais não seria do que uma lenda como outra qualquer, destinada a entreter sonhos e desenhos animados das tardes de sábado na televisão, mesmo que hoje a gente veja um grupo de arqueólogos trabalhando sobre fósseis milenares na caverna de El Sidrón, no norte da Espanha, onde viveram neandertais. O que se diz é que, aqui e ali, o ser humano se aproveitou de alguma caverna habitável, ocupando-a. Mas a humanidade era de viver ao ar livre. Até chegar ao abrigo artificial, construído, que instaura uma nova realidade na trajetória da espécie, providenciando o pouso e a pausa; um outro modo de colocar os pés no chão e olhar em volta. "O fato humano por excelência não é tanto a criação do utensílio, mas talvez a domesticação do tempo e do espaço, ou seja, a criação de um tempo e de um espaço humanos", escreve Leroi-Gourhan, em *O Gesto e a Palavra 2: Memória e Ritmos*. Lá fora, a incerteza, o imprevisto, a desordem do mundo natural — no *habitat*, a humanização espaciotemporal: a regularidade, a segurança, os ritmos artificiais da cultura. A sedentarização muda até nossa percepção do mundo.

"A percepção do mundo circundante faz-se através de duas vias, uma dinâmica, que consiste em percorrer o espaço tomando assim consciência dele, a outra estática, que permite, na imobilidade, reconstituir à nossa volta sucessivos círculos que se esbatem progressivamente até aos limites do desconhecido. Uma das vias dá-nos a imagem do mundo com base num itinerário, enquanto a outra integra essa mesma imagem em duas superfícies opostas, a do céu e a da terra, que se unem no horizonte. Estes dois modos de apreensão existem, em conjunto ou separadamente, em todos os animais, sendo o modo itinerante especialmente característico dos animais terrestres, enquanto o modo irradiante é sobretudo apanágio dos pássaros. [...] No caso do homem, os dois modos coexistem, estando essencialmente relacionados com a visão, tendo originado uma dupla representação do mundo, com modalidades simultâneas, mas, segundo tudo indica, representadas de forma inversamente proporcional antes e depois da sedentarização", escreve ainda Leroi-Gourhan, distinguindo entre espaço itinerante e espaço irradiante. Mais: "A mitologia dos caçadores-coletores comporta essencialmente imagens de trajetos, trajetos de astros, trajetos de heróis organizadores. Em inúmeros mitos oriundos das mais diversas partes do mundo, inclusive no substrato pré-agrícola das civilizações mediterrânicas, o universo é originariamente caótico e povoado de entidades monstruosas. É no decurso de um dado itinerário que o herói combate os monstros, ordena a posição das montanhas e dos rios, dá os nomes aos seres, enfim, transforma o universo numa imagem simbolicamente ordenada, assimilável, controlável pelo homem. As mitologias índias da América do Norte oferecem-nos belos exemplos de semelhantes itinerários organizadores". De outra parte, grupos sedentários se orientam por uma maior fixidez de referenciais em sua leitura da realidade envolvente. "O nômade caçador-coletor apercebe-se da superfície do seu território através dos seus trajetos; o agricultor sedentário constrói o mundo a partir de círculos concêntricos em torno do seu celeiro." Em contraposição à mitologia móvel de índios da América do Norte, Leroi-Gourhan vai apontar para um mito de uma sociedade já em avançado estágio de sedentarização agrícola: "O Paraíso terrestre é um jardim situado numa montanha, tendo ao centro a árvore do conhecimento e quatro rios que partem em direção aos confins do mundo". As coisas são aí nomeadas não ao longo de uma caminhada, mas no próprio local em que se encontram, no jardim edênico. Não é itinerância, é permanência.

Mas, antes que avançar o passo, vamos voltar um pouco o filme, retornando à nossa Índia Brasílica, como gostava de dizer o jesuíta Anchieta. Pois é pensando nas mulheres tupis — favoneando a conquista progressiva da sedentarização pelos grupos tupinambás e tupiniquins e permitindo a materialização da aldeia naquela fachada atlântica — que podemos nos aproximar, em plano bastante genérico, de algumas observações de Lewis Mumford, embora sem concordar *in totum* com o que ele pensa, quando lemos, em *A Cidade na História*, palavras como as seguintes:

"A domesticação geral [do próprio homem, de plantas e animais] foi o produto final de um crescente interesse pela sexualidade e pela reprodução; e foi acompanhada de um papel mais importante atribuído à mulher em todos os departamentos [...].

Aquilo a que chamamos revolução agrícola foi, muito possivelmente, antecedida por uma revolução sexual, mudança que deu predomínio não ao macho caçador, ágil, de pés velozes, pronto a matar, impiedoso por necessidade vocacional, porém, à fêmea, mais passiva, presa aos filhos, reduzida nos seus movimentos ao ritmo de uma criança [...] plantando sementes e vigiando as mudas, talvez primeiro num rito de fertilidade, antes que o crescimento e multiplicação das sementes sugerissem uma nova possibilidade de aumentar a safra de alimentos [...].

A domesticação, em todos os seus aspectos, implica duas largas mudanças: a permanência e continuidade de residência e o exercício do controle e previsão dos processos outrora sujeitos aos caprichos da natureza. Ao lado disso, encontram-se os hábitos de amansamento, nutrição e criação. Neste passo [...] a intimidade da mulher com os processos de crescimento e sua capacidade de ternura e amor devem ter desempenhado um papel predominante. Com a grande ampliação dos suprimentos alimentares [...] ficou determinado o lugar central da mulher na nova economia [...].

Era a mulher quem manejava o bastão de cavar ou a enxada: era ela quem cuidava dos jardins e foi ela quem conseguiu essas obras-primas de seleção e cruzamento que transformaram espécies selvagens e rudes em variedades domésticas prolíficas e ricamente nutritivas; foi a mulher quem fabricou os primeiros recipientes, tecendo cestas e dando forma aos primeiros vasos de barro. Na forma, também, a aldeia é criação sua: não importa que outras funções pudesse ter, era a aldeia o ninho coletivo para o cuidado e nutrição dos filhos. Na aldeia, a mulher prolongou o período de cuidados às crianças e o de alegre irresponsabilidade de que dependem tantos dos maiores feitos do homem [...].

Sem esse longo período de desenvolvimento agrícola e doméstico, os excessos de alimento e capacidade de trabalho que tornaram possível a vida urbana não teriam existido. E sem a previsão e a consciente disciplina moral que a cultura neolítica introduziu em todas as fases da vida, é de se duvidar que pudesse ter emergido a cooperação social mais complexa que surgiu com a cidade [...].

A casa e a aldeia, e com o tempo a própria cidade, são obras da mulher".

5.
ELA, A CIDADE

Não é meramente casual o nexo cidade-mulher, em termos históricos e psicológicos. Os poetas sabem disso. No ensaio introdutório ao seu *The City, a Dictionary of Quotable Thoughts on Cities and Urban Life*, James A. Clapp, professor de planejamento urbano, insiste no tópico. Diz ele que, se há um *master symbol* para as cidades, atravessando séculos e culturas, este símbolo transtemporal e transcultural é feminino. Da palavra à metáfora. "O grego 'metrópolis' (metro = útero) e o latim 'urbe', por exemplo, são, em denotação ou gênero, termos femininos", escreve Clapp. Nas línguas neolatinas, cité-città-cidade-etc. são substantivos femininos. Mas também em alemão, *Stadt, die Stadt*, é feminino.

Além do geral, o particular. Cidades específicas tratadas em termos femininos. Retratadas como mulheres. É claro, lembra Clapp, que há exceções. Cidades que resistem, que recusam qualquer associação com o sexo feminino. Chicago, por exemplo. Historicamente, é uma cidade que sempre se impôs em moldura viril, "parecendo sugerir quase exclusivamente características masculinas", atributos de macheza. Observadores ressaltaram sua musculatura. *City of the Big Shoulders*, "cidade dos ombros largos", foi como o poeta Carl Sandburg a viu. E houve mesmo quem dissesse que, por conta de sua carência de sofisticação, ela aparecia, diante de olhares mais finos, como uma espécie de boxeador bêbado, de *punch-drunk fighter*. São Paulo, no Brasil, é outra exceção. Grosseiramente, não é tratada como mulher, nem sequer como pessoa — é máquina, a "locomotiva" do país. Mas, exceções à parte, a cidade é quase sempre vista em analogias com a mulher.

Como diz Clapp, as cidades, como os navios (as embarcações, de um modo geral), são predominantemente caracterizadas em horizonte e pauta femininos. Aqui, a analogia é com a imagem da mãe, vigora o simbolismo maternal. Ali, a correspondência é com a figura da esposa. Adiante, a referência é a amante. Aparece, ainda, a moça jovem, virgem ou não. E logo se projeta, também, a prostituta. Clapp exemplifica: o imperador Cláudio definia Roma como a mãe das armas e da lei. Cita, entre outros, Joseph Wechsberg informando: "Praga é chamada *Praha* em tcheco, de *Prah*, 'o limiar'. O 'a' no fim da palavra denota um nome de mulher: Praga é uma cidade feminina. Não uma mulher jovem e glamorosa, como Paris, mas *maticka* (pequena mãe) para seus trovadores". O caso de Paris, aliás, é muito especial. Há quem, como Irwin Shaw, a veja como uma mulher tão bela e vital, renovando-se sempre, "que nada — nem a passagem dos anos, nem bebida ou drogas, nem maus investimentos ou amores vis, nem negligência ou libertinagem — pode arruinar". Henry Miller, por sua vez, a comparou a uma "cadela apaixonada, que lhe agarra pelos bagos", *grabs you by the balls*. Cadela experiente e cheia de imaginação, disse outro escritor. E ainda outro: Paris é uma puta — é amada por todos e não ama ninguém. Já para Anthony Burgess, Roma é, ao mesmo tempo, mãe e puta, sempre generosa. Prostituição à parte, Kiev já foi chamada "a mãe de todas as cidades russas".

Interessante ainda, embora em termos mais míticos, o caso de Lisboa, cidade que, segundo a lenda poetizada até por Fernando Pessoa em *Mensagem* ("o mito é o nada que é tudo"), teria sido fundada por Ulisses. Bem antes já de Pessoa, no *Auto da Lusitânia*, Gil Vicente propôs uma etimologia fantástica para o topônimo Lisboa. Diz ele que o que aprendeu, dos segredos da antiga Lusitânia, foi-lhe ensinado pela Sibila, a profetisa grega. Escrevendo no século XVI, o dramaturgo conta que "há três mil anos" uma ninfa chamada Lisibea viveu ao pé da serra de Sintra, "que naquele tempo se chamava a serra Solércia". E, quando o Sol por ali passava, via-a sempre "nua sem nenhuma cobertura, tão perfeita em suas corporais proporções, como formosa em todos os lugares de sua gentileza". Irresistindo, o Sol teve uma filha com a ninfa Lisibea, uma filha cheia de luz, à qual deram o nome Lusitânia. E por aí Gil Vicente fecha a sua fantasia caprichosa, escrevendo: "Neste mesmo tempo havia na Grécia um famoso cavaleiro e mui namorado em extremo, e grandíssimo caçador, que se chamava Portugal; o qual estando em Hungria ouviu dizer das diversas e famosas caças da serra Solércia, e veio-a buscar. E como este Portugal, todo fundado em amores, visse a formosura sobrenatural da Lusitânia, filha do Sol, improviso se achou perdido por ela. Lisibea sua madre, desatinada, ciosa, morreu de ciúmes deste Portugal. Foi enterrada na montanha que naquele tempo se chamava a Feliz Deserta; onde depois foi edificada esta cidade, que por causa da sepultura de Lisibea lhe puseram nome Lisboa".

Podemos multiplicar exemplos dessa identificação cidade-mulher aqui nos trópicos brasílicos. Nossas cidades também aparecem como mulheres, sob os mais variados pontos de vista. "Senhora Dona Bahia" é como o poeta seiscentista Gregório de Mattos, o Boca do Inferno, se dirige a Salvador. Em textos de cronistas do século passado, esta mesma Cidade da Bahia é tratada, carinhosa e respeitosamente, em termos de "mulata velha". E em seu *Brasil, País do Futuro*, Stefan Zweig escreveu: "A atitude da [Cidade da] Bahia é a de uma rainha viúva, de uma rainha viúva grandiosa como as das peças de Shakespeare" (hoje, lamentavelmente, a cidade mais sugere uma prostituta brega, aqui e ali carregando excessivamente na maquiagem e usando roupinhas absolutamente inadequadas para a sua idade). Na fundação do Rio de Janeiro, em 1565, Estácio de Sá teria dito que ela seria "a rainha das províncias". E a caracterização feminina do lugar pode chegar a um bairro. No Rio, Copacabana é "princesinha do mar". Já sobre Brasília, João Cabral escreveu:

> *No cimento de Brasília se resguarda*
> *maneiras de casa antiga de fazenda,*
> *de copiar, de casa-grande de engenho,*
> *enfim, das casaronas de alma fêmea.*

Não temos razão, por isso mesmo, para não esperar que estas cidades se tornem sempre mais femininas. Que se façam cada vez mais nitidamente alegres, carinhosas e acolhedoras ao estar e ao andar — das mulheres, especialmente — em seus territórios mais públicos, pouco importa se em dias fechados de temporal ou se sob as mais claras nuvens no forro azul de um céu de verão.

6.
A CASA: DE LUGAR A LAR

A redução do espaço feminino na cidade, praticamente confinando a mulher ao âmbito da casa e da vizinhança, durante vasto período histórico, é um dos principais fatores na explicação do fato de que as mulheres saibam, muito mais do que os homens, o que é *conforto doméstico*. É claro que a mulher tem uma relação especial com a dimensão da proteção primária e do conforto básico, desde que cabe a ela cuidar dos rebentos que traz ao mundo. Mas não é só isso. A mulher, assumindo o governo diário da casa, se viu na posição de reinventar o espaço em que foi situada, dando um outro sentido ao ambiente construído pelo homem. Para isso, adotou a estratégia do aconchego e do conforto. Mas vamos com mais vagar, que isso não foi feito de uma hora para outra.

O padrão que se fixou no mundo ocidental-europeu, de Atenas até pelo menos o início do século XX, foi este: a cidade, espaço masculino; a casa, espaço feminino. Plantada no espaço doméstico, a mulher se fez a grande e principal responsável pela invenção da *domesticidade* moderna. Foi um processo de séculos. Uma construção histórica, uma criação cultural extraordinária, que foi transformando *house* em *home* — abrigo ou unidade habitacional em moradia ou lar —, permitindo-nos empregar o pronome possessivo, na expressão *minha casa*, para muito além do sentido material de posse ou propriedade. Mais amplamente, na acepção de reduto da individualidade, com todas as suas ressonâncias e reverberações semânticas. Processo histórico-cultural que configurou a dimensão *caseira* da existência humana, a partir do momento em que a mulher — principalmente, a mulher — começou a imantar o corpo físico da casa, nela materializando ou procurando materializar as ideias, os conceitos e, a partir de um certo ponto, os ideais de intimidade, privacidade e conforto. *Domesticidade* que, em sua origem e formação, é indestacável de uma determinada noção de família e de uma determinada visão da infância, solicitando a concorrência de uma determinada práxis arquitetural — no caso, menos de expressão plástica externa do que de agenciamento interno do objeto chamado *casa*. O que significa dizer, de uma perspectiva histórica, que o tema que temos em tela é uma criação pós-medieval. Mas temos de partir do quadro medieval para ter uma ideia da magnitude da transformação realizada. Vamos fazê-lo, no entanto, de forma fragmentária, no campo da leitura proposta por Witold Rybczynski, no rastro de Mario Praz — e não numa narrativa contínua, esquadrinhando processos.

A história urbana europeia, depois do colapso ocidental do império romano e das chamadas invasões "bárbaras", apresenta duas faces distintas. A exemplo de Córdoba e Lisboa, a cidade floresce na Península Ibérica sob domínio islâmico. Ao passo em que estaciona, entra em processo regressivo ou mesmo se desintegra, com seus moradores se dispersando por extensões rurais, nos territórios europeus que resistiram ao avanço árabe. Aqui — na Gália, na Bretanha, na Itália (à exceção de cidades marinhas que teceram laços cosmopolitas, como Veneza e Gênova), na Germânia —, a paralisia e o declínio se estenderam ao século XI, quando vigorou a ordem social antiurbana mais propriamente feudal. Só na centúria seguinte esta parte da Europa vai conhecer um notável renascimento urbano. E também este apresenta duas faces distintas. De uma parte, com o reordenamento e a transformação de cidades antigas, como Paris e Londres. De outra, com a criação de embriões citadinos, "comunas" ou vilas, apostas de risco que poderiam se revelar lucrativas. São cidades-estado, focos urbanos premeditados e planejados, que refutam, como disse Spiro Kostof, em *A History of Architecture: Settings and Rituals*, o clichê da cidade medieval como um pitoresco e pictórico *cluster* de casas no topo de uma colina, agarrando-se numa igreja ou em volta de uma torre senhorial, ao longo de ruas curvas e graciosas. Daí, aliás, que Kostof seja categórico: não existe uma coisa chamada "a cidade medieval". É heterogeneidade o que vemos, ao examinar o leque que vai das cidades arabizadas da Andaluzia e do centro de Portugal às cidades tocadas ou criadas pelo renascimento urbano norte-europeu. Histórica, política, social, cultural e morfologicamente, o que se impõe é a multiplicidade. Na argumentação de Kostof, se abrirmos amplamente o olhar sobre o Mediterrâneo, o sintagma "a cidade medieval" terá de abarcar Constantinopla (já bastante antiga e com cerca de meio milhão de habitantes, à época do renascimento urbano do século XII), assim como as grandes cidades islâmicas, de Bagdá ao Cairo. No Ocidente cristão, o espectro incluiria centros de mais de 100 mil habitantes, a exemplo de Milão e Veneza, e povoações com menos de mil moradores — vale dizer, capitais de reinos, sedes episcopais, entrepostos de comércio, castelos expandidos em burgos, póvoas portuárias, esqueletos habitados de *castra* do passado império romano (Viena, por exemplo), as novas cidades-estado dos séculos XII e XIII, etc. Ou seja: uma variedade imensa de experiências urbanas — da organização política à ordenação social. Em termos formais, também, não existe um modelo geral, uma gramática urbanística, tal como a que identificamos ao longo da colonização romana. Há cidades geomórficas e cidades geométricas, novas ou refuncionalizadas. Planos radiais e lineares, esquemas *market-based* e *ribbon-based* (isto é, brotando em torno de um mercado ou se dispondo linearmente em lotes de ambos os lados de uma via central), grelhas distorcidas no tempo e grelhas recém-implantadas.

Enfim, não há um traço claramente predominante e definidor. E, do mesmo modo que inexiste *a* cidade, também não existe *a* casa medieval. Seus desenhos variam ao extremo. Basta comparar as edificações erguidas na nova cidade de Montpazier (França), fundada em 1285, com as da Florença do Palazzo Vechio. Ou com as casas de Siena (altas, com cinco e seis andares), da Lisboa islamizada, do porto de Bruges ou da velha Nuremberg, estas sempre representadas, em livros de arquitetura, pela bela casa de esquina que pertenceu a Dürer. Mas algumas observações gerais podem ser feitas. Para isso, deixemos de lado os aristocratas e seus castelos fortificados, os religiosos e seus monastérios, os pobres e seus diversos arranjos de dormir (não raro, ao relento, que o pobre, na Idade Média, era, muitas vezes, um sem-teto). Em nenhum desses casos, é possível falar de *casa*. Um castelo era um misto de palácio, instituição burocrática e quartel. Um monastério era mescla de igreja, estabelecimento protouniversitário, hospital e albergue. Pobres, por sua vez, se ajeitavam em qualquer canto. Quando não descolavam uma vaga de servo numa propriedade senhorial, eram moradores de rua. Juntavam trapos perto das portas das cidades, dormiam sob pórticos e pontes. A cidade, afinal, era o lugar onde se cruzavam o mercador e o mendigo, assim como o padre e a puta — e isto é, ainda hoje, o que há de mais fascinante em centros citadinos. De qualquer modo, a casa, como tal, parece existir somente para um segmento da sociedade, cuja renda era variável (havia desde burgueses riquíssimos a burgueses apenas remediados), mas que podemos tratar, com as ressalvas de praxe, como um estrato predominantemente intermediário da população, composto, basicamente, por comerciantes e artesãos, entre os quais se encaixariam nossos atuais engenheiros, arquitetos, pintores, escultores e *designers*. Em suma, a chamada "burguesia medieval", da qual não deixavam de fazer parte os intelectuais — em *Os Intelectuais na Idade Média*, aliás, Le Goff observa que o intelectual medieval nasce com a cidade: "É com a sua expansão, ligada ao comércio e à indústria — digamos, modestamente, artesanato —, que ele aparece, como um daqueles homens de ofício que se instalam nas cidades onde se impõe a divisão do trabalho".

Em tela, portanto, um determinado segmento social, a arquitetura da burguesia medieval e o lugar da mulher naquela sociedade.

No mundo medieval europeu, regra geral, casa não era sinônimo de intimidade, nem de privacidade — e muito menos de conforto. (Coisa bem diversa do que se via nas moradias mais ricas da Roma imperial, que, aliás, em termos residenciais, era fundamentalmente uma cidade de prédios de apartamentos, as *insulae*.) Pelo contrário: o trio intimidade-privacidade-conforto (ou, ao menos, a definição de um círculo aconchegante), que tanto prezamos (ao menos, em retórica e ideologia), era um ilustre desconhecido. As casas viviam cheias de gente. Não havia cômodos rigorosamente individuais. O mobiliário era escasso e excessivamente severo, com bancos de madeira forte, assentamentos nus e duros, sem apoio para as costas ou pouso para os braços. Em parte razoável dos casos, o que se tinha era quase um amontoado de construções, um ambiente densamente construído e densamente povoado. Dentro dele, a casa. Aqueles que podiam possuir uma, procuravam espaços centrais, lotes próximos ao mercado. Esses terrenos eram os mais caros e exíguos. Fatiava-se com avareza o centro citadino. Resultado: lotes de dimensões reduzidas, onde as casas só podiam crescer em altura. Vamos então, com todas as ressalvas, mas com um que outro ressalte, tentar imaginar aí a casa mais comum de um burguês, do morador de uma cidade medieval. Para princípio de conversa, aquela casa não teria, unicamente, uma função familiar. Teria, no mínimo, uma dupla função. Era lugar de moradia e local de trabalho. São muitas as casas em que vemos isso. Lá embaixo, num porão ou depósito, a armazenagem. No térreo, de frente para a rua, uma loja ou a oficina, modelo antigo de espaçamento, que viria da ínsula romana ao Brasil Colônia e aos nossos dias imperiais, para se estender além, na combinação doméstico-comercial das unidades de habitação: o sujeito que tem um bar ou armazém no térreo e mantém a família no andar superior da casa. Não havia especialização de funções nesse âmbito, isto é, a casa não era repartida funcionalmente, com aposentos ou cômodos de usos definidos: sala de estar, quarto de dormir, etc. As coisas se misturavam.

Em *Home: A Short History of an Idea*, Witold Rybczynski faz a sua descrição da casa típica do burguês medieval no *trecento* — e a palavra *bourgeois*, diz ele, apareceu pela primeira vez na França, em inícios do século XI. Regra geral, esta casa era comprida e estreita e seus cômodos tinham usos múltiplos. No salão, por exemplo, as pessoas se entregavam a práticas tão variadas quanto cozinhar, se divertir, comer e dormir. Arcas serviam para guardar coisas, para se sentar, para o sono. Bancos, latrinas e mesas desmontáveis eram comuns. Camas também faziam as vezes de assentos. Na verdade, as pessoas se sentavam em cima de qualquer coisa e em qualquer canto — inclusive, no chão. "Onde não se sentavam com frequência era em cadeiras", observa Rybczynski, lembrando que os antigos egípcios as usavam e que os antigos gregos chegaram a produzi-las com alto grau de refinamento, em matéria de elegância e conforto. Os romanos introduziram este móvel na Europa, mas, com o colapso do império, "a cadeira foi esquecida". Na Idade Média, a cadeira não só era rara, como não existia para o conforto — e, sim, como "símbolo de autoridade". Rybczynski colhe seus dados, quase sempre, fora do mundo ibérico, mas, no que nos interessa mais de perto, era mais ou menos o que ele descreve que se via, também, na sociedade medieval portuguesa, como nos mostra Oliveira Marques, em *Portugal na Crise dos Séculos XIV e XV*. "O mobiliário medieval jamais ocupou um grande espaço no interior das habitações", diz ele. A arca "servia para tudo, até de leito [...]. As cadeiras eram poucas. De uma maneira geral, as pessoas sentavam-se sobre as arcas ou sobre as camas e, frequentemente, no chão. O costume islâmico foi, neste caso, determinante em Portugal. Homens e mulheres, mas sobretudo estas últimas, preferiam sentar-se no chão, sobre tapetes e almofadas [...]. A mesa constituía alfaia menos prezada do que nos séculos seguintes e nem sempre considerada móvel indispensável. Objeto de transporte frequente, de quarto para quarto, havia de apresentar características de leveza e de rudeza [...]. Muitas vezes, constava apenas de uma tábua montada sobre cavaletes", escreve o historiador lusitano. Isto é, os móveis eram realmente móveis (daí, a sua denominação, que até hoje perdura em línguas neolatinas), viviam em movimento, carregados de um canto para outro, a depender do que se ia então fazer num determinado segmento da casa, o que não estimulava a feitura de arranjos decorativos mais permanentes. Não havia uma mesa de jantar — mas um móvel que servia, entre outras coisas, para preparar alimentos, comer, contar dinheiro e dormir. No dizer de Rybczynski, aquelas pessoas, mais do que morar, acampavam em suas casas.

No caso do mobiliário, Rybczynski chama a atenção para um aspecto relevante. As casas praticamente copiavam o que se via no interior das edificações das ordens monásticas. Reproduziam coisas como as arcas onde eram guardados paramentos religiosos, a mesa do refeitório, etc. Era uma decoração interior de extração imediatamente eclesiástica. O monastério modelava, com sua poderosa influência, o *design* do mobiliário secular. E, "como o estilo de vida dos monges era ascético, eles não tinham qualquer razão em aplicar sua prodigiosa energia inventiva para tornar a vida mais prazerosa". Pelo contrário, "a maior parte do seu mobiliário era intencionalmente severa", de modo a não permitir relaxamentos de corpo e mente.

Rybczybski assinala, de resto, que "conforto" vem do latim *confortare*, com o sentido de dar ou trazer consolo, consolar. Conforto era alívio, bálsamo, consolo. Só bem depois da Idade Média, o vocábulo ganhou o sentido de bem-estar físico, material. "O primeiro uso de 'conforto' para significar um nível de amenidade doméstico não está documentado antes do século XVIII." E se a casa medieval passava longe do conforto, também não cultivava a intimidade e a privacidade. "A casa medieval não era um lugar privado, mas público." Nela, o que surpreende não é a decoração minimalista, a carência de móveis — "os vazios da arquitetura moderna nos acostumaram a isso" —, mas a aglomeração e a confusão de pessoas naquele espaço. Era gente passando em todas as direções, fazendo as mais variadas coisas, de comida a transações comerciais. Em vez de lugar de sossego e intimidade, espaço de zum-zum-zum e azáfama. Por dois motivos, ao menos. De uma parte, porque — na ausência de bares, restaurantes e hotéis nas cidades-estado —, a casa funcionava como *meeting place* público. Além de oficina ou loja, era também escritório e restaurante. De outra parte, porque era muito alto, para o nosso padrão, o número de pessoas que ali morava. Além da família propriamente dita, havia empregados, servos, aprendizes, amigos, etc., de modo que não era raro encontrar, numa casa, uma população doméstica de cerca de 25 pessoas. E como toda essa gente vivia em um ou, no máximo, dois cômodos, inexistia privacidade. Não só era comum ter várias camas num cômodo, como várias pessoas dormindo juntas em cada uma delas. Daí, lembra Rybczynski, pinturas medievais que retratam um casal na cama ou no banho — e ao lado, no mesmo cômodo, amigos ou servos em conversação relaxada, como se aquilo fosse a coisa mais natural do mundo. Intimidade e privacidade eram, então, coisas desconhecidas. Ou, no mínimo, impraticáveis.

É claro que, em tal contextura, a mulher-esposa não teria como alterar o quadro, no sentido da constituição da casa enquanto lugar íntimo, espaço da privacidade, centrado na célula familiar. Como se não bastasse, sua voz era mínima. Ela se casava muito cedo (regra geral, o casamento, na burguesia medieval, como na Roma clássica, era assimétrico, em termos etários: um homem adulto, com cerca de 30 anos, introduzia, em sua casa, uma adolescente, entre os 15 e os 18 anos de idade, num arranjo conjugal que não raro passava ao largo da opinião ou do desejo dela, antes selando tréguas ou alianças entre famílias) e devia obediência irrestrita ao marido, perdendo, inclusive, o direito de dispor dos bens que levava para a vida do casal. Quando a ordem se invertia, a comunidade se encrespava. Observa Christiane Klapisch-Zuber (em "A Mulher e a Família", na coletânea *O Homem Medieval*, organizada por Le Goff) que "a insubordinação das mulheres não é apenas objeto da reprovação dos maridos, incorre igualmente na reprovação coletiva. As infrações à ordem normal das coisas, as inversões demasiado chocantes da autoridade natural [e a autoridade do marido sobre a mulher era então considerada *natural*], são passíveis de um julgamento e de um castigo simbólico, imposto pela comunidade [...]. Através de toda a Europa, o ritual do passeio de burro pune a inversão demasiado evidente dos papéis conjugais: se a mulher domina o marido, o maltrata ou o engana, o marido, que faz as vezes dela, tem de percorrer a área da aldeia montado ao contrário na ridícula cavalgadura e agarrando-se-lhe à cauda. A insubordinação da mulher põe em perigo a própria ordem do mundo e provoca aqueles rituais em que a redenção passa pelo escárnio. Não há esfera privada onde os indivíduos possam pôr fim aos seus conflitos, sem terem de contar com a intervenção dos censores externos". Curiosamente, por sinal, insubordinações filiais não despertavam tais reações. Eram vistas como assuntos "de família", envolvendo, não raro, questões de herança. A mulher-esposa era que não tinha direito algum de levantar a voz e, muito menos, de bater na mesa. Não teria motivos para isso.

Mas não era só. Aquelas mulheres pariam sem parar. Esperava-se exatamente isto delas — e elas, de fato, funcionavam como verdadeiras máquinas reprodutoras. Na visão medieval, a mulher era um corpo e, sobretudo, um ventre. Sua missão era procriar, dar filhos à família, perpetuar a linhagem. Partos aconteciam sucessivamente. "Realcemos, para já, que os períodos de gravidez ocupavam cerca de metade da vida das mulheres casadas, antes de atingirem os quarenta anos de idade", escreve, ainda, Christiane Klapisch--Zuber. Se metade da vida ela passava grávida, a outra metade passava ocupada. O marido burguês medieval considerava fundamental conservar sua mulher dentro de casa, encerrada no espaço doméstico, empregada *full-time* em diversos afazeres, sem tempo para devaneios ou fantasias, nem brechas para frequentar indevidamente lugares públicos. Cabiam-lhe, assim, tarefas e responsabilidades domésticas. Uma espécie de função gerencial do domicílio. Ainda Christiane: "[...] os lugares-comuns da literatura medieval sobre economia doméstica atribuem às suas [dos homens] companheiras o cuidado de conservar e transformar para o consumo familiar os produtos de que eles se apoderam, numa medida proporcional às necessidades. A gestão diária das provisões, a vigilância e a prudência na sua utilização, os cuidados a ter com eles, são outras das atividades em que podem empregar-se os talentos que se atribuem às mulheres, quando oportunamente canalizados pela sua docilidade e ponderação. Uma boa mulher, uma mulher ajuizada, doce e comedida, saberá organizar a circulação interna dos bens que, graças ao homem, afluíram à sua casa". Não deveria haver um minuto de folga, que a natureza feminina é frágil, sempre à beira ou em véspera de deslizes e desvios. Quando não estivesse gerenciando a casa ou cuidando do marido, a mulher poderia fiar horas a fio. "Os educadores revelam a utilidade dos trabalhos de costura ou de fiação, que deviam ocupar o tempo em que a mulher não tem outras coisas para fazer. Esses trabalhos imobilizariam o corpo da mulher e entorpeceriam os seus pensamentos, evitando que ela se perca em devaneios perigosos para a sua honra e para a honra da casa. Desde a mais tenra idade que as mulheres fiaram, teceram, coseram e bordaram sem descanso e quanto mais alta for a linhagem, quanto mais honra tiverem, menos tempo se lhes concederá para brincarem, rirem ou dançarem. Portanto, as jovens das classes nobres também ocupam as suas mãos e o seu espírito nos delicados bordados de casulas ou frontais de altar: pelo menos, ganham em anos de purgatório a recompensa pelo seu interminável trabalho. Para o justificar, afirma-se que o pai deve dar-lhes uma arte que lhes permita sobreviver no caso de ficarem pobres, mas a preocupação mais profunda que os textos revelam é neutralizar a natureza feminina, instável e frágil, obrigando-a a uma atividade constante." Além de tudo isso, as raras andanças da mulher em espaços públicos deveriam ser mantidas sob rigoroso controle. Sob vigilância.

Os burgueses medievais tinham pavor de serem traídos. E sabiam que todo cuidado era pouco. Na prática, o sexo extraconjugal sabia encontrar caminhos para sua realização. Não faltavam, sequer, sacerdotes que seduziam suas paroquianas. Enfim, paixões e casos extramatrimoniais eram comuns. Mas não é isso o que importa, aqui. O que quero ressaltar é o encerramento da mulher no espaço doméstico, em situação de absoluta submissão. Numa moldura que não lhe dava meios para sequer pensar em reinventar a casa, quanto menos para dispor de força para isso. Como se fosse pouco, a visão da infância e a relação com os filhos não contribuiriam em nada para a constituição de um *lar*, se tal projeto porventura aflorasse no horizonte das preocupações familiares de então. Por um lado, não se concebia a infância como um período específico da vida de uma pessoa. Philippe Ariès examinou o assunto, em sua *História Social da Criança e da Família*: no mundo medieval, a criança aparecia como um adulto em miniatura, inclusive em seus trajes. E a atitude diante dela era bem pouco ou nada sentimental. Por outro lado, as famílias afastavam objetivamente os filhos, despachando-os de casa. Nos últimos séculos medievais, generalizou-se, na burguesia, o recurso a amas de leite. Acontece que tais amas tinham suas próprias casas e era para elas que as crianças burguesas eram enviadas, tão logo nasciam. Além disso, a morte rondava os infantes. Mais Christiane Klapisch-Zuber: "Entremeada de nascimentos, a vida fecunda de uma mulher que tenha casado antes dos dezoito anos conclui-se vinte anos mais tarde. Todavia, de todos os filhos que deu à luz, são poucos os que vivem debaixo do teto paterno. A maternidade medieval é uma espécie de linha ponteada. As mães que entregaram os filhos a amas residentes fora de sua casa, logo a seguir ao batismo, só os recuperam um ano e meio ou dois anos depois, e isso no caso de eles sobreviverem. Entretanto, algum dos irmãos mais velhos pode ter morrido por doença ou vítima das epidemias de peste que, periodicamente, sangram a população. Assim, as enormes descendências — dez, quinze filhos, só existem, de fato, em teoria; são fruto da reconstituição feita no papel pelos historiadores da demografia. No ciclo cotidiano dos nascimentos e das mortes, as casas de finais da Idade Média albergam, em média, pouco mais do que dois filhos vivos, tal como os recenseamentos revelam; e os sobreviventes que o pai ou a mãe menciona nos seus testamentos, raramente ultrapassam esse número". Filhos partem de casa, ainda, para estudar em conventos ou aprender ofícios (sete anos de aprendizado, vivendo na casa do mestre, determinavam as corporações de artesanias). Era raro que um casal medieval acompanhasse de perto, passo a passo, o crescimento de seus filhos. Em resumo, aquelas eram formações familiares fraturadas, sob o signo conjunto da inferioridade da mulher e da vulnerabilidade e impermanência da prole.

A MULHER PROVENÇAL

Houve um momento, na história medieval, em que a condição da mulher, desde que pertencente ao segmento social dominante, foi bem outra. Privilegiada. Mas num contexto que, entre a heresia cátara e a poesia provençal, não teria nada a ver com a transformação da casa, em termos de família, intimidade e privacidade.

Vejamos. É comum a afirmação de que o amor é uma invenção do século XII. "A palavra e a coisa vêm do país d'Oc", escreve Henri-Irénée Marrou, em *Les Troubadours*. O *pays d'Oc* era a Occitânia — também chamada Provença ou Languedócio —, nos séculos XII e XIII. O território hoje francês exibia, naquela época, uma partição linguística. Falava-se a *langue d'oil* ao norte do país — e a *langue d'oc*, ao sul. Em provençal, "sim" é *oc* (no francês nortista, dizia-se *oil*) — era, por isso, a língua do *oc*, *langue d'oc* e, daí, Languedócio. Uma língua neolatina, mescla do latim popular falado por soldados e colonos de Roma e de traços idiomáticos anteriores à invasão romana. E a unidade linguística da Occitânia era um fato. Esquematicamente, pode-se dizer que, na sociedade guerreira do norte da França, o discurso estava com os *trouvères*, poesia belicosa, verbo épico. No sul, vicejava a palavra lírica dos *troubadours*. Aqui, no campo da poesia, reinava a chamada "vassalagem amorosa". A transposição da relação jurídica feudal (senhor/vassalo) para o terreno das relações amorosas. Com a mulher, *dompna*, no papel de senhor — e o trovador, no de vassalo. O serviço feudal e o "serviço" amoroso são simétricos. O trovador vê, na sua dama, o suserano. Ele a chama, inclusive, *midons* (*mi dominus*), usando o tratamento masculino: "meu senhor". A vassalagem feudal, com seus ritos e fórmulas, é uma vasta metáfora para o serviço amoroso. É aí que se define a escola poética do "amor cortês", matriz de toda a moderna lírica ocidental.

Escrevi, antes, que a divisão entre épica nortista e lírica meridional era esquemática. De fato, um poeta provençal como Bertran de Born, por exemplo, não estava preocupado com o amor, mas com sangue e desejos de batalha. Além disso, o "amor cortês" é relativizável. Podemos ver isso já na disposição de Guillem de Peitau (Peitieu, Poitiers), duque de Aquitânia, a quem pertencem "les plus anciens de tous les vers lyriques écrits dans une langue moderne" (Jeanroy, *Les Chansons de Guillaume IX*) — todas elas, aliás, altamente requintadas, elaboradas num padrão formal complexo. Costuma-se classificar suas composições em três grupos, definidos por traços semânticos grosseiros, embora seja difícil lidar com "Farai un Vers de Dreyt Nien" ("Farei um Verso de Puro Nada"). No primeiro grupo, ficam as de natureza francamente sensual, onde Guillem emprega a palavra certa no lugar certo (usando, inclusive, o verbo *foder*). No segundo, predomina o tom lírico, quatro peças *courtoises*. No último, solitária, uma canção "séria". Com as canções amorosas, *courtoises*, Guillem lançou os cânones da cortesia poética: o prelúdio primaveril; o elogio da beleza incomparável da amada (a mais bela fêmea nascida na linhagem de Adão); a entrega total à paixão; a *joy*, a alegria amorosa trovadoresca; a vassalagem amorosa. Guillem pertence, portanto, tanto à escola do amor cortês, quanto à linhagem mais crua dos poetas realistas. Mesmo nas canções mais brandas, onde canta a floração dos bosques na primavera e beijos tranquilos sob as ramagens, cumprindo os princípios do "serviço cavalheiresco", ele sempre encontra um meio de deixar aflorar a sensualidade e até o sexismo, escapando ao "formalismo erótico" da lírica occitânica. Em "Farai Chansoneta Nueva", a vassalagem amorosa vem tingida de ironia. E seu desejo de amante, expresso em "Ab la Dolchor del Temps Novel", é viver até o dia em que possa meter as mãos sob as roupas da amada. Mas não é diferente o que diz Arnaut Daniel: entre beijos e risos, quer descobrir o corpo da amada, a fim de vê-la nua à luz das lâmpadas (*"que.l seu bel cors baisan rizen descobra/ e que.l remir contra.l lum de la lampa"*). De qualquer sorte, a estética verbal assumiu, na Provença, formas variadas, da canção lírica ao "sirventês" (de *servire*, poesia a--serviço-de um ideal ou uma ideologia: *sirventés*, canção de um *sirvent*), passando pela *alba*, a *tenson* ou o *planh*, o canto pela morte de alguém, como o que Cercamon compôs à partida de Guillem. Mas a canção de amor era considerada a espécie formal mais elevada. E foi a que colocou a mulher no centro das atenções.

Mas o alvo principal dos poetas da Provença eram mulheres casadas, tratadas por pseudônimo poético, o *senhal*, como a *Bon Vezi* ("bom vizinho") do poema de Guillem. Agora, o que era mesmo que permitia que aquelas mulheres reinassem de tal forma? Rodrigues Lapa (*Lições de Literatura Portuguesa: A Época Medieval*) está certo quando diz que a cultura provençal, nos séculos XI e XII, ainda não foi devidamente mapeada. Não se fez, até hoje, um esquadrinhamento minucioso do período. Mas o fato foi que ali se desenhou uma região rica, com cidades livres, centros mercantis que relaxavam laços de dependência feudal. "A situação florescente da economia privada favoreceu naturalmente a instalação de pequenos centros de cultura social, que foram adquirindo pouco a pouco extraordinária importância; nos princípios do século XII, nos condados de Anju e Tolosa e no ducado de Aquitânia, praticamente desligados do rei de França, a vida corria fácil e alegre; e os cronistas do tempo contam-nos maravilhas sobre a perdulária magnificência desses senhores folgazões", escreve Lapa. Friedrich Engels, em seus debates sobre a Polônia, já chamava a nossa atenção para esta especificidade: "As nacionalidades da França setentrional e meridional eram, na Idade Média, tão diferentes como o são hoje os polacos dos russos. A nação da França meridional, vulgarmente chamada nação provençal, tinha atingido, na Idade Média, não só um 'desenvolvimento precioso', mas encontrava-se, até, à frente do desenvolvimento europeu. E, entre as nações recentemente aparecidas, a Provença possuía, acima de tudo, uma língua culta. A sua arte poética servia, então, de modelo inacessível a todos os povos românicos e mesmo aos alemães e ingleses. Quanto à perfeição e requinte dos costumes cavalheirescos, rivalizava com os castelhanos, os franceses do norte e os normandos ingleses. Quanto à indústria e ao comércio, não ficava atrás dos italianos. Não foi apenas 'uma fase da vida da Idade Média' que a Provença fez progredir 'até alcançar a forma mais brilhante'. Chegou mesmo a lançar um reflexo da antiguidade grega no seio da mais profunda Idade Média. Deste modo, a nação da França meridional adquiriu méritos verdadeiramente incomensuráveis, no seio da família dos povos europeus". Voltando a Lapa: "[...] um dos fundamentos dessa nova cultura traz um selo caracterizadamente burguês, porque ela se alimentou de preferência das amenidades da vida, conquistadas por uma burguesia que ombreava de resto em poder e fausto com a própria aristocracia, e por vezes até a superava". Mais: "Não significa isto que a cultura trovadoresca tenha caráter burguês; sucede até que em certas cidades, como Narbona e Montpilher, redutos de burguesia preponderante, os trovadores parece terem tido acolhimento menos fervoroso. Mas a nova civilização poética não se reflete apenas na canção lírica, nas efusões do coração enamorado, manifesta-se ainda no serventês, na poesia objetiva e satírica, e para isso é que é necessário ter presente a existência duma forte cultura burguesa, dum espírito civilista, que enforma alguns dos seus aspectos".

Um dos traços marcantes dessa nova cultura é a projeção da mulher. A paisagem não é assim muito simples. Falamos da mulher submissa em países católicos, mas a verdade é que o cristianismo não deixou de conferir uma nova dignidade à mulher, ao fazê-la — ao menos, teoricamente — igual aos homens. O princípio igualitário do feminismo tem suas raízes aí, apesar das palavras de São Paulo e da hostilidade à mulher, que encontramos nos autores eclesiásticos dos tempos medievais. Além disso, em plano mais rasteiro, quando a mulher se casava, passava a pertencer a um homem, que, não raro, a tratava grosseiramente. As mulheres das classes superiores tinham uma saída: o convento. Refugiavam-se no reino dos signos para escapar ao desejo carnal e às brutalidades do cotidiano, sob o mando de um macho. Mas, nas terras da Occitânia, a mulher de fato encontrou condições propícias para levar uma vida mais tranquila e, mesmo, cultural e sexualmente mais satisfatória. Até mesmo por uma circunstância jurídica singular. "A mulher ali herdava, possuía bens próprios e, depois de casada, podia dispor deles sem o consentimento do marido. Esta igualdade jurídica, resultante da influência do direito justinianeu na França meridional, teve a mais decisiva influência na gênese e progresso da cultura trovadoresca, essencialmente feminina." Wechssler diz mesmo que o trovadorismo do Languedócio não só nasceu da inspiração, como, de certo modo, do desejo e da imposição de grandes senhoras (a vassalagem poética poderia ter sido muito mais real do que imaginamos). Mas estas senhoras, como disse, eram, quase invariavelmente, casadas. As declarações provençais de amor não se endereçavam a donzelas. Não eram coisitas enfeitadas para mocinhas. Donzelas viviam obrigatoriamente aninhadas sob asas paternas. Quem podia bater as asas, em voos mais amplos e comprometedores, eram senhoras casadas — e ricas. Elas patrocinavam poetas. Bancavam seus cantadores. E, não raro, avançavam o sinal, afirmando a incompatibilidade entre o amor e o casamento, numa época em que matrimônios eram quase sempre arranjos políticos e/ou econômicos. Como a condessa Maria de Champanhe, por exemplo: "Digo, pois, e estabeleço firmemente que o amor não se pode desenvolver entre dois casados; porque os amantes dão-se reciprocamente tudo, de graça, sem o menor constrangimento; ao passo que os casados se obrigam a mútua obediência, por dívida, e não se podem recusar coisa nenhuma". O amor conjugal não era exatamente um amor, mas um dever. Um compromisso compulsório.

Enfim, o "amor cortês" era um amor adúltero. O ciúme conjugal era considerado ridículo no contexto lírico occitano, coisa incompatível com a cortesia — embora, aqui e ali, algum *marit gilós* jogasse pesado, como no caso do que mandou matar o poeta Cabestanh. E a visão dos trovadores, reclamando para a mulher casada o direito de ir para a cama com quem quisesse, chocava-se, é claro, com a doutrina oficial da Igreja. Vale dizer, a cultura poética trovadoresca tendia para um certo e suave paganismo. Ou para um doce misticismo profano. Os trovadores eram, no mínimo, heterodoxos. Viviam sob o influxo da heresia dos cátaros (de *cathari*, "puros"), onde a religiosidade cristã se manifestava em termos anticlericais, fora da órbita do papado. "Heresia" é palavra de origem grega — *hairesis, hairein* — e significa *escolher*. No caso cátaro, a escolha herética, que assumiu extensão popular, foi uma crítica teológica e ética à ordem eclesiástica. O movimento concordava basicamente em que o mundo físico era dominado pelo Mal. Contra ele, acenava com o reino espiritual do Novo Testamento. Recusando o universo material, os cátaros recusavam a carne: o corpo, cárcere do espírito. Era fundamentalmente falsa, para eles, a crença católica na ressurreição dos corpos. Cumpria, ao contrário, libertar-se do fardo corporal. Alimentar-se de peixe ou seguir uma dieta vegetariana, já que carne chamava carne, despertando desejos sexuais. O apego à vida, por fim, era uma blasfêmia. É certo que os princípios ascéticos eram obrigatórios somente para os *perfecti*, os iniciados, cujo número era pequeno. A obrigação da grande maioria dos cátaros, da massa dos fiéis, praticamente se limitava à veneração dos *perfecti*. Mas a Igreja não fez ouvidos de mercador, diante de tal crítica herética. Reagiu com violência. Em 1200, o papa Inocêncio III começou sua campanha. Como a heresia era especialmente forte no Languedócio, despachou para lá monges cirtercienses, com a finalidade de reconduzir os hereges às águas da Igreja. Mas os mensageiros do novo misticismo cisterciense falharam. A Igreja andava muito suja, aos olhos de todos. O clero, vivendo vida luxuosa, identificado à aristocracia dirigente, não tinha como competir com os *perfecti*, em termos de pureza cristã. De um lado, riqueza e poder. De outro, austeridade, ascetismo. Inocêncio optou então pela violência aberta. Em 1209, seus cruzados, sob o comando de Simon de Montfort, considerado um dos grandes militares da época, partiram para arrasar a Provença. Invadiram Béziers, promovendo uma carnificina. Carcassona, Narbona e outras cidades logo se renderam, apavoradas com o furor sanguinário dos cruzados. E assim a Occitânia caiu e foi anexada à França do norte, passando à órbita do papado, no reinado de Luís VIII, momento primeiro da unificação nacional francesa.

O jogo e o riso foram banidos do Languedócio. E trovadores emigraram, como Peire Cardenal, que tomou o rumo da Espanha. Mas, antes disso, a ideologia cátara se espalhou. E, na sua cartilha, o matrimônio era visto como pecado carnal. Se no corpo estava todo o mal, a presença viva do diabo, a cerimônia do casamento, que a Igreja oficiava, ainda que conhecendo suas implicações diabólicas, não passava de uma nefasta sacralização de laços demoníacos. E aqui se casam o amor adúltero das cortes trovadorescas e a aceitação cátara das conjunções carnais fora do casamento, já que estas, por definição, seriam menos sacrílegas. Não se deve, por isso mesmo, separar a poesia provençal da pregação dos cátaros. E aí não haveria base para a configuração do lar, tal como a modernidade passou a conhecê-lo. A poesia amorosa dos trovadores, a heresia cátara e a codificação jurídica da herança, destinando à mulher a gerência de seus bens, não conduziriam, naquele contexto, à formação de qualquer espécie de lar. Óbvio: entre a clara condenação do casamento e a celebração franca dos relacionamentos extraconjugais, não sobraria solo firme algum para a constituição da casa enquanto espaço da existência e da proteção da intimidade, consagrando um pequeno núcleo de pessoas, geradas a partir de laços nupciais ou mesmo por vínculos menos formais, contraídos ao ar livre, longe de altares ou fora do alcance do som de sinos eclesiásticos.

A cena das utopias

Mas deixemos as cortes provençais e voltemos à casa burguesa medieval. Assinalamos, antes, o modelo monástico de sua "decoração", se é que é possível usar esta palavra. Mas ainda não é isso o mais importante. O arranjo interior, nesse caso da casa medieval, pode ser lido de outra perspectiva.

A carência de móveis — naquela vida tão formalista e ritualizada, tão "externa" e cerimonial, onde a própria vida era um *public affair* — pode falar de uma ausência maior, do ponto de vista moderno. E aqui voltamos a Rybczynski, que adota a leitura de John Lukacs sobre o assunto ("The Bourgeois Interior", publicado na *American Scholar*): "É a mentalidade, não a ausência de cadeiras confortáveis ou de aquecimento central, que explica a austeridade da casa medieval. [...] John Lukacs assinala que expressões como 'autoconfiança', 'autoestima', 'melancolia' e 'sentimental' apareceram em inglês ou francês, com seus sentidos modernos, apenas há duzentos ou trezentos anos. Seu emprego marcou a emergência de algo novo na consciência humana: o aparecimento do mundo interior do indivíduo, do *self* e da família. O significado da evolução do conforto doméstico só pode ser apreciado nesse contexto. É muito mais do que uma simples procura por bem-estar físico; começa com a consideração da casa como um cenário para uma vida interior emergente. Nas palavras de Lukacs, 'como a autoconsciência da gente medieval era pouca, o interior de suas casas era vazio, incluindo os salões de nobres e de reis. A mobília interior das casas apareceu junto com a mobília interior das mentes'". O mesmo Lukacs, aliás, afirmou: "Domesticidade, privacidade, conforto, o conceito de lar e de família: estas são, literalmente, as principais conquistas da Idade Burguesa". Individualismo e cultivo da privacidade que, segundo Jacob Burckhardt, teriam seu ponto de partida na Itália, com o movimento renascentista dos séculos XV e XVI.

Sim. Em *O Renascimento Italiano*, Burckhardt defende que a natureza da vida nas cidades-estado da península itálica conduziu a um "desenvolvimento precoce do italiano", que fez dele "um homem moderno" — "o primogênito dos filhos da Europa atual". Há uma diferença radical entre o mundo renascentista e o mundo medieval. "Na Idade Média, as duas faces da consciência, a face objetiva e a face subjetiva, estavam de alguma maneira veladas; a vida intelectual assemelhava-se a um meio sonho [...] quanto ao homem, apenas se conhecia como raça, povo, partido, corporação, família ou sob uma outra forma geral e coletiva. Foi a Itália a primeira a rasgar o véu e a dar sinal para o estudo *objetivo* do Estado e de todas as coisas do mundo; mas, ao lado desta maneira de considerar os objetos, desenvolve-se o aspecto *subjetivo*; o homem torna-se *indivíduo* espiritual e tem consciência deste novo estado." É o tempo de expressões como *uomo singolare* e *uomo unico*, "empregadas para designar um grau superior e o apogeu da cultura individual". E este individualismo renascentista vai se expressar, inclusive, na dimensão vestual (roupa é signo; expressão material de disposições mentais). Já na Itália do século XIV, "ninguém tem medo de se tornar notado, de ser e parecer diferente do comum dos homens". Explicitamente: "Por alturas de 1390, já não havia em Florença uma moda dominante para o vestuário masculino, porque cada qual se procurava singularizar pelas vestes" — nos primórdios da Idade Média, ao contrário, o estilo das roupas seguia o da indumentária religiosa. Modifica-se notavelmente, ainda, a situação da mulher, nos meios socialmente privilegiados. Ela recebe a mesma educação do homem, incluindo "estudos literários e até filológicos". A conversação entre os sexos é, ao mesmo tempo, elevada e franca. "Com a cultura, desenvolve-se também o individualismo das mulheres de alta condição, da mesmíssima maneira que o dos homens", prossegue Burckhardt. Eram mulheres muito mais voltadas para o pensar do que para o fiar. E há mais. Em 1446, informa Burckhardt, um Agnolo Pandolfini escreve um livro que "é o primeiro programa duma vida privada, perfeitamente organizada". Estamos já, como disse Alfred von Martin, em sua *Sociologia do Renascimento*, no "prelúdio da era burguesa" — já não mais, é claro, no sentido de burguesia medieval, formada por mercadores e artesãos, mas no sentido de burguesia moderna, empresarial e industrial. E é a partir daí que se vai começar a configurar a ideia moderna de casa como espaço familiar íntimo e específico.

Mas é evidente que nem as mentalidades nem as coisas conheceram alterações imediatas. E muito menos amplas. O Renascimento, como se sabe, foi a época da redescoberta da antiguidade clássica e da descoberta das Américas. Sob este duplo impacto, a criação utópica erudita, literária, voltou à cena política e cultural. Havia os modelos de Platão e Plutarco, para não falar de criações medievais, como a *Cidade de Deus*, de Agostinho. E havia o aflorar de povos, sociedades e culturas até então desconhecidos pelo mundo europeu, dos centros maias e incas à periferia litorânea de tupiniquins e tupinambás. O planeta, pela primeira vez, dava de cara consigo mesmo, em sua inteireza — em toda a sua diversidade. Foi o grande encontro antropológico do final do século XV e inícios do XVI. A súbita aparição da massa continental das Américas, com sua humanidade física, social e culturalmente distinta, fez girar a cabeça dos intelectuais europeus. Instigando a curiosidade, provocando comparações, despertando projetos transformadores. Como se pode ver nos *Ensaios* de Montaigne, por exemplo, com seu célebre capítulo sobre os canibais. As caravelas ideológicas dos pensadores se acoplaram aos navios reais das expedições, lançando-se também ao mar. Por esse caminho, Thomas Morus vai escrever *A Utopia*, situando a sua sociedade ideal numa ilha imaginária — que, pelas coordenadas geográficas que ele mesmo fornece, ficava em águas atualmente brasileiras (na Ilha de Fernando de Noronha, há quem diga). É certamente fascinante a presença do Brasil — desde muito antes de o país existir — no utopismo europeu. Tanto na criação utópica popular medieval ("Hy Brasil"), quanto na criação utópica erudita do Renascimento. Mas não é este o meu tema aqui. Quero, apenas, falar um pouco das visões da cidade, da casa e da mulher em utopias clássicas do Renascimento. Centrando-me, obviamente, na criação morusiana, a primeira delas.

As referências gregas de Morus são evidentes. Já na expressão *utopia*, que ele forjou com termos gregos, significando um não-lugar, ou lugar nenhum (daí, claro, o título da criação oitocentista de William Morris, *News from Nowhere*, onde *nowhere* é a tradução de *utopia* para a língua inglesa), embora admitindo, ainda, o sentido de "bom lugar": *eutopia, outopia* — lembra Mumford, em *The Story of Utopias*. Mas também em outros nomes, como no do rio que passa pela capital de sua ilha: Anidra — mais um grecismo, significando, jocosamente, "sem água". Mas a distância entre o pensamento utópico de Morus e o pensamento utópico da Grécia clássica não é pequena. Compare-se a *Utopia* e a *República* de Platão. O filósofo grego defendia a igualdade entre os sexos e desprezava o trabalho manual. Morus, ao contrário, celebra o trabalho manual e confere, à mulher, um lugar social secundário, explicitamente subordinado. Com respeito à celebração do trabalho manual, Marie Louise Berneri, em *Journey Through Utopia*, vai ao ponto certo: entre o mundo grego e o mundo renascentista, tivemos a experiência da cidade medieval. Se, para Platão, trabalho manual é coisa para escravos, cabendo à elite tarefas e missões mais elevadas, o que ocorreu nas cidades-estado, nas *free towns* da Idade Média, foi coisa bem diversa. Eram cidades produtoras, artesãs — e governadas por corporações e conselhos de produtores e mercadores, de artesãos e comerciantes, que formavam a chamada burguesia medieval. A cidade de que Morus mais imediatamente descende é a cidade que depende, para a sua sobrevivência e organização, de pessoas que se dedicavam ao trabalho manual. Além disso, Morus procura superar o ponto onde a cidade-estado medieval fracassou, que foi em sua relação com o campo. Na *Utopia*, vemos não só a celebração da importância da agricultura, mãe e matriz das cidades, como a proposta de uma integração cidade-campo, pelo rodízio de seus moradores. Nada disso tem a ver com a Grécia. Onde Platão e Morus mais diretamente se dão as mãos é que o pensamento de ambos é, de forma explícita e essencial, francamente autoritário.

Morus, além de cristão, é claramente comunista: "Em toda a parte onde a propriedade for um direito individual, onde todas as coisas se medirem pelo dinheiro, não se poderá jamais organizar nem a justiça nem a prosperidade social, a menos que denomineis justa a sociedade em que o que há de melhor é a partilha dos piores, e que considereis perfeitamente feliz o Estado no qual a fortuna pública é a presa de um punhado de indivíduos insaciáveis de prazeres, enquanto a massa é devorada pela miséria". Mais: "[...] o único meio de distribuir os bens com igualdade e justiça, e de fazer a felicidade do gênero humano, é a abolição da propriedade". Os utopianos eram "um povo de niveladores". Na sua ilha, como ninguém tem nada, todos têm tudo. É dessa perspectiva que Morus imagina uma sociedade onde vigora uma rígida disciplina social, um controle asfixiante da vida dos cidadãos, patrulhados, em suas falas e seus atos, até mesmo pelos espíritos dos mortos. Ao mesmo tempo, seu igualitarismo não eleva a mulher, objetivamente, à mesma condição do homem. E o que chega a ser escandaloso: existem escravos na Utopia. A sociedade ideal apresenta uma clara divisão social, distinguindo entre classes e grupos. É uma sociedade onde se dispõem, hierarquicamente, os magistrados, os letrados, os trabalhadores e, no fundo do poço, os escravos. Todos se distribuem por 54 cidades "espaçosas e magníficas". Cidades planejadas, regulares, em *grid* pouco flexível, adaptando-se, ligeiramente, a circunstâncias locais. "As cinquenta e quatro cidades são edificadas sobre o mesmo plano e possuem os mesmos estabelecimentos e edifícios públicos, modificados segundo as exigências locais." Mas estas "exigências locais", impondo leves adaptações, são mínimas. "Quem conhece uma cidade, conhece todas, porque todas são exatamente semelhantes, tanto quanto a natureza do lugar o permita." A topografia dá um que outro toque num plano previamente fixado. Ou seja: a sociedade supostamente perfeita se materializa em cidades supostamente perfeitas. Cidades geométricas, cristais simétricos, com o plano geral estabelecido pelo "grande legislador", chamado Utopus, o fundador daquele reino. "A cidade inteira se divide em quatro quarteirões iguais. No centro de cada quarteirão, encontra-se o mercado das coisas necessárias à vida." Fora da cidade ficam os matadouros (onde só trabalham escravos, já que a matança de animais pode destruir a humanidade das pessoas — e escravos, claro, não são humanos) e os hospitais.

Mas Morus não se detém na descrição objetiva e clara de Amaurota, a capital da ilha, que se dispõe amuralhada, com suas torres e fortalezas, "em doce declive sobre a vertente de uma colina", na forma "de quase um quadrado". Não sabemos o desenho preciso da cidade. Apenas que suas ruas e praças (não se fala em vielas, o que é significativo) "são convenientemente dispostas, seja para o transporte, seja para abrigar do vento" (não se fala do sol, o que também é significativo). "Os edifícios são construídos confortavelmente; brilham de elegância e de conforto e formam duas fileiras contíguas, acompanhando de longo as ruas, cuja largura é de vinte pés." Vale dizer, a vida urbana, na ilha morusiana, se processa num rosário de pequenas brasílias. Ruas e casas são ajardinadas. "Os habitantes das cidades tratam de seus jardins com desvelo." Os quarteirões disputam entre si quem terá o jardim mais bem cultivado. No tocante às casas, o igualitarismo impõe não apenas a padronização, mas a impermanência. "Atrás, e entre as casas, abrem-se vastos jardins. Em cada casa há uma porta que dá para a rua e outra para o jardim. Estas duas portas se abrem facilmente com um ligeiro toque e deixam entrar o primeiro que chega. Os habitantes da Utopia aplicam aqui o princípio da posse comum. Para abolir a ideia da propriedade individual e absoluta, trocam de casa todos os dez anos e tiram a sorte da que lhes deve caber na partilha." São, todas elas, casas de três andares, com teto plano, paredes externas de pedra ou tijolo, paredes internas de estuque, janelas envidraçadas. Móveis e utensílios domésticos são igualmente padronizados. Mas o que é mais grave é que, nessas casas e ruas, também a vida é a mesma. Até onde é possível, tudo é fixo, padronizado, imposto. Cada grupo de trinta famílias elege o seu magistrado, cuja função é vigiar para que ninguém se entregue ao ócio ou à preguiça. O eleito mora num palácio, com quinze famílias à sua direita e outras quinze à sua esquerda, ao longo da rua. É nesse palácio que todos se encontram para as refeições. Uma trombeta marca a hora de comer e todos se encaminham para as mesas coletivas. E aqui estamos de volta, claro, ao modelo do refeitório dos monastérios medievais. Com as relações interpessoais muito bem determinadas: o homem mais velho preside à família; as mulheres servem aos maridos; os mais jovens, aos mais velhos; as crianças, a seus pais e mães.

As mulheres se engajam nas atividades agrícolas, junto com os homens. É obrigatório. Mesmo as crianças participam de tais trabalhos, aprendendo a teoria nas escolas e a prática nos campos vizinhos dos centros urbanos. Afora a agricultura, cada pessoa tem de aprender um ofício. "As mulheres, sendo mais fracas, trabalham apenas a lã e o linho, os homens são encarregados das coisas mais penosas." Mas há, aqui, um aspecto importante. "Em geral, cada um é adestrado na profissão de seus pais, porque é habitualmente a natureza que inspira o gosto desta profissão. Entretanto, se alguém sente mais aptidão e é atraído por outra, passa a fazer parte, por adoção, de uma das famílias que a exercem. Seu pai, de acordo com o magistrado, trata de colocá-lo a serviço de um pai de família honesto e respeitável." E não é só neste caso que ocorre deslocamento filial: "Cada cidade deve ser constituída de seis mil famílias. Cada família não pode conter senão de dez a dezesseis mancebos na idade da puberdade. O número de crianças impúberes é ilimitado. Quando uma família cresce além da medida, o excedente é colocado entre as famílias menos numerosas. Quando há numa cidade mais gente do que ela deve conter, o excedente vai preencher os claros das cidades menos povoadas". Jovens e crianças, antes que seres essenciais de um arranjo doméstico, são números. E este afastamento dos filhos, como acontecia sistematicamente no âmbito do aprendizado medieval, é um dos fatores que concorrem para retardar a formação inicial, histórica, da domesticidade, fundada no aconchego e no convívio íntimo, apartado das rotinas sociais. Um raro momento de vivência particular se dá no campo ritual. Na Utopia, os templos são ecumênicos, de modo a não ferir a diversidade religiosa que reina na ilha. Logo, "não se vê e não se encontra nada nos templos que não sirva a todas as crenças em conjunto. Cada um celebra em sua casa, em família, os mistérios particulares à sua fé. O culto público é organizado de maneira a não contradizer em nada o culto doméstico e privado". Fala-se, aí, de um momento único de vida doméstica na ilha. Porque o mais não é doméstico — é público e, mesmo, estatal.

Na Utopia, o casamento é encarado com seriedade. "Os indivíduos de um e de outro sexo, convictos de se terem entregues ao prazer antes do casamento, são passíveis de uma censura severa; e o casamento lhes é completamente interdito, a menos que o príncipe releve a falta [...] pensa-se que o amor conjugal não tardaria a extinguir-se entre dois seres condenados a viver eternamente um em face do outro, e a sofrer os mil inconvenientes desse comércio íntimo, se amores vagabundos e efêmeros fossem tolerados e impunes." Os utopianos possuem um costume ou rito pré-nupcial ("que praticam com um sangue-frio e uma seriedade verdadeiramente notáveis"): "Uma dama honesta e grave mostra ao prometido sua noiva, donzela ou viúva, em estado de completa nudez; e, reciprocamente, um homem de probidade comprovada mostra à rapariga seu noivo nu". Ninguém casa às cegas. A poligamia é proibida. Se uma pessoa casada é adúltera ou dissoluta, dá-se ao "cônjuge ofendido" o direito de se casar novamente — "o outro é condenado a viver perpetuamente na infâmia e no celibato". O divórcio é raramente permitido. O adultério é punido com a escravidão (a reincidência, com a morte). E atenção, mais um tópico de relações interpessoais: "Os maridos castigam as mulheres; os pais, seus filhos". A mulher é sempre infantilizada. Talvez por isso mesmo o seu papel na educação seja nenhum. A sua função na cultura, em sentido estrito, inexiste. E, na religião, é curioso: mulheres podem ser sacerdotisas, desde que viúvas ou velhas. Por quê? Morus não diz. Mas não é difícil responder: porque as casadas se submetem aos maridos e as mais novas não merecem confiança irrestrita. Ainda aqui, há um outro aspecto: nas cerimônias caseiras que marcam os finais dos meses e o fim do ano, "antes de ir ao templo, as mulheres se atiram aos pés de seus maridos, as crianças, aos pés de seus pais. Assim prosternadas, confessam seus pecados por atos ou negligências no cumprimento dos deveres, e depois pedem perdão por seus erros". Por fim, o trabalho doméstico não é devidamente considerado. Morus observa que, para as refeições coletivas, as mulheres cozinham e temperam os alimentos, servem e tiram as mesas. Não sabemos o que fazem em suas próprias casas, se é que estas aceitam a denominação de *próprias*. Mas isso não é visto entre os misteres úteis à sociedade.

Na "sociedade sã e sabiamente organizada" de Morus, a mulher, embora tenha alargado o campo de suas práticas — participando, inclusive, de exercícios militares —, permanece sinônimo de submissão. E seu trabalho doméstico é desprezado. Ao falar de lacaios de pessoas poderosas da Europa, Hitlodeu, a personagem (*alter ego*) de Morus, considera "uma lástima ver homens fortes e belos (porque os nobres escolhem as vítimas de sua corrupção) consumirem-se na inação, *amolecerem-se em ocupações de mulheres*" (grifos meus). Como um sujeito com a sensibilidade de Morus era incapaz de ver que, regra geral, o trabalho da mulher era, então, duríssimo? Voltando à Utopia, cada família confecciona suas próprias roupas. E elas são todas iguais, apenas distinguindo "o homem da mulher, o solteiro do casado". É uma sociedade fardada, toscamente fardada, onde ninguém pode querer fineza na fiação e muito menos ter desejos de seda. Joias seriam um crime de lesa-pátria. Ilhéus e ilhoas são treinados para não dar o mínimo valor ao ouro e à prata. São ambos destinados "aos usos mais vis [...] são feitos com eles até os vasos noturnos. Forjam cadeias e correntes para os escravos e marcas de opróbrio para os condenados que cometeram crimes infames. Estes últimos trazem argolas de ouro nas orelhas e nos dedos, um colar de ouro no pescoço, um freio de ouro na cabeça". Também as pérolas e os diamantes são desdenhados. São brinquedos polidos que convêm apenas às crianças pequenas. "Menosprezar o zelo pela beleza natural é dar prova de uma preguiça ignóbil; mas chamar em seu auxílio o artifício e o enfeite é infame impertinência." Na Utopia, qualquer vaidade é abominada, classificada como prazer condenável e ridículo dos tolos. É compreensível: Morus quer criticar a disposição luxuária da sociedade quinhentista europeia. Mas, ao mesmo tempo, convenhamos: querer que mulheres não sejam "frívolas" — que não se deixem seduzir pelo luxo, a volúpia e o artifício — é desconhecê-las, no que elas têm de mais vulgar, profundo e sublime. Ao contrário do que diz o próprio Morus, os utopianos não cultivam "a arte de bem morar e de bem-vestir". E uma "sociedade ideal" não deveria pretender abolir a superfluidade feminina. Ela tem profundidade própria.

Não existe sociedade, histórica ou pré-histórica, que não tenha os seus luxos. Suas técnicas femininas de realce artificial da beleza — e nada menos feminino do que se opor a artifícios. Me lembro do antropólogo Ashley Montagu citando "um perspicaz filósofo" (cujo nome ele não diz), em *Men Observed*: "as mulheres pertencem a um sexo que fala consigo mesmo, em consequência de suas qualidades superiores de sobrevivência". Mas a questão não é somente falar consigo mesmo. É o modo e o teor dessa fala. Por paradoxal que pareça, há uma dimensão *dialógica* específica nos enigmas e nas cores do *monólogo* da mulher. Mas de algumas coisas o homem pode se aproximar. "A humanidade, sabe-se, não pode se demorar muito na realidade, e já que é o homem quem olha a mulher, ela recebe a mensagem — e se arruma segundo a imagem que vê em seus olhos", diz Montagu, esquecendo-se de observar que ela se arruma também, e talvez principalmente, em resposta aos olhares das outras mulheres. Seja como for, o fato é que não há notícia de mulher, em qualquer sociedade humana, que não recorra a artifícios de beleza. Que não cultive uma semiótica vestual, suas joias, a maquiagem, o maquiar. Há milhões de anos, as mulheres neandertalenses se pintavam. No paleolítico e no neolítico, temos testemunhos de ornamentação feminina. Plumas, pedras, pérolas. Colares e braceletes. As cidades, ao nascerem, incrementaram tais práticas, com mais produtos e mais trocas (de coisas e de informações). Mas as relações entre maquiagem, decoração e arquitetura ainda estão para ser melhor estudadas. Lembra Montagu que algumas das mostras mais elaboradas de maquiagem nos vêm de centros urbanos remotos, como Jericó e Mohenjo-Daro. E se as mulheres aprofundaram tais artes é porque nisso está o sentido delas. Mas, também aqui, não há nenhuma "linha evolutiva". Diz o estudioso que, como antropólogo, o que mais chama a sua atenção é que, em matéria de maquiagem, "nada ou muito pouco de novo foi inventado durante os últimos cinco mil anos". Claro, existem alguns avanços técnicos, como cílios postiços e lentes de contato que mudam a cor dos olhos. Mas a "sombra" ocular é um recurso de milênios. "A famosa sombra e o delineador de olhos usados por Elizabeth Taylor, no filme *Cleópatra*, serviram para reviver e popularizar um estilo de maquiagem que estava extinto há vários milhões de anos", diz Montagu. Acrescentando: "A maquiagem, junto com a decoração de todas as demais partes visíveis do corpo, é uma manifestação do impulso artístico universal dos seres humanos para adornar e tornar mais interessante e atrativa qualquer coisa que possa sê-lo, graças a um conjunto de conhecimentos práticos e ao ócio". Enfim, a artificialização estética do corpo é algo que atravessa toda a história da humanidade.

Mas vamos adiante. O que temos, em Morus, não é o *Idealtypus* do "homem renascentista", nem o individualismo do Renascimento, mas o império da pessoa comum. As utopias renascentistas possuem uma face muito própria. De um lado, ainda são medievais, como fica claro na celebração do valor do trabalho do artesão e na louvação da dimensão fundamental da produção agrícola. De outro, recusam o culto da individualidade. E querem restaurar uma unidade perdida. Vemos isso em Morus, mas também em Campanella, o autor de *A Cidade do Sol*, monge, poeta e profeta calabrês tão barbaramente torturado pela Inquisição. Campanella vai muito além de Morus, quando propõe, além da coletivização dos bens, a comunidade das mulheres, ainda que de forma altamente repressiva e asséptica, eugenicamente orientada. Mas, na verdade, Campanella, em sua cidade circular (feita de "múltiplas circunferências"), muitas vezes não faz mais do que repetir Morus — do plano do vestuário ("tanto os homens como as mulheres usam roupas iguais, próprias para a guerra, com a única diferença de que, nas mulheres, a toga cobre os joelhos, ao passo que os homens os têm descobertos") ao plano das instituições, passando pela adoção da retórica do contraste artífice-nobre. Também ele se ressente do que o Renascimento estava promovendo: a desintegração da Europa cristã. E quer refundar esta aliança ou unidade do mundo ocidental em bases novas, ainda que sob o signo do Vaticano e de suas velharias. Também como se pode ver, entre a Idade Média e o século XVI, no âmbito intelectual, a visão e a vivência da casa, no essencial, não mudaram. Temos casas cheias de gente, refeições comunitárias, jovens que se deslocam para espaços de aprendizado, ausência total de domesticidade, etc.

Cabe, por fim, uma breve nota urbanística. Vimos que Amaurota é "quase um quadrado" e que a Cidade do Sol é circular. Mas isso não quer dizer quase nada, além do gosto do utopismo por diagramas urbanos, que espelham as disposições simétricas de seus arranjos sociais. Não se trata de uma preocupação genuína com a cidade. A questão é filosófica — muito embora, em princípio, utopismo e urbanismo tenham um parentesco profundo, no sentido do projetismo e da modelagem espacial. Mas penso que Spiro Kostof está certo quando, em *The City Shaped*, defende que se trace uma linha claramente distintiva entre cidade utópica e o que ele classifica como *cidade ideal*. Se a cidade utópica não existe, a cidade ideal é real, ambiente realmente construído, com propósitos específicos de mostrar a possibilidade de uma nova ordem. Basta comparar a Amaurota utópica de Morus com a cidade ideal de Palmanova, polígono perfeito construído na Itália, ao sul de Veneza, no século XVI. Escreve Kostof: "A utopia não tem de ser uma cidade. Utopias são não-lugares. Estão fora de especificidades de *place and state* e são vagas sobre a espécie de fisicalidade que seu desenho codifica. Cidades ideais existem num contexto. Elas com frequência intentam esclarecer a posição de um governante com relação a seus súditos e a um círculo mais amplo de contemporâneos. E dependem, para a sua eficácia, de serem implantadas dentro de uma larga moldura geográfica e de uma paisagem cultural preexistente. Mesmo quando estão livres do absolutismo político, intencionalmente afastadas para longe de uma geografia costumeira, de modo a começar do começo, elas são uma resposta estruturada a uma ordem específica, considerada intolerável". Utopias, ao contrário, são antídotos vagos para problemas gerais da humanidade, continua Kostof. Daí que ele não se volte, com interesse especial, para a Amaurota de Morus, a *città del sole* de Campanella ou a Cristianópolis de Andrae, "confecções urbanas de filósofos", que se alimentam umas das outras, desde a *República* de Platão e a *Cidade de Deus*, de Agostinho. Filósofos cujo entendimento das operações reais de uma cidade é excessivamente inocente: "das cidades eles não aprenderam absolutamente nada, apenas tomaram de empréstimo rudimentos diagramáticos de *urban design*, o que significa, quase sempre, esquemas ideais como círculos e quadrados, para acompanhar os sistemas ordenados de suas filosofias morais".

Não se trata, aqui, de condenar viagens utópicas. Longe disso. Não devemos nos esquecer de que criações utópicas estão sempre histórica, social e culturalmente situadas. Ao mesmo tempo, é sempre bom lembrar que pretender abolir a dimensão utópica é apontar para um empobrecimento irremediável do leque de alternativas humanas. Recordemos as palavras de E. M. Cioran, em *Histoire et Utopie*: "A sociedade que não é capaz de produzir uma utopia para o mundo, e de sacrificar-se por ela, está ameaçada de esclerose e de ruína. A sabedoria para a qual não existem quaisquer fascinações aconselha-nos uma felicidade dada, acabada; o homem rejeita esta felicidade, e é justamente esta rejeição que faz dele uma criatura histórica, ou seja, um partidário da felicidade *imaginada*". Não é preciso ir tão longe, no caminho do sacrifício social. Mas o sonho transformador, a "felicidade imaginada", não deve ser eliminado nunca de nosso horizonte, a menos que aceitemos o mundo como coisa pronta e acabada. O que mais interessa, nesse caso, é a disposição projetual; o que menos interessa, a mania projetista. Nem é por outro motivo que Jerzy Szachi, em *As Utopias*, classifica esta última como "a doença infantil do utopismo, e não uma característica que lhe seja orgânica". O que interessa é "a incessante viagem da humanidade" em busca do que ainda não existe. De qualquer sorte, uma bela e forte resposta para o que há de tão repressivo nas criações de Morus e Campanella, ainda no horizonte do utopismo renascentista, está na Abadia de Télema (do grego: "ato de vontade"), a festa libertária imaginada por François Rabelais, em *Gargântua*, também no século XVI. Já em sua construção, Télema era uma abadia diferente das demais, desde que não contava com muralhas em volta. Nela, nada de relógio ("não há maior perda de tempo do que contar as horas"). E uma população de homens e mulheres belos e formosos, todos caprichando em roupas, joias e penteados. Homens e mulheres, aliás, vivendo em pé de igualdade. "Toda a sua vida era orientada não por leis, estatutos ou regras, mas de acordo com a própria vontade e livre-arbítrio. Levantavam-se da cama quando bem lhes parecia; bebiam, comiam, trabalhavam e dormiam quando lhes vinha o desejo." O avesso mesmo das cidades de Morus e Campanella. Mas este é tema para um outro estudo. Retornemos à casa.

Sob o signo de Amsterdã

A refeição medieval, inclusive em meio às classes economicamente privilegiadas, sugere uma reprodução ou desdobramento da própria casa burguesa daqueles tempos. Todos comiam juntos. Sentavam-se em seus lugares marcados, pegavam a comida com as mãos (inexistiam talheres), tomavam sucessivamente a sopeira comum e sugavam a sua parte da sopa, bebiam vinho no mesmo cálice, etc. A ausência de utensílios individuais, à mesa, reproduz a ausência de cômodos funcionalmente especializados e de móveis próprios e pessoais, que reinava na casa. É claro que as relações que aquelas pessoas entretinham, entre si, eram muito particulares. Rasgavam as carnes com as mãos, arrancando o seu pedaço e passando adiante a travessa comum — dormiam juntas, desconheciam espaços entre as pessoas. Ou seja: numa sociedade altamente repressiva, tinham uma proximidade corporal maior do que a que se poderia sonhar nas sociedades mais liberais da segunda metade do século XIX ou mesmo da primeira metade do século XX. Viviam sob o signo da contiguidade, das intromissões mútuas. Promiscuidade é a palavra.

É verdade que as coisas começaram a mudar já em fins da Baixa Idade Média, ali pelo século XIV. E um pouco adiante, de modo mais claro, desde a emergência do individualismo renascentista, que produziu extremos de exibicionismo tanto quanto providências de privacidade. Ensaios nessa direção também se deram em Londres e na Paris do século XVII. Nesta, a casa burguesa de quatro ou cinco andares, onde morava mais de uma família, seguia ainda o modelo medieval. Na verdade, era como um prédio de apartamentos, onde havia inquilinos. Mas principiava-se a distinção entre local de moradia e local de trabalho, produzindo uma visão da casa como espaço residencial familiar. Esta, por sua vez, apresentava cômodos mais distintos e um mobiliário mais rico e diversificado — embora, como disse um estudioso, a prioridade fosse a aparência, não a privacidade. Mario Praz, citado por Rybczynski, chama a nossa atenção para o que ia acontecendo em Kristiania, atual Oslo, na Noruega. Enfim, eram movimentos múltiplos e sem um objetivo previamente definido. Daí que o próprio Rybczynski diga que os esboços de configuração da intimidade e da privacidade — em Londres, Paris, Kristiania — foram uma reação "quase inconsciente" às mudanças que se processavam nas condições da vida urbana. E que, por isso mesmo, seria temeroso apontar um único lugar, uma só cidade, onde a ideia da *family home* apareceu com clareza, pela primeira vez, na consciência humana. Ainda assim, prossegue Rybczynski, "houve um lugar onde o interior doméstico evoluiu de um modo inquestionavelmente único [...] no mínimo, exemplar". Foi na Holanda (nos Países Baixos, para ser historicamente preciso, onde a Holanda era a província dominante) do século XVII. A época do "século de ouro" neerlandês. Tempos de Rembrandt e do exílio de Descartes. Tempos, com relação ao Brasil, do domínio flamengo sobre vilas e canaviais de Pernambuco e de tentativas frustradas de controlar a Cidade da Bahia, suas ilhas e as póvoas e plantações do seu Recôncavo.

Aquele "século de ouro" se estendeu aproximadamente de 1600 a 1680. Em *The City: A Global History*, Joel Kotkin lembra que nessa época — pela primeira vez, desde o período clássico — o grau de urbanização europeia superou os da Ásia e do Oriente Próximo. E, na Europa, a Holanda estava à frente de todos, exibindo um nível de concentração citadina sem rival. De fato, enquanto as demais regiões europeias eram predominantemente rurais, os Países Baixos avançavam com vigor para se constituir como sociedade essencialmente urbana, com metade de sua população vivendo em cidades e vilas. Na base de tudo, uma incansável e bem-sucedida atividade comercial, tocada por uma gente muito diversa, de judeus a luteranos, num clima de tolerância religiosa e de estímulo à pesquisa e à inovação. Em plano geral, pode-se dizer que, depois da expansão e do enriquecimento das cidades ibéricas, com a projeção imperial da Espanha e de Portugal, a palma passava para o norte europeu, preparado para lidar com os novos caminhos materiais do mundo. Daí que Kotkin se refira a Amsterdã e Londres, nesse tempo, como *cities of Mammon*, "cidades de Mamom" (ou Mamona), deus fenício das riquezas, do dinheiro, dos lucros. Amsterdã surge, aí, como "a primeira grande cidade comercial moderna". Em *A Holanda no Tempo de Rem-*

brandt, Paul Zumthor escreve: "Amsterdã, uma das maiores cidades do Ocidente, maravilha do mundo civilizado: menos pela beleza de sua fisionomia do que pela intensidade de sua vida. [...] Amsterdã, centro espiritual da União, oferece à vida do espírito a liberdade mais ampla e as condições econômicas mais favoráveis. É o centro de todo o comércio. Sua atividade é universal". Mesmo assim, Amsterdã não era uma joia solitária, no contexto urbano dos Países Baixos. Apenas brilhava com intensidade inigualável, no conjunto das cidades neerlandesas. Cidades como Haia, Leiden, Roterdã. "O século de ouro foi de fato uma época de grandes investimentos no campo da construção e do urbanismo. O burguês rico se orgulhava do esplendor de sua cidade como em outros países se orgulhava de seu patrimônio familiar", escreve, ainda, Zumthor.

Com relação a tal "século de ouro", temos todos uma imagem razoavelmente clara das cidades neerlandesas, pela simples razão de que, naquele período, as histórias do Brasil e de *Nederland* se cruzaram e entrecruzaram fortemente, em diversas dimensões, produzindo inúmeros relatos e estudos, do século XVII aos dias de hoje. Eram cidades plantadas, regra geral, em terrenos relativamente planos, sem maiores irregularidades ou significativos desníveis topográficos. Cidades cindidas, recortadas ou entremeadas por canais, sob o "imenso céu neerlandês". Cidades de mercados, barcos e pontes, com as linhas de ângulos dos telhados de suas casas. Cidades íntimas das águas. "Com efeito, a rua holandesa típica comporta, entre suas duas fileiras de casas e seu duplo calçamento, um canal. Mesmo no campo, a casa do camponês é cercada por um fosso. Parece que o holandês ligou seu *habitat* à presença da água" (Zumthor). Cidades onde os burgueses, modestos ou abastados, nunca deixam de ter o seu jardim. Ou, até, dois jardins: um na casa citadina, outro no campo. Ainda Zumthor: "O projeto típico do jardim neerlandês comporta quatro gramados retangulares separados por uma aleia em forma de cruz. Nos gramados, maciços de flores; em volta, as árvores; no centro, um pavilhão de madeira (mais tarde, de pedra), com telhado em forma de cúpula, ou então um caramanchão sob o qual se come e, quando essa moda estiver difundida, se toma chá. Tudo ali é ordenado, cuidado, geométrico, liliputiano: um jardim de bonecas". Jardins particulares; mas, no século XVII, a novidade ou moda nova: jardins e passeios públicos — "compridos terrenos destinados ao passeio e a diversos jogos públicos, orlados de árvores, ladeados de tabernas". Era o que se via em Utrecht, Haia, Amsterdã. E foi o que o príncipe João Maurício de Nassau-Siegen trouxe para o Brasil. Nomeado governador-geral do "Brasil Holandês" pela Companhia das Índias Ocidentais, Nassau realizou em Pernambuco diversas obras de urbanização. E, na ilha de Antonio Vaz, no Recife, implantou sua Vrijburg. Ali, em terreno árido, arenoso, com o recurso a aterros e o emprego de muito esterco, o príncipe plantou os mais diversos tipos de árvores encontráveis em terras brasileiras, além de espécimes vegetais importados das Antilhas e da África. Entre outras coisas, Nassau plantou em Vrijburg cerca de 2 mil coqueiros — e passou a morar num pavilhão que construíra em seu jardim. Como na Holanda, havia ali casas de jogos e entretenimento. Espaço para festas. Viveiros de aves e peixes, criatório de animais. Um laranjal servia de cerca — abrigando limoeiros, jenipapeiros, mangabeiras, cajueiros, pés de pitanga e tamarindo. Plantas ornamentais e medicinais. E assim surgiu o primeiro jardim botânico do Brasil. Das Américas — desde que desenhado e feito um século antes que os Estados Unidos ganhassem o seu.

Mas vamos de torna-viagem aos Países Baixos. Naqueles espaços urbanos, a casa neerlandesa típica, dos segmentos burgueses da população, era feita de tijolo e madeira, com uma cobertura de telhas vermelhas e paredes alcatroadas (em resposta à ação corrosiva do clima) abrindo janelas de vidro, que clareavam seus interiores estreitos. Casas construídas em lotes afunilados e, por isso mesmo, estreitas e compridas, exibindo exteriormente uma visualidade limpa, de paredes lisas e simples, desde que o tijolo não é material que se preste, por si mesmo, a floreios decorativistas. Não nos esqueçamos, a propósito, de que os neerlandeses eram um povo de mercadores e navegantes — e de que isto se refletiu em sua produção arquitetural. Zumthor observa que o caráter dessa arquitetura permaneceu sempre utilitário, "fortemente marcado pelas exigências do comércio e da navegação": "[...] a divisão dos terrenos em lotes muito estreitos impunha um freio à fantasia dos construtores. Ao longo dos grandes canais de Amsterdã, os lotes mediam em média de seis metros e meio a oito metros de frente, mas até sessenta metros de profundidade (para a casa e o jardim): assegurava-se assim a todas as casas um acesso direto ao canal; era muito importante, de fato, para os negociantes que as habitavam, ter a entrada de seus imóveis ao alcance da grua de seus barcos". Rybczynski vai além, referindo-se à incidência da forma náutica na forma da arquitetura flamenga, nos planos e materiais dos interiores compactos das casas. Haveria algo de *shipshape* naqueles interiores, em sua própria compactude, com escadas íngremes e estreitas e aposentos pequenos como cabines de navios. A atmosfera, para Rybczynski, poderia ser descrita como *snug* — coincidentemente, uma palavra de origem ao mesmo tempo holandesa e náutica, qualificando algo como "protegido do tempo ou do frio; quente e aconchegante; pequeno, mas bem-ordenado"; e ainda "bem construído", capaz de resistir ao mar alto; ou *seaworthy*, bom para navegar — segundo o *Webster*. Os cômodos dessas casas, inicialmente de natureza "multiuso", foram gradualmente se especializando. A começar pela cozinha. Em meados do século XVII, diz Rybczynski, começara a subdivisão funcional da casa em atividades diurnas e noturnas — e a subdivisão espacial em áreas formais e informais. E eram casas relativamente pequenas, aliás, em comparação com as casas burguesas europeias da época.

Sigamos a descrição de Zumthor, para ver um pouco mais de perto. "Uma chave gira na fechadura ornada de placas de cobre. Uma criada abre-nos a porta. Penetramos numa peça que um francês hesitaria em chamar de vestíbulo: o *voorhuis*, centro da vida familiar, muitas vezes largo e bem iluminado por suas janelas de fachada. À volta e abaixo dele, um sistema complicado de curtas escadas, degraus, portas, une as salas do térreo às do 'subterrâneo', que reúne os porões e a copa. Na casa holandesa típica, as peças não ficam no mesmo nível umas das outras. É sempre preciso subir ou descer." Do vestíbulo ou de um corredor, uma escada em caracol leva a um aposento intermediário e ao andar superior, de onde uma outra escada, mais estreita, conduz ao sótão e à água-furtada, sob um madeiramento de vigas negras e traves. Importante: "Cada uma das peças da casa absorve o estilo particular da função que desempenha". O vestíbulo, por exemplo, é o espaço onde outrora funcionava a loja ou a oficina. Mas o burguês, agora, tem seu escritório fora de casa. A antiga oficina se converteu em sala de visita, com mesa, cadeiras, armário envidraçado exibindo louças, espelho. Os quartos são quartos de dormir da família. O mobiliário busca beleza e conforto. O aquecimento é produzido por lareiras. A propósito desse interior holandês citadino, Zumthor fala de "encantadora intimidade". Clima íntimo que parece procurado já na escolha dos materiais, onde até a abertura que devassa pode se transformar em coisa acolhedora: "Nas janelas (cuja vidraça é aberta por um sistema de guilhotina), aprecia-se o vidro colorido, que filtra, através de seus quadradinhos engastados com chumbo, uma luz tênue que cria na moradia uma atmosfera de silêncio e de segredo". E os neerlandeses gostavam tanto de suas casas, lembra Rybczynski, que mandavam confeccionar miniaturas delas, à maneira das miniaturas de navios. Revelador, no caso, é que tais miniaturas não reproduziam o aspecto exterior da casa. Eram feitas como se fossem pequenos armários. Mas, quando as portas se abriam, "o interior inteiro era magicamente revelado" — não só salas e quartos, mas os móveis, as pinturas, os utensílios. Uma declaração de amor, através de um "modelo reduzido", ao interior e à intimidade.

Nada das casas imensas de outras grandes cidades europeias. Nada das mansões de Paris. Nem haveria motivo para ser de outro modo. A casa urbana neerlandesa acolhia poucas pessoas, média de quatro a cinco moradores, ao contrário do amontoado de gente que se via na residência burguesa parisiense. Ali não se desenvolvia a prática do aluguel. A casa deixara de ser local de trabalho: os negócios eram tocados num estabelecimento separado, construído para esse fim. Não havia tantos serviçais como em outros países da Europa. Pelo contrário, eles eram raros. Zumthor: "O uso de empregados domésticos era, nos Países Baixos, muito mais limitado que nas nações vizinhas. Uma preocupação de independência afastava das casas ricas as moças e os criados que em outras partes se engajavam no serviço pessoal de seu patrão. O Estado reprovava o emprego de criados do sexo masculino e taxava-o com um imposto bastante pesado. As casas mais ricas não contavam com mais de dois ou três homens de serviço: um cocheiro e um ou dois lacaios. [...] A criadagem de uma família da boa burguesia era em geral muito reduzida; na maior parte das vezes uma só criada, que dormia num reduto ao lado da cozinha". A dona de casa burguesa achava que era responsabilidade sua, e não de empregados, limpar a casa, lavar a roupa, ir ao mercado fazer compras. E o mais relevante: a casa era realmente uma unidade familiar. Regra geral, a casa neerlandesa abrigava um casal e suas crianças. Era destinada a uma só família, pais e filhos vivendo juntos, pais acompanhando o crescimento e a educação dos filhos, presença da criança e do jovem. Estamos, aqui, no avesso mesmo da *publicness* e do vazio filial, que caracterizaram a casa burguesa medieval. Coisa fundamental, na passagem da casa-abrigo para a casa-lar — e impensável sem a importância que a família e a vida familiar assumiram na sociedade neerlandesa de então. Mais Zumthor: "Qualquer que seja a sua condição, o neerlandês nutre por sua casa um verdadeiro amor. Para o homem, tão econômico que beira a avareza, a arrumação da casa é a única ocasião lícita de despesas faustosas. Quanto à mulher, consagra totalmente sua vida à casa. A casa é o lar, o templo da família, que por sua vez constitui o centro da existência social. Por isso, as pessoas gostam de se fechar em casa, em meio a suas salas bem esfregadas, a seus móveis encerados, a seus objetos reluzentes de limpeza". (Era então proverbial a mania de limpeza doméstica — não pessoal, nem pública: doméstica — dos neerlandeses, quase um "furor higiênico".) E esta força da formação familiar não existiria se a mulher não desse as cartas na vida interna da casa. Na burguesia neerlandesa, ela foi, de fato, a rainha do lar.

O que não significa que não fosse um ser socialmente subordinado. Que não sofresse opressões e exclusões. Não é isso. A sociedade neerlandesa, mesmo nos estratos mais altos de sua hierarquia, apresentava extremos. De uma parte, encontrava-se uma reduzidíssima elite intelectual feminina. Zumthor: "Uma minoria de mulheres de espírito rivalizava, na ciência e nas artes, com seus amigos, com seus maridos. Huygens manteve correspondência com várias dessas eruditas que haviam sido tocadas pelo 'preciosismo francês'. Em 1647, ele dedica a Utricia Ole, esposa do cavaleiro Swann, suas *Pathodia Sacra et Profana*. Para essas intelectuais, a música era, com efeito, uma paixão. Francisca Duarte [pelo nome, quem sabe, uma judia lusitana ou de ascendência lusa, da comunidade que judeus sefaradis da Península Ibérica formaram na Holanda, em meio à qual nasceu o filósofo Spinoza], apelidada de 'rouxinol francês', desfrutou de uma verdadeira glória. Suzanne van Baerle, Marie Pelt, Anna Engels atraem as homenagens de Huygens, de Hooft, de Vondel. Maria Tesselschade Visscher ocupa um lugar central no meio literário e musical de Amsterdã. Anne-Marie Schuurman, pintora, miniaturista, gravadora, versada nas línguas orientais, 'décima musa', figurará, sob o nome de Statira, no *Dictionnaire des Précieuses* de Somaize. De rosto velado, ela assistia aos cursos e aos 'debates' da universidade. Quando Descartes lhe fez uma visita, encontrou-a lendo a Bíblia no texto hebraico, e surpreendeu-se maliciosamente de ver uma pessoa de tanto mérito entregar-se 'a uma ocupação de tão pouca importância'! Essa observação ofendeu profundamente Anne-Marie, que anotou imediatamente em seu diário: 'Deus afastou meu coração do homem profano [...]'". Mas é óbvio que as mulheres intelectuais ou intelectualizadas eram a exceção. De outra parte, a regra. Em conformidade com a ideologia dominante: o homem é o senhor da mulher. Esperava-se da esposa que, além de submissa e fiel, fosse forte e fecunda, integralmente devotada ao lar. Zumthor observa que "Jakob Cats, o poeta por excelência da pequena burguesia holandesa, fala da vida conjugal como se se referisse a uma empresa de criação de animais". Zumthor acha, por sinal, que o estilo de vida feminino talvez influísse no próprio físico da neerlandesa. Quando jovem, ela aparecia como um espécime de "beleza saudável", quase sempre loura, alta e atraente. Haveria matizes regionais. "Mas em toda parte o casamento opera os mesmos efeitos: a cintura e os traços se tornam pesados, a gordura inútil se acumula." Moças viram matronas muitas vezes informes. Zumthor: "A vida muito sedentária as faz serem acusadas injustamente de preguiçosas: durante cinco a seis horas por dia, a burguesa fica sentada, com os pés sobre a escalfeta; quase não sai, a não ser para compras rápidas, ou então para ir à igreja, de olhos baixos, apertando debaixo do braço um grosso livro recoberto de veludo, com cantoneiras de prata. De vez em quando, vai para o campo sozinha, 'sem causar escândalo e sem perigo', observam com espanto os franceses, a tal ponto a mulher casada é sagrada aos olhos do neerlandês". Sua vida, sob a maioria dos aspectos, não passa de uma "insípida sucessão de deveres". Mas o que importa realçar, de momento, é o seguinte: "Em todos os níveis da escala social, a dona de casa faz da exatidão em conduzir seu lar a suprema virtude". No espaço da casa, ela realmente se impôs — para transformá-lo em espaço verdadeiramente doméstico. Para dar o desenho inicial da domesticidade moderna.

Vamos prosseguir com Paul Zumthor: "Erasmo já assinalava, em seu *anti-barbarus*, o domínio moral quase absoluto exercido pela mulher holandesa no seio da família; domínio justificado por sua habilidade, por sua diligência, e facilitado por uma certa indolência dos homens" — domínio que "facilmente se transformava em tirania". Expressão clara desse domínio familiar ou poder doméstico feminino está na importância assumida pela cozinha, que se torna o espaço principal (ou um dos dois principais, em dupla com a sala de visita) da casa neerlandesa de então. "Nas moradias burguesas, a cozinha foi promovida a uma dignidade fabulosa e tem algo de templo e de museu. Utensílios de cobre e de estanho reluzem ao longo das paredes; a mesa foi pintada de cor-de-rosa; por vezes, ladrilhava-se o chão com mármore. Um armário envidraçado contém a louça. Num outro armário, chamado 'tesouro', conservam-se as provisões, a roupa de mesa em uso, as molheiras, as travessas onde se trincha carne. Uma vasta chaminé abre-se num dos lados da peça: na lareira, de fundo alcatroado, coloca-se o 'caldeirão', espécie de aquecedor primitivo, aberto na parte superior; de um e de outro lado, o pote com brasas e a caixa de turfa. Sobre uma pequena pia de cobre, abre-se uma torneira, que é alimentada por uma bomba ligada a uma cisterna. A cozinha de uma burguesa rica [registro de 1663] [...] tinha uma pia de mármore, uma bomba de bronze e, maravilha técnica, um reservatório de cobre oculto na parede, onde a água era contínua e invisivelmente aquecida." O mundo doméstico era domínio feminino. Rybczynski lembra que era nítida, entre os neerlandeses, a distinção entre a rua e a casa, o espaço público e o espaço doméstico. "O mundo do trabalho e da vida social dos homens tinha se mudado para outro lugar. A casa se tornara o espaço para outro tipo de trabalho — o trabalho feminino. Este trabalho, em si mesmo, não era novo — novo era o seu isolamento." Na Idade Média, o trabalho feminino se dava em meio a atividades masculinas. Agora, tem um espaço para si. É o espaço doméstico, onde é clara a predominância da presença da mulher. Para Rybczynski, esta *feminilização* da casa, na Holanda seiscentista, foi um dos acontecimentos mais importantes na história do interior doméstico. "A casa não só se foi tornando mais íntima, como adquirindo, nesse processo, uma atmosfera especial. Foi-se tornando um lugar feminino ou, ao menos, um lugar sob controle feminino. Controle tangível e real. Resultando em limpeza e imposição de regras [construção da ordem doméstica, com suas restrições]. Mas, também, introduzindo na casa algo que não tinha existido antes: domesticidade", escreve Rybczynski. Para finalizar: "Falar de domesticidade é descrever um conjunto de emoções sentidas, não um único atributo. Domesticidade tem a ver com família, intimidade, e uma devoção ao lar, assim como com um senso de que a casa encarna — e não apenas abriga — esses sentimentos. Era a atmosfera de domesticidade que permeava as pinturas de De Witte e Vermeer. O interior não era apenas um cenário para a atividade doméstica, como sempre foi. Os cômodos, e os objetos que eles contêm, agora adquirem vida própria. Claro que esta vida não é autônoma, mas existe na imaginação de seus proprietários, e assim, paradoxalmente, a domesticidade caseira dependeu do desenvolvimento de uma rica atenção para [ou consciência do] interior — atenção que resultou do papel da mulher no lar. Se a domesticidade foi, como sugeriu John Lukacs, umas das principais realizações da Era Burguesa, ela foi, acima de tudo, uma realização feminina".

Pós-escrito

Para finalizar, apenas uma sinalização. Não é um tema que eu vá desenvolver aqui. Quero apenas lembrar que, em suas linhas básicas, esta configuração doméstica, ou este "modelo" de lar, fundado em determinado conceito e vivência do que é ou deveria ser a família, estendeu-se por uma duração temporal notável, sofrendo ajustes e conhecendo adaptações, para entrar em crise somente no século passado. No século XX. Em especial, ou com intensidade maior, a partir da década de 1950. Emergiram, ali, os tempos da *lonely crowd*, da "multidão solitária", de que fala o sociólogo David Riesman. Foi quando uma sociedade *tradition-directed*, com sua "apertada tessitura de valores", começou a ser urbana e cosmopolitamente explodida, por um complexo de coisas e seus processos. Pelo "clima" que se seguiu à Segunda Guerra Mundial. Pelo avanço tecnológico que então se impôs. Pela expansão dos meios de comunicação e da cultura de massa. Pela multiplicação de possibilidades na divisão social do trabalho, com seus correspondentes acenos à mobilidade classista e geográfica. Pela disseminação de formas de um pensar que, diante da explosão da bomba atômica no Japão, da guerra do Vietnã e da hipocrisia burguesa, se tornou cada vez mais desencantado e contestador. E até pela descoberta e socialização da pílula anticoncepcional.

Nesses passos, os indivíduos deixaram para trás o referencial da família, passando a navegar nas águas abertas e indeterminadas de uma sociedade em movimento veloz e permanente.

Vieram, em seguida, os movimentos da contracultura e do feminismo. As contestações de tudo. As mulheres viram que tinham dominado o lar, mas que este domínio era social e politicamente menor. E cada passo feminino, no caminho da igualdade, parecia servir apenas para revelar mais desigualdades. O compromisso igualitário dos homens, com suas cargas de intimidação e culpa, raramente ultrapassaria os umbrais da retórica. Resultado: o lar e a família, equacionados como signos conservadores, começaram a ir por água abaixo. Mas podemos pensar uma coisa, a partir de uma canção dos Beatles: "She is Leaving Home". Ela, a juventude, estava abandonando a casa dos pais. Queria deixar para trás toda a caretice do mundo. Mas para que casa ela vai? A contracultura foi incapaz de reinventar a casa. Hoje, no verbete "família" do *Dicionário do Século XXI*, de Jacques Attali, lemos: "A instituição mais profundamente abalada, em decorrência de consequências consideráveis nos terrenos mais diversos: da demografia à arte, da sexualidade à política. Tal como existe hoje, a família não cumpre mais o papel social que a legitimava: transmitir uma cultura e um nome aos filhos. No Norte [do planeta], o adolescente passa muito mais tempo diante das telas [do computador] do que na companhia do pai ou da mãe. No Sul, a maioria dos nômades urbanos vivem sozinhos desde a primeira infância. Por toda parte o individualismo e a lei do mercado afirmam o direito à reversibilidade das escolhas, particularmente no que diz respeito ao casamento. A proporção das uniões que terminam em divórcio — que é hoje de um terço — duplicará. Todos estarão sucessivamente ligados a vários lares, e as crianças terão desse modo vários pais e várias mães ao mesmo tempo. Reciprocamente, cada família será para cada qual um lar dentre vários outros".

Muitos anos antes, em seus *Ensaios Filosóficos*, Susanne K. Langer já escrevia: "A velha estrutura familial vacila. A sociedade tende a se fragmentar em unidades novas e menores — na verdade, em suas unidades fundamentais nos indivíduos humanos que a compõem. Essa atomização da sociedade é mais óbvia numa grande cidade cosmopolita. A cidade parece se compor de milhões de indivíduos desconexos, cada qual competindo isoladamente e, no entanto, sendo arrastado pela caldal de todos os outros". Como se não bastasse, os avanços da biologia trouxeram uma complicação a mais com a dissociação entre procriação e sexualidade. Em cena, a chamada "procriação assistida". Num dos textos de *A Antropologia diante dos Problemas do Mundo Moderno*, Claude Lévi-Strauss, que ficou célebre por seu estudo das estruturas de parentesco em sociedades arcaicas, dá uma boa medida da confusão em que nos enredamos: "Agora é possível — ou, para certos processos, breve o será — que um casal com um dos membros, ou ambos, estéril tenha filhos, empregando diversos métodos: inseminação artificial, dom de óvulo, empréstimo ou aluguel de útero, congelamento de embrião, fecundação *in vitro* com espermatozoides provenientes do marido ou de outro homem, óvulo proveniente da esposa ou de outra mulher. As crianças nascidas de tais manipulações poderão, portanto, dependendo do caso, ter um pai e uma mãe, como é normal, uma mãe e dois pais, duas mães e um pai, duas mães e dois pais, três mães e um pai, e até três mães e dois pais, quando o genitor não for o mesmo homem que o pai, e quando três mulheres intervierem: a que dá um óvulo, a que empresta seu útero e a que será a mãe legal da criança... Não é tudo, pois nos encontramos confrontados com situações em que uma mulher pede para ser inseminada com o esperma congelado de seu marido defunto, ou então em que duas mulheres homossexuais solicitam a possibilidade de ter juntas um filho proveniente do óvulo de uma, fecundado artificialmente por um doador anônimo e logo implantado no útero da outra. Tampouco se vê por que o esperma congelado de um bisavô não poderia ser utilizado, um século depois, para fecundar uma bisneta; o filho seria então tio-bisavô de sua mãe e irmão do próprio bisavô". Essas novas técnicas de procriação assistida, prossegue Lévi-Strauss, colocaram em desordem nosso pensamento: "Num campo essencial à manutenção da ordem social, nossas ideias jurídicas, nossas crenças morais e filosóficas se revelam incapazes de encontrar respostas para situações novas. Como definir a relação entre o parentesco biológico e a filiação social que agora se tornaram distintos? Quais serão as consequências morais e sociais da dissociação da sexualidade e da procriação? Deve-se ou não reconhecer o direito do indivíduo de procriar, se assim se pode dizer, 'sozinho'? Uma criança tem o direito de aceder às informações essenciais relativas à origem étnica e à saúde genética de seu procriador? Até que ponto e em que limites é possível transgredir as regras biológicas que os fiéis da maioria das religiões continuam a considerar instituição divina?".

De outra parte, em *The Next Hundred Million: America in 2050*, munido de pesquisas e estatísticas, Joel Kotkin prevê uma retração do nomadismo e um renascimento da família nos Estados Unidos, ao longo do século XXI. Por esse caminho, diz ele, o novo milênio deverá nos brindar não com o fim da família, mas com mais uma prova espetacular de sua vitalidade e capacidade adaptativa. Kotkin fala mesmo, a propósito, de uma *protean nature* da família — de sua natureza proteica, multiforme. Hoje, aliás, até

Betty Friedan, a autora de *A Mística Feminina*, fala de uma reconciliação do feminismo e da família, implicando uma "reestruturação da casa e do trabalho". Até o casamento homossexual se multiplica hoje pelo planeta. Na verdade, se a carruagem prosseguir no ritmo em que está desfilando, vamos ter de acabar dizendo que o casamento será salvo pelos homossexuais. Que o homossexualismo, ao se ver liberado para o rito antes estritamente heterossexual, vai dar um dos jeitos possíveis nessa crise. Mas, também nesse sentido, o novo renascimento de uma das mais básicas das instituições sociais (a primeira delas, sem dúvida, é a língua), se acontecer, não vai significar, de modo algum, um retorno aos padrões e valores da antiga família nuclear do século que passou. Não vai haver nenhum *revival*. Pelo contrário, significará a emergência de novas formas de organização familiar, mais flexíveis, mais variadas, no interior de casas eletrônicas (sim: a tecnologia exercerá, obviamente, seu influxo na reconfiguração da família). Agora, para onde tudo isso aponta, confesso que não sei. O que sei, com certeza, é que ainda há muitas coisas a serem redesenhadas, coloridas, reinventadas e descobertas e redescobertas. Com relação à casa, ao amor, ao prazer, ao convívio, à vida íntima entre as pessoas.

7.
A CASA BURGUESA NO RIO

"Casa nobre" ou já casa burguesa — desde que será possuída e habitada tanto por baronesas quanto por empresários e membros da alta burocracia estatal. Podemos nos aproximar dela seja através de estudos analíticos ou interpretativos da vida brasileira, seja por meio de nossa criação literária oitocentista. Porque esta casa ou lar burguês, embora venha se configurando desde um pouco antes, é principalmente um produto do século XIX. E é interessante notar que, no caso do Rio, a "casa nobre" será sempre bem mais rural do que urbana. Não o sobrado de muitos andares dos senhores escravistas do século XVIII (frise-se, aliás, que "casa de sobrado", no Rio como em São Paulo, é casa de porte médio, com frente sempre bem estreita, habitada pelo estrato médio da população, não o imponente sobrado senhorial da Bahia, de Pernambuco ou de Minas Gerais), mas a casa ampla e sólida plantada numa chácara distante do centro da cidade.

Em *Populações Meridionais do Brasil*, Oliveira Viana observa que a "nata social" do Rio de Janeiro, nos séculos XVIII e XIX, "vive no retiro das belas chácaras afazendadas, nesses recantos umbrosos, por onde se estende atualmente [o texto é de 1918] a casaria de nossos bairros e subúrbios". Não é outra coisa o que diz Maria Beatriz Nizza da Silva, em *Cultura e Sociedade no Rio de Janeiro (1808-1821)*: "Os estrangeiros e os aristocratas ou altos funcionários evitavam a cidade propriamente dita, procurando morar nos arredores". Um dos locais então mais apreciados era a Praia de Botafogo. Outros arrabaldes estimados pelos ricos e poderosos eram o Catete, as Laranjeiras, o Engenho Velho, a Ponta do Caju, o Catumbi, São Cristóvão. Enfim, lugares que ficavam afastados da cidade, à qual se ia a cavalo ou em carruagens. Diante do quadro, Oliveira Viana pode até tentar defender a sua tese de que, ao alvorecer do século XIX, "o sentimento da vida rural" estava "perfeitamente fixado na psicologia da sociedade brasileira: a vida dos campos, a residência nas fazendas, a fruição do seu bucolismo e da sua tranquilidade se torna uma predileção dominante da coletividade". Mas a verdade é que Viana carregava consigo uma crença que esbarrava em fatos: a crença de que o ruralismo é "o traço fundamental da nossa psicologia nacional". De que o "instinto urbano" não está na índole do brasileiro. Mas a tese é descartável. Em boa parte, coisa de menino de fazenda, que fecha os olhos à nossa história urbana, como se fosse possível apagar Salvador e Recife do horizonte colonial, ou esquecer que os centros de nossas cidades, naquele século XIX, eram não só espaço de trabalho, burburinho de comerciantes e artesãos, como lugar de moradia para pessoas de média e baixa renda. E que chácara era coisa de gente rica.

Em *Quadro da Arquitetura no Brasil*, Nestor Goulart Reis Filho coloca em seus devidos lugares os termos rural e urbano: "Um outro tipo característico de habitação do período colonial era a chácara. Situando-se na periferia dos centros urbanos, as chácaras conseguiam reunir às vantagens dessa situação as facilidades de abastecimento e dos serviços das casas rurais. Solução preferida pelas famílias abastadas, ainda no Império e mesmo na República, a chácara denunciava, no seu caráter rural, a precariedade das soluções da habitação urbana da época. O principal problema que solucionava era o do abastecimento. Durante todo o período colonial e, em parte, até os dias atuais, as tendências monocultoras de nosso mundo rural contribuíram para a existência de uma permanente crise de abastecimento nas cidades. Assim sendo, as casas urbanas tentavam resolver em parte o problema, por meio de pomares, criação de aves e porcos ou do cultivo da mandioca e de um ou outro legume. Soluções satisfatórias eram porém conseguidas somente nas chácaras, as quais aliavam, a tais vantagens, as da presença de cursos d'água, substitutos eficientes para os equipamentos hidráulicos inexistentes nas moradias urbanas. Por tais razões, tornaram-se as chácaras habitações características de pessoas abastadas, que utilizavam as casas urbanas em ocasiões especiais. Mesmo os funcionários mais importantes e os comerciantes abastados, acostumados ao convívio social estreito e permanente, característico de suas atividades, cuidavam de adquirir, sempre que possível, chácaras ou sítios, um pouco afastados, para onde transferiam suas residências permanentes. Porém, o afastamento espacial em que ficavam os moradores das chácaras em relação às cidades e vilas era considerado como medida de conforto e não como um desligamento daqueles centros. Pelo contrário, o tipo de atividade econômica por eles desenvolvida deveria caracterizá-los como participantes da economia urbana. Além disso, as áreas, às vezes maiores, daquelas propriedades, não correspondiam a atividades econômicas especificamente rurais".

Estávamos então, como se tornou a praxe dizer, em pleno processo de *reeuropeização* do Brasil. E esta reeuropeização, obviamente, chegaria às casas das famílias que viviam num mundo de riqueza material. O próprio gosto por mansões cercadas de árvores na periferia da cidade é visto, por diversos estudiosos, no terreno da dita reeuropeização, reflexo tropical dos casarões de subúrbio que se foram erguendo em cidades inglesas, ao longo dos desdobramentos da Revolução Industrial. Exceção, aqui, é Goulart Reis, que via na chácara oitocentista uma continuação de velha prática dos tempos coloniais. De todo modo, se a escolha da casa de chácara acaso vinha por influência inglesa, esta casa, internamente, tendia a se afrancesar na decoração. Na verdade, era acirrada, na época, a concorrência entre móveis ingleses e franceses (por sinal, a palavra então usada para designar móveis era "trastes"; falava-se dos belos trastes de uma casa, por exemplo). Maria Beatriz Nizza da Silva: "É sobretudo a partir de 1816 que as modas europeias começam a impor-se no Rio de Janeiro em matéria de mobiliário e decoração. Freycinet [*Voyage autour Du Monde*, 1825] comenta a introdução de móveis elegantes, como consoles, pianos, mesas de jogo, e o uso de lustres e candelabros nas casas opulentas". A iluminação de uma casa era então, como se sabe, elemento de clara distinção social.

As casas ricas do Rio, naquela época, tiveram sua vida inteiramente modificada pela introdução de novas formas de iluminação. De dia, com o emprego relativamente mais generalizado do vidro; portas e janelas envidraçadas. De noite, com a substituição das antigas velas por novos aparelhos de iluminação artificial. Em sua *História da Casa Brasileira*, Carlos Lemos escreve: "Essa luz noturna mudou os hábitos caseiros, os horários. Propiciou a chamada tertúlia, quando os membros da família permaneciam à volta da mesa, a refeição terminada, jogando, lendo, costurando, ouvindo música. Assim, o próprio programa de necessidades alterou-se porque já se manifestava uma certa 'civilidade' moderna que permitia o acesso de estranhos a essas reuniões já não mais íntimas. A verdade é que a luz abriu as salas de jantar, as 'varandas' às visitas — os jantares 'sociais' tornando-se moda a partir daí". Na verdade, no dia em que fizermos uma sociologia da luz artificial no Brasil, dos candeeiros às lâmpadas elétricas, uma parte substancial do estudo deverá ser dedicada à iluminação doméstica, que transformou radicalmente a vida em nossas casas. Do lado de fora da mansão oitocentista, todavia, já não importavam trastes ou luzes: a conversa era com o mundo natural. Criavam-se animais, plantava-se à vontade, nas chácaras cariocas. Não vou falar de animais. O que me interessa, de momento, era a mistura de vegetação que então vigia nas chácaras. Plantas nativas se misturavam com plantas asiáticas ou africanas já devidamente aclimatadas. Flores se iam abrindo ao encontro de frutas e legumes, na convivência de boa vizinhança entre jardim, horta e pomar. Enfim, os jardins das casas brasileiras começaram mais improvisados e irregulares. Mais livres, talvez mais alegres — sem a rigidez do jardim francês, "cartesiano".

E eram jardins imensos, quase parques particulares, como diz o Gilberto Freyre de *Sobrados e Mucambos*, "confraternizando com a horta, emendando com a baixa de capim, com o viveiro de peixe, com o vasto proletariado vegetal de jaqueiras, araçazeiros, cajueiros, oitizeiros, mamoeiros, jenipapeiros". Daí que o estudioso vislumbre ali um esboço de paisagismo brasileiro — "verdadeiras criações brasileiras de arquitetura paisagista". Ao que podemos acrescentar: aquele seria o solo do qual brotaria no futuro, em meados do século seguinte, com toda a sua exuberância multicolorida, com sua áspera explosão de cores, a paisagística de Roberto Burle Marx. Mas não vamos apressar o passo, lendo a história ao revés. O que triunfou ali primeiramente, nas chácaras ricas do Rio, não foi uma estética vegetal dos trópicos. Foram os jardineiros franceses, trazendo plantas exóticas para cá. Como as roseiras, por exemplo. Nestor Goulart: "É nesse processo [de reeuropeização] que têm origem os primeiros jardins, onde se procurava, por todos os meios, reproduzir a paisagem dos países de clima temperado. Entregues em geral aos cuidados de jardineiros franceses, continham apenas árvores e flores europeias. Exceção faziam apenas as palmeiras imperiais, sempre dispostas em alas, copiando as do Jardim Botânico do Rio de Janeiro, por intermédio das quais se criava um verdadeiro símbolo de identificação com a Corte e de participação na chamada nobreza do Império". Impôs-se aí, é claro, a separação hierárquica entre jardim, pomar e horta. Dispuseram-se as flores em canteiros regulares; flores que pareciam ter "medo da polícia", como diria Fernando Pessoa, num de seus versos mais conhecidos.

Mas, como disse, boa parte das informações e descrições, que encontramos em estudiosos do assunto, haviam já se gravado na ficção literária brasileira do século XIX. Em Machado de Assis, por exemplo, que pode ser visto, sob este aspecto, como o romancista do momento final de consolidação da casa ou do lar burguês no Brasil. É certo que em suas criações, de *Ressurreição* (1872) ao *Memorial de Aires* (1908), não ficamos sabendo muito acerca da casa e da cidade, em sua fisicalidade arquitetônica ou em sua materialidade urbana. Machado é sempre mais psicológico do que arquitetural ou urbanístico. Está sempre voltado, mais do que em direção a qualquer outra coisa, para o relacionamento entre homem e mulher, com seus tesões adúlteros. De um ponto de vista, aliás, bem definido, como sublinhou Luciana Stegagno Picchio, em sua *História da Literatura Brasileira*: "Na dialética homem-mulher, que é a única que interessa a Machado de Assis (mas, diria, mais como fato de condicionamento social do que como choque de paixões: o eu profundo determinado pelo eu social, problema decididamente pós-romântico), quem vence é sempre a mulher: mas só porque detentora de uma quase animalesca amoralidade que motiva todas as suas ações com uma ingenuidade ancestral e perturbadora". De qualquer modo, esses encontros e confrontos ocorrem no espaço da casa. Mas não entre as quatro paredes de um sobradinho ou de uma modesta casa térrea. Machado é o romancista das casas sólidas, espaçosas e ricas das chácaras da periferia do Rio de Janeiro. Casas de muitos e largos cômodos, com decoração afrancesada e escadas de pedra dando para o jardim. Como a de Dona Eusébia e da Vênus Manca, no *Brás Cubas*.

Enfim, Machado sugere um autor campestre que eventualmente vai à cidade. Seus personagens vivem nas Laranjeiras, no Catumbi, na Tijuca, no Andaraí, em Santa Teresa, etc., todos espaços então periféricos, afastados do centro. É o Rio onde as pessoas passeavam a cavalo por Santa Teresa e caçavam na Tijuca, como Brás Cubas com a sua espingarda. Já em *Ressurreição*, fala-se da vida "semiurbana, semissilvestre" das Laranjeiras. Em *A Mão e a Luva*, Luís Alves mora numa chácara na Praia de Botafogo. Em *Iaiá Garcia*, a mocinha mora em Santa Teresa. Etc. *Brás Cubas*, obra-prima da criação textual brasileira, representa uma virada literária, mas não traz qualquer mudança na visão machadiana do Rio. Continuamos longe do bulício do centro. O próprio Brás Cubas mora numa chácara no Catumbi. Em *Dom Casmurro*, topamos com uma referência à moda dos jovens de ir namorar a cavalo. O Rio — mesmo — fica distante: é "a cidade". E a praia aparece mais do que o paço. Praia de Botafogo, do Flamengo, da Glória. Em *A Mão e a Luva*, Botafogo é lugar de marés, casas e chácaras — lugar do mar batendo compassadamente na praia e do sol batendo "de chapa nas águas tranquilas e azuis". E ainda, mas agora em *Quincas Borba*: "A lua estava então brilhante; a enseada, vista pelas janelas, apresentava aquele aspecto sedutor que nenhum carioca pode crer que exista em outra parte do mundo". O mar é prezadíssimo como objeto de contemplação estética. A vista para o mar valoriza ao extremo uma casa.

Às virtudes da rua, Machado preferiu sempre os vícios caseiros. E, dentro da chácara, retrata os ricos. O recorte social é claro: Machado é o romancista da classe dominante. Focaliza invariavelmente pessoas que ocupam "elevado lugar na sociedade". Pessoas ricas de nascimento ou que conheceram o caminho da ascensão social, via herança ou pelo talento para os negócios. Mas, sempre, gente rica. E uma gente que, salvo pouquíssimas exceções, mais sugere um bando de ociosos, passeando dentro das chácaras, entregando-se a jogos de salão como o voltarete ou o xadrez, curtindo bailes e saraus, lendo romances, indo ao teatro. O trabalho é coisa praticamente desconhecida nesse meio, onde a política é vista como uma carreira entre outras, um mandato equivalendo a um título, coisa mais de coluna social que de reflexão ideológica. E todos celebrando em suas chácaras. Machado, de resto, foi criado numa chácara. Mas eis o detalhe importante: ele retrata o ambiente físico em que foi criado, não a sua situação real de menino pobre dentro desse ambiente físico. Recalcava o que viveu, desprezava os pobres, nunca achou que a miséria pudesse lhe render mais do que dois dedos (magros) de prosa. Fala de escravos, mas sem o zum-zum-zum dos sobrados de Gilberto Freyre. Nesse caso, os tempos são outros. A casa burguesa oitocentista não é o sobrado setecentista. A intimidade exclui quem não é da família nuclear. Mas não é só. O que vemos no romance machadiano são escravos quase fantasmais, confinados a seus cantos. Salvo raríssimas exceções, como a do escravo Vicente em *Helena*; a do preto de *Iaiá Garcia*, com suas cantilenas ao som da marimba; ou a de Prudêncio, escravo que, alforriado, se torna dono de escravo, em *Brás Cubas*.

Na verdade, na segunda metade do século XIX, o sistema escravista achava-se já condenado. A partir do fim do tráfico negreiro, em 1851, o declínio e o desaparecimento do escravismo estavam decretados. É claro que ainda haveria muita luta pela frente, Joaquim Nabuco e a Ordem dos Caifazes que o digam. Mas Machado nunca quis saber disso. É difícil imaginar que ele, descendente de escravos, não sentisse nada quando colocava na boca de um senhor branco a expressão "mandamos lá um preto" fazer isso ou aquilo. Mas, se sentia, nada nos diz. O que vemos são as coisas correndo normalmente, com um escravo que já é o escravo do fim do escravismo, escravos que mais parecem empregados domésticos com carteira assinada. Porque o que conta mesmo, nesses romances, é a realidade, a ambiência do lar burguês, com um novo sentido de casa e da intimidade doméstica. Casa idílico-burguesa, como foi dito, espaço mais íntimo e reservado, onde, apesar de normalmente franqueadas, mesmo a visita de pessoas amigas, ao menos em princípio, não deveria ser feita de surpresa, sem convite ou aviso prévio. Veja-se *Helena*, por exemplo, onde a casa é explicitamente lar burguês: "Helena pareceu-lhe naquela ocasião, mais do que antes, o complemento da família. O que ali faltava era justamente o gorjeio, a graça, a travessura, um elemento que temperasse a austeridade da casa e lhe desse todas as feições necessárias ao lar doméstico".

Não é que a cidade não exista em Machado. É que toda cidade é feita de várias e Machado se ocupa somente de uma delas: a cidade dos ricos. É certo que seus personagens se encontram na Rua do Ouvidor ou na do Ourives. Passam pelo Largo do Machado e pelo Passeio Público, com seu terraço para o mar. Tomam sorvete no Carceler, comem no Hotel Pharoux, etc. Mas, por assim dizer, essas ruas não falam. Menos ainda o fazem as ruas de áreas residenciais do subúrbio. Aqui, vive-se vida de família, encerrada na concha do lar. É completamente diferente do que se vê no Morro do Castelo, onde mora Bárbara, a cabocla vidente de *Esaú e Jacó*. Lembrem-se da cena de abertura do livro, nota insólita na ficção machadiana, quando Natividade e Perpétua saem de Botafogo para uma consulta com Bárbara, subindo o morro pelo lado da Rua do Carmo. "A manhã trazia certo movimento; mulheres, homens, crianças que desciam ou subiam, lavadeiras e soldados, algum empregado, algum lojista, algum padre, todos olhavam espantados para elas", escreve Machado. E ainda há uma crioula que pergunta a um sargento: "Você quer ver que elas vão à cabocla?". Nem parece que estamos num romance de Machado de Assis. Porque é esta a cidade em direção à qual ele nunca demora o seu olhar. Penso, aliás, que no *Dom Casmurro* a cidade tem talvez uma presença mais forte e mais nítida do que nos demais romances machadianos, com cenas como aquela em que todos os veículos param, os passageiros descem à rua e tiram o chapéu, até que passe o coche imperial, carregando o imperador que vinha da Escola de Medicina.

Sim: Machado é o romancista do Rio. Por sinal, o contraste que costuma assinalar, mesmo que não o examine, não é simplesmente entre a cidade e o campo. Vem com uma sobrecarga simbólica: é entre "a corte" e "a roça". Mas vamos ser mais precisos. Em matéria de geografia urbana, Machado é o romancista da expansão rica do Rio, na segunda metade do século XIX. Concentra-se nos sítios privilegiados de uma cidade que apresenta, pela primeira vez em sua história, um desenho marcado pela segmentação socio-espacial. "Só a partir do século XIX é que a cidade do Rio de Janeiro começa a transformar radicalmente a sua forma urbana e a apresentar verdadeiramente uma estrutura espacial estratificada em termos de classes sociais. Até então, o Rio era uma cidade apertada, limitada pelos morros do Castelo, de São Bento, de Santo Antonio e da Conceição. [...] A falta de meios de transporte coletivo e as necessidades de defesa faziam com que todos morassem relativamente próximos uns aos outros, a elite local diferenciando-se do restante da população mais pela forma-aparência de suas residências do que pela localização das mesmas. No decorrer do século XIX assiste-se, entretanto, a modificações substanciais tanto na aparência como no conteúdo da cidade", escreve Maurício de A. Abreu, em *Evolução Urbana do Rio de Janeiro*. Por volta de 1850, a cidade era outra. As classes sociais se separaram no espaço urbano, com os mais ricos deixando o amontoado da zona central e, graças à ação seletiva do poder público na abertura e manutenção de caminhos que atendiam a seus interesses, instalando-se em mansões na periferia do núcleo citadino. Esta expansão não para ao longo de toda a segunda metade do século, mantendo sempre a sua característica essencialmente segregadora. E, logo em inícios da década de 1870, vai ver surgir o seu esplêndido romancista: Machado de Assis.

De outra parte, Machado não procura recriar esteticamente pelo menos duas coisas: a cidade nos seus bairros centrais, nos seus segmentos mais populosos — e a pobreza. E uma coisa implica a outra: quem vive nos bairros centrais são os remediados e pobres, como a turma de vadios e crianças que segue o delirante Rubião, no *Quincas Borba*. A arraia-miúda não era digna do olhar machadiano. Machado não quis recriar sequer a vida que ele mesmo viveu na infância e na juventude, vida de mulato pobre (e sem graça) no Rio de Janeiro. Porque o Rio era já então uma cidade de mulatos eloquentes, sensuais e vívidos, entre os batuques ensolarados ou chuvosos do samba e da macumba. Mas este nunca foi o seu mundo. Sua mulatice era recalcada, sinônimo de amargura e ressentimento. E ele sempre escreveu como se fosse branco de traços finos. Já em *Ressurreição*, fala das "feições corretas" da personagem, que era branca e tinha a pele pálida e lisa. Ou seja: mesmo que não quisesse se olhar no espelho, achava-se, embora fingisse que não, portador de traços grosseiros, recobertos por uma pele horrivelmente escurecida. Ao falar da Guiomar de *A Mão e a Luva*, diz coisas que adoraria que fossem ditas a propósito dele mesmo: "Ninguém adivinharia, nas maneiras finamente elegantes daquela moça, a origem mediana que ela tivera; a borboleta fazia esquecer a crisálida". No caso dela, a fortuna emendara "o equívoco do nascimento". No dele, a literatura se encarregaria disso, até onde fosse possível. E olha que Guiomar nem mulata era. Ao passo que Machado era amarronzado, ainda que ariando e arianizando o espírito, estudando alemão no chalé do Cosme Velho. Mas ele jamais se olharia de frente. Era o rei da esquiva, do negaceio, da enganação, do drible. Neste sentido, até entendo que possa ter sido nosso capoeirista-mor.

Mas voltemos aos prédios. Em meio ao desfile de casas ricas, habitações menos luxuosas são raras exceções. (Machado só emprega uma vez, em seus romances, a palavra "arquiteto"; é no *Quincas Borba*, quando o marido de Sofia, comerciante sem caráter, resolve construir um "palacete" em Botafogo.) Uma delas é o sobradinho onde mora a família de Capitu. Outra é "a casinha da Gamboa", que Brás Cubas e Virgília montam para a sua aventura amorosa. Mas a casinha é escolhida justamente para ninguém desconfiar que pessoas ricas como eles possam frequentá-la. É um disfarce, um esconderijo. Mas para conhecer essas casas — e as pessoas que nelas viviam — Machado jamais seria o guia indicado. Não nos esqueçamos de que Bentinho-Dom Casmurro, olhando de sua casa da Glória para o mar, vai contando a Capitu a história do Rio ("[...] passávamos as noites à nossa janela da Glória, mirando o mar e o céu, a sombra das montanhas e dos navios, ou a gente que passava na praia. Às vezes, eu contava a Capitu a história da cidade"). Mas não deveria ser uma história geral da cidade. Como a própria personagem diz, no começo do livro, um de seus projetos de velhice foi escrever uma "História dos Subúrbios". Claro: história da cidade, para Bentinho, era a história dos subúrbios. A narrativa da periferia rica do Rio oitocentista. Machado nunca se concentrou na narrativa dos espaços centrais da cidade. Não surpreende, por isso mesmo, que, diante das transformações operadas no horizonte citadino do Rio, ele distinga principalmente os meios de transporte que aceleraram a mobilidade para os subúrbios. E menos ainda surpreende que ele tenha passado ao largo da obra do prefeito Pereira Passos, da execução do grande programa de reforma urbana do Rio de Janeiro, que aconteceu entre a publicação de *Esaú e Jacó*, em 1904, e a do *Memorial de Aires*, em 1908.

Para ter uma ideia do que nosso romancista maior deixou de abordar, encerrado no chalé do Cosme Velho, podemos recorrer a Mary C. Karasch, em *A Vida dos Escravos no Rio de Janeiro (1808-1850)*, e a Oliveira Lima, em *D. João VI no Brasil*. Karasch destaca sempre que os escravos residentes em chácaras eram, apesar de tudo, altamente privilegiados, em matéria habitacional, quando comparados aos que moravam em casas de senhores localizadas na área central da cidade. O problema era o isolamento compulsório. "Os escravos domésticos viam-se então vivendo em meio a jardins e pomares, diante de belas praias. Embora o cenário melhorasse, especialmente ao longo da praia de Botafogo, à sombra do magnífico Corcovado, os escravos perdiam as amenidades urbanas da vida nas ruas, até que cada subúrbio desenvolvesse seu próprio estilo urbano. [...] A dispersão da população escrava até um ponto distante como a Lagoa tornava a interação social entre os escravos mais difícil, uma vez que quem vivia na Lagoa não podia mais frequentar suas igrejas no centro do Rio", escreve a estudiosa. De qualquer sorte, havia grandes vantagens no isolamento. Podiam construir cabanas independentes, ganhando muito em privacidade. Além de criar galinhas, por exemplo, ou de cultivar um minipomar em torno de sua choça. Mas, para lembrar a expressão de Oliveira Lima, o que de mais interessante Machado deixa de lado é "o espetáculo das ruas". Ruas que exibiam levas de ciganos. Onde circulavam estrangeiros de origens várias, entre ingleses e portugueses, passando por nossos vizinhos do Prata. Mas, principalmente, ruas de pretos e mulatos. Ruas "concorridas, alvoroçadas e barulhentas". Ruas onde se via "o incessante movimento popular de negra algazarra e negra alegria". Ruas onde vicejava "o carnaval perpétuo dessa cidade". Ruas do Rio.

8.
PANORAMA NORTE-AMERICANO

A situação das mulheres brancas nos EUA, ainda no século XIX, não era muito diversa daquela em que então se encontravam as mulheres senhoriais, já bem mais mestiçadas, em terras de colonização espanhola e portuguesa. Com uma grande diferença: a desconfiança norte-americana com relação às artes e às estetizações arquiteturais. O que ali se via, neste aspecto, era o avesso mesmo do que se podia observar em países ou colônias de formação católico-barroca. De um lado, a busca obsessiva da simplicidade. De outro, quase a lascívia ou concupiscência formal. Em outras palavras, verificava-se a distância entre a avareza de formas do mundo puritano e o excesso de floreios e volteios sensuais das produções barrocas do mundo católico.

Em *From Tipi to Skyscraper: a History of Women in Architecture*, Doris Cole lembra que, nas primeiras décadas do século XIX, o homem branco norte-americano típico vivia absorvido por política e negócios. Doris cita, a propósito, uma observação ótima que encontrou em *Domestic Manners of the Americans*, livro que uma mulher que tinha viajado pelos EUA, Frances Trollope, publicou em Londres, em 1831: os cavalheiros cuspiam de lado, falavam de eleições e do preço dos produtos, e cuspiam de lado novamente. As mulheres não se metiam naquilo. Cuidavam das vidas doméstica e religiosa da família e da comunidade. A ética puritana permeava tudo e colocava automaticamente um pé atrás diante das coisas do campo artístico — da arquitetura, inclusive —, que associava à luxúria e à corrupção dos valores e costumes. De qualquer modo, prossegue Doris Cole, as pessoas não eram totalmente insensíveis à arte. E os escrúpulos puritanos foram aos poucos vencidos, entre outras coisas, pela ação discursiva dos próprios pastores. As artes não demoraram a ser acionadas como ferramentas ideológicas pelo Estado e a Igreja, na celebração das virtudes cívicas e crentes da jovem república estadunidense. Apesar das suspeitas com que olhavam as obras artísticas da Igreja Católica — das catedrais à música, passando pela produção de imagens —, os líderes puritanos não deixavam de perceber que tais obras exaltavam a fé em Deus e mantinham os fiéis sob controle eclesiástico. Além disso, as mulheres, plantadas no domínio do lar, procuravam justificar, extraindo-o da esfera do pecado, seu interesse pela arte e pela arquitetura.

E aqui vamos deparar uma realidade muito interessante. "Na primeira metade do século XIX, nos Estados Unidos, havia muito poucos arquitetos formados profissionalmente. Assim, foram *amateurs* — gente que não tinha recebido o treinamento profissional disponível na Europa e, portanto, não seguia literalmente seus preceitos — que construíram nosso país. Carentes de um *background* profissional, eles foram com frequência originais nas soluções para os problemas arquitetônicos com que se defrontaram", escreve Doris. Nesse caso, as mulheres eram até mais informadas. Liam sobre arte e arquitetura doméstica (assuntos considerados essenciais para a boa educação feminina), geralmente em livros que não costumam sequer ser mencionados por historiadores da matéria. Eram os chamados livros "de etiqueta", escritos e lidos principalmente por mulheres, que foram fundamentais para a formação estética e prática da arquitetura doméstica nos EUA. Foi passeando pelas páginas desses livros que as mulheres começaram a ouvir sobre (e a falar de) "ciência doméstica". Doris, ainda: "A mulher oitocentista [norte-americana], confinada à sua casa e imersa em deveres domésticos, concentrou todas as suas energias para fazer de seu domínio [...] algo de agradável, eficiente e sadio. Com este objetivo em mente, ela se voltou para a arquitetura, a que chamou 'ciência doméstica'. O que incluía estilo arquitetural, bom gosto, economia, saúde física e mental, supervisão dos trabalhadores, estrutura, escolha do sítio, aquecimento e ventilação, encanamento, desenho e fabricação de móveis e, claro, plantas eficientes. A discussão detalhada desses tópicos ocorria entre as mulheres através dos livros de etiqueta, e a familiaridade geral com toda essa informação era considerada necessária para o desempenho adequado das tarefas que a sociedade lhes atribuía". Tudo que envolvesse o conforto racional do lar merecia atenção. O conhecimento feminino da arte e da arquitetura teria, portanto, destinação prática.

Mas não vamos absolutizar a influência dos livros de etiqueta, porque o mundo editorial de então não se apresentava de forma estreita, nem monopolizada. Era, até, bastante variado. O que é fundamental é sublinhar a poderosa presença feminina no reino da escrita e sua participação ativa na produção jornalística e no mercado editorial. No estudo introdutório que redigiu para o volume *The First American Women Architects*, Sarah Allaback se deteve justamente nesse ponto, observando que as mulheres norte-americanas do século XIX dificilmente poderiam se imaginar como arquitetas, mas estavam prontas para dar opiniões e compor críticas sobre o ambiente construído — e fizeram isso não só por meio de livros de etiqueta, mas também através de textos de ficção, ensaios históricos, relatos de viagem e artigos para a imprensa. Escrever profissionalmente era, de resto, um dos poucos meios que as mulheres podiam acionar para se sustentarem financeiramente, naquela primeira metade do *ottocento*. E elas não se fizeram de rogadas. Daí que a visão feminina da arquitetura, no período, não deva ser buscada em fontes historiográficas tradicionais, como manuais de construção, por exemplo, mas em coisas quase sempre mais apropriadas para serem lidas ao lado da lareira, para uma aconchegante *fireside reading*. São escritos femininos falando sobre a cena urbana da época, então num momento de transição. Retratos citadinos permeados pela nostalgia do mundo rural, que então principiava a murchar. Comentários sobre arquitetura eram também parte importante da *travel writing*, a literatura de viagem produzida por turistas do sexo feminino.

Uma inglesa historiadora da arte, Anna Jameson, e Madame de Stäel influenciaram escritoras estadunidenses como Margaret Fuller e Louisa Caroline Tuthill, defensora de que o conhecimento de arquitetura era indispensável a qualquer *well-informed lady* e autora, na década de 1840, de uma *History of Architecture from the Earliest Times*, primeiro livro do gênero publicado nos EUA. Mas o destaque maior, nesse campo escritural, vai para Catharine Beecher, Mariana Griswold van Rensselaer e Charlotte Perkins Gilman. Aqui, já vamos nos distanciando um pouco do calor doméstico. Caminhando mais para uma leitura de fogo do que para uma leitura de lareira. Contemporânea de Louisa Tuthill, a educadora Catharine Beecher (irmã de Harriet Beecher Stowe) publicou, em 1841, *A Treatise on Domestic Economy, For the Use of Young Ladies at Home and at School*, primeiro livro a estampar, nos EUA, plantas arquitetônicas desenhadas por uma mulher. Para Louisa e Catharine, a mulher seria, lógica e naturalmente, o árbitro final dos padrões estéticos e morais do lar. Entrando em cena décadas depois, nos anos de 1880, Mariana van Rensselaer foi a primeira mulher a se tornar jornalista e crítica profissional de arquitetura (respeitada, aliás, por técnicos e leigos), abrindo caminho para que outras seguissem o rumo, com escritos sobre criações arquiteturais, paisagismo e *design* de interiores. Por fim, em 1899, enquanto Jane Addams tocava o barco da célebre Hull House de Chicago, Charlotte Gilman, autora de escritos vistos como radicais, trazia à luz *Women and Economics*, falando de apartamentos sem cozinha para mulheres sem família — na mesma época em que, na mesma Nova York, Mary Gannon e Alice Hands, donas da primeira empresa norte-americana de *female architects*, projetavam naquela cidade um hotel só para mulheres.

Voltando à leitura de Doris Cole, vamos destacar alguns traços marcantes que ajudam a caracterizar o rol dessas arquitetas autodidatas do século XIX nos EUA. Um deles é a alta conta em que elas se têm, quando o que está em pauta é a realidade doméstica. Elas se veem como indispensáveis para levar conforto e arte para dentro de casa. Outro lance é que as reflexões femininas, deixando de parte o circuito das mulheres mais ricas, se voltam para o mundo classemediano. E, assim, dizem respeito não só ao arranjo estético como à ordem econômica da casa. Não era tarefa das mais fáceis prover as necessidades do dia a dia e, além disso, economizar algum dinheiro para montar uma casa cômoda e bonita. As escritoras-arquitetas explicavam então, ao seu público feminino, que um bom desenho das coisas podia ser simples, que o excesso de móveis era desconfortável e que "o amor à luxúria conduzia ao declínio moral". O objetivo a ser perseguido, dizia uma das mentoras dessa onda, era a economia de tempo, trabalho e dinheiro na construção e no mobiliário da casa. A construção deveria ser sólida e simples e o mobiliário se distribuiria num padrão de baixa densidade. Tudo muito puritano, como se vê. Doris: "Ao longo de suas muitas discussões, essas mulheres sempre enfatizaram que os confortos e as belezas da arte eram acessíveis à mulher inteligente de meios modestos. Elas nunca se interessaram pelos problemas arquiteturais das ricas: endereçavam-se à maioria das mulheres [brancas] e suas dificuldades de lidar com a arquitetura doméstica".

Aquelas mulheres discutiam com desenvoltura tópicos técnicos como ventilação, aquecimento, sistema hidráulico, controle da umidade, etc., para construir casas saudáveis. Discutiam sobre que tipos de madeiras eram melhores para as edificações e suas diversas partes, ou quando seria mais adequado o emprego do tijolo. E assim por diante, com uma postura decididamente pragmática diante do ambiente a ser construído. Para Doris, elas compreenderam de fato "a essência da arquitetura". Porque, enquanto os homens dispendiam muito do seu tempo discutindo sobre o estilo arquitetônico historicamente apropriado para a nova nação (e vingaram as cópias da arquitetura grega, proliferação de "greguerias", de que Washington é um grande mostruário *fake*), as mulheres se voltavam principalmente para coisas mais objetivas, concentrando-se "nas inovações sociais e tecnológicas que aconteciam diante de seus olhos". Muito mais do que em modas e monumentos, elas estavam empenhadas em contribuir para o bem-estar físico e mental das famílias comuns que formavam a classe média norte-americana. Daí que Harriet Beecher Stowe (que, em 1863, com os direitos autorais de *Uncle Tom's Cabin* — livro que sofreu um deslocamento de parentesco na tradução para o português, com o "tio" virando "pai": *A Cabana de Pai*

Tomás —, desenhou e construiu, ela mesma, a sua própria casa, em Connecticut) tenha dito que uma das maiores reformas que se poderia fazer, naqueles tempos tão reformistas, era formar mulheres arquitetas, para planejar moradias sólidas e confortáveis — e mudar as cidades.

E aqui tocamos em mais um capítulo da relação entre mulher e cidade. A postura da mulher norte-americana diante do significado e dos objetos da arquitetura, no século XIX, é indissociável da expansão urbana que se produziu nos EUA naquela mesma centúria. A expansão urbana e a Guerra Civil mudaram a vida das mulheres nos EUA. Doris Cole está certa quando diz que a vitória do Norte na Guerra Civil significou maior liberdade não só para os negros, mas também para as mulheres brancas. Durante a guerra, convenções foram desprezadas; barreiras e restrições que governavam as atividades femininas foram ignoradas. Tudo em função das demandas bélicas. Mas, cessado o conflito, não houve retorno. As mulheres não abriram mão do novo domínio ativo que desenharam para si mesmas. Doris frisa que aquele foi o tempo de uma *transitional woman*. De mulheres inquietas e autoconscientes, insatisfeitas com a pequenez do espaço doméstico e a chatice de suas solicitações incessantes. Ao mesmo tempo, com o crescimento das cidades, o horizonte das oportunidades femininas se ampliou. E não foi uma expansãozinha qualquer. No início do século XIX, os EUA eram um país quase inteiramente rural. Em 1800, viviam no campo 94% da população norte-americana. Ao fim da Guerra Civil, a percentagem dos urbanitas crescera para mais de 20% da população do país, num processo irreversível, já que tal proporção chegaria a 40% no último ano daquele século. Em 1800, Nova York tinha cerca de 60 mil moradores. Em 1860, ultrapassou o milhão de habitantes, tornando-se uma metrópole mundial, menor apenas do que Londres e Paris. Eram as novas cidades (ou as cidades renovadas) da nova nação — as *cities of the new nation*, para lembrar a expressão de John Palen em *The Urban World*. Mudavam as cidades, mudavam as mulheres, mudavam os sentimentos e as percepções que as mulheres tinham das cidades, de si mesmas e das possibilidades e perspectivas de ambas as duas.

Mas não vamos apressar o passo. No século XIX, raríssimas mulheres se tornaram arquitetas *profissionais* nos EUA. Mulheres eram ou deveriam ser enfermeiras, professoras, assistentes sociais — não arquitetas. A arquitetura não aparecia como campo de trabalho adequado para elas. Era ofício masculino. Além disso, misturava arte e negócio — e negócio era coisa de homens e entre homens. Os possíveis clientes com dinheiro e disposição para bancar obras estavam nas áreas das finanças, da indústria e da política, às quais o acesso das mulheres era bem restrito. Naquela época, as mulheres ainda não podiam votar ou ocupar cargos públicos, nem estavam legalmente capacitadas para assinar contratos. Elas encontravam dificuldades até para receber educação formal em arquitetura. Nos EUA, escolas de arquitetura começaram a surgir a caminho do final do século XIX. Por lei, diversas portas estariam igualmente abertas para homens e mulheres. Na prática, a teoria era outra. Muitas moças tiveram de esperar pelo século XX. Mesmo assim, era preciso brigar para serem aceitas nas instituições, onde, não raro, eram tratadas com palavras duras e maltratadas como intrusas. E as coisas só foram mudando muito lentamente. É por isso que, ao focalizar o envolvimento das mulheres em práticas e saberes urbanísticos e arquitetônicos, antes de falar de jovens egressas de escolas de arquitetura, somos obrigados a mencionar escritoras, arquitetas autodidatas, militantes sociais. E, quando me refiro a "militantes sociais", tenho em mente não somente mulheres como Jane Addams, mas também as integrantes das muitas "comunas" que vicejaram nos EUA do século XIX, sob inspiração mística ou sob influxo do "socialismo utópico" de gente como Robert Owen e Charles Fourier. Mas, aqui, será melhor encarar pelo menos parte dessas mulheres no horizonte das *material feminists* de que Dolores Hayden fala no seu livro *The Grand Domestic Revolution: A History of Feminists Designs for American Homes, Neighborhoods, and Cities.*

Dolores diz que as considera *feministas materiais* porque elas definiram uma "revolução doméstica" no âmbito das condições materiais da existência feminina. "Elas demandaram remuneração econômica para o trabalho doméstico gratuito das mulheres. Elas propuseram uma transformação completa do desenho espacial e da cultura material das casas, vizinhanças e cidades norte-americanas. Enquanto outras feministas faziam campanhas por mudanças políticas ou sociais com argumentos morais ou filosóficos, as feministas materiais se concentraram em questões econômicas e espaciais como a base da vida material." Ainda nos termos de Dolores, elas questionaram a separação física entre espaço doméstico e espaço público — e a separação econômica entre economia doméstica e economia política. Com o intuito de superar a ordenação espacial urbana que isolava a mulher, desenvolveram formas de organização comunitária e tipos de edificações, como as casas sem cozinha. E ainda projetaram cidades feministas ideais. Por seu desempenho, levaram "arquitetos e planejadores urbanos a reconsiderar os efeitos do *design* na vida familiar". Genericamente, deixaram-se guiar, desde sempre, pela ideia central de que as mulheres precisavam criar lares feministas, socializando o trabalho doméstico e o cuidado com as crianças, como condição indispensável para se tornarem integrantes da sociedade em pé de igualdade com os homens. A questão concreta era, portanto, a transformação feminista do lar. Numa visada em plano de conjunto, Dolores observa que o grande tema do movimento feminista, entre o final do século XIX e o começo do século XX, foi a superação da divisão entre vida doméstica e vida pública. Os analistas estariam equivocados em distinguir entre mulheres voltadas para questões familiares e mulheres voltadas para questões públicas. Esses rótulos criam compartimentos que não correspondem à ação real, transitando esta, em todos os instantes, entre as esferas pública e privada.

"Direito a voto, educação superior, empregos e sindicatos eram exigidos para ampliar e proteger a esfera doméstica da mulher, não para aboli-la. Como Susan B. Anthony manifestou seus objetivos: 'Quando a sociedade está organizada corretamente, a esposa e mãe terá tempo, anseio e desejo de crescer intelectualmente, e saberá que os limites de sua esfera, a extensão dos seus deveres, são determinados apenas pela medida de sua habilidade'. Se as feministas procuravam ter controle sobre a propriedade, a guarda das crianças, o divórcio, a 'maternidade voluntária', a temperança, a prostituição, moradia, gestão de resíduos, suprimento de água, escolas, ou lugares de trabalho, seus objetivos eram aqueles resumidos pela historiadora Aileen Kraditor: 'as esferas das mulheres devem ser definidas pelas mulheres'." Feministas materiais como Melusina Fay Peirce, Charlotte Gilman e outras — prossegue a estudiosa — se plantaram, e situaram suas campanhas, no cerne ideológico dessa movimentação feminista. "Elas definiram o controle das mulheres sobre a esfera feminina como o controle das mulheres sobre a reprodução da sociedade. Elas ocuparam o terreno intelectual entre as outras campanhas feministas dirigidas à autonomia das donas de casa na vida doméstica ou à autonomia das mulheres na comunidade urbana. Sua insistência de que todo trabalho doméstico e cuidado infantil se tornassem trabalho social era uma demanda por bairros familiares e acolhedores. Ao enfatizar isso, elas conectaram todos os outros aspectos da agitação feminista para formar uma luta econômica e espacial contínua, empreendida em todas as escalas desde as casas até o país."

Está certo. Com as feministas materiais, a análise sociológica e a análise física (espacial) da cidade e da casa caminhavam juntas. O ambiente construído, tal como elas o descortinavam à sua frente, refletia a desigualdade entre os sexos. Por isso mesmo, era preciso redesenhar as cidades e as casas de uma perspectiva mais igualitária. Ou menos desequilibrada. E algumas delas defendiam que o papel da dona de casa e o *design* do local de trabalho doméstico (*domestic workplace*) deveriam caminhar numa direção mais claramente coletiva. Na verdade, a socialização do trabalho doméstico e do cuidado com as crianças é já uma obsessão do chamado "socialismo utópico", entre os projetos de Owen e o falanstério de Fourier, comunidades com cozinhas e lavanderias coletivas, com centros infantis de educação e recreação. E isso aconteceu nos EUA, que foi o grande campo mundial para o experimentalismo utópico de origem europeia, inclusive em sua defesa do "amor livre", visto como o equivalente sexual do comunismo econômico. Essas comunidades norte-americanas geraram, de resto, diversos inventos de uso doméstico (instrumentos para cozinha e limpeza, incluindo descascadores de frutas), além de aperfeiçoar coisas como a máquina de lavar e produzir equipamentos e móveis para crianças. Mas é claro que não se tratava de circunscrever a mudança ao âmbito do falanstério. Feministas como Melusina Fay Peirce e Charlotte Gilman olhavam longe. Com elas, a socialização do labor caseiro e as inovações arquitetônicas e tecnológicas eram pensadas para o conjunto da sociedade.

Dolores: "Como Olmsted [o planejador do Central Park de Nova York e do campus da Universidade de Berkeley, na Califórnia, em meados do século XIX] observara ao descrever a evolução da cidade americana ["Public Parks and the Enlargement of Towns"], as infraestruturas como o encanamento de água, linhas telegráficas e tubulação de combustível contribuíram para tornar o cuidado doméstico mais fisicamente dependente dos serviços municipais e comerciais. As feministas materialistas concluem que as mulheres, e não os homens, devem controlar estes novos serviços e usá-los como sua base de poder econômico. De um privilegiado ponto de vista contemporâneo, parece que o trabalho doméstico é uma atividade paradoxal cuja forma permaneceu basicamente a mesma durante o último século — a dona de casa não remunerada sozinha na casa como o lugar de trabalho doméstico — enquanto, na verdade, seu conteúdo evoluiu. Durante a era do capitalismo industrial, no entanto, as feministas materiais acreditavam que tanto a forma quanto o conteúdo do trabalho doméstico passariam por mudanças drásticas. Elas acreditavam que a evolução doméstica aconteceria paralelamente à evolução urbana, em vez de contradizê-la".

Acreditava-se na simultaneidade de um avanço tecnológico urbano e doméstico: "Como muitos periódicos e revistas ilustradas traziam histórias sobre tecnologias de transporte, arquitetura e tecnologia doméstica, as feministas materiais viam essas publicações como evidências da evolução tanto doméstica quanto urbana. Jornalistas aclamaram um trem pneumático subterrâneo em Nova York em 1870; maravilharam-se com o desenvolvimento das luzes elétricas das ruas e das casas em Nova York em 1879; não paravam de falar sobre o primeiro bonde elétrico em Richmond em 1888 ou o primeiro metrô em Boston em 1897. Essa tecnologia de transporte encorajou a especulação de terras através de construções residenciais de muitos andares perto das estações de metrô e de bonde. Os prédios também minimizaram os caros serviços de gás, água e eletricidade. A tecnologia doméstica também incentivava maiores densidades residenciais. Invenções como elevadores, fornos a gás incrementados, geladeiras a gás, aspiradores de pó elétricos, lava-roupas a vapor e lava-louças, projetados para grandes empreendimentos como hotéis, restaurantes e lavanderias comerciais, também poderiam ser usadas em grandes edifícios. Como essa tecnologia foi primeiramente desenvolvida em uma escala que servia de cinquenta a quinhentas pessoas, qualquer grupo interessado em mecanizar o trabalho doméstico simplesmente tinha que socializá-lo primeiro, e planejar o consumo doméstico coletivo organizando as casas em grupos maiores para viver em hotéis, prédios, edifícios de moradia popular, casas geminadas, bairros modelos afastados, ou novas cidades. O que era único sobre as feministas materiais não era seu interesse nestas questões tecnológicas e arquitetônicas, que também atraíam inventores, arquitetos, urbanistas, especuladores e planejadores, mas sua insistência em que essas mudanças econômicas e espaciais devessem acontecer sob o controle das mulheres".

E elas, como foi dito, começaram reivindicando pagamento para donas de casa (cujo trabalho, de resto, não conhecia sequer o descanso em feriados e finais de semana) e a transformação da cozinha, ou mesmo sua abolição enquanto espaço privado de moradia unifamiliar. A cozinha particular estaria com os dias contados, diziam — seguiria o mesmo destino da roca das antigas fiandeiras. De outra parte, afirmavam que as novas forças industriais e empresariais ergueriam prédios imensos com equipamentos coletivos — em especial, para as crianças. Sabemos, aliás, que essas discussões e propostas chegaram até nós, aqui no Brasil, via vanguarda arquitetônica europeia, com os equipamentos comunitários e os espaços de convívio dos conjuntos habitacionais que construímos entre as décadas de 1940 e 1950. Inclusive, no âmbito das preocupações com a questão da emancipação feminina, como vimos na militância construtiva da engenheira e urbanista Carmen Portinho, no Rio de Janeiro. Mas essas coisas não vingaram. Ou, para dizer de modo mais preciso: não aconteceram exatamente segundo as profecias das *material feminists*. Ainda hoje, donas de casa continuam trabalhando de graça em suas residências e a cozinha privada se mantém firme e forte em prédios que se multiplicam pelo mundo. Os complexos residenciais coletivos, multifamiliares, embora cheguem a ter equipamentos de lazer e convívio, não aboliram a chamada área de serviço, nem a cozinha.

É evidente que a movimentação pela socialização do trabalho doméstico fez com que aquelas mulheres norte-americanas topassem com questões não só de gênero, como de raça e classe. Na verdade, elas pareciam não ter dificuldade em lidar com as primeiras, mas certamente se embaraçavam nas últimas. A própria esfera doméstica não apresentava, internamente, uma paisagem igualitária. Donas de casa brancas, situadas nas camadas socialmente mais estáveis e bem colocadas na hierarquia social, contratavam empregadas pretas, por exemplo. Exploravam estas funcionárias. "As reformadoras feministas materiais que tentavam resolver a questão do pagamento das donas de casa tinham um terrível nó de preconceitos para desfazer em relação ao que se chamava de a questão das criadas. Elas viam mais claramente os problemas em termos de discriminação de gênero. Apesar de nem sempre com sucesso, elas também tentaram lidar com classe e raça. As primeiras reformadoras feministas materiais assumiram a posição de que, como as criadas eram poucas, não confiáveis, sem habilidades e preguiçosas, as donas de casa tinham que se unir para socializar o trabalho doméstico e organizar tanto a si mesmas quanto a suas antigas serventes neste processo. Com o amadurecimento do movimento, as líderes chegaram a um entendimento mais complexo sobre a exploração que as criadas suportavam e do racismo e do sexismo que proibia as jovens mulheres negras de conseguirem outros empregos. Não obstante, a diferença entre a criadagem e o feminismo reformador era tão grande que frequentemente as reformadoras não reconheciam o papel que a classe e a raça desempenhavam nos seus pressupostos sobre como socializar o trabalho doméstico", escreve Dolores.

Mas logo adiante as feministas iriam experimentar uma tremenda derrota. Não por acaso ainda hoje, em seus mais variados escritos, militantes e simpatizantes das lutas femininas sempre amaldiçoam o vasto processo de suburbanização dos Estados Unidos. Entende-se. Enquanto as nossas feministas materiais tramavam transformações socioculturais mais nítidas, entre o final do século XIX e o começo do XX, a suburbanização veio terraplanando tudo, reafirmando as coisas em seus mais antigos termos e apontando para uma vitória acachapante do conservadorismo — como, de fato, ocorreu. A classe dominante norte-americana meteu o pé no freio e brecou espetacularmente o experimentalismo, determinando trilhos para que bondes e trens percorressem outros caminhos e paisagens. Decidiu financiar a suburbanização com base não em projetos urbanos e sonhos coletivos, mas na propriedade privada de moradias unifamiliares, em casas bem tradicionais. Era toda uma política pública habitacional que se deflagrava. Teríamos agora o reino da família nuclear num paraíso do consumo — não por coincidência a publicidade (com o *marketing* moderno) se formou e se firmou nesse período, entre as décadas de 1920 e 1950, para se converter num dos mais fortes e lucrativos setores da atividade empresarial ianque. Ao mesmo tempo, claro, o feminismo se viu sob ataque feroz.

Dolores: "Construtores, banqueiros e fabricantes concordaram que o tipo de casa que desejavam promover era a casa familiar suburbana, cada uma em um lote. Enquanto seu exterior podia refletir estilos diferentes, a organização interior dos espaços reproduzia as casas vitorianas que haviam sido apresentadas aos americanos por quase um século com mensagens morais relativas à honra, ao consumo e à domesticidade feminina. Entre as décadas de 1920 e 1960, as campanhas para que os títulos de propriedade fossem masculinos continham o plano (pactuado tanto entre contratantes quanto por muitos sindicalistas homens) segundo o qual os homens receberiam as remunerações familiares e as mulheres seriam deixadas fora da força de trabalho paga e seriam donas de casa não pagas em tempo integral. Stuart Ewen analisou que essa estratégia promovia 'o patriarca como escravo assalariado'. Para afastar várias mulheres de trabalhos pagos nas décadas de 1920 e 1930, partidários conservadores da propriedade masculina e dos salários familiares atacaram todas as feministas indiscriminadamente. Eles foram particularmente duros com as feministas materiais, atacando o 'amor livre', a 'maternidade antinatural', e a 'educação infantil futurista' como consequências da independência econômica das mulheres. Eles usavam a retórica da década de 1880 para condenar os quartos de hotéis e as pensões, 'incubadoras sociais' onde a família, 'uma instituição de Deus', estava sendo minada, porque as mulheres não realizavam o trabalho doméstico nestes ambientes". E assim tivemos a vitória do familialismo mais careta e da esposa-empregada, do *shopping center* e do automóvel particular, do consumismo e do subúrbio, sobre os sonhos libertários da vanguarda feminista.

Mas as coisas podem ser lidas com maior amplitude contextual. Era inevitável que o feminismo fosse atropelado pelo rolo compressor do *establishment* e do *corpus* ideológico então dominante nos EUA. Nossas *material feminists* eram urbanitas que acreditavam no poder transformador da cidade, do avanço tecnológico citadino e dos novos complexos residenciais. Urbanitas que apostavam na experimentação arquitetônica e, em alguns casos, comportamental, defendendo a autonomia da mulher, sua independência com relação ao homem. Naquele horizonte histórico-cultural, contudo, as forças mais poderosas da sociedade norte-americana se moviam em sentido totalmente oposto a estes sonhos sociais. Era um momento de maré cheia da tradicional disposição antiurbana que — do agrarismo de Jefferson às visões de Frank Lloyd Wright, passando pelas andanças filosóficas de Thoreau — marcou tão fundamente a vida estadunidense. Momento de reação ao mundo urbano-industrial e à subversão cultural que ele significava. Momento de reforço do puritanismo e de celebração do caráter "sagrado" do lar. De consagração da família e do papel conservador da mulher, como guardiã e transmissora dos valores "eternos" que estiveram na base da construção da jovem nação. Regra geral, os norte-americanos achavam que a vida urbana acarretava o declínio do significado social da família. Em *Experiencing Cities*, Mark Hutter vê o crescimento dos subúrbios — com sua contrapartida simbólico-ideológica no *culto da domesticidade* — como uma reação contra a suposta ou real deterioração da vida familiar nos centros urbanos. Para falar do fenômeno, recorre à interpretação de Kenneth T. Jackson, em seu sempre citado *Crabgrass Frontier: The Suburbanization of the United States*. Em termos sintéticos, o esquema interpretativo de Jackson-Hutter é o seguinte.

Entre os primórdios do século XIX e as primeiras décadas do século XX, os Estados Unidos deixaram de ser uma sociedade predominantemente rural, com seu interminável rosário de pequenas cidades, para se transmudar numa vasta sociedade urbano-industrial. Ao mesmo tempo, duas poderosas marés migratórias, diversas da população norte-americana de ascendência tradicionalmente inglesa, invadiram o país. Na primeira delas, imigrantes chegando da Irlanda, da Alemanha, de países escandinavos; na segunda, principalmente, imigrantes poloneses, italianos, gregos, eslavos e judeus. A maioria desses imigrantes foi batalhar emprego nos centros urbanos, é claro. E, assim, transformaram não apenas as cidades, mas o país. Hutter: "Para os descendentes dos imigrantes ingleses originais, especialmente aqueles da classe média emergente e aqueles ainda mais prósperos, a cidade se tornou o símbolo da nova América. E aquele símbolo frequentemente vinha carregado dos perigos dos caminhos desconhecidos que seriam tomados na vida da cidade no futuro". Na verdade, as cidades industriais em expansão passaram a ser vistas, por muitos, como espaços perigosos.

Hutter: "A cidade era retratada como o lugar da imoralidade e da cobiça. O antídoto era encontrado na família e nas virtudes da vida doméstica". Reagia-se, logicamente, à imigração e aos novos lugares e papéis que homens e mulheres se viam obrigados a assumir no mundo industrial. "O crescimento da manufatura significava que os homens saíam de casa para trabalhar fora. Para as famílias mais prósperas, isso significava que as esposas não estavam incluídas na força de trabalho pago. O local de residência logo se tornou sua responsabilidade exclusiva. Como consequência, a relação entre o marido e a mulher tomou a divisão 'tradicional' de trabalho que nós por tanto tempo aceitamos como natural. A esfera dos homens estava vinculada ao trabalho pago, e a esfera das mulheres estava vinculada à casa e às crianças. Além disso, essa esfera passou a ser considerada como moralmente superior. Foi durante esse período que o 'culto da domesticidade' foi desenvolvido, ancorado pelo que Barbara Welter chamou de o 'Culto da Verdadeira Feminilidade'. Quatro virtudes fundamentais — piedade, pureza, submissão e domesticidade — foram vinculadas à idealização dos papéis femininos de mãe, filha, irmã e esposa." Adiante, elegeu-se o subúrbio como o lugar ideal para se morar, numa casa própria unifamiliar, cultivando as bênçãos da família e da natureza. O subúrbio combinaria as vantagens infraestruturais da cidade e a vida saudável do campo. Mais: uma vida saudável de feição comunitária. Nesse passo, Jackson recorre à dicotomia de Tönnies (*Gemeinschaft und Gesellschaft* — "comunidade e sociedade"), para dizer que o ideal suburbano de uma casa afastada, num assentamento semirrural, tinha a ver com isso: a tessitura primária de relações diretas entre as pessoas, não a impessoalidade às vezes hostil do mundo externo. No dizer de Hutter, a ideologia oitocentista da domesticidade feminina se casou com a ideologia que glorificava a santidade do lar — e o cenário ideal para ambas era o subúrbio pequeno-burguês, coisa de branco puritano. Pallen observou, de resto, que, durante um bom tempo, os subúrbios foram o paraíso anglo-saxão protestante na terra.

O avanço tecnológico foi fundamental para que isso acontecesse. Sem os novos meios de transporte, permitindo os deslocamentos das pessoas entre o centro e a periferia, a suburbanização seria inviável. Em primeiro lugar, cronologicamente, o trem. Os primeiros a se mudar para a periferia foram os ricos, construindo "comunidades" ao longo das linhas de trem que a cidade irradiava. Em seguida, foi a vez do bonde e, com ele, o início do deslocamento da classe média branca para as franjas dos centros urbanos. Por fim, o automóvel, puxando a aceleração do processo de suburbanização e promovendo a classemedianização definitiva do subúrbio. Mas não só. Igualmente fundamental foi a miniaturização das invenções tecnológicas. Dolores: "A partir dos anos 20, os produtores de eletrodomésticos começaram a miniaturizar a tecnologia de grande escala desenvolvida anteriormente para hotéis e restaurantes, e usada por sociedades cooperativas de trabalho doméstico. Em seu lugar vieram pequenas geladeiras e freezers, pequenos aspiradores de pó, pequenos lava-louças, pequenos lava-roupas. No caso de dispositivos que poupam trabalho e que antes eram arquitetônicos, tais como refrigeradores embutidos com serpentinas de resfriamento com salmoura ou sistemas embutidos de aspirador para limpeza, ambos usados em muitos hotéis, as instalações arquitetônicas foram redesenvolvidas como produtos que podiam ser comprados e ligados na tomada".

O que não se imaginava então era que esse avanço no terreno da miniaturização tecnológica desembocaria na crise energética atual. Mais Dolores Hayden: "Nesse processo de domesticação e miniaturização da tecnologia está a raiz de uma futura crise energética, porque alguns fabricantes de eletrodomésticos venderam equipamentos de geração de energia às prefeituras, um relacionamento que eles podiam apostar que renderia lucro extra ao projetar aparelhos programados para gastar o máximo de energia". Ainda Dolores, citando uma apresentação de Ruth Cowan num seminário sobre tecnologia e cultura realizado no Instituto de Tecnologia de Massachusetts, o MIT: "Ruth Schwartz Cowan relatou que uma empresa que prestava serviço público na Costa Oeste vendeu pequenos aparelhos elétricos bem baratos para assinantes a fim de aumentar a demanda por eletricidade durante o dia, quando as luzes não eram necessárias. Ela também notou que nos anos 20 o refrigerador mais econômico da General Eletric foi abandonado em troca de um cujo custo inicial era mais baixo, mas que gastava mais energia, com o objetivo de aumentar a demanda pelos equipamentos de geração de energia elétrica vendidos pela mesma empresa". Além disso e do aumento do consumo das mercadorias mais variadas, passou-se a uma escala inédita de uso intensivo e extensivo do automóvel individual, tudo convergindo para o aumento da produção de gases de efeito estufa. Enfim, o suburbanismo incrementou ao extremo muito do que hoje é preciso mudar, planetariamente, em função de nossa própria sobrevivência na superfície terrestre.

Mas, enfim, para lembrar o título do livro de Isaac Deutscher, sobra sempre uma ironia da história. No caso em questão, vimos a moradia suburbana (a família individual liricamente plantada em sua propriedade privada) erigida em templo do conservadoriamo ianque. Vimos que esse ideal suburbano, excluindo negros e outros grupos étnicos, destronou a vanguarda feminista. Logo, quem poderia imaginar, naquela época, que a suburbanização teria o seu reflexo e o seu peso em protestos sociorraciais e na contestação contracultural da década de 1960? No entanto, foi o que aconteceu. David Harvey frisa que a suburbanização se deu às custas do esvaziamento da centralidade citadina, privando as cidades centrais de uma base econômica — e, assim, produzindo a "crise urbana" da década de 1960, com manifestações de revolta dos excluídos da nova prosperidade norte-americana. Quanto à contracultura, diz ele que "as características cruéis da vida suburbana tiveram um papel crítico nos dramáticos movimentos de 1968 nos

Estados Unidos, quando os descontentes estudantes da classe média branca entraram em uma fase de revolta, procurando alianças com outros grupos marginalizados e protestando contra o imperialismo americano para criar um movimento que construísse outro tipo de mundo, incluindo um tipo diferente de experiência urbana".

Pois é: o refluxo reacionário suburbano vai repercutir no seu oposto, com a juventude classemediana branca contestando o *establishment*, investindo contra a "sociedade de consumo", questionando a ideologia familiar e a submissão feminina, aproximando-se da juventude negra dos guetos, então em dias de *black power*. Para falar em termos extremos, a coisa foi dos condomínios fechados ao Weather Underground.

9.
UMA VIAGEM ALEMÃ

Algumas discussões norte-americanas sobre a questão feminina alcançaram repercussão mundial, como se pôde ver na Alemanha, quando o poder partiu para frear os avanços defendidos e promovidos por Clara Zetkin, Rosa Luxemburg e a carta constitucional de Weimar. Sim. Foi no rastro das mulheres norte-americanas que tivemos as ações, as reflexões e os produtos do movimento alemão de *redomesticação* feminina. E aqui se destacou Grete Schütte-Lihotzky, com a sua Cozinha Frankfurt. Cozinha racionalista, minimalista, um lugar perfeito para Corbusier preparar um bife e lavar os pratos... Mas, na verdade, reafirmando o velho princípio machista: lugar de mulher é na cozinha. "Cientificamente", é claro. Mas na cozinha. *In der Küche*. Vejamos isso mais de perto, seguindo Susan R. Henderson, cujo estudo "A Revolution in the Woman's Sphere: Grete Lihotzky and the Frankfurt Kitchen" (incluído na coletânea *Architecture and Feminism*, organizada por Debra Coleman, Elizabeth Danze e Carol Henderson) vou praticamente reproduzir aqui.

Susan R. Henderson começa lembrando que os anos que vão de 1890 a 1918 foram decisivos na luta por direitos femininos na Alemanha. Na linha de frente dessa luta, mulheres de esquerda. Este é o período em que Clara Zetkin e a "spartaquista" Rosa Luxemburg defendem a igualdade radical e total entre os sexos, tanto no campo social quanto na esfera política. Clara, engajada na social-democracia, como que impôs parte substancial do ideário feminista à direção do partido, apesar da reação da vasta maioria de seus militantes. Quando os social-democratas chegaram ao poder, em 1918, não teve jeito: a liderança partidária se viu obrigada a cumprir "as promessas políticas dos dias revolucionários" — ainda que mais pelo embaraço da palavra empenhada do que por qualquer convicção genuína. De qualquer modo, a Constituição de Weimar declarou a igualdade entre homens e mulheres e garantiu a elas o direito ao voto.

A oposição a este avanço feminino não veio apenas dos homens, mas, em grande parte, das próprias mulheres alemãs, que não se identificavam com o revolucionarismo de Clara e Rosa. Como se não bastasse, surgiu então a "figura complexa e contraditória" da chamada Nova Mulher. Eram jovens alemãs respondendo à nova situação social e constitucional do país e procurando se definir no campo da modernidade geral do planeta, sob o influxo da publicidade e do cinema norte-americanos (com suas imagens de mulheres social e sexualmente liberadas) e da nova paisagem produtiva alemã, apresentando um número cada vez maior de jovens que eram, ao mesmo tempo, mães e trabalhadoras. Além disso, já em 1917, como consequência das baixas na guerra, o contingente de mulheres nas universidades ultrapassara o de homens. Susan Henderson: "Embora em suas muitas manifestações ela não fosse um ser francamente político, em seu estilo — o cabelo curto e as linhas *unfeminine* de suas roupas — e em seu comportamento social — trabalhadora, quase sempre solteira, sem qualquer interesse numa família extensa e com pouco entusiasmo pelo mundo doméstico —, a Nova Mulher encarnava uma independência e uma modernidade que eram anátemas para os muitos que se diziam defensores do lar. Tanto socialistas quanto conservadores acreditavam que ela representava uma força transformadora que destruiria a família e, com ela, o edifício moral da nação, levando as classes trabalhadoras no rumo de uma revolução que resultaria na ruína econômica e espiritual da Alemanha".

Veio então a reação. Desembocando numa política pública, estatal, que recebeu o nome sensacionalmente revelador de política de *redomesticação da mulher*. O que estava em tela, agora, era reconfirmar o lugar tradicional da mulher na sociedade. Mas com um ar modernizante: o lar como o "espaço profissional" da mulher, equivalente da linha de produção para o homem e inclusive exigindo, como esta, pesquisas e estudos técnicos. Uma construção ideológica insustentável, mas que se mostrou altamente eficaz (até Clara Zetkin embarcou na canoa furada). A conversa era a seguinte. *Experts* ensinavam que a profissionalização da esfera doméstica se daria através da simplificação do desenho das casas e do emprego de equipamentos que tornariam o trabalho mais leve e rápido. A casa seria repensada e retransada segundo os princípios do "gerenciamento científico" que operavam na indústria moderna. E aqui entra a influência das norte-americanas, pregadoras e promotoras das primeiras reformas no sentido da autossuficiência doméstica e no emprego de técnicas para economizar o tempo e atenuar o tédio dos serviços caseiros. Influência, em especial, de Catharine Beecher e Harriet Beecher Stowe, com *The American Woman's Home*, e de Christine Frederick, escritora já do século XX, que falava da cozinha como uma *factory work station* feminina e se converteu na *torchbearer* do "gerenciamento científico" do lar e da "ciência doméstica", fazendo a cabeça das alemãs com seu *Household*

Engineering: Scientific Management in the Home. O *Bund Deutscher Frauenvereine* — BDF (Federação das Associações de Mulheres Alemãs), em aliança com a burocracia estatal, abraçou a bandeira de Christine e logo ganhou corpo a campanha *Mütterlich Politik* ("política maternal").

No pós-guerra, o BDF procurou integrar conselhos consultivos nacionais e industriais. Susan observa que a colaboração entre o Estado e o BDF disse respeito, principalmente, à formulação de uma nova política educacional, que conduziu a um tremendo retrocesso na educação alemã. Basta dizer que, no plano elementar, a grande inovação curricular foi a instituição de cursos obrigatórios de economia doméstica para meninas. A preocupação com a crescente escassez de empregadas domésticas, que aflige a classe média, levou à criação de escolas ("profissionalizantes", é claro) de serviços do lar, entre cursos para babás e lavadeiras. "Embora as escolas de Weimar fossem notáveis por suas muitas inovações progressistas, a projeção do BDF significou uma era de limitação na educação das mulheres. Também no nível do ensino superior, os programas femininos, que se tinham aberto num largo espectro de áreas durante a guerra, retrocederam a uma preocupação quase exclusiva com profissões de serviço social: ciência doméstica, pedagogia, trabalho social, enfermagem." A ala mais conservadora do *Bund* passou a trabalhar com autoridades oficiais na concepção e no desenho de novos programas e produtos para modernizar o trabalho doméstico. Disso resultaram publicações, exposições, conferências e mesmo instrumentos de trabalho para o lar, onde as virtudes funcionais da cozinha moderna eram relacionadas com a moralidade cristã. No plano do *design*, as atenções se voltavam para arranjos adequados do mobiliário e equipamento de cozinha pensada "profissionalmente". Tecla sempre tocada era a da colaboração entre arquiteto e dona de casa. Tudo pela reconfiguração "científica" da casa e da *Wohnkultur*, a cultura doméstica.

Muitas cozinhas "racionais", modernistas, foram concebidas e executadas naquele tempo, época em que, por sinal, Walter Gropius assumiu a direção da *Staatliches Bauhaus in Weimar*. Mas, também, a época da chamada "Nova Frankfurt", sob o comando de Ernst May, o arquiteto da cidade, que, adiante, chegaria a desenhar casas padronizadas em Kampala, Uganda, numa releitura da arquitetura vernacular daquela região africana. Deixemos de parte, contudo, o planejamento geral de May (discípulo de Otto Wagner, o arquiteto-urbanista racionalista da Ringstrasse, na reforma urbana de Viena), sua busca do ideal social da Nova Vida, *Neues Leben*, numa série de assentamentos proletários nos subúrbios de Frankfurt, livremente inspirados nos princípios da cidade-jardim de Howard, a exemplo de

Römerstadt, o primeiro conjunto habitacional totalmente eletrificado da Alemanha. No que de momento nos interessa — e ainda seguindo a análise de Susan R. Henderson —, Ernst May assimilava a esfera feminina à esfera doméstica. Aos cuidados caseiros. E, juntamente com sua equipe, concentrava seus esforços para tornar mais agradáveis e eficientes a vida e o trabalho das donas de casa, chegando a detalhes de uso de cores, superfícies fáceis de limpar, linhas que evitassem acúmulo de poeira nos cantos.

A moderna casa frankfurtiana deveria estar baseada na "feliz combinação de uma casa desenhada 'cientificamente' e de mobília e equipamentos racionalizados". Tais esforços de modernização focalizavam, sobretudo, a cozinha. "Centro do trabalho doméstico, a cozinha se tornou o 'escritório' profissional da dona de casa, objeto de intermináveis aperfeiçoamentos tecnológicos." E aqui entra em cena Grete Lihotzky, a única mulher do time de arquitetos de May, ganhando reconhecimento internacional em 1926, por seu projeto da chamada Cozinha Frankfurt. Grete era (e nunca deixou de ser) uma militante comunista, que, como diz Susan, dedicou sua vida profissional, desde seus tempos de estudante durante a Primeira Guerra Mundial, a melhorar objetivamente o cotidiano das classes trabalhadoras. Depois de concluir seus estudos na Escola de Artes e Ofícios de Viena, passou a trabalhar com Adolf Loos, um dos arquitetos mais importantes da época, autoridade municipal vienense no campo da moradia e autor do projeto da casa do dadaísta Tristan Tzara em Paris. Àquela altura, estava concentrada no problema da casa racional. E, por esse caminho, acabou indo trabalhar com May em Frankfurt, quando ele assumiu o comando de um dos maiores programas habitacionais da Alemanha. Foi aí que Grete projetou e executou sua célebre cozinha.

Susan R. Henderson é uma entusiasta dessa criação, certamente uma das peças mais conhecidas e aplaudidas dos programas habitacionais de Weimar. Diante da Cozinha Frankfurt, ela chama a nossa atenção para suas superfícies metálicas, sua alta precisão, a "especificidade" de suas interconexões, sua "totalidade modular", suas adequações técnicas. Por todos os seus aspectos, a Cozinha Frankfurt resumiria a transformação da vida cotidiana nos tempos modernos. "Acima de tudo, a cozinha de Lihotzky criava um impacto fotográfico imediato. Intricadamente coordenada e compactamente configurada, a Cozinha Frankfurt era a realização da cozinha enquanto máquina." Daí a minha brincadeira inicial com o velho Corbusier, cozinha racionalista, *machine a cuisiner*. Prosseguindo, Susan Henderson diz que os pontos de referência de Grete Lihotzky eram bem alheios ao mundo feminino: cozinhas de navios, o vagão-restaurante do trem, a *lunch wagon*. Cozinhas, sim, mas nada domésticas. "Como modelos, estas cozinhas comerciais, desenvolvidas para produzir centenas de porções alimentares em curtos espaços de tempo, reduziam a cultura doméstica a uma equação de refeições-por-minuto. Assim, com Lihotzky, a cozinha chegou à plena maturidade como uma peça de equipamento altamente especializado — um posto de trabalho onde todas as ferramentas eram uma simples extensão da mão do operador. Seu plano minúsculo de 1,9 x 3,4 metros foi 'cientificamente' calculado como as dimensões ótimas nas quais cada movimento era totalmente eficiente e cada operação, coordenada."

Antes que um aposento ou um cômodo espaçoso, esta cozinha da idade da máquina, do mundo urbano-industrial, é um nicho. "Havia ainda outra razão para o poder único do *design* de Lihotzky: entre todas as várias propostas para a modernização da cozinha, a dela era a única que transformava a cozinha num produto de consumo." Um produto industrial de massas. Dez mil dessas cozinhas foram instaladas nas casas dos assentamentos de Frankfurt, mas unidades individuais também eram comercializadas. "Esta concepção da cozinha como um produto de consumo sublinha a progressiva mercantilização da cultura doméstica e a projeção de interesses mercadológicos determinantes sobre o domínio privado." Em suma, cozinha como objeto industrial de consumo para uma sociedade tecnológica de massas, regida pelo jogo do mercado. Ainda Susan: "Assim, o patriarcado privado representado pela família cedia gradualmente lugar a um patriarcado público dominado pela indústria e o governo. De modo crescente, no âmbito de programas habitacionais municipais como aqueles dirigidos por Ernst May em Frankfurt ou por Bruno Taut e Martin Wagner em Berlim, as linhas entre o privado e o público eram indistintas; de fato, a natureza heroica do modernismo dependia de tal abrangência, numa visão universal que anulava diferenças sociais e de gênero". Mas a casa passa a ser repensada também em seu novo caráter de mercadoria. Não no sentido banal de que é possível comprar ou vender um imóvel, mas no sentido de uma visão intrinsecamente mercadológica de seus próprios elementos construtivos e constitutivos.

É claro que vejo a Cozinha Frankfurt como uma proeza, na história do *industrial design*. Mas há duas coisas que não posso deixar de sinalizar. Primeiro, lembrando que o culto de um estrito pragmatismo tecnicista elimina o que pode haver de lúdico e prazeroso no ato de cozinhar. A cozinha estreita e estritamente prática não só desagrada a quem realmente gosta de cozinhar, como é inimiga do rito. Das transas coletivas da amizade; da performance grupal na feitura de uma refeição, por exemplo. Segundo, a criação de Grete Lihotzky se dá na conjuntura de um movimento oficial, da política pública de *redomesticação da mulher*. E esta é a parte realmente grave. Em vez de ver as jovens alemãs realizando intervenções criativas na vida política ou cultural, vamos encontrá-las estudando "ciência doméstica", "gerenciamento científico" do lar e tomando cursos de culinária, como se isto fosse a coisa mais avançada do momento. Uma tremenda empulhação ideológica, condenando a mulher à subalternidade social.

Porque, mesmo com todo o verniz "científico", toda a maquiagem profissional e a roupagem tecnológica, o que temos, sob o travestimento, é a figura tradicional da dona de casa, da mulher-cozinheira, confinada em âmbito doméstico e, o que é pior, não só claramente convencida de que o seu lugar é na cozinha, como orgulhosa disso. Os novos instrumentos e desenhos, iluminados por uma retórica técnica, asseguram-lhe que é plantada dentro de casa, descascando batatas cientificamente na cozinha, que ela se inscreve em cheio no coração da modernidade. Nem sequer se levanta a possibilidade de que a racionalização do trabalho doméstico seja um meio para que a mulher ganhe tempo para se dedicar a outras coisas: à filosofia, à física teórica, ao esporte, à política, à música ou às artes, por exemplo. Não, o horizonte extradoméstico não existe. A cozinha é um fim em si. A racionalização é apenas para que o trabalho seja mais leve e menos tedioso, permitindo que as mulheres, assim satisfeitas, tenham mais tempo para melhor se devotar a maridos e filhos. E o que é espantoso é que mulheres de esquerda, da socialista Clara Zetkin à comunista Grete Schütte-Lihotzky, tenham acreditado nisso. No poder liberador ou no caráter libertário da cozinha. No caso de Grete Lihotzky, em termos teóricos e práticos, envolvendo-se até mesmo, por exemplo, na criação e montagem de um instituto feminino profissionalizante em Frankfurt, em cujo "laboratório" as mulheres estudavam as novas técnicas "científicas" de lavar e passar — e onde a peça pedagógica central era... uma cozinha. Realmente, me impressionam a convicção e a sinceridade com que Clara e Grete adotaram essa conversa fiada.

No texto "Neue Frankfurter Schul- und Lehr-Küchen", por exemplo, Grete escreve que a grande meta era a racionalização do trabalho doméstico e que o mais importante instrumento para o ensino da "economia doméstica" era a escola de cozinha. E olha que a classe dirigente alemã não estava brincando em serviço. Susan Henderson: "Inicialmente, profissionalização e higiene eram os dois grandes temas nesta revolução pedagógica, mas, à medida que a economia industrial alemã lentamente se reajustava para a produção em tempos de paz, treinar moças para serem consumidoras modernas ganhou igual importância". Acho que, no caso, pouco importam o ideário socialista e as melhores intenções de Grete Lihotzky em defesa da mulher. Objetivamente, ela adotou o ponto de vista do mundo patriarcal. Deu força total à reação conservadora do pós-guerra contra os avanços do movimento feminino que desaguaram na igualdade entre os sexos firmada pela Constituição de Weimar. Engajou-se na política de "redomesticação", que menosprezava qualquer contribuição maior da mulher à cultura. É irônico, observa Susan Henderson, que uma mulher politicamente engajada como Grete Lihotzky, acreditando-se empenhada em promover uma transformação técnica e social do mundo, tenha visto a cozinha como "o motor da mudança". Susan tenta recuperar os desejos e intenções da *designer*. Mas penso que é melhor sublinhar outra coisa: Grete Lihotzky é um exemplo terrível de como uma mulher culta, brilhante e politizada pode cair na vasta e poderosa armadilha da dominação masculina, aqui se manifestando no convencimento de que a modernidade feminina se realizaria na racionalização e na tecnificação do trabalho doméstico, numa suposta reconfiguração científica do lar.

Mas esta não era a única via. Mesmo na área específica do *design*, as mulheres se moviam também por outros caminhos. Apenas um pouco depois que Grete Lihotzky projetou a Cozinha Frankfurt, vamos ouvir o nome de Charlotte Perriand, com relação a uma exposição de móveis feitos em parceria com Le Corbusier. Nosso Lúcio Costa foi inteiramente tomado, num fascínio que durou sua vida inteira: "No volume correspondente aos anos 1929-34 das Obras Completas de Le Corbusier e Pierre Jeanneret [primo e colaborador do arquiteto] vê-se, integrando o equipamento para o novo 'habitat' apresentado no Salon d'Automme de 1929, o impecável conjunto de móveis concebido e executado em colaboração com Charlotte Perriand. Sua jovem figura aparece numa foto, reclinada sobre a chaise longue, a cabeça virada para esconder o rosto. Esta imagem tornou-se, para mim, a expressão palpável — síntese humanizada — de toda a genial elucubração de ordem técnica — 'base d'un nouveau lyrisme' —, artística e social que Le Corbusier estava então em vias de formular em teoria e de aplicar na prática da arquitetura e do urbanismo. [...] As novas gerações, que receberam de mão beijada a revolução arquitetônica, já como fato consumado, não têm a menor ideia do que foi a violência da ruptura desse mobiliário com a compostura e os usos dos costumes da época — ou seja, a aceitação da nova tecnologia de ambientação de interiores. [...] Charlotte Perriand, com seu sentido da arte, da vida e da essência das coisas, soube realizar, desde então, uma espécie de interação desta nova tecnologia e da tradição artesanal válida". Pois bem: mil vezes Charlotte Perriand reclinada numa *chaise longue* em Paris do que Grete Lihotzky enfurnada numa cozinha em Frankfurt, por mais racionalista e tecnológica que esta se mostrasse.

Mas deu-se ainda uma pesada ironia da história. Em 1950, durante uma grande feira industrial realizada na então Berlim Ocidental, os executores do Plano Marshall, destinado a recuperar uma Europa detonada pela Segunda Guerra Mundial, resolveram exibir uma notável casa norte-americana, completíssima. O objetivo era encantar o público europeu e, em particular, provocar, esnobar e mesmo seduzir pessoas que viviam em países ou sociedades comunistas (na época, viajar desses lugares até à feira não tinha nada de muito complicado, já que o Muro de Berlim seria construído somente alguns anos depois, em 1961). Para isso, mandaram buscar nos Estados Unidos uma bela casa pré-fabricada de seis cômodos, com mobiliário moderno e a última palavra em matéria de aparelhagem doméstica, incluindo aí, com destaque, instrumentos de cozinha e outros serviços, de geladeira a máquina de lavar. Circulando pela casa, ao tempo em que davam pequenas palestras sobre as novas tecnologias domésticas, viam-se moças bonitas da Universidade Livre de Berlim, todas elas estudiosas de assuntos norte-americanos. Foi um tremendo sucesso. Principalmente, a cozinha, deixando milhares de alemães embasbacados — boa parte deles, de resto, vinda do leste comunista, aproveitando a promoção de passagens baratas, feita especialmente em função da feira. Era uma cozinha moderníssima, racionalista, técnica. E a multidão não se dava conta de uma coisa, ao olhar fascinada para aquela cozinha exemplar da nova cultura industrial de consumo. Era que o construto mais não era do que uma reprodução de uma criação alemã. Da Cozinha Frankfurt. Ou seja: a cozinha da comunista Grete Lihotzky, que chegou a ser perseguida e pisoteada pelo nazismo, servia agora para exibir as excelências da vida no capitalismo norte-americano.

"A casa-modelo foi apenas a primeira de uma série de jogadas de relações públicas concebidas para promover o 'estilo de vida democrático americano' na Europa, já que os socorristas do Plano Marshall estavam convencidos de que a cozinha equipada era a maneira ideal de desafiar o comunismo. Esses objetos de desejo iam comprovar a superioridade dos bens produzidos pelo sistema capitalista, e ao mesmo tempo aguçar o apetite das pessoas para adquirir mais bens de consumo — criando assim um círculo virtuoso econômico. E, de fato, essa foi a era em que as marcas norte-americanas finalmente conquistaram a Europa. A geração pós-guerra ficou viciada em Coca-Cola, barras de chocolate Hershey's e rock'n'roll, enquanto as multinacionais, como a Ford de [Robert] McNamara, instalavam mais e mais fábricas na Europa para empregar mão de obra barata e explorar mercados virgens", comenta David Priestland, em *Uma Nova História do Poder: Comerciante, Guerreiro, Sábio*. Mais: "[...] a cozinha da Feira Industrial visava muito mais do que cozinhar; tratava-se de ética e estética. Pois os administradores do Plano Marshall escolheram, deliberadamente, o estilo modernista, antes tão associado à esquerda europeia. Na verdade, essas 'cozinhas Marshall' eram clones da famosa 'cozinha de Frankfurt' [sic] de 1926, criada pela feminista vienense Margarete Schütte-Lihotzky, que mais tarde foi presa pelos nazistas por atividades comunistas. A estética da cozinha era funcional, científica e igualitária, em contraste com um *design* norte-americano mais vistoso. Os americanos estavam decididos a implantar um consumismo 'democrático', brando, destruindo as divisões culturais entre a burguesia e a classe operária".

Em outras palavras, a cozinha vanguardista se converteu em ferramenta ianque durante a chamada "guerra fria" e livros chegaram a ser publicados sobre o assunto, a exemplo de *Cold War Kitchen: Americanization, Technology and European Crisis*, uma antologia recente organizada por R. Oldenziel e K. Zachmann. Mas não só a cozinha entrou na maré do "consumismo democrático", é claro. O supracitado Priestland, aliás, se encarrega de alargar corretamente o foco: "Esse modernismo consumista também moldou o raciocínio que estava por trás de outro projeto patrocinado pelo Plano Marshall: a construção de hotéis Hilton em toda a Europa. Conrad Hilton, um católico devoto, descreveu explicitamente seus hotéis como 'um desafio [...] ao modo de vida ensinado no mundo comunista', e o Plano Marshall fora então empregado para construir hotéis Hilton em pontos importantes na Guerra Fria: Roma, Atenas, Istambul, Cairo e Teerã. Adotando o estilo modernista internacional, cada vez mais associado às empresas norte-americanas, os hotéis eram luxuosos, mas acessíveis. O programa Operações para Edifícios Estrangeiros, do Departamento de Estado, ia financiar os prédios modernistas como 'cartões de visita arquitetônicos' para o governo norte-americano do pós-guerra". Em resumo, é isso. Ou, como aprendemos com o velho dito popular: são as voltas que o mundo dá.

10.
AINDA A COZINHA: QUASE UM DEPOIMENTO

Na minha vida, o prazer de conversar na cozinha acabou se somando ao prazer de conversar sobre a cozinha — em, pelo menos, três sentidos: no arquitetônico, no culinário e no plano da leitura histórica ou socioantropológica desse elemento fundamental dos abrigos humanos, peça material básica dos ambientes construídos, nos seus aspectos residenciais, industriais ou comerciais, com todas as suas conexões e implicações simbólicas.

Mas em termos, na verdade, porque trato de evitar algumas coisas. O "gastronomismo", por exemplo, costuma me deixar simplesmente enfastiado. Não tenho a menor paciência para ouvir dissertações que vão acumulando firulas e filigranas sobre pratos e elementos alimentares. É pura parlapatice. Quando alguém começa a deitar falação sobre cores e aromas ou arranjos e texturas da comida, por exemplo, minha vontade é pegar o boné (ou a bengala, para ser exato) e me retirar do recinto. A vulgarização da gastronomia, de resto, gerou coisas abomináveis, como a mania de ser *chef* e a coleta de receitas "sofisticadas" na internet. O resultado são pratos onde não sentimos o gosto do peixe, misturas que atrapalham, a proliferação de molhos intragáveis, o tempero totalmente desproposidado. Por causa disso, aliás, houve uma mudança lastimável. Décadas atrás, restaurantes menores e/ou modestos, até mesmo humildes, podiam oferecer excelente comida caseira ou pratos da culinária deste ou daquele lugar. Hoje, qualquer biboca faz poses gastronomistas, produzindo gororobas incomíveis. É a mesmice gustativa em seu mais lamentável aspecto. Sou das antigas, como se diz: o prazer de comer, para mim, nada tem a ver com a complicação, nem com cenas e cenários — e o que conta é o paladar, o gosto dos elementos em questão, não pérolas, aquarelas ou perfumes. Ou, por outra, o que como e gosto de comer é a coisa, não o nome da coisa e menos ainda o título e o subtítulo do molho da coisa. Peixes marinhos sem sabor de peixe marinho? Nacos de comida escondidos ou disfarçados sob um arranjo asfixiante de ingredientes? *Nein*, tô fora.

E se, por um lado, esteticismos e sublimações gastronômicas me entediam, por outro, detesto a obsessão por "comida saudável", que parece ter começado com a importação de filosofias dietéticas orientais no ambiente da contracultura, quando restaurantes macrobióticos e "naturalistas" começaram a dar as caras em nossas cidades principais. É uma espécie de tara enfermeira, do meu ponto de vista. Me lembro, a propósito, de uma conversa na mesa do refeitório, quando estávamos implantando o Hospital Sara Kubitschek em Salvador. A comida era feita por cozinheiras das classes populares baianas e era relativamente muito boa. Mas o quadro estava prestes a mudar. Antecipando o que viria, o arquiteto João Filgueiras Lima (Lelé), com aquele seu jeito ao mesmo tempo delicado e irônico, não resistiu à observação: "Vamos aproveitar, doutor Risério. Semana que vem, chega a nutricionista de Brasília. E aí você sabe, a gente vai penar: comida de nutricionista é a coisa mais sem graça do mundo". De fato, a ideologia e a prática nutricionistas são inimigas do bem comer, da comida gostosa, de qualidade, que inunda a boca e o espírito de prazer. E essa praga da "comida saudável" se tornou geral. A gente se senta para comer em algum lugar (até em casa de amigos) e logo alguém toma a palavra para discorrer sobre certas virtudes terapêuticas de determinados alimentos: tomate ajuda a evitar câncer na próstata, grão de bico é bom para o cérebro, banana reforça os ossos, etc., etc. Algumas vezes, já interrompi tais discursos, observando que gengibre era bom para afastar espíritos obsessores, ou até de modo mais cortante: "gente, eu estou aqui para comer, não para fazer medicina preventiva"... Volta e meia, cito a este respeito a venerável Dona Canô, cozinheira de estilo tradicional, mãe de Caetano Veloso e Maria Bethânia. A caminho de completar seus 100 anos de idade, perguntaram a Canô, numa entrevista, qual era o segredo de sua dieta alimentar. E ela, sorrindo para a repórter: "só comer coisas gostosas, minha filha".

De outra parte, gosto muito de comer, mas acho uma chatice ser obrigado a fazer isso diariamente. Comer é uma atividade que deveria pertencer somente ao universo do rito, da festa ou da celebração, assim como do congraçamento mais íntimo, mas sempre livre da cadeia da rotina, da burocratização da vida cotidiana. Não deveria dizer respeito à sobrevivência física, apenas às curtições sensoriais do espírito. Mas sem "gastronomismo", repito. Sem a "espetacularização do comer", de que fala o sociólogo Carlos Alberto Dória, em *Formação da Culinária Brasileira*, com as pessoas menos se entregando ao simples e maravilhoso prazer de comer do que se esforçando na demonstração de alguma *expertise* enfadonha, pedante ou duvidosa. Neste sentido, aliás, dá-se uma distorção perversa da etimologia do vocábulo francês *restaurant*, que muitas vezes parece servir mais para *restaurar* a chatice discursiva do que para recompor o vigor e o viço das pessoas.

* * *

Pensar sobre a cozinha me faz às vezes pensar no lugar do fogo em nossas edificações — e no sentido antigo do sintagma *fogos*, em seu uso plural, antes tão corriqueiro. "Lar, a pedra onde se acendia o lume desde os tempos romanos, passou, em sentido figurativo, a significar a própria moradia. Em Portugal, até há pouco tempo, e no Brasil colonial, sempre se chamou a moradia de *fogo* ou de *fogão*. Qualquer recenseamento dizia que determinada cidade possuía tantos habitantes em tantos *fogos*. Hoje, essa importância do fogo está bastante minimizada e é variável o conceito de casa", escreve Carlos Lemos, em sua *História da Casa Brasileira*. Qualquer estudioso da história do Brasil está habituado a isso. Censos antigos falavam sempre de "fogos", num e noutro lado do Atlântico. Cada póvoa, vila ou cidade era apresentada, nos recenseamentos, com o seu número de "fogos" ou moradias e de "almas" ou moradores. Com relação ao Brasil, esses mapeamentos demográficos começaram a se firmar durante o século XVIII. Para dar um exemplo, o censo de 1759, determinado pelo Conde dos Arcos, concluiu que a Cidade da Bahia possuía, então, 6.782 fogos com 40.263 almas, não entrando no cômputo menores de até 7 anos de idade. Mas as contas vinham de antes: em 1585, por exemplo, Anchieta estimava que o Rio de Janeiro tinha 150 fogos, o que daria uma população de cerca de 750 almas.

Não sei se esta terminologia chegou a ser usada em outros países. Mas trata-se de um vocabulário (fogos, almas) mais do que revelador. A palavra "alma" revela, obviamente, o forte caráter cristão de nossas configurações culturais. Mas, no primeiro caso, o que se desvela é menos religioso do que sociológico. O que se expressa é um claríssimo atestado da relevância do fogo na vida doméstica lusitana, que se projetou em direção aos trópicos brasílicos. Atestado da função fundamental da cozinha em Portugal e em tantas regiões do Brasil. Papel do fogão não somente como instrumento para cozinhar os diversos gêneros alimentares, mas também, em lugares mais frios — em vilas ou cidades próximas à Serra do Mar, a exemplo de São Paulo e Curitiba, na serra gaúcha e no litoral de Santa Catarina ou entre as montanhas de Minas Gerais e os cerrados do Planalto Central antes da construção de Brasília —, como foco de irradiação de calor, como fonte de aquecimento. Ainda hoje, vemos isso em habitações mais pobres ou menos ricas dessas regiões, como nos mostra, a propósito, a pesquisa feita por Marcelo Ferraz no interior de Minas — *Arquitetura Rural na Serra da Mantiqueira*. Nesse caso, o equipamento bem que poderia ser denominado com uma palavra composta esclarecedora de uma dupla funcionalidade: fogão-lareira. Mas é também ao redor do fogão a lenha, no abrigo aquecido da cozinha, que acontece alguma conversa noturna — o que nos leva a atribuir, ao fogão e à cozinha, mais um papel ou função, com relação, agora, ao plano da sociabilidade, da vida conversável.

Mas grande parte da extensão tropical brasileira nada tinha de fria. O Brasil é um país de quase inacreditável variação climática, onde, no mesmíssimo dia, neva em diversos lugares do Rio Grande do Sul, do Paraná e de Santa Catarina, com temperaturas negativas, e faz sol forte, com temperaturas elevadas, nas terras nordestinas, em cidades como Fortaleza, Natal ou Teresina — vale dizer, podemos exibir, ao mesmo tempo, extremos que vão de cerca de -4 a quase 40 graus centígrados. E esta última região, assim como o Brasil Atlântico Central (onde encontramos o Rio de Janeiro), apresentava predominância de temperaturas especialmente elevadas, é claro, nos meses de verão, ou, mais elasticamente, entre os meses de outubro e abril. Era o que acontecia (como ainda hoje acontece, até com temperaturas mais quentes em consequência dos desmatamentos citadinos e da compulsão asfáltica impermeabilizando os chãos urbanos) não só em Fortaleza e Teresina, mas igualmente em Salvador, no Recife, em Aracaju ou São Luís do Maranhão, por exemplo. São núcleos habitacionais onde as casas não tinham a menor necessidade de contar, no seu interior, com um ponto que irradiasse quentura. Ao contrário, o uso do fogão apenas para o simples procedimento de cozinhar algum alimento já podia produzir uma quentura muito incômoda na cozinha, fazendo as pessoas suarem de tanto calor. Patente e nem sempre tolerável desconforto térmico.

Por isso mesmo, historicamente, uma das primeiras novidades distintivas da casa brasileira, com relação ao padrão residencial lusitano, foi o deslocamento físico das operações culinárias para fora do espaço caseiro. Na verdade, os portugueses ou já os luso-brasileiros caminharam, aqui, no rastro da experiência ameríndia. Nossos índios litorais, como se sabe, não cozinhavam dentro, mas fora de suas malocas. E os lusos seguiram a lição. Carlos Lemos: "Moradias que logo aceitaram a cozinha ao ar livre, embaixo da copa das árvores, sob algum precário *tejupar* ou rancho aberto próximo à casa. Adeus às lareiras e chaminés. Nos trópicos, o cozinhar deveria ser fora da área de estar e dormir, bem que os índios tinham razão. Fogo, dentro de casa, só nas raras noites frias do sul ou para iluminar com as bruxuleantes candeias alimentadas com óleo de peixe, qualquer imagem sacra, lembrando o costume dos índios, que afastavam as 'vexações de Anhangá' com pequeninas fogueiras fumarentas situadas ao lado das redes de dormir. Fogo grande de ferver caldeirões, só no quintal. Realmente, essa foi a primeira decisão assumida pela casa brasileira".

Francisco Salvador Veríssimo e William Seba Mallmann Bittar escrevem a mesma coisa, em *500 Anos da Casa no Brasil*: "A casa portuguesa, representada através do estereótipo — casinha caiada, estreita — também não veio de forma unificada para a colônia. Dependia de quem era seu ocupante, sua origem, seu nível de conhecimento e seu *status*. Assim podemos encontrar as construções em pedra aparente, oriundas do norte de Portugal, as chaminés do Algarve ou as paredes caiadas de branco com esquadrias coloridas do sul mediterrânico, porém abrasileiradas ou tropicalizadas". E ainda, precisando elementos: "[...] o português foi uma espécie de coordenador, orientador e homogeneizador dessa moradia [brasileira]. Com o índio, aprende que cozinhar nos trópicos é uma tarefa a ser feita do lado de fora; numa varanda ou num puxado ao lado da casa. A solução para o escoamento das grandes chuvas ele copia da experiência no Oriente, trazendo dessas regiões as inflexões dos telhados e dos beirais alongados com desenhos graciosos. De Portugal traz as paredes caiadas e os portais coloridos, tão comuns nas paisagens do Minho, do Alentejo e do Algarve".

Está bem. Mas há que fazer o seguinte lembrete. Nas moradias mais ricas (ou, ao menos, mais sólidas) é que a cozinha foi realmente desligada do corpo da casa — ao qual acabaria por retornar, aliás, como vemos nos casarões coloniais das plantações açucareiras ou já nos sobrados urbanos da Bahia e de Pernambuco. Nas habitações mais pobres, não. O fogão continuou a existir sob o mesmo teto que o proprietário ou ocupante da unidade habitacional. A carência de recursos e a falta de escravos obrigavam à coexistência de moradores e do fogão num mesmo e reduzido espaço. Quanto mais pobre o sujeito, mais perto ele ficava do fogo. Só que, no caso do casebre, o que se tinha nem merecia a denominação de "fogão". Era, mais exatamente, um simples e até singelo foguinho.

* * *

Não faz muito tempo, quase todos nós aceitávamos o discurso a respeito de uma redução progressiva, mas lógica e inexorável, do elenco das operações realizadas no espaço doméstico. O já mencionado Carlos Lemos, por exemplo, escrevia: "As atuações cotidianas dentro de casa são inúmeras. Sua quantidade sempre foi muito variável no tempo e no espaço e a sua tendência é diminuir com o progresso. Hoje, dezenas e dezenas de ações deixaram de ser exercidas no lar devido às providências da indústria, tanto no que diz respeito às necessidades do passadio do dia a dia como às condições técnico-

-construtivas. E o que caracteriza uma casa de um povo determinado ou de uma região, ou, ainda, de uma classe social, é o conjunto de critérios que regem a superposição ou a distribuição de atividades diferentes dentro de um mesmo espaço. Por exemplo, em poucas palavras: hoje, na casa operária, tolera-se a superposição estar-serviço, ou melhor, nela a família pode usufruir de momentos de lazer dentro da cozinha, o que jamais ocorrerá numa casa de classe média, ou de gente rica que tolera somente a superposição estar-repouso. Gente que vê televisão no quarto, gente que dorme na sala, no sofá-cama". Mas o próprio Carlos Lemos deve ter hoje outra opinião sobre o assunto, desde que suas observações citadas foram feitas em dias ainda pré-informáticos, quando aquele era o pensamento que predominava entre nós, nos meios mais cultos ou apenas relativamente bem informados.

Quanto à cozinha, é evidente que houve transformações no seu uso. Vamos com calma, porém. No barraco de um cômodo só, situado numa favela ou num bairro ou assentamento proletário ou lumpemproletário do Rio, de Salvador, do Recife ou de São Paulo, dá-se o inevitável: tudo, todas as ações caseiras, acontecem obrigatoriamente no mesmo lugar. As pessoas cozinham, fodem ou jogam baralho num só cômodo. Mas o uso lúdico da cozinha se estende também em meio a outras classes sociais e ao longo da tipologia residencial brasileira, com a óbvia exceção de certos apartamentos mais recentes, nos quais minicozinhas funcionais não passam de uma tripa ou faixa estreita, onde até uma geladeira mais gordinha tem de fazer dieta para entrar. Em todo caso, registro que, não raro, varandas e cozinhas — e não somente salas — costumam estar presentes nos roteiros domésticos que percorro. Na verdade, não é nada incomum que visitantes mais íntimos acabem se habituando às cozinhas das casas que frequentam com assiduidade e constância. Ficam às vezes um bom tempo por ali, bebericando e jogando conversa fora, a menos que, como foi dito, se trate de uma cozinha mínima ou desconfortável. Tanto é que não me esqueço de exceções. Por exemplo: nunca fiquei papeando ou bebendo na cozinha da casa de Dedé e Caetano Veloso, no bairro de Ondina, em Salvador; nem na cozinha do apartamento de Lygia e Augusto de Campos, na Rua Bocaina, Perdizes, São Paulo. E isso embora Caetano tenha sido criado na melhor tradição das cozinhas sociáveis do Recôncavo Baiano.

É bem verdade que a frequência à cozinha é variável, incrementando-se aqui ou se retraindo ali, em determinados meios socioculturais e em determinados ambientes regionais, a depender, obviamente, do tipo de educação e de temperamento das pessoas. Por exemplo: não consigo imaginar Roberto Mangabeira Unger na cozinha, com um copo de uísque na mão, dando palpite sobre o preparo de um caruru, relembrando ambrosias ou fazendo fofocas políticas; mas Vinicius de Moraes chegava a ficar horas conversando com amigos e empregadas na cozinha de sua casa em Itapoã. Tenho amigos cujos pais nunca botaram os pés na cozinha, já outros que apreciavam fazer um prato ali, provar petiscos, conversar à tarde ou no meio da noite, entre cervejas e caipirinhas. Mas o fato, que eu saiba, é que não dispomos de nenhuma pesquisa (quantitativa ou qualitativa) sobre os usos dos diversos segmentos do espaço doméstico, hoje, no Brasil. A minha impressão, pelos meus próprios registros vivenciais, é que a cozinha permanece com funções de informação e lazer (o que é especialmente verdadeiro com relação a cozinhas de terreiros de candomblé, em noites de feitura de um belo amalá de Xangô, por exemplo, com muitas mãos cortando quiabos, entre anedotas e risadas claras; mesmo a cozinha profissional, como a de restaurantes, pode ser lugar de bate-papo e central de fuxicos, além de palco da eterna briga entre cozinheiros e garçons, já que só estes, injustamente, botam no bolso as gorjetas da clientela). Cozinhar, aliás, nem sempre é obrigação, nesses nossos tempos de *delicatessen* e *delivery*, de entrega-em-domicílio respondendo a uma simples ligação telefônica; muitas vezes, é coisa lúdica, diversão conjunta de um pequeno grupo de pessoas próximas entre si, com a conversa rolando na cozinha enquanto pratos são preparados ou vão ficando prontos.

Além disso, e ao contrário das previsões que se faziam nas décadas de 1960-1970, as ações no espaço doméstico não tendem unicamente a diminuir. Hoje, diversamente, assistimos a um acréscimo que não deixa de ser um retorno. Com o florescimento da informática, desenhou-se e se expande, entre nós, o chamado "teletrabalho". Temos agora em muitos casos o ofício exercido dentro de casa, como acontecia na Antiguidade Clássica e na Idade Média — do mesmo modo, aliás, que nossas casas, depois dos dias medievais, voltaram a ter cômodos separados e com funções distintas, como acontecia antes nas moradias mais ricas da Roma imperial. Eu mesmo trabalho *chez moi*, fazendo artigos para jornais e revistas, escrevendo textos para diversas agências, entidades e instituições. A ruptura ou o divórcio entre local de moradia e local de trabalho profissional remunerado — que começou com a sociedade burguesa moderna e se acentuou ao extremo com a Revolução Industrial, condenando a mulher a um isolamento que ela não conhecia nos tempos medievais — é coisa que vai sendo superada no mundo contemporâneo. Mas não é só. Várias outras coisas voltaram ou passaram a ser feitas dentro de casa. A própria vida sexual intramuros se incrementou, com a expansão social de uma cultura liberal que leva pais e mães a permitirem que filhos e filhas durmam com seus parceiros sexuais sob o teto da moradia familiar. Pela mesma razão, muitos jovens, hoje, não precisam sair de casa para fumar um baseado; podem fazê-lo na varanda, em companhia dos pais. Nunca me esqueço, por falar nisso, da vez em que encontrei um enteado meu com um paco de maconha na mão. Entre curioso e preocupado, perguntei: "onde você arranjou esse fumo?". E ele, com toda a naturalidade do mundo: "foi meu avô que me deu".

Lembro ainda que o computador franqueia inúmeras possibilidades para atividades — lúdicas ou não — exercidas dentro de casa. As pessoas não se veem tanto na obrigação de sair para uma biblioteca, a fim de fazer uma pesquisa solicitada pelo professor de geografia, semiótica ou teoria da arquitetura. Recorrem a fontes computadorizadas de informação. E o mesmo se dá em termos lúdicos. Crianças, jovens e adultos passam horas e horas entretendo-se com os *games*, jogos e mais jogos encontráveis na internet. E ainda despendem boa parte do seu tempo "postando" e "partilhando" mensagens verbais, visuais ou verbivocovisuais (para lembrar a expressão cara ao movimento da poesia concreta) ou, digamos, curtindo demoradas sessões de convívio virtual, via Facebook e coisas do gênero. Por sinal, considero apenas pitoresco que críticos das "redes sociais" discursem para dizer que o virtual afasta as pessoas e incrementa a solidão. Não é o que vejo: não só sempre fiz "visitas" telefônicas a amigos, muito antes da internet, como as redes conectam a pessoa a uma multidão de gente. Que hoje tenham se convertido numa "cracolândia mental", como diz Eduardo Giannetti, é outra coisa. Além disso, não é improvável que a solidão seja tão antiga quanto a humanidade. Mas, para não ir tão longe, fico em exemplos bem recentes. Com a solidão de que fala a poesia do *blues*, Billie Holiday cantando doloridamente a *solitude*. Com a poesia dos Beatles, em "Eleanor Rigby": "*ah, look at all the lonely people*". Com a definição de São Paulo por Tom Zé, em "São Paulo, *Mon Amour*": "aglomerada solidão". São três composições poético-musicais bem anteriores aos tempos internéticos e às viagens virtuais.

Bem. Em vez de uma suposta singular solidão de criaturas perdidas na noite das redes sociais, tenho a atenção chamada por outra coisa — para um isolamento individual cada vez maior no espaço interno e na vida da casa, como contraface da participação crescente no mundo internáutico. Não é solidão, é isolamento. Costumo, nesse caso, fazer uma comparação. Na minha adolescência, víamos a televisão como um elemento que alienava as pessoas de seu meio mais imediato, fazendo com que as velhas rodas de conversa fossem deletadas; com que os olhos e ouvidos dos moradores de uma unidade familiar ou apenas habitacional se voltassem todos para a tela de luz azulada onde desfilavam noticiários, jogos de futebol ou dramas novelescos, criando assim um novo círculo: não a roda girando entre pessoas, mas a roda em torno da televisão. As pessoas passavam a viver cada vez mais realidades televisuais do que suas próprias vidas. A viver vicariamente. Chico Buarque, na época, chegou a compor um belo samba sobre o assunto, "A Televisão", onde a lua vai de volta pros sertões e a própria vida vê "a vida mais vivida/ que vem lá da televisão". Mas, comparativamente, aquilo era só o comecinho da história. As pessoas, hoje, como que se extraem do ambiente em que vivem. Andam pela beira do mar ou pelo meio do parque, sem ouvir o som das ondas ou dos bichos — com o ouvido tapado por microcaixas de som, onde ouvem um funk ou um pagode, dos milhares que entopem seu iPod. Assim como se isolam em ambientes públicos, de olhos pregados em *smartphones* e quejandos (a distração, no pior sentido da palavra, que hoje, na vida urbana chinesa, já fez surgirem faixas nas calçadas, feitas exclusivamente para pedestres hipnotizados por seus celulares — e está certo, porque em nossos *shoppings*, por exemplo, pessoas submersas nos seus telefones esbarram às vezes grosseiramente em pessoas que, como eu, não usam tais aparelhos). Mas se isolam também no ambiente doméstico, com cada um no seu canto, viajando sozinhas em pistas e ondas virtuais. Diante desse quadro, somos obrigados a reconsiderar as coisas — e até a ver a televisão como um elemento gregário, já que pelo menos as pessos se reuniam ao redor do novo totem e conversavam sobre o que por ali se passava.

Mas não vou desenvolver o tema aqui. Para finalizar com uma generalização, façamos a observação seguinte. Não só os usos dos cômodos de uma casa são histórica, social e culturalmente variáveis. Os próprios cômodos também o são. Ou seja: tanto varia o desenho quanto variam as funções da habitação. Se já não vivemos no universo sacralizado das sociedades arcaicas, onde a habitação se vinculava à esfera do sagrado, podemos dizer que toda casa tem, no mínimo, um aspecto construtivo, uma dimensão estética e um quadro prático de usos ou possibilidades de uso. E este aspecto, esta dimensão e este quadro prático devem ser vistos, obviamente, em sua situação epocal e socioantropológica.

* * *

Quando decidi aprender a cozinhar — e apenas para descobrir, frustrado, que eu realmente não tinha sido premiado com o dom do fazer culinário —, topei com um quadro que me fez pensar.

Tudo a partir da enorme diferença que notei entre alguns livros de receitas que tinha comprado. Com as receitas escritas por mulheres, me sentia algo desnorteado. Bastante, na verdade. A imprecisão me exasperava, como no célebre sintagma "sal a gosto". Eu precisava saber exatamente qual a quantidade de sal (ou de qualquer outra coisa) a ser usada. Mas só encontrava tal "exatidão" em receitas escritas por homens. Era como se as mulheres não soubessem direito do que estavam falando. Mas isso simplesmente não poderia ser verdadeiro, já que a mulher era a cozinheira milenar da humanidade — e o homem, na cozinha, era um intruso muito recente, embora todo cheio de si (talvez espelhando, mesmo sem o saber, a crítica de Nietzsche, que denunciava a incompetência dietética feminina como um fator de atraso na evolução da espécie humana). De fato, o homem só começara a se firmar, nesse espaço tradicionalmente feminino, com a formação/definição das cidades ocidentais modernas. Não sabemos de homens-cozinheiros em aldeias indígenas, nem nas mais antigas tavernas. O cozinheiro — em especial, o *chef de cuisine* — foi um produto da expansão da urbanização. Logo, a questão seria outra: por que, em matéria culinária, as mulheres podiam se dar ao luxo de ser normal e tranquilamente imprecisas — e os homens, não?

Foi por esse caminho que comecei a perceber que a suposta imprecisão do receituário feminino remetia a uma realidade que inicialmente tinha me escapado. Bem vistas as coisas, não se tratava de imprecisão. Era que as "precisões", que tão avidamente eu buscava, não eram necessárias a elas, desde que o que estava em pauta eram coisas de há muito sabidas pela coletividade feminina, em termos tanto de princípios quanto de procedimentos. Vale dizer, as mulheres eram senhoras de códigos e repertórios consuetudinários. Pisavam no solo sobejamente conhecido de uma prática muito bem consolidada, uma prática ancestral, longamente transmitida de mulher a mulher, num espaço que sempre fora domínio essencialmente feminino. Tanto é que aquela prática, de tão enraizada e introjetada, tinha gerado uma postura e um desempenho que, por assim dizer, mais sugeriam um *jeito* do que uma *técnica*. É claro que não era assim: o "jeito" se configurava de forma algo soberana a partir de uma "técnica" remota e firmemente estabelecida. Isto é, tudo se dava de forma tão "natural" que parecia não haver técnica alguma. Mas é que o que havia era uma técnica implícita — embutida e engastada em tudo. Não havia necessidade de ser explicitada de modo simplista num conjunto de regras e medidas: uma "pitada" — e não meio terço de um dedal, por exemplo — de sal.

Mas havia mais. De modo praticamente unânime, mulheres não aprendem a cozinhar através de cursos, exposições didáticas, palestras pedagógicas, apostilas, leitura de receitas. Não: receitas vêm depois. O aprendizado começa por imitação — *in praesentia*. Começa com a criança ou a menina frequentando a cozinha, instalando-se ali, olhando como as coisas são feitas, ajudando. É um processo de observação de movimentos e incorporação de gestos. O que a cozinheira mais velha e a pequena aprendiz fazem, conjunta e complementarmente, pode ser definido, mesmo que de forma precária e muito genérica, como uma transmissão semiótica do saber, transmissão predominantemente visual, mas também tátil e olfativa. Palavras têm a sua importância, mas o discurso verbal não é indispensável, não domina a cena, não comanda o processo. Pergunto à minha mulher, que cozinha excepcionalmente bem, como ela aprendeu a cozinhar — e sua resposta vem quase preguiçosamente, como se estivesse dizendo o óbvio do óbvio: "olhando — eu ficava na cozinha olhando". Em suma, era o reino do gesto, muito mais do que o império da palavra (ou, menos ainda, da escrita). E é claro que essa ambiência difusamente didática, centrada no visual e na gestualidade, não produziria a exigência de uma explicitação de códigos tão familiares e bem sedimentados. É o homem, com a sua ignorância, invadindo a cena como noviço arrogante, que muda o panorama. Ele aparece com a procura obsessiva de assimilar o que é feito, de se apossar daquela práxis — e vai partir para reduzi-la por meio de exercícios classificatórios, adoção de uma conceituação formular e mesmo, no final das contas, via *écriture*. Tudo para responder à sua necessidade neófita de retransformar o *jeito* em *técnica*. E é assim que vão nascer o *cuisinier*, a variante "masculina" da culinária, a *haute cuisine* dos franceses, a gastronomia, o gastronomismo.

Recentemente, a leitura do ensaio "O Estilo Feminino de Cozinhar", de Carlos Alberto Dória, incluído em seu livro supracitado, *Formação da Culinária Brasileira*, veio para dar um sentido um pouco mais completo a essas minhas observações algo fragmentárias. Dória quer entender o que acontece quando um segmento de nosso mundo culinário se projeta na sociedade como domínio masculino. Isto é, a partir do momento em que os homens definem a cozinha profissional — em empresas, hotéis, restaurantes, clubes — como algo distinto da cozinha caseira ou cotidiana, aparecendo a primeira como âmbito reservado ao desempenho masculino e a segunda como rotina própria de mulheres dentro de suas casas. Refala-se, também aqui, de uma divisão que é nossa velha conhecida: o homem se faz senhor do que se produz no espaço público; a mulher permanece circunscrita ao ambiente doméstico. Mas o que distinguiria o fazer culinário profissional público (masculino) do fazer culinário caseiro (feminino)? O que caracterizaria uma cozinha *desfeminilizada*? Foi para demarcar e promover tal distinção que os homens embarcaram em algumas ginásticas discursivas, especialmente a partir das derradeiras décadas do século XIX. De um lado, colocaram a "alta cozinha", invenção e feudo masculinos — de outro, o afazer doméstico, caracteristicamente feminino. E enquanto a cozinha doméstica não passaria de um campo essencialmente prático, dominado pelo amadorismo e seus arranjos empíricos variavelmente improvisados — um fazer mais rasteiro, em suma —, a alta cozinha era tratada como uma "arte superior", fundada na sistematização sólida dos conhecimentos.

Se as mulheres costumavam "cozinhar por amor", devotamente debruçadas sobre o fogão, os homens agiam como artistas conscientes de sua arte, da mesma maneira que um pintor ou escultor. Também disso decorria o suposto fato de a cozinha doméstica ou cotidiana ser o reino da redundância e a alta cozinha, a morada da criatividade ou o império da invenção. De um lado, a eterna e monótona reprodução do já feito e do já visto. De outro, o palco privilegiado para a criação nova, para a originalidade requintada e bem embasada, erguendo-se sobre um patamar de conhecimentos técnicos nitidamente definidos. A distinção se dava então, da perspectiva masculina dos "altos cozinheiros", entre a mera prática sem contornos e a técnica claramente delimitada. Entre uma cozinha popular, coisa de mães e avós, e uma cozinha erudita, coisa de homens bem preparados, doutos na matéria, donos de talentos treinados com disciplina e rigor. E o que temos assim, também aqui, é um reflexo ou desdobramento do conflito entre os sexos, com os homens exibindo suas armas e insígnias, a fim de, em última análise, demarcar e assegurar para eles uma reserva de mercado. Enfim, era isso. Os homens queriam mais uma vez excluir a mulher do engajamento profissional numa atividade pública. O fazer meramente prático e redundante das mulheres merecia reter o seu lugar de honra dentro de casa, nutrindo maridos e filhos. Mas o espaço público exigia coisa melhor: o estilo culinário artístico desenvolvido pelos homens. O ambiente sofisticado de hotéis e restaurantes era para a gastronomia.

A alta cozinha aparece assim, na sua origem, como sublimação ou purificação técnica masculina de um fazer feminino impuro, como se o homem-cozinheiro quisesse se converter numa mulher quintessencial, "hegeliana". Ou como uma espécie de "cozinha abstrata" (Dória), dirigida a um consumidor genérico, não a pessoas singulares, de rostos e gostos conhecidos na intimidade. Dória: "[...] a cozinha feminina, doméstica, é a cozinha das idiossincrasias, das especificidades, pois se cozinha 'para o outro', que é sempre um outro concreto conhecido em sua subjetividade e, portanto, singular". Mas não encontramos isso na cozinha extracaseira, na "alta cozinha" masculina. E é esta uma das muitas coisas que se perderam na passagem da práxis cozinheira cotidiana aos torneios "cultos" da gastronomia — e nem é por outra razão (ou por outro apelo reparador) que hoje tantos chefes de cozinha se voltam para os fazeres femininos tradicionais e seu princípio do "cozinhar para um outro". Agem assim tais chefes — e de forma quase romântica, muitas vezes atrás de "exotismos" que podem retrabalhar em terreno "erudito", gastronômico — porque andam em busca de gostos e de gestos perdidos, capazes de revigorar a cena dos restaurantes. É mais uma vez a manjada busca do "popular" como potencial alimentador de "renascimentos cultos", desde que retrabalhado em termos técnicos e em pauta "artística".

Tudo bem. O que não acredito é que a alta cozinha dos homens (e das mulheres que aderiram aos padrões técnicos internacionais, abandonando o antigo empirismo para se tornarem chefes de cozinha igualmente "artísticas") possa olhar de cima a cultura culinária popular tradicional, ou o saber cozinhar tipicamente feminino. "Por que não se formula a hipótese de que a cozinha, por ser historicamente tão feminina, absorveu tanto os homens que são eles que não conseguem ter um estilo 'masculino', após terem usurpado para si um 'feminino absoluto'?" — pergunta Dória. Ora, o primeiro passo para equilibrar esse jogo é deletar esse ponto de interrogação, fazendo com que o saque do sociólogo se torne ostensivamente afirmativo.

11.
CAMBRIDGE & BAUHAUS

Foi entre o final do século XIX e os primeiros anos do século seguinte que os arquitetos norte-americanos definiram de fato seu campo profissional. E havia então bem poucas mulheres se exercitando nesse terreno. Era um mundo quase exclusivamente masculino.

Na verdade, as primeiras mulheres arquitetas, nos EUA, não se viam exatamente como profissionais da área. Elas tinham aprendido o ofício através de alguns livros e da experiência prática, mas sem treinamento técnico específico, formal, com currículos e professores. Aprenderam a fazer, fazendo. Sarah Allaback lembra que, nos EUA, as primeiras *female designers*, as primeiras projetistas e realizadoras, carregavam fortes convicções religiosas ou ideológicas que as levaram a desempenhar papéis tradicionalmente masculinos. Exemplos: Madre José do Sagrado Coração (Mother Joseph), Martha McWhirter e Alice Austin. "Madre José (1823-1902), uma missionária católica, ficou conhecida como a arquiteta de mais de vinte e cinco prédios religiosos pelo noroeste afora [dos EUA]. Ela se tornou a única em uma comunidade de mulheres a executar projetos arquitetônicos e supervisionar as construções dos prédios. Ninguém era tão capaz de fazer este trabalho quanto ela. Martha McWhirter (1827-1904), membro de uma comunidade autossuficiente fundada em 1866, projetou o Central Hotel do grupo em Belton, Texas. Ela e outros membros da Woman's Commonwealth, que praticavam o feminismo e o celibato, também projetaram suas próprias casas no começo da década de 1880. Uma geração depois, a visionária Alice Constance Austin colocou as ideias na frente das aspirações profissionais arquitetônicas em seu esforço de construir uma cidade socialista durante a Primeira Guerra Mundial. Suas 'casas sem cozinha' em Llano del Rio, Califórnia, pretendiam facilitar a vida para todos", resume Sarah.

Nos EUA, foi somente a partir da década de 1870 que começaram a se alargar as oportunidades para uma mulher estudar e se formar na disciplina. Havia as chamadas *design schools*, funcionando desde meados do *ottocento*, mas só a caminho do final do século elas começaram a preparar arquitetas. Da década de 1870, mudando o panorama, em consequência do Merrill

Land-Grant Act de 1862, data a investida estatal norte-americana no terreno das escolas mistas ("coeducacionais", como se dizia nos EUA), reunindo homens e mulheres, que, por sinal, nunca eram recebidas de braços plenamente abertos. Surgiram então escolas de arquitetura, como nas universidades de Cornell e Illinois. O MIT só passou a aceitar mulheres em 1885. Mas a primeira escola de arquitetura voltada inteiramente para a formação de mulheres foi a Cambridge, criada em 1915. Antes de falar da escola, porém, vamos dar uma visão geral do assunto, no rastro da leitura de Gwendolyn Wright, em "On the Fringe of the Profession: Women in American Architecture", texto enfeixado na coletânea *The Architect*, organizada por Spiro Kostof.

* * *

Gwendolyn lembra que, de início, além de serem raras as mulheres envolvidas profissionalmente com arquitetura, elas costumavam se ocupar de trabalhos vistos como menores ou laterais por seus colegas do sexo masculino. A bem da verdade, foram levadas a se especializar numa área onde a presença feminina era considerada aceitável. Exerciam então seus talentos, como se diz, no terreno da chamada "arquitetura doméstica" e, principalmente, "de interiores" — que era tido como apropriado ao desempenho feminino não só porque as mulheres seriam as grandes conhecedoras do assunto, mas também porque, atuando aí, estariam lidando somente com desejos e necessidades de outras mulheres, longe do contato tanto de empresários e políticos quanto dos "homens rudes" que trabalhavam na construção civil. O circuito se fechava: se a mulher pretendia botar o pé fora da residência, que cuidasse então de fazer arquitetura residencial. Assim, elas continuariam circulando dentro do mesmo e limitado espaço da vida doméstica. Gwendolyn: "Superficialmente, os motivos para a associação entre mulheres e arquitetura doméstica eram óbvios. O fato de que as mulheres cuidavam das necessidades do lar e da família parecia tanto um fenômeno universal quanto de estabilidade social. Mas a profissão também ativamente desencorajava as mulheres a se especializarem em outras áreas além da relativa à moradia. A especialização das mulheres na arquitetura doméstica não era uma decisão declarada, mas os escritórios, as faculdades e a imprensa estavam determinados a estabelecer a conexão. Como nesta época, no final do século 19, estava sendo estabelecida uma grade curricular controlada e uma organização profissional em arquitetura, e a especialização fora instituída na maioria das faculdades e escritórios, tanto a associação quanto a discriminação que ela alentava possuíam peso de política. A questão do lugar das mulheres na prática arquitetônica era obviamente influenciada pelos rígidos estereótipos sexuais da sociedade vitoriana".

Avançando com lucidez em sua análise, Gwendolyn assinala: "Com o objetivo de parecer bem-sucedida, cada mulher arquiteta precisa não se aproximar de outras mulheres, tanto das suas semelhantes quanto das tantas abaixo dela na hierarquia. Juntar-se com outras que encaravam as mesmas dificuldades seria reconhecer que as mulheres, genericamente, estavam subordinadas, e que o sistema era discriminatório. A ambição profissional estava fundamentada em uma crença em escolhas pessoais e liberdade criativa, então todas queriam ser bem-sucedidas 'por seus próprios méritos'. Além do mais, a mulher profissional se deparava com conflitos de papel pessoal, em que as características que ela e o mundo consideravam pertencer à sua feminilidade eram inapropriadas em um contexto profissional. A resposta comum era empregar, ou talvez criar, variações da função social tradicional da mulher ao lidar com as emoções, fosse pelo tipo de trabalho que ela fazia ou por como ela abordava a questão. Mesmo assim, a pressão para ter êxito individualmente e esses conflitos de identidade sexual criavam uma tensão que fez com que a maioria das mulheres acreditasse que eram as culpadas pelos problemas com que se deparavam". As mulheres teriam basicamente quatro modos de enfrentar esses problemas no trabalho — "quatro variações de papéis femininos aceitáveis" para tentar resolver seus conflitos com os papéis profissionais. Seriam as variações ou os papéis de "mulher excepcional"; "projetistas anônimas"; *architecural adjuncts*; e de "reformadoras".

A "mulher excepcional" seria aquela inteiramente devotada ao ofício, totalmente dedicada, completamente mergulhada no trabalho, produzindo como ninguém, a exemplo de Catharine Beecher, que repensou e redesenhou o ambiente doméstico em novos termos tecnológicos, ou da prolífica (excessiva mesmo) Julia Morgan, engenheira-arquiteta da Califórnia, que projetou nada menos do que cerca de oitocentos prédios, na base do requinte ao gosto do freguês. "Morgan and Beecher [acho péssima esta mania acadêmica de tratar mulheres pelo sobrenome] representam as concessões que deveriam acompanhar o sucesso profissional para muitas mulheres — especialização em arquitetura doméstica, ambientes de apoio à estrutura familiar tradicional de classe média e aos papéis sexuais, e uma vida pessoal restrita e delicada; em suma, uma identidade extremamente conservadora." Diversamente, as *designers*, projetistas ou arquitetas anônimas, antes que exibir excepcionalidade, resignavam-se a se diluir na mesmice. Tocavam sua rotina quietamente, em andamento conformista, sem bater na mesa contra preconceitos e discriminações. Ainda assim, deve-se notar que essas mulheres raramente alcançavam conciliar demandas caseiras e demandas profissionais. Era complicado ser ao mesmo tempo esposa-mãe e dar conta das exigências do trabalho. E aqui topamos com a desigualdade de praxe. Enquanto a maioria dos arquitetos era de homens casados, as arquitetas que desejavam ter tanto uma família quanto uma carreira descobriam que era difícil encontrar tempo e energia para cuidar de uma coisa e outra — problema que, por sinal, persiste em nossos dias. Uma solução para isso, aliás, foi a realização do casamento dentro do mesmo grupo profissional: arquiteto com arquiteta — porque assim não só os maridos entenderiam mais facilmente as ocupações e preocupações das esposas, como poderiam trabalhar juntos. Tivemos então uma onda de endogamia profissional, digamos assim, que persiste ainda hoje.

As *architectural adjuncts* não eram, como a expressão já diz, profissionais da arquitetura. Eram mulheres que tinham preocupações mais gerais com o ambiente construído — preocupações sociais, principalmente —, mas que não tinham seguido a andadura formal da educação, da treinagem e da prática arquitetônicas. Antes que profissionais da área, apareciam como figuras enriquecedoras, que ampliavam ou complementavam saberes e discussões. Eram planejadoras, críticas, consultoras, escritoras, jornalistas, etc. Foi exercendo esse papel *adjunct* que as mulheres se fizeram mais conhecidas e reconhecidas no terreno arquitetônico e no campo intelectual de um modo geral. Eram mulheres que, falando de fora do espaço estritamente profissional, eram capazes de influenciá-lo em determinadas direções. É aqui que vamos encontrar Christine Frederick, com seu cientificismo incorrigível, vendo a cozinha como uma espécie de laboratório, para influenciar a ambiência de Grete Lihotzky e de tantas mulheres alemãs.

Difícil discordar do destaque que Gwendolyn Wright dá a Catherine Bauer, nesse horizonte: "Catherine Bauer (1905-1964) proporcionou a análise mais afiada sobre a política de habitação americana, da estilística até a política, dos quartos individuais até a política nacional de moradia. *Modern Housing*, publicado em 1934, foi um ponto de referência em sua carreira como planejadora e na literatura sobre a casa. Era um exame minucioso e eloquente das condições de moradia e das atitudes na Europa, na União Soviética, e nos Estados Unidos, que advogava um padrão básico para moradias de baixa renda e atacava o isolamento dos arquitetos americanos. A moradia, Bauer argumenta, estava em uma situação social e política que deveria ser organizada em torno da função, da conveniência e de uma extensa disponibilidade. Mesmo a estética, que deveria ser uma preocupação secundária, estava baseada em um arbitrário detalhamento sofisticado em vez de na expressão de um bom acabamento, desejo de boa saúde e espaço aberto adequado. [...] Ao discutir os padrões, Bauer apontava as diferenças entre as cidades-jardim da Europa, com seu conceito de padronização 'como utilidade pública... como unidade comunitária... como arquitetura moderna', e as nada inspiradas noções americanas da necessidade de uma determinada quantidade de metros quadrados e fachadas modernistas, com pouca preocupação em relação ao uso humano dos espaços ou ao direito a moradia adequada para cada família. Nossos arquitetos, ela acusa, imitaram os estilos do modernismo europeu, mas abandonaram os conceitos sociais que originalmente inspiraram estes estilos".

Por fim, Gwendolyn fala das *reformers*, concentradas na crítica social e na produção de alternativas coletivas no campo das questões da mulher, da casa e da cidade. Do mesmo modo que as *adjuncts*, elas também não eram arquitetas, não faziam parte daquela categoria profissional. E conseguiram igualmente afetar a realidade doméstica norte-americana. Mas com uma diferença. Em vez de se dirigir a uma elite profissional ou, um pouco mais amplamente, a um público especializado, no papel de críticas ou teóricas do campo, as reformadoras falaram diretamente para quem vivenciava no dia a dia os temas discutidos, para os moradores das casas que desejavam mudar, numa conversa quase sempre de-mulher-para-mulher, com base em experiências comuns. Encarnação plena da figura da reformadora foi Charlotte Perkins Gilman (1860-1935), sobrinha-neta de Catharine Beecher e de Harriet Beecher Stowe. "Uma feminista e socialista dedicada, ela deu palestras e escreveu sobre as mudanças necessárias que trariam mais equidade para as mulheres no lar e no sistema político. Seus dois livros mais famosos, *Women and Economics* (1898) e *The Home: Its Work and Influence* (1902), destroem a imagem sentimental do lar como centro de pureza e conforto; em vez disso, ela acusa, a maioria das casas era ineficiente, insalubre e desmoralizante. Nem o trabalho nem os produtos necessários para manter uma casa comum eram econômicos ou inerentemente recompensadores, então inevitavelmente havia conflito entre criados e empregadores, e entre maridos e esposas; já que todos pressupunham que a casa deveria ser tanto moderna quando relaxante, tinha que ser culpa de alguém se não fosse o caso."

Mais: "Como a maioria dos reformadores do período, Gilman acreditava na inevitabilidade do progresso. Para criar alternativas para o infeliz sistema tradicional, ela queria profissionalizar as responsabilidades domésticas — ou seja, ela tinha em mente sua centralização. Haveria casas sem cozinha e sem lavanderia, porque esses serviços seriam providos por negócios de alcance municipal com pontos de venda nos bairros. A cidade forneceria extensas redes de parques infantis supervisionados e creches diurnas para aliviar para as mães o contínuo cuidado das crianças. As famílias e as pessoas solteiras poderiam desistir da ilusão de privacidade e autossuficiência das casas separadas em troca da conveniência das residências em hotéis, apartamentos e casas conectadas. Mais importante que a metragem quadrada ou a reforma estilística, ela explica, seria a necessária conversão ao cooperativismo ou à profissionalização do cuidado com a casa, que daria a motivação para uma reorganização doméstica eficiente; afinal de contas, as pessoas estariam pagando por um trabalho doméstico que nunca foi devidamente valorizado". Embora não fosse arquiteta e não apresentasse planos explícitos para a reconfiguração do ambiente construído, Charlotte trouxe à cena, com clareza, conceitos e descrições de alternativas possíveis, em torno das quais as feministas poderiam se organizar. Para ela, as pessoas deveriam poder fazer escolhas verdadeiras, em meio a opções reais, sobre como desejariam viver. E a função maior da arquitetura seria criar estas opções.

* * *

Nesse contexto norte-americano, a história da criação da futura Cambridge School of Architecture and Landscape Architecture é em si mesma reveladora. Uma jovem chamada Katherine Brooks, que dizia querer ser "jardineira paisagista", tentou se matricular na Harvard School of Landscape Architecture. Mas a escola não aceitava mulheres. E o diretor da Landscape School da instituição acabou escalando Henry Atherton Frost, um jovem instrutor da escola, para ensinar à jovem. Não demorou e a jovem apareceu com mais cinco moças querendo fazer o curso. Frost e um parceiro dele, Bremer Bond, resolveram orientar o time. E assim, sem que a turma se desse conta imediata do fato, em fevereiro de 1916, nasceu uma escola.

"De fato, o termo 'escola' ganhou as graças entre as estudantes antes de ser usado por nós. Elas começaram a se referir a ela como 'a escolinha'", escreveu o jovem professor Frost, num manuscrito autobiográfico que não chegou a publicar. E Doris Cole comenta: "Assim começou a Cambridge School of Architecture and Landscape Architecture, a primeira e única escola séria de arquitetura para mulheres nos Estados Unidos". Merece ressalte o papel feminino ativo nesse processo. As moças resolveram que se tratava de uma escola. E mais: em seguida, determinaram as direções do ensino que ali se desenvolveria. O currículo original da escola se fundava na convicção de que as mulheres tinham sido feitas sob medida para a prática exclusiva da arquitetura doméstica. Elas é que não gostaram muito da história. Doris Cole: "Ensinar arquitetura doméstica era o objetivo de Henry Frost e Bremer

Pond: não era o objetivo das seis mulheres que prevaleceram sobre as ideias liberais desses dois homens. Essas mulheres aprenderam tudo o que podiam, e logo estenderam os limites do domínio doméstico a fronteiras inacreditáveis. Estas primeiras seis e as muitas que as seguiram redefiniram a arquitetura doméstica, incluindo escolas, hospitais, pavilhões, salas de concerto, casas de campo, restaurantes, modernas galerias de arte, clubes navais, e ainda planificaram e desenharam vilarejos inteiros. Foi somente em 1941 que Henry Frost reconheceu o fato de que as estudantes da Cambridge School não aprendiam somente arquitetura doméstica".

Doris sublinha que Frost, pessoalmente, não estava livre de preconceitos e dúvidas a respeito da capacidade feminina de ter um alto desempenho profissional no âmbito da arquitetura. Mas que suas reservas pessoais não se refletiam em suas ações. Batalhava para empregar suas arquitetas nos escritórios que conhecia. E, durante um bom número de anos, teve uma mulher como sócia: Eleanor Raymond. E Eleanor não foi uma arquiteta qualquer. Ela foi a projetista da primeira casa modernista de Massachusetts, em 1933. E, na década seguinte, no ano de 1948, também em Massachusetts, de uma casa aquecida pioneiramente com energia solar: a casa da cientista e inventora Maria Telkes, química e biofísica húngara, nascida em Budapeste. Maria trabalhava com tecnologias de energia solar no MIT e inventou até um equipamento de dessalinização para tornar água marinha potável. Ao longo de sua carreira, ganhou o epíteto de "a rainha do sol" e, em 1977, foi premiada pela American Solar Energy Society. No caso do trabalho com Eleanor Raymond — obra arquitetônica pioneira no campo da sustentabilidade —, ela desenhou todo o sistema para a construção de uma *experimental solar-heated house*, uma casa experimental funcionando com energia do sol, a primeira de que se tem notícia. E Eleanor, que era uma arquiteta voltada para a experimentação e o novo, mergulhou fundo na viagem. A parceria Eleanor-Maria foi, portanto, uma espécie de casamento da criatividade com a criatividade.

Mas voltemos à escola. Em termos estritamente pedagógicos, a Cambridge prepara as moças com seriedade total — arquitetura, ali, não seria passatempo de dondocas. Pelo contrário. Frost não brincava em serviço. Arquitetura e paisagismo andavam de mãos dadas. O curso durava três anos, mais viagem de estudos à Europa e aprendizado prático. E, como as demais escolas norte-americanas da área, se compunha de três matérias centrais: *design* (projeto), construção e desenho livre à mão. Os alunos tinham de mostrar bom desempenho nas três. Doris Cole: "Reagindo à crescente complexidade da sociedade nos Estados Unidos, Henry Frost expandiu suas metas educacionais de acordo com as necessidades profissionais. Ele considerou que a mulher da Cambridge School era capaz de lidar com os novos desafios: em 1941, ele escreveu que 'ela pensa claramente, raciocina bem, se interessa mais por moradia do que por casas; em centros comunitários para as massas em vez de clubes para seletos; mais em planejamento regional que em planejamento estatal; mais em aspectos sociais da sua profissão que em comissões particulares. Ele elogiou sua capacidade quando percebeu que 'ela é inteligente. Ela organiza bem seu trabalho, é bem-sucedida na colaboração com os outros... a mulher estudante progrediu a um patamar que nos assombra'. Ele observou que 'seu interesse em sua profissão abarca implicações sociais e humanas'. Ao dar-se conta desse crescimento em habilidade e interesse, Henry Frost propôs um programa novo e expandido para o curso de Mestrado em Arquitetura na Cambridge School. Ele propôs 'que o tempo de um ano ou mais, requisitado para o diploma de mestre tanto em arquitetura quando em paisagismo, fosse de pesquisa e projetos em direção à (na falta de um termo melhor) arquitetura socializada'".

E Frost ainda conseguiu levar Harvard a admitir mulheres. Depois de atravessar diversas turbulências financeiras, a Cambridge fechou suas portas. A ideia era que estudantes do sexo feminino fossem aceitas na Harvard's Graduate School of Design. Houve reações. E mesmo Walter Gropius, o principal defensor do ingresso de mulheres na escola de Harvard, adotou a velha tática do pé atrás, sugerindo que as moças fossem admitidas como "alunas especiais" e não como candidatas a receber o diploma no final do curso. Frost ficou furioso. Disse que se a sugestão de Gropius fosse aceita, ele iria dizer às suas alunas que esquecessem Harvard e procurassem outra escola. Harvard, naquele período de guerra, precisava de alunos para se manter. E Gropius perdeu a parada. Daí a afirmação de Doris Cole, dizendo que Frost foi "one of the few champions of women architects".

* * *

O caso da primeira Bauhaus (a de Weimar e dos anos iniciais em Dessau) e de Walter Gropius é algo complicado. Não sei se devemos falar de posição ambígua ou contraditória — ou até de uma "dupla personalidade" de Gropius. Na Bauhaus, ele quis bloquear caminhos às mulheres. Na mesma época, nos CIAMs, falava da necessidade de se produzir uma nova casa em conexão com a emancipação da mulher. É o que lemos no texto "As Bases Sociológicas da Habitação Mínima para a População das Cidades Industriais", incluído em *Architektur*. Chamando a atenção para "uma socialização cada vez maior das antigas funções da família", ele vislumbra "os primórdios de uma época cooperativa que poderá substituir a época do direito individual".

E escreve: "A servidão da mulher com respeito ao homem desaparece, a lei da sociedade concede-lhe aos poucos direitos iguais. Com o desaparecimento de diversas funções caseiras que a família entregou à produção social, reduz-se o âmbito das tarefas da mulher, de modo que ela procura satisfação para seu desejo natural de atuar também fora do quadro da família. Entra para a vida profissional. A economia, colocada pela máquina em bases completamente novas, mostra à mulher o irracional de seu miúdo labor caseiro. [...] O reconhecimento das fraquezas da economia doméstica individual desperta o interesse por novas formas de serviços domésticos em grande escala que livrem a mulher individualmente de parte de seus encargos caseiros por meio de organizações centrais que poderiam realizá-los melhor e mais economicamente do que ela sozinha seria capaz, ainda que utilizasse todas as suas forças. A dificuldade crescente em relação ao pessoal de serviços domésticos ativa esses anseios. A mulher procura, na dura luta pela existência, caminhos para si e para seus familiares, tenta ganhar tempo para si e para seus filhos; quer tomar parte na vida profissional, a fim de libertar-se da dependência do homem. A razão deste processo não parece residir apenas na necessidade econômica da população urbana, mas também na necessidade interior que se relaciona com a emancipação espiritual e econômica da mulher como igual companheira do homem. [...] A forma de organização destes serviços domésticos coletivos para homens e mulheres solteiros, para crianças e adultos, viúvos e separados, para jovens casais ou para comunidades de convicção ou de vida, de diferentes estruturas, liga-se estreitamente ao problema da habitação mínima".

Mas, se não conseguia pensar a nova "casa mínima", *Minimalwohnung*, desvinculada do processo de emancipação da mulher, Gropius não chegou a se desvencilhar de todo da teia ideológica machista. Carregava ainda consigo a fantasia de que existiam ofícios masculinos e ofícios femininos. E temia que as mulheres, ingressando em largos números na Bauhaus, acabassem por desfigurar sua escola. Em especial, porque acreditava que arquitetura era coisa de homem. Em *Bauhaus 1919-1933*, Magdalena Droste escreveu que, entre 1919 e 1921, o Conselho dos Mestres da escola "aprovou alguns regulamentos importantes que beneficiavam o grande número de mulheres que pretendiam candidatar-se como estudantes". Como vimos em tópico anterior sobre Grete Lihotzky, a constituição social-democrata de Weimar garantia às mulheres liberdade ilimitada de aprendizagem. Ao contrário do que acontecia antes da Primeira Guerra Mundial, o sistema de ensino superior já não tinha mais como barrar seus caminhos. Elas, evidentemente, se aproveitaram disso. E Gropius teve de lidar com a nova realidade.

Magdalena: "No seu primeiro discurso aos estudantes da Bauhaus, Gropius fez referências expressas às mulheres presentes: 'nenhum tratamento especial para as mulheres, no trabalho todos são artesãos', 'absoluta igualdade de direitos, mas também igualdade absoluta de obrigações', assim constava nas suas notas. Mas em setembro de 1920 Gropius sugeria ao Conselho dos Mestres que 'a seleção devia ser mais rigorosa desde o princípio, particularmente no caso do sexo feminino, que contava já com um número excessivo [no conjunto discente]'. Aconselhou ainda que não se devia fazer qualquer 'experiência desnecessária' e enviar as mulheres para o ateliê de tecelagem logo após o '*Vorkurs*', com a cerâmica e a encadernação como alternativas. O ateliê de encadernação foi contudo encerrado em 1922, sendo Gropius e Marcks, chefe do ateliê de olaria, em outubro de 1923, unânimes em 'não admitir, se possível, qualquer pessoa do sexo feminino na olaria, para bem delas e do ateliê'. Contudo, como mais tarde se veio a registar falta de mão de obra, aceitaram inclusivamente duas mulheres sem o '*Vorkurs*'. Nenhuma mulher deveria ser admitida para estudar arquitetura. [...] Pode concluir-se que a Bauhaus de Weimar dificultou fundamentalmente a entrada das mulheres e que, quando elas venciam os primeiros obstáculos, eram enviadas para a tecelagem. Muito do que as mulheres da altura produziam de artístico era rejeitado pelos homens como sendo 'feminino' ou 'artesanal'. Os homens receavam uma tendência demasiado 'decorativa' e viam o objetivo da Bauhaus, a arquitetura, em perigo".

É curioso, por sinal, olhar certas fotografias de Walter Hege retratando mulheres que estudavam na Bauhaus em meados da década de 1920. Elas não parecem pessoas reais e muito menos são fotografadas com a objetividade que resultou nos retratos que Lucia Moholy fez de Theo van Doesburg e de László Moholy-Nagy, entre outros. Magdalena Droste observa que "suas poses artificiais lembram as de anjos músicos da arte medieval". De fato, é tudo muito artificial e etéreo, muito "sublime", como se estivéssemos diante não exatamente de mulheres de carne e osso, mas do "eterno feminino". Ainda assim, apesar das deformações e dos obstáculos, mulheres de talento conseguiram se projetar no espaço masculino da Bauhaus, a exemplo de Marianne Brandt e Gunta Stölzl, entre bem poucas outras. De saída, Marianne teve dificuldade em ser aceita no ateliê de metal da Bauhaus, pelo fato de ser mulher. Mulheres deviam trabalhar com tecidos, fazendo tapetes — e não com metais, na produção de bules, luminárias e cinzeiros, por exemplo. Mas Marianne chegou lá. Estudou com Josef Albers e Moholy-

-Nagy, foi aluna de Klee e Kandinsky. E seu bule de essência de chá, combinando formas geométricas elementares num objeto que encanta pelo misto de delicadeza e beleza, ficou famoso. Chegou depois a chefiar o ateliê de metal da escola. E em 1929 foi contratada para trabalhar no ateliê de arquitetura de Gropius, em Berlim, para dar mais um atestado da ambivalência do arquiteto diante da presença feminina nos seus planos.

Gunta, por sua vez, é a única mulher que aparece — ao lado de Albers, Moholy-Nagy, Gropius, Marcel Breuer, Kandinsky, Paul Klee, Lyonel Feininger, Oskar Schlemmer, etc. — numa foto dos "mestres" da escola posando no terraço do edifício da Bauhaus em Dessau. Aluna de Joseph Itten e de Klee, estudou no ateliê de tecelagem, que mais tarde passaria a dirigir, além de ter sido professora da escola. É considerada a tecelã (ou tecedeira, como alguns portugueses preferem) mais importante da Bauhaus, levando adiante a transição da produção de peças individuais mais "pictóricas" para padrões industriais modernos. Apesar de Marianne e Gunta — e mesmo para elas —, vemos que, até no campo da vanguarda estética da arquitetura e do desenho industrial, as portas nunca estiveram totalmente abertas para as mulheres. Gropius e seus companheiros de Weimar e Dessau tinham receio de que a Bauhaus pudesse vir a ser desviada do seu rumo por uma sensibilidade feminina. Nesse caso, vanguardismo artístico-intelectual e reacionarismo político-social andaram de mãos dadas.

* * *

Mencionamos já o lance de Gropius com a Cambridge School nos EUA. Se Henry Frost sempre lutou claramente contra a discriminação das mulheres no estudo profissional de arquitetura (e, em consequência, na educação de um modo geral), não podemos dizer exatamente o mesmo de Gropius. Em todo caso, uma arquiteta formada pela Cambridge School em 1938, Sarah Harkness, se tornou, com Gropius e outros arquitetos, uma das fundadoras da empresa The Architects Collaborative, que realizou diversos trabalhos pelo mundo. Reencontramos aqui, portanto, nos EUA, a ambivalência bauhausiana. Mas não vejamos Gropius como uma exceção. Na verdade, a vanguarda arquitetônica masculina não gostava de mulheres se intrometendo no horizonte. Nem Corbusier era flor que se cheirasse. Não sei como eles ouviriam a conhecida anedota universitária brasileira, segundo a qual o sujeito estuda arquietura porque não foi macho o suficiente para fazer engenharia, nem *gay* o bastante para cursar belas-artes...

Cambridge & Bauhaus

12.
A SENHORA SCHRÖDER

A presença feminina, com relação ao fazer arquitetural moderno, pode não ser sempre imediata, direta ou explícita. Mas, ao mesmo tempo, ser da maior importância. É o que penso quando me lembro de que uma obra-prima da arquitetura neoplasticista holandesa, uma casa maravilhosamente mondrianesca projetada por Gerrit Rietveld em Utrecht, no ano de 1923, não teria existido se não fosse uma mulher, a senhora Schröder, cujo prenome desconheço. Como a arquitetura holandesa é pouco ressaltada nos estudos brasileiros de arquitetura modernista, praticamente monopolizados pelo trio Corbusier-Gropius-Mies, vou dedicar aqui algumas palavras a ela, antes de chegar à casa em questão, que tridimensionaliza e transfigura a pintura abstrata de Piet Mondrian, produzindo-se como uma escultura luminosa.

Em primeiro lugar, é sempre bom lembrar que as coisas aconteceram na Holanda numa conjuntura muito especial. Enquanto as principais nações europeias se engalfinhavam na Primeira Guerra Mundial, a Holanda ficou de fora do grande conflito. Entre 1914 e 1918, viveu simplesmente em paz. Assim, enquanto as discussões e os projetos da vanguarda estético-cultural experimentaram a interrupção em países como a França e a Alemanha, na Holanda o pessoal viveu sob o signo da continuidade, tocando coletivamente o barco. Isso permitiu que muitas coisas amadurecessem e se consolidassem, numa comparação com a fragmentação francesa, por exemplo. Daí que uma das fontes fundamentais da nova arquitetura internacional, que se definiu nas primeiras décadas do século XX, tenha sido o movimento *De Stijl* ("O Estilo"), criado na Holanda em 1917, quando reuniu pintores, escultores e arquitetos em busca das formas adequadas à sociedade urbano-industrial que então se afirmava poderosamente no planeta. Em tela, o abstracionismo. As criações radicais de Theo van Doesburg e, principalmente, Mondrian, o viajante da *plástica pura*, da música visual, com a clareza radical de seus retângulos e de suas cores primárias.

Em *Arquitetura Moderna desde 1900*, William J. R. Curtis escreve: "Foram Theo van Doesburg e Gerrit Rietveld que compreenderam de forma mais clara as implicações tridimensionais de tal abstração geométrica. O objetivo geral não era decorar a edificação moderna com murais pintados, mas tratá-la como uma espécie de escultura abstrata, uma 'obra de arte total', um organismo de cores, formas e planos que se interceptavam. Em 1918-20, as pinturas de Mondrian e Van Doesburg haviam se tornado composições de preto, branco e cores primárias com as mais simples geometrias retangulares, o que tornava muito mais fácil pensar na transferência de tais características às formas de uma arquitetura funcional, onde paredes, planos de piso, terraços ou janelas talvez tivessem um caráter formal análogo aos elementos das pinturas". Além disso, Mondrian, como sabe quem conhece sua obra ou tenha lido seus escritos sobre o assunto (reunidos em livros como *Neoplasticismo na Pintura e na Arquitetura*, por exemplo), era um sujeito profundamente interessado em arquitetura e urbanismo.

Mas aqui entra o mais intrigante da história. A arquitetura de Gerrit Rietveld não nasceria somente da projeção tridimensional das ideias de Mondrian, mas também, por incrível que pareça, daquele que seria o polo oposto ao racionalismo e ao abstracionismo industrialistas: Frank Lloyd Wright. Mas é claro que o Wright de Rietveld, Van Doesburg e J. J. P. Oud era um Wright só deles. Na leitura correta de Curtis, a nova "concepção espacial" não deixava de refletir a absorção de Wright pela vanguarda europeia, mas nos seguintes termos: "A geração de Gerrit Rietveld, Theo van Doesburg e J. J. P. Oud, que iria contribuir para o *De Stijl* e que rejeitava o Expressionismo como um maneirismo fora de moda, pertencente à era do individualismo e do artesanato, também adotou Wright como uma de suas luzes guias. Eles ignoraram seu imaginário suburbano e naturalista, assim como seu uso por vezes excessivo de materiais, e se concentraram no caráter espacial e no vocabulário de planos que flutuavam e se interceptavam, os quais eles percebiam quase como completamente divorciados do contexto físico e social original". Bem, é claro que é possível assimilar estruturas, incorporar formas, deixando de lado as sustentações filosóficas de suas concepções originais. A poesia concreta brasileira fez isso com o próprio Mondrian: celebrou sua viagem formal — especialmente, com o entrelaçamento espaciotemporal da série de quadros que inclui *Victory Boogie-Woogie*, composta já sob o impacto da visualidade urbana nova-iorquina —, mas não tomou conhecimento de Madame Blavatsky e das bases teosóficas da criação mondrianesca. Em termos especificamente arquitetônicos, também não foi assim tão difícil, para Vilanova Artigas, passar de discípulo de Wright a adepto do ideário de Le Corbusier.

No caso de que estamos tratando, tijolos e madeiras à parte, o que o grupo *De Stijl* fez foi uma leitura estrutural da visualidade das casas wrightianas. E tanto isto era possível que foi feito. Curtis: "A 'versão de Wright escolhida pelo *De Stijl*' era curiosamente distorcida, mas frutífera, pois sugeria que as formas da arquitetura do norte-americano simbolizavam o avanço da civilização da máquina". Equívoco ideológico, acerto estético — é o que podemos dizer dessa leitura holandesa das criações wrightianas, em cuja composição entraram também princípios defendidos por Gropius e antevisões futuristas. Nesse passo, Rietveld vai plantar, numa rua de Utrecht, uma casa que é um quadro de Mondrian. Algumas observações gerais do pintor, em seus escritos sobre arquitetura, poderiam ter sido feitas para ela. "É fundamental que a estética seja o ponto de partida, mas não a estética tradicional, que levou à decadência da arquitetura, e sim a nova estética, que resultou da evolução da arte. Essa nova estética suprime as velhas leis da harmonia natural, da simetria, da composição clássica. Ela institui a *plástica pura*", por exemplo. "O ornamento já está muito reduzido na arquitetura moderna avançada, de modo que não é surpresa alguma que o neoplasticismo o exclua completamente." Ou: "É o equilíbrio da relação entre linhas e planos ortogonais que cria a nova beleza. [...] E mais, a nova arquitetura não excluirá a cor ou a tratará como mero 'acessório'. A cor estará na essência da própria arquitetura". Ou ainda, *al grano*: "Para se chegar à criação da nova cidade, será preciso primeiro criar a nova residência". É uma coisa de que muitos arquitetos atuais se esquecem, com suas fantasias hostis ao contexto urbano: a casa é um pedaço, um elemento constitutivo da cidade, a base mesma do urbanismo.

Mas vamos até lá, até à casa, seguindo a leitura de Curtius: "É provável que a primeira edificação que realmente incorporou a gama completa de intenções formais, espaciais e iconográficas do *De Stijl* tenha sido a Casa Schröder, projetada por Rietveld para ser uma residência unifamiliar em um terreno no final de uma fileira de casas, na periferia de Utrecht. Com suas formas retangulares e lisas e as brilhantes cores primárias de seus elementos, a Casa Schröder contrasta espetacularmente com seus vizinhos de tijolo. A edificação é formada por paredes planas que se interceptam e que foram detalhadas de tal modo que algumas delas parecem flutuar no espaço, enquanto outras se estendem horizontalmente, e outras ainda se unem definindo finos volumes. Não há um único eixo ou a mínima simetria: em vez disso, cada parte é mantida em uma relação tênue, dinâmica e assimétrica com as demais, como haviam sugerido as pinturas de Mondrian sete anos antes". Mas não vamos enveredar pela casa na base de um *close reading*. Basta dizer que os interiores da residência também se configuram nos termos da pintura neoplasticista — e lembrar que as divisórias internas são todas removíveis, de modo a se obter uma planta inteiramente livre.

E aqui podemos chegar ao papel da mulher, da senhora Schröder, com relação a este construto de vanguarda: "A cliente, a senhora Schröder, também era uma artista, uma pintora um tanto pioneira, que queria um ambiente não convencional para seus três filhos e que também lhe servisse como local para trabalhar com a sua própria arte. Parece provável que ela mesma tenha inspirado alguns dos aspectos mais 'revolucionários' da edificação, como a amplidão da 'planta livre' do segundo pavimento e alguns dos criativos móveis embutidos. Rietveld trabalhou intimamente com sua cliente durante o desenvolvimento do projeto, usando maquetes desmontáveis de papelão e madeira". De tudo isso, importa sublinhar que a casa neoplasticista não teria existido se não fosse pela iniciativa prática da senhora Schröder. E que foi sua sensibilidade plástica que permitiu que a edificação se realizasse plenamente em sua radicalidade inovadora. Por isso mesmo, devemos manter associados os dois nomes ou sobrenomes: Rietveld e Schröder. Sem ela, a "plástica pura" não teria se materializado numa rua de Utrecht, como vistoso e fascinante produto urbano da vanguarda holandesa.

13.
MORA NA FILOSOFIA

"Desde o momento em que trazemos as luzes da consciência ao gesto mecânico, desde o momento em que fazemos fenomenologia limpando um móvel velho, sentimos nascer, sob o terno hábito doméstico, impressões novas. A consciência rejuvenesce tudo. Dá aos atos mais familiares um valor de começo. Ela domina a memória. Que maravilha é voltarmos a nos transformar realmente no autor do ato mecânico! Assim, quando um poeta limpa um móvel — seja por pessoa interposta —, quando põe com um paninho de lã, que esquenta tudo que toca, um pouco de cera aromática em sua mesa, cria um objeto novo, aumenta a dignidade humana de um objeto, inscreve o objeto no estado civil da casa humana. Henri Bosco [*Le Jardin d'Hyacinthe*] escreve: 'A suave cera penetrava nessa matéria polida pela pressão das mãos e o calor útil da lã. Lentamente a bandeja de madeira tomava um brilho surdo. Parecia que vinha da árvore centenária, do coração da árvore morta, essa irradiação atraída pela fricção magnética e que se expandia pouco a pouco em estado de luz sobre a bandeja. Os velhos dedos carregados de virtudes, a palma generosa, tiravam do bloco maciço e das fibras inanimadas os poderes latentes da vida. Era a criação de um objeto, a obra da fé, diante de meus olhos maravilhados'. [...] Os objetos assim acariciados nascem realmente de uma luz íntima; chegam a um nível de realidade mais elevado que os objetos indiferentes, que os objetos definidos pela realidade geométrica. Propagam uma nova realidade do ser. Tomam lugar não só numa ordem, mas numa comunhão de ordens. De um objeto ao outro, no quarto, os cuidados domésticos tecem ligações que unem um passado muito antigo a um novo dia. A arrumadeira desperta os móveis adormecidos. [...] Se vamos até o limite em que o sonho se exagera, sentimos uma espécie de consciência de construir a casa nos cuidados que temos em mantê-la em vida, em dar-lhe toda a claridade do ser. Parece que a casa luminosa de cuidados é reconstruída pelo seu interior, que é nova pelo interior. No equilíbrio íntimo das paredes e dos móveis, pode-se dizer que tomamos consciência de uma casa construída por mulheres. Os homens não sabem construir as casas senão a partir do exterior. Quase não conhecem a civilização da cera. [...]

Pelos cuidados com a casa é dada à casa não tanto sua originalidade, mas sua origem."

São palavras de Gaston Bachelard, em *A Poética do Espaço*. E o que posso dizer? O andar cadenciado dos argumentos de Bachelard é sempre bonito e sofisticado. Mas uma pergunta muito simples fica no ar e logo pousa na mesa: Bachelard, alguma vez na vida, teve de trabalhar, ganhar seu próprio sustento como cozinheiro ou diarista? Porque, quando você é obrigado a fazer reluzir a alma antiga de um utensílio de madeira, extraindo essências do coração de uma árvore que talvez não mais exista, o que certamente não brilha é a sua própria alma. A pessoa se apaga diante do instrumento ou ferramenta.

Cozinhar pode ser — e é — uma bela diversão ocasional. Lavar pratos pode ser uma viagem estética. A passagem do sujo ao limpo pode fascinar os temperamentos mais sensíveis. Mas desde que ninguém seja obrigado a fazer isso todos os dias. A arrumadeira, "pessoa interposta" (nunca vi designação mais pomposa para faxineira ou diarista: *interposita persona*), citada por Bachelard, não desperta, enquanto arruma, os seus próprios móveis adormecidos. Nem sequer se representa como a figura de uma resignação extrema. Está anestesiada. O ser da arrumadeira são os móveis de madeira? Pode até ser, numa ideologia da humilhação derradeira. Teremos, assim, a sublimação metafísica da fenomenologia do prostrado. Mas a verdade é que, sociologicamente, Bachelard não sabe do que está falando. Porque fala, como se isso não quisesse dizer nada, do ponto de vista de quem contrata arrumadeiras. Não do de quem é obrigado a executar o serviço, bandeja por bandeja, panela por panela, prato por prato, brilho por brilho. Mas existe uma sociologia da poeira de cada casa. Uma sociologia e uma política, desde que existe um custo humano em cada grão da sujeira que se retira.

Em *Women, Race & Class*, Angela Y. Davis se situa no polo oposto ao de Bachelard. Informa que as incontáveis tarefas que agrupamos sob a expressão "trabalho doméstico" — cozinhar, lavar prato, varrer, arrumar cama, lavar roupa, etc. — chegam a consumir de 3 mil a 4 mil horas por ano, na vida de uma dona de casa (ou seja, quase metade do ano, com suas 8.760 horas). E isto para não falar da "constante e inquantificável" atenção que mães têm de dar aos filhos. Como se não bastasse, há um terrível traço comum entre dever materno e trabalho doméstico: ambos são *taken for granted*. A faina infindável da dona de casa raramente é objeto de reconhecimento, apreciação ou elogio no dia a dia da vida em família. Na verdade, o trabalho doméstico, como diz Angela, é "virtualmente invisível". Ninguém o nota, a menos que ele não seja executado. Isto é: as pessoas notam a cama desarrumada no quarto ou pratos sujos na pia, mas não o banheiro impecavelmente limpo e a roupa bem passada. "Invisível, repetitivo, exaustivo, improdutivo, estéril — estes são os adjetivos que mais perfeitamente capturam a natureza do trabalho doméstico", escreve Angela.

Até a "nova consciência" masculina, associada a desdobramentos historicamente mais recentes dos movimentos das mulheres, não alterou uma coisa: mesmo entre o casal que compartilha tarefas caseiras, o homem não supera a ideia de que trabalho doméstico é coisa de mulher — e de que, se ele se acha no meio da sala, com uma toalha ou um espanador na mão, é porque, afinal, precisa "dar uma força" à companheira. Angela acredita ainda que, mesmo que fosse possível deixar para trás a crença de que trabalho doméstico é trabalho feminino e redistribuir as tarefas entre os sexos, a solução não seria satisfatória. Muitas *housewives* poderiam até saudar o advento do *househusband*, diz ela, fazendo um trocadilho que não temos como reproduzir em português. Mas nem tal "dessexualização" (ou *ressexualização*) das incumbências domésticas iria realmente alterar o caráter opressivo daquele trabalho. "No fim das contas, homens e mulheres não deveriam gastar horas preciosas de suas vidas num trabalho que não é estimulante, criativo, nem produtivo." Um caminho seria dar caráter empresarial ao fardo, tecnologizando ao máximo a execução das tarefas, com times de trabalhadores bem treinados e bem pagos, como queriam feministas norte-americanas já no século XIX. Mas algo de parecido com (ou melhor do que) isto, fantasia Angela, só acontecerá em outro tipo de sociedade, não sob o "capitalismo".

Difícil concordar. Além disso, um dos caminhos para a gente se livrar do problema talvez esteja na robótica. Não por acaso, a palavra robô, de origem tcheca, *robota*, significa "trabalho forçado" ou "trabalho escravo". Hoje, cerca de 80% da população mundial de robôs é formada pelos chamados "robôs de serviço", como os aspiradores de pó Roomba. "Com o diâmetro de uma pizza grande, Roomba usa sensores para desviar-se de móveis e não cair de escadas. Na hora marcada, ele acorda, aspira o chão e volta à base de recarga", informa reportagem recente da revista *Época*. A matéria fala também do robô PR2, ainda caríssimo, que "dobra roupas, busca bebidas ou lanches para seus donos, recolhe fezes de animais domésticos e prepara o café da manhã". O problema, até aqui, é que robô caseiro ainda é coisa de gente rica de país rico. Com o tempo, no entanto, isso vai mudar. O sonho de ter uma Rosie, a robô dos serviços domésticos do desenho animado dos Jetsons, poderá se realizar em termos de consumo de massa, como aconteceu com o computador. Mas, seja como for, Angela aponta para o advento de uma sociedade sem classes e sem opressões de qualquer espécie — escrevendo, é claro, antes da queda do Muro de Berlim, da desintegração da antiga União Soviética, da falência do "comunismo marxista" ou do "socialismo real".

O que não significa, por falar nisso, que devamos abrir mão do esforço de reconfiguração das relações entre os sexos, da práxis transformadora do real histórico, nem de sonhos, projeções e projetos utópicos. A questão é que a escala das mudanças mudou. Conquistas devem ser planejadas para o aqui e agora. Palmilhar é preciso. E temos muito caminho pela frente, sabendo que o desejo de territorializar paraísos não é mais do que um poderoso e não raro fascinante devaneio inspirador.

14.
ENTRE O TATO E O TETO

Às vezes, me pergunto: qual a visão que temos da casa, hoje? Não é uma questão simples. Nem no plano da arquitetura e da engenharia, onde podemos ir do funcionalismo modernista a floreios e apliques "pós-modernos", passando pelos horríveis neopardieiros que costumam ser nossos conjuntos habitacionais populares, incluindo, é claro, os prédios do programa "Minha Casa, Minha Vida", favelas em construção, a meio caminho entre a senzala e o canil. Nem nos horizontes da filosofia, da psicologia ou da teoria social, onde todos acham que podem pontificar sobre tudo, não raro projetando, em plano genérico, o que não passa de particularidade histórica ou cultural, ou elegendo, como universais, suas próprias idiossincrasias. Para clarear um pouco o caminho, vamos passar os olhos por alguns autores que pensaram sobre o assunto.

Le Corbusier, por exemplo, busca a racionalidade técnica, em consonância com a época, com a sociedade industrial moderna. Seu modelo é o avião. O avião é um prodígio, como produto industrial, porque o problema — a questão de voar — foi bem colocado. "O avião nos mostra que um problema bem colocado encontra sua solução. Desejar voar como um pássaro era colocar mal o problema, e o morcego de Ader não deixou o solo. Inventar uma máquina de voar sem lembranças concedidas ao que quer que seja estranho à pura mecânica, isto é, buscar um plano sustentador e uma propulsão era colocar corretamente o problema; em menos de dez anos, todo mundo podia voar." Ao se posicionar, como arquiteto, "no estado de espírito do inventor dos aviões", Corbusier considera que o "problema da casa" ainda não tinha sido colocado corretamente. Afinal, o que é uma casa? — ele se pergunta. E então, criticando "imensos telhados inúteis" e "raras janelas em forma de pequenos quadrados", além de lustres e lareiras, ele parte do mais elementar. "*Uma casa*: um abrigo contra o calor, o frio, a chuva, os ladrões, os indiscretos. Um receptáculo de luz e de sol. Um certo número de compartimentos destinados à cozinha, ao trabalho, à vida íntima." E, por analogia com o avião, sem jamais perceber o quanto sua definição era historicamente datada e antropologicamente limitada, o arquiteto é categórico: uma casa é uma máquina de morar. O que conta é a clareza — a funcionalidade ou praticidade — do construto.

Corbusier quer se prender sempre ao mais básico. Daí, a sua ênfase nos "axiomas fundamentais": cadeiras são feitas para se sentar; a eletricidade dá claridade (lâmpadas pequenas e eficazes devem substituir os grandes candelabros cobertos de cocô de mosca); "as janelas servem para iluminar um pouco, muito, nada e para olhar para fora" (dos basculantes às grandes paredes de vidro); uma casa é feita para ser habitada (princípio que deveria ser martelado na cabeça de muitos arquitetos). A questão crucial, para os arquitetos, seria então "peneirar o passado e todas as suas lembranças através das malhas da razão, pôr o problema como o fizeram os engenheiros da aviação e construir em série máquinas de morar". O tema da construção de casas em série, a partir dos novos materiais gerados pelo mundo industrial, é recorrente nos escritos do arquiteto. "É preciso criar o estado de espírito da série. O estado de espírito de construir casas em série. O estado de espírito de residir em casas em série", diz ele. Casam-se, nesse pensamento, industrialismo e preocupação social: industrializar a construção, fabricar casas em série, máquinas de morar acessíveis a todos. Ao mesmo tempo em que abraça o cientificismo e pratica a maquinolatria, coisa corriqueira no discurso do vanguardismo estético-cultural das primeiras décadas do século passado, Corbusier inclui, no rol de seus "axiomas fundamentais", coisas nada "funcionais", desembaraçadas de fins utilitários, como a contemplação de pinturas e o espírito de família. Está certo: a mais antiga meditação e a tecnologia mais recente não se excluem. O surpreendente é um vanguardista panfletário escrever o seguinte: "A planta das casas rejeita o homem [o 'ser humano', já que volta e meia estamos falando de 'gênero', isto é, de 'mulher'] e é concebida como guarda-móveis" — esta concepção "mata o espírito de família, de lar; não há lar, família e crianças, porque é demasiado incômodo viver". Mas é que família e lar são coisas mais complexas do que, às vezes, se quer supor — especialmente, em meios contestadores.

Não há nada de fundamental ou unilateralmente tecnicista na construção de casas em série. As malocas tupinambás eram padronizadas. Só não vinham com peças de encaixe ou elementos pré-fabricados. E Walter Gropius andou por aí, buscando mesclar técnica e humanismo. "O desejo de reproduzir uma boa forma *standard* parece ser uma função da sociedade humana, e já o era bem antes da revolução industrial", escreve ele, em *Bauhaus: Novarquitetura*. Firmando o pé no campo social: "Nas camadas mais baixas da população, o homem foi degradado a uma ferramenta industrial. Eis a verdadeira razão da luta entre capitalismo e classe operária e da decadência das relações comunitárias. Agora enfrentamos a difícil tarefa de equilibrar novamente a vida da comunidade e humanizar a influência da máquina. Lentamente começamos a descobrir que o componente social pesa mais que os problemas técnicos, econômicos e estéticos que se relacionam com eles. A chave para a reconstrução efetiva de nosso mundo-ambiente — eis a grande tarefa do arquiteto — reside na nossa decisão de reconhecer de novo o elemento humano como fator dominante". Defendendo a alta função da beleza: "Satisfazer a psique humana por meio da beleza é tanto ou mais importante para uma vida civilizada quanto satisfazer a nossa necessidade material de conforto". Enquadrando a máquina: "A nova filosofia arquitetônica reconhece a importância das necessidades humanas e sociais e aceita a máquina como a ferramenta da forma moderna, que deve justamente preencher essas necessidades".

Mas o que é mesmo uma casa, para Gropius? Ele não nos diz com clareza. Não enverada por esta ou aquela definição "essencialista". A preocupação de Gropius é, sobretudo, social. De certa forma, ele se move no campo do socialismo e da social-democracia alemã (lembre-se que a cúpula do Partido Social-Democrata simpatizava com os ideais modernistas; a Bauhaus foi tratada como "ponto de reunião de socialistas radicais"; a direita promoveu o fim da Bauhaus em Weimar; e, em 1926, Mies van der Rohe fez o monumento, depois destruído, a Karl Liebknecht e Rosa Luxemburg, em Berlim). Quer resolver o problema da moradia popular. A discussão técnica e o conceito de "habitação mínima" são caminhos para isso. Ser racional, em arquitetura, é definir modos de bem abrigar a humanidade: "Racional significa literalmente razoável e inclui, em nosso caso, além das exigências econômicas, sobretudo as psicológicas e sociais. Os pressupostos sociais de uma política habitacional sadia são inegavelmente mais vitais que os econômicos, pois a economia não é, apesar de toda a sua significação, um fim em si, mas apenas um meio para o fim visado. Toda racionalização só tem pois sentido se contribuir para o enriquecimento da vida, se, traduzida para a linguagem da economia, poupar esta valiosa 'mercadoria' que é a vitalidade do povo". Nunca me esqueço, a propósito, da afirmação feita por Nikolai Bukhárin e G. Preobrajenski, em *O ABC do Comunismo*: "Em nenhum outro aspecto os privilégios da classe burguesa aparecem tão brutalmente quanto no da habitação". E Gropius, em seu racionalismo, queria que a classe trabalhadora morasse pelo menos razoavelmente.

Para não somar exemplos na mesma direção, vejamos McLuhan. "Visto do ar, à noite, o caos aparente da área urbana se traduz num rendilhado delicado sobre um chão de veludo." Como sempre, seduz. É um *provocateur*, um autor cuja leitura é sempre fascinante e sempre arriscada. Em meio a *insights* realmente novos, ele vai passando e repassando disparates históricos e culturais. E este misto de lucidez e engano não está ausente de suas reflexões sobre a cidade e a casa. Sua visão noturna e aérea da cidade pode ter a seguinte contrapartida: visto com os pés no chão, à luz do dia, esparramando-se por vias ásperas, com pedestres estressados, assaltantes de prontidão, consumidores de *crack* tremendo nas calçadas, motoristas irresponsáveis e agressivos, o caos urbano nada tem de aparente: é caos — mesmo. E, quando ele fala sobre a casa, está circunscrito, em termos geográficos e antropológicos. "Se a roupa é uma extensão da pele para guardar e distribuir nosso próprio calor e energia, a habitação é um meio coletivo de atingir o mesmo fim — para a família ou o grupo. Como abrigo, a habitação é uma extensão dos mecanismos corporais de controle térmico — uma pele ou uma roupa coletiva", escreve. Para acrescentar: "[...] a habitação é um esforço destinado a prolongar ou projetar o mecanismo de controle térmico do corpo. O vestuário ataca o problema mais diretamente, porém menos fundamentalmente, em caráter privado mais do que social. Mas tanto uma como outro armazenam calor e energia, tornando-os acessíveis para a execução de muitas tarefas, que seriam impossíveis de outra forma. Provendo de calor e energia a sociedade, a família ou o grupo, a habitação engendra novas habilidades e novo aprendizado, desempenhando a função básica de todos os outros meios [de comunicação]. O controle térmico é um fator-chave na habitação e no vestuário. A moradia do esquimó é um bom exemplo".

Bem, é uma conversa pseudoantropológica. É claro que roupa e casa podem armazenar calor e energia, proteger contra o frio, nos dar força e disposição para a realização de muitas tarefas. Mas não está nisso o que pode haver de essencial na casa. Não por acaso McLuhan se refere ao exemplo extremo dos iglus. Sua leitura da casa e do vestuário vale somente para regiões invernais. E responde a determinados constrangimentos de cultura, que se denunciam na própria imposição vestual. Ou seja: é um argumento geográfica, ecológica e culturalmente comprometido. Uma falácia antropológica. Os tupinambás de nosso litoral quinhentista poderiam se emplumar por vários motivos, mas não para armazenar calor e energia. Na verdade, andavam basicamente nus. Signos vestuais pulsavam em outras áreas semânticas e pragmáticas. Eram muito mais uma questão simbólica do que térmica. Do mesmo modo, uma casa no semiárido nordestino não existe para guardar e distribuir calor e energia. Na linha equatorial do planeta, a função básica da habitação é muito menos armazenar calor e energia do que proteger do sol e da chuva. Nos trópicos, andamos vestidos porque não nos é permitido andar nus. E se a função essencial do vestuário e da habitação fosse a tal da armazenagem de calor e energia, roupas e casas evaporariam com mudanças climáticas. Não precisaríamos ideologizar a falência da família, nem teríamos razão para teorizar sobre a obsolescência da casa.

A casa de McLuhan pode estar em Londres ou Montreal, nunca em Fortaleza ou Teresina. Nem em algumas cidades africanas. Nesses lugares, antes que armazenar calor, a casa deve nos livrar dele. E, assim, viabilizar "a execução de muitas tarefas, que seriam impossíveis de outra forma". Daí, a importância do trato com as brisas na arquitetura tropical brasileira. Não existem varandas em iglus, que, por sinal, são feitos de gelo, não de barro. E os esquimós, quando se livram do frio, logo se deslocam. Movem-se no verão, erguendo tendas cônicas. Casas, no entanto, podem ser construídas de diversas maneiras, em função do escoamento das águas da chuva (como nos *impluvia* dos romanos ou nos *agbo ilê* dos iorubás) ou da evitação da incidência solar. Podem surgir sobre alguma estacaria, sobre pilotis, adaptando-se a caprichos topográficos, debruçando-se sobre as águas ou se protegendo de enchentes. Entre grossos galhos de árvores, também. Para não falar das casas flutuantes encontráveis no Extremo Oriente ou nas cercanias de Berlim. Das célebres *houseboats* de Hong Kong. E isso sem entrar em detalhes de outra ordem, relativos, por exemplo, aos aspectos políticos ou simbólicos da habitação. Enfim, McLuhan, encantado com suas próprias teorias, revela-se, no mínimo, estreito e apressado.

* * *

Em *Os Argonautas do Pacífico Ocidental*, ao descrever uma aldeia nas ilhas Trobriand, Bronislaw Malinowski anota que as casas mais altas e ornamentadas eram as do chefe local. Altura e decoração apareciam, ali, como signos distintivos do poder. Já em *Tristes Trópicos*, Lévi-Strauss, ao falar de uma aldeia kurki da fronteira birmanesa e dos borôros brasileiros, escreve: "[...] habitações que pelo tamanho se tornam majestosas apesar da fragilidade, empregando materiais e técnicas conhecidas nossas como expressões menores, pois essas residências, mais do que construídas, são amarradas, trançadas, tecidas, bordadas e patinadas pelo uso; em vez de esmagar o morador sob a massa indiferente de pedras, reagem com flexibilidade à sua presença e a seus movimentos; ao contrário do que ocorre entre nós, estão sempre subjugadas ao homem. Em torno de seus moradores, ergue-se a aldeia como uma leve e elástica armadura; mais próxima dos chapéus de nossas mulheres que de nossas cidades: ornamento monumental que preserva um pouco da vida dos ondulados e das folhagens cuja natural espontaneidade a habilidade dos construtores soube conciliar com seu plano exigente. [...] A nudez dos habitantes parece protegida pelo veludo herbáceo das paredes e pela franja das folhas de palmeiras: eles se esgueiram para fora de suas casas como quem se despisse de gigantescos roupões de avestruz. Os corpos, joias desses estojos de plumas, possuem formas depuradas e de tonalidades realçadas pelo brilho das pinturas e das tintas, suportes — dir-se-ia — destinados a valorizar ornamentos mais esplêndidos: as pinceladas grandes e brilhantes dos dentes e presas de animais selvagens, associados às penas e às flores. Como se uma civilização inteira conspirasse numa idêntica ternura apaixonada pelas formas, as substâncias e as cores da vida; e que, a fim de reter em volta do corpo humano sua essência mais rica, apelasse — entre todas as suas produções — para as que são duráveis ou fugazes em extremo mas que, por um curioso encontro, são seus depositários privilegiados".

Observando a aldeia borôro de Quejara, onde os índios dedicavam as noites à vida religiosa e dormiam do nascer do sol à metade do dia, o antropólogo a descreve como uma clareira margeada, de um lado, pelo rio — e, de todos os outros, por "nesgas de floresta que encobrem as roças, e que deixam à vista entre as árvores um fundo de morros com encostas escarpadas de barro vermelho". Ali, na clareira, cabanas se dispunham em círculo, numa só fileira. No centro, uma cabana bem maior que as demais: o *baitemannageo*, casa-dos-homens ("misto de ateliê, clube, dormitório e casa de tolerância"), "onde dormem os solteiros e onde a população masculina passa o dia quando não está ocupada com a pesca e a caça, ou ainda com alguma cerimônia pública no terreiro de dança: lugar oval delimitado por estacas no flanco oeste da casa-dos-homens. O acesso a esta é rigorosamente proibido às mulheres [casadas] [...] Vista do alto de uma árvore ou de um telhado, a aldeia borôro é parecida com uma roda de carroça cujo círculo seria desenhado pelas casas familiares, os raios, pelas picadas, em cujo centro a casa-dos-homens representaria o mancal". Diz Lévi-Strauss que esta "planta extraordinária" era, antigamente, a de todas as aldeias. Com uma diferença. Como a população média era bem maior, as casas se distribuíam em vários círculos concêntricos, mas mantendo a *Gestalt* das aldeias circulares do grupo linguístico jê do Planalto Central brasileiro.

Aldeias circulares dos caiapós, apinajés, xerentes, canelas. Mas o significado disso é o que mais interessa. Lévi-Strauss: "A distribuição circular das cabanas em torno da casa-dos-homens é de tal importância, no que se refere à vida social e à prática do culto, que os missionários salesianos da região do rio das Garças logo aprenderam que o meio mais seguro de converter os borôros consiste em fazê-los trocar sua aldeia por outra onde as casas são colocadas em fileiras paralelas. Desorientados em relação aos pontos cardeais, privados da planta que fornece um argumento a seu saber, os indígenas perdem rapidamente o sentido das tradições, como se seus sistemas social e religioso [...] fossem complicados demais para dispensar o esquema patenteado pela planta da aldeia e cujos contornos são perpetuamente reavivados por seus gestos cotidianos". A aldeia, ao se gravar num pedaço de chão, inscreve ali uma leitura do mundo. E esta leitura é o mais relevante. Tanto é que o que mais importa, para um borôro, não é a realização física passageira de uma aldeia no corpo do mundo, mas a sua concepção sempre trasladável. Como vemos, também, entre os tupinambás e os nagôs. Ainda Lévi-Strauss: "[...] o que faz a aldeia não é seu território nem suas cabanas, mas uma certa estrutura [...] que toda aldeia reproduz". Vale dizer: a semantização de um segmento do mundo, não um conjunto reprodutível de edificações.

O que quero lembrar com isso, convocando Malinowski e Lévi-Strauss ao tablado, é que uma casa, diversamente do que pensa McLuhan, não é um mero meio de armazenagem de calor e energia. Nem pode ser reduzida, como pretendeu Le Corbusier, ao estatuto rasteira e rotineiramente mecânico de uma "máquina de morar". Uma casa pode ser menos — e é sempre mais — do que isso. É um lugar onde viver. No polo oposto a Corbusier, o filósofo John Ruskin, por exemplo, dedicando-se a estudos sobre pintura e arquitetura, afirmou: "Se os homens vivessem realmente como homens, suas casas seriam templos". É uma bela frase. E, mesmo Ruskin à parte, o fato é que a casa pode ter múltiplas funções e configurações, que variam, obviamente, segundo as épocas e as formações culturais. E tanto pode ser um espaço sagrado quanto um objeto francamente dessacralizado — como o foi, no âmbito de um vanguardismo arquitetônico que muitas vezes era paradoxalmente místico, inclusive em seu culto do emprego de materiais como o vidro. Em suas projeções de "catedrais do socialismo". Em suas tentativas de antevisões de uma sociedade ideal. Lembre-se aliás que, na Bauhaus de Weimar, sob a batuta inconfundível de Johannes Itten, os alunos meditavam e faziam seus jejuns, com o fito de liberar energias renovadoras.

* * *

Mas vamos ao outro lado da moeda, ao outro rosto da lua. Em *O Sagrado e o Profano*, Mircea Eliade vê definida, no horizonte das "culturas arcaicas", a relação corpo-casa-cosmos. Para ele, o ser humano arcaico, o *homo religiosus*, acha que pode estar em comunicação permanente com os deuses e que participa, de modo integral, da sacralidade do mundo. O ser humano anseia por se situar num *centro*, num *axis mundi*, ali onde exista a possibilidade de comunicação com os deuses. "Sua habitação é um micro-

cosmo; seu corpo, além disso, também o é. A homologação casa-corpo-
-cosmo se impõe desde logo." Eliade dá exemplos de diversos povos e lugares e cita textos védicos em defesa de sua tese. O que ele quer dizer, em resumo, é o seguinte. O corpo humano equipara-se ritualmente ao cosmos,
mas se assimila também à casa. Instalar-se numa casa equivale a assumir uma
"situação existencial" no cosmos. A casa é réplica de nosso corpo e, ao
mesmo tempo, imagem do mundo.

Eliade diz que nós, modernos, dessacralizamos a casa. Assim como o
corpo do homem moderno não é mais morada dos deuses, "está privado de
toda significação religiosa e espiritual", também a casa do homem moderno
foi despida de seus valores cosmológicos: "a sensibilidade religiosa das populações urbanas se empobreceu sensivelmente". Ou seja: Eliade sublinha
que há pelo menos duas visões bem diversas da casa — a da humanidade
arcaica e a da humanidade ocidental moderna —, mesmo que a primeira se
reflita na segunda: "Como a cidade ou o santuário, a casa está santificada,
em parte ou em sua totalidade, por um simbolismo ou um ritual cosmogô-
nico. Por esta razão, instalar-se em qualquer parte, construir uma póvoa ou
simplesmente uma casa, representa uma decisão grave, pois a existência
mesma do homem se compromete com isso. Trata-se, em suma, de criar o
seu próprio 'mundo' e de assumir a responsabilidade de mantê-lo e renová-lo.
Não se muda de morada com ligeireza porque não é fácil abandonar o próprio 'mundo'. A habitação não é um objeto, uma 'máquina de morar': é o
universo que o homem constrói para si, imitando a Criação exemplar dos
deuses, a cosmogonia. Toda construção e toda inauguração de uma nova
morada equivale de certo modo a um *novo começo*, a uma *nova vida*. E
todo começo repete o começo primordial em que o Universo viu a luz pela
primeira vez. Inclusive nas sociedades modernas, tão largamente dessacrali-
zadas, as festas e regozijos que acompanham a instalação de uma nova morada conservam ainda a reminiscência das ruidosas festividades que assina-
lavam outrora o *incipit vita nuova*". De qualquer modo, resta a diferença
fundamental: nas sociedades industriais, a casa pode ser vista como uma
máquina de morar, uma máquina entre tantas outras, e por isso trocamos de
casa como trocamos de carro, roupa ou bicicleta. A sacralidade desfloresceu.
O simbolismo cósmico perdeu o viço.

Veja-se ainda, mais ou menos no caminho de Eliade, na busca do significado da casa, o que nos diz Bachelard. Diversamente de Corbusier e
Gropius, o velho Bachelard, filósofo nostálgico e idealizante, está voltado
para uma essência da moradia: "Através das lembranças de todas as casas
em que encontramos abrigo, além de todas as casas em que já desejamos

morar, podemos isolar uma essência íntima e concreta que seja uma justificativa para o valor singular que atribuímos a todas as nossas imagens da intimidade protegida? Eis o problema central. Para resolvê-lo, não basta considerar a casa como um 'objeto' sobre o qual pudéssemos fazer reagir julgamentos e devaneios. Para um fenomenólogo, para um psicanalista, para um psicólogo (estando os três pontos de vista dispostos numa ordem de interesses decrescentes), não se trata de descrever casas, de detalhar os seus aspectos pitorescos e de analisar as razões de seu conforto. É preciso, ao contrário, superar os problemas da descrição — seja essa descrição objetiva ou subjetiva, isto é, que ela diga fatos ou impressões — para atingir as virtudes primeiras, aquelas em que se revela uma adesão, de qualquer forma, inerente à função primeira de habitar. O geógrafo, o etnógrafo, podem descrever os tipos mais variados de habitação. Sob essa variedade, o fenomenólogo faz o esforço preciso para compreender o germe da felicidade central, seguro e imediato. Encontrar a concha inicial, em toda moradia, mesmo no castelo, eis a tarefa primeira do fenomenólogo". E — escreve Bachelard — prosseguindo: "É preciso dizer então como habitamos nosso espaço vital de acordo com todas as dialéticas da vida, como nos enraizamos, dia a dia, num 'canto do mundo'. Pois a casa é nosso canto do mundo. Ela é, como se diz frequentemente, nosso primeiro universo. É um verdadeiro cosmos. Um cosmos em toda a acepção do termo".

É neste espaço da intimidade protegida que nosso pensamento viaja. Ainda Bachelard: "[...] se nos perguntassem qual o benefício mais precioso da casa, diríamos: a casa abriga o devaneio, a casa protege o sonhador, a casa nos permite sonhar em paz". E mais: "[...] a casa é um dos maiores poderes de integração para os pensamentos, as lembranças e os sonhos do homem. Nessa integração, o princípio que faz a ligação é o devaneio [...]. A casa, na vida do homem, afasta contingências, multiplica seus conselhos de continuidade. Sem ela, o homem seria um ser disperso. Ela mantém o homem através das tempestades do céu e das tempestades da vida. Ela é corpo e alma. É o primeiro mundo do ser humano. Antes de ser 'atirado ao mundo', como o professam os metafísicos apressados, o homem é colocado no berço da casa. E sempre, em nossos devaneios, a casa é um grande berço". Bachelard idealiza, claro, porque sua casa é uma entidade estável e sempre harmônica, melodiosa até. E é nostálgico, porque suas casas são antigas e ele não sabe muito bem como pensar os apartamentos — "caixas superpostas" — em que vivem os habitantes de Paris que são seus contemporâneos. Como se um apartamento não pudesse ser uma casa. Mesmo assim, tanto ele como Corbusier, cada um a seu modo, nos ensinam muitas coisas.

O polonês Rykwert, por sua vez, em *A Casa de Adão no Paraíso*, lança-se em busca da *cabana primordial*, da cabana que teria existido *in illo tempore*. Postula a existência de uma cabana no Éden. Passa em revista mitos e ritos referentes à "cabana primitiva" em meio a diversos povos. E mostra sua presença em textos de arquitetura, incluindo escritos da vanguarda nas primeiras décadas do século passado. Seu ponto de partida: "O Éden não era uma floresta crescendo selvagem. Um jardim do qual o homem deveria cuidar, 'cultivar e guardar' pressupõe uma disposição ordenada de plantas em canteiros e terraços. Entre as fileiras de árvores e canteiros de flores por certo existiriam lugares para andar, sentar e conversar. Talvez os frutos das árvores fossem suficientemente variados para satisfazer todo o desejo humano, ou melhor, adâmico, pela variedade; e talvez a fermentação não estivesse entre as habilidades de Adão; entretanto, se algo como o vinho fosse introduzido no jardim, isto sugeriria jarros e copos e estes, por sua vez, armários e aparadores, e então salas, despensas e tudo o mais: uma casa, de fato. Um jardim sem uma casa é como uma carruagem sem cavalo. E, no entanto, a Escritura, tão específica sobre o ônix encontrado perto do Paraíso, nada diz a respeito dessa casa implícita que leio no texto". Mas a verdade é que, apesar do silêncio bíblico, a humanidade fala sempre dessa cabana primeira, origem da arquitetura. "Ao que parece, praticamente todos os povos [Rykwert examina ritos gregos, romanos, judaicos, egípcios e japoneses], em todas as épocas, têm demonstrado esse interesse, e o significado atribuído a esse objeto complexo não parece ter mudado muito conforme o lugar e as épocas. Na minha opinião, esse significado persistirá no futuro, com implicações permanentes e inevitáveis para as relações entre qualquer edifício e seus usuários."

Teóricos da arquitetura, de Vitrúvio a Corbusier, reconheceram, direta ou indiretamente, "a relevância da cabana primitiva, já que para muitos deles ela constituiu o ponto de referência de todas as suas especulações acerca dos elementos essenciais da arte da edificação. Tais especulações se intensificam quando a necessidade de renovar a arquitetura se faz sentir. [...] Por outro lado, a ideia de reconstruir a forma original de todas as edificações tal 'como tinha sido no princípio', ou como foi 'revelada' por Deus ou por algum ancestral divinizado, é um elemento importante da vida religiosa de muitos povos, de modo que parece praticamente universal. Nos ritos, cabanas desse tipo são construídas sazonalmente. Tais construções têm conotações múltiplas e complexas; com frequência, identificam-se com um corpo, seja humano ou sobrenatural e perfeito, e apresentam afinidades com a terra de origem ou com todo o universo. A construção de cabanas primitivas parece particularmente associada a festividades de renovação (Ano-Novo, coroação), bem como aos ritos de passagem que marcam a iniciação e o casamento". É altamente reveladora esta convergência: tanto para grupos arcaicos quanto para Corbusier, buscando uma nova linguagem arquitetural, a cabana primitiva surge como signo da renovação: a volta às origens em função de um novo começo. Rykwert: "O desejo de renovação é eterno e inevitável. A própria persistência de tensões sociais e intelectuais assegura sua recorrência, e se a procura pela renovação sempre figurou nos ritos primitivos de mudanças sazonais ou de iniciação, foi a preocupação de reformar costumes e práticas corrompidas que guiou os teóricos [da arquitetura] em seu apelo à cabana primitiva. Tudo isso me leva a crer que ela continuará a oferecer um modelo para quem quer que se interesse pela construção, uma cabana primitiva situada permanentemente, talvez além do alcance do historiador ou do arqueólogo, em algum lugar que devo chamar de Paraíso. E o Paraíso é uma promessa, tanto quanto uma rememoração".

* * *

Em suma, de Corbusier-Gropius-McLuhan a Eliade-Bachelard-Rykwert, aprendemos: casa é tecnologia — casa é linguagem. É implantação de um objeto real em determinado espaço do mundo. E é, nesse mesmo momento, semantização ou semiotização desse espaço, feita pelo "animal simbólico" de que nos fala Cassirer, em sua *Antropologia Filosófica*. Mas a humanidade é isso mesmo: massa movente onde, para usar expressões androcêntricas, o *homo faber* e o *homo semioticus* nunca se descolam um do outro. Cada abrigo que construímos é um retrato expressivo de nós mesmos. Pode-se, pois, falar de uma *poética da habitação*, em pelo menos dois sentidos. No sentido de uma poética do objeto construído, visto em sua materialidade, com suas linhas, ritmos e cores. E no sentido de uma poética do habitar, no campo das leituras ou interpretações que a humanidade faz do significado da habitação, quando, para lembrar Bachelard, "o espaço habitado transcende o espaço geométrico". No primeiro caso, a casa-construção. No segundo, a casa-moradia. Poéticas entrelaçáveis.

POSTSCRIPTUM: DE CORBUSIER A AALTO

O lance de Le Corbusier está em *Por uma Arquitetura*: "[...] os homens vivem em velhas casas e ainda não pensaram em construir casas para si. Gostam muito do próprio abrigo, desde tempos imemoriais. Tanto e tão fortemente que estabeleceram o culto sagrado da casa. Um teto! outros deuses lares. As religiões são fundadas sobre dogmas, os dogmas não mudam; as civilizações mudam; as religiões desmoronam apodrecidas. As casas não mudaram. A religião das casas permanece idêntica há séculos. A casa desabará".

Tenho para mim, ao contrário, que se há um campo simbólico com existência assegurada, numa sociedade futura, é aquele em cujo centro se planta o *homo religiosus*. É possível que um dia a miséria seja varrida da face da Terra. Mas o mistério, não. Pelo simples fato de que, como já se disse, é extremamente improvável que o nosso cérebro seja um instrumento realmente adequado para entender a si mesmo — ou, ainda, que a estrutura do cosmos tenha sido construída para ser compreendida pela mente humana. Sendo assim, nunca haverá como deletar de nossas vidas o espaço plenipotenciário do mito, com o seu caráter de explicação total para a totalidade dos enigmas da *Seele* e da realidade física. Com a permanência da religião e do mito, a religião da casa (vale dizer, do abrigo, da moradia como *axis mundi*) permanecerá. É por isso que, mesmo materialista, considero tolice a afirmação corbusieriana. Tolice panfletária. Tolice fascinante. Mas tolice.

Bem diferente da postura de Corbusier é a posição do arquiteto finlandês Alvar Aalto. Veja-se o que escreveu Francesca La Rocca em introdução ao volume *Alvar Aalto* ("Uma Modernidade sem Fraturas"): "Não obstante sua concepção científica do projeto, existe para Aalto uma dimensão mais oculta que explica a contínua pesquisa do homem sobre a questão do habitar. 'A arquitetura', afirmou ele, 'tem um pensamento recôndito que a substancia: a intenção de criar um paraíso. É o único objetivo das nossas casas'. Por trás de cada esforço projetual digno de constituir um símbolo, está 'a vontade de demonstrar que é possível para o homem construir o paraíso na Terra'. E a casa mínima [Aalto também estava preocupado com a moradia popular, no caminho de Gropius e dos CIAM] também pode ser, em sessenta metros quadrados, o holograma do paraíso? Isso Aalto nunca pôde afirmar porque teria sido um evidente exagero. Mas essa pequena discrepância ideológica explica a importância que dará sempre não tanto aos objetos individuais e nem mesmo ao edifício como tal, mas à possibilidade de alcançar uma harmonia do viver através da dimensão poética impondo ao tempo uma pausa, colocando de lado os instrumentos de cálculo em função de uma percepção sensorial mais intimista do ambiente e uma ritualização do habitar". Ou seja: Corbusier quer dessacralizar — Aalto, diante da perspectiva de que alguma coisa realmente se perdeu, preferiria ressacralizar.

15.
CASA E TECNOLOGIA

É claro que, para aquém ou para além de sua expressão plástica e de seus significados simbólicos, casa é tecnologia. A afirmação é óbvia, mas é bom fazê-la, porque a residência do óbvio, quase sempre, fica numa rua sem nome e sem número, no bairro do esquecimento. Mas, para lembrar McLuhan, basta pensar nos iglus dos esquimós. É uma casa-abrigo feita de blocos de gelo. Um tremendo instrumento tecnológico, feito sob medida para a sobrevivência humana em claros campos de neve. A maloca tupinambá também é tecnologia, em outra circunstância ecológica: um artefato-mentefato armado em resposta ao sol, aos ventos e às chuvas dos trópicos, na vasta faixa litorânea que se estendia entre o Ceará e São Paulo. Do mesmo modo, a cabana xavante das áreas centrais do país, estruturada de modo a expelir o ar quente. Nada disso é essencialmente diferente, como concepção e realização técnicas, de um apartamento moderno dotado de piso térmico. Dos muxarabis árabes. Da cúpula geodésica de Buckminster Fuller. Ou de recentes "casas ecológicas" que reciclam águas e são movidas a energia solar. Tudo é tecnologia. E aqui, aliás, podemos nos lembrar do que diz o antropólogo Evans-Pritchard: "A tecnologia, de um certo ponto de vista, é um processo ecológico: uma adaptação do comportamento humano às circunstâncias naturais".

Regra geral, quem diz que não quer uma "casa tecnológica" não tem noção do que está falando. Esquece-se de que toda casa é tecnológica. Ou está apenas dizendo que, às tecnologias domésticas contemporâneas, prefere tecnologias domésticas criadas em tempos transatos. O problema, portanto, não é a tecnologia em si. Um garfo é tão tecnológico quanto um computador, ou os neomuxarabis que Jean Nouvel colocou no Instituto do Mundo Árabe, em Paris: persianas que abrem e fecham eletronicamente, a depender da intensidade da luz externa. A história tecnológica da humanidade tem, entre suas referências mais remotas, algo assim como uma forquilha ou um espeto para extrair tubérculos do chão, em pequenas expedições de coleta alimentar. Quem hoje estreia, em sua casa, *devices* domésticos recentíssimos, pretendendo maravilhar visitas, nem sempre consegue imaginar a surpresa e a transformação causadas pelo aparecimento do garfo de mesa, séculos atrás. Mas basta lembrar o que nos diz, a este respeito, o Norbert Elias de *O Processo Civilizador*. O comer e o beber ocupavam uma posição mais importante, entre os ritos da sociedade medieval, do que a que têm nos dias que correm. Naquela época, era considerado deselegante roer uma costela e jogar de volta o osso roído na travessa de uso comum, onde estavam as carnes. "Usar a mão para limpar o nariz era coisa comum. Ainda não existiam lenços. Mas, à mesa, algum cuidado deveria ser tomado e de maneira alguma devia alguém assoar-se na toalha", escreve Elias, comentando o *Disticha Catonis*, manual de etiqueta que orientava a gente chique da Idade Média. "Não é decente enfiar os dedos nos ouvidos ou olhos, como fazem algumas pessoas, nem esgaravatar o nariz enquanto se come" — diz o *Hofzucht*, outro manual de etiqueta. Lamber os dedos (como ainda hoje faz, por sinal, a vasta classe média de Berlim, depois de devorar produtos da chamada *fast food*), também pegava mal.

Sim: as pessoas, naquele tempo, comiam com as mãos. "No século XI, um doge de Veneza se casou com uma princesa grega. No círculo bizantino da princesa, o garfo era evidentemente usado. De qualquer modo, sabemos que ela levava o alimento à boca 'usando um pequeno garfo de ouro com duas pontas'. O fato causou espanto em Veneza: 'Esta novidade foi considerada um sinal tão excessivo de refinamento que a dogaresa recebeu severas repreensões dos eclesiásticos, que invocaram para ela a ira divina. Pouco depois, ela foi acometida de uma doença repulsiva e São Boaventura não hesitou em dizer que foi um castigo de Deus' [não se esqueçam: a moça apenas usava um garfo]. Mais cinco séculos se passariam antes que a estrutura das relações humanas mudasse o suficiente para que o uso desse utensílio atendesse a uma necessidade mais geral. Do século XVI em diante, pelo menos nas classes altas [da Europa], o garfo passou a ser usado como utensílio para comer, chegando através da Itália primeiramente à França e, em seguida, à Inglaterra e Alemanha", reconta Elias. Quem hoje se atrapalha com iPods e iPads, pode se lembrar de que as pessoas também se atrapalharam, durante tempos, com o garfo. Garfo, como espeto, era então (não vou resistir ao trocadilho) tecnologia *de ponta*.

Além dos que dizem recusar a tecnologia de uso pessoal e doméstico, encontro, no polo oposto, os que sentem um enorme e indizível prazer em nos entediar, mostrando, com insistência e pedantismo, as mais recentes engenhocas que adquiriram, num desfile variavelmente aborrecedor de recursos e interfaces. Um exibicionismo que, quando não é *nouveau riche*, chega apenas a ser infantil. Fazem-me lembrar, sempre, o que há de mais pueril no Francis Bacon da *Nova Atlântida* (ou, às vezes, a observação de Stuart Mill, que disse que os ricos, quase sempre, compram as coisas não para o seu próprio e genuíno prazer, mas para que os outros vejam). E como, de modo praticamente unânime, essas pessoas não são *experts* em tais bugigangas *high-tech*, me levam de volta, também, a Norbert Elias e aos cortesãos de Henrique III, na França, quando estes, afetadíssimos, se dedicavam ao aprendizado de comer com um garfo, deixando a metade da comida cair, no complicado trajeto que eram obrigados a fazer entre o prato e a boca. Mas deixemos isso de parte. O que interessa é que a casa não só é tecnologia, estruturalmente, enquanto construto, como sempre dispôs de utensilagem interna. De um elenco de instrumentos e mecanismos domésticos.

Os tupinambás dormiam em redes suspensas no espaço das malocas. Sob cada uma delas, acendiam um pequeno fogo. No dizer de Fernão Cardim, "o fogo era a roupa do índio". Em Portugal, na vida das gentes mais humildes, o fogão (e esta denominação no aumentativo é curiosa, parecendo coisa de criança: a pessoa pode acender um *foguinho* para queimar uma carta, botar *fogo* numa roupa empesteada e ter um *fogão*, um fogo enorme, dentro de casa) ocupava um lugar central. Era não só o ponto onde se tostava uma carne ou se esquentava uma sopa, mas a lareira do aconchego invernal. Sua importância era tanta que aí está a razão para que a palavra *fogo*, em textos mais antigos da língua portuguesa, seja sinônimo de *casa*. (Mas não sei: em latim, *focus* já designava, simultaneamente, lar e lume.) Nesses textos, *fogos* eram as casas; *vizinhos*, os que nelas viviam, em volta do fogo — mesmo que, no Brasil, o fogão tenha em muitos casos perdido seu lugar central, deslocado que foi para um canto interno ou para o espaço externo da moradia. Mas, bem, não há maior diferença entre isso e uma lareira novecentista num chalé em Campos do Jordão. A diferença é que o velho fogão lusitano era multiuso. A lareira aristocrática ou burguesa, em princípio, cumpre apenas parte daquele alcance utilitário. Esquenta — e oferece o jogo visual de suas chamas domesticadas, embora sirva para assar umas batatinhas, por exemplo. Algumas formas e técnicas mais modernas de aquecimento respondem funcionalmente à mesma e imemorial demanda por calor. A diferença é que não reúnem pessoas à sua volta, seja para a conversa, a troca de carícias ou para os silêncios confortáveis da intimidade. Nem ofertam, é claro, a beleza arquetipal que se manifesta até mesmo na mais mínima dança de uma língua de fogo.

Jardins, elevadores, redes, cestos, escadas, máquinas de lavar, poltronas, almofadas, vidraças, sensores, telões, liquidificadores, cercas elétricas, maçanetas: tudo é tecnologia — tudo é linguagem. É perda de tempo qualquer conversa sobre aceitação ou recusa de tecnologias e artefatos tecnológicos residenciais. Desde que a própria casa é tecnologia, conceito em estado prático, ambiente construído, artificial, trata-se de morar ou não em algum lugar transformado pela mente e a mão humanas. A tecnologia está presente na cabana de um índio, na tenda de um cigano, na *datcha* de um romancista russo, numa cápsula nipônica de morar. A questão é escolher — a essa altura dos processos ecológicos terrestres, não exatamente o que queremos, mas o que devemos e é preciso, com urgência, adotar. O passo seguinte é saber lidar com esta senhora múltipla e excêntrica. Tecnologias implicam condutas: a luz elétrica mudou a nossa relação com nós mesmos, com os outros e com o planeta, ao nos liberar para a noite e afastar o medo ancestral da escuridão. O meio é a mensagem, como dizia McLuhan. Mas há diversos modos de tratar do assunto. Uma coisa é o artefato escolhido, outra é como dispomos dele — e ainda outra é o que ele pode fazer de nós.

Décio Pignatari, numa conversa noturna, na São Paulo de finais da década de 1970, me disse uma coisa de que nunca esqueci: a pessoa chega em casa e acha que liga a televisão; é o contrário: a televisão é que aperta e liga os botões dela. Este é um aspecto complicado da questão. Pensamos que somos nós que ligamos nossos computadores. É quase sempre o inverso: nossos computadores nos atraem com seus desenhos sedutores e o elenco em potência de suas vias informacionais; nos ligam, nos conectam e interconectam com o alcance de seus *links*, com a eficiência de seus recados rápidos, com o feitiço de suas mensagens flutuantes. Precisamos, então, aprender a desligar as coisas.

16.
UMA CADEIRA É UMA CADEIRA É UMA CADEIRA

Hoje, o *design* aparece, ele mesmo, como um requisito mercadológico indispensável da globalização. Dos telefones infixos aos drones, tudo exige a intervenção da estética anfíbia do desenho industrial, buscando sempre um suposto casamento da beleza e da racionalidade, em função da sedução do consumidor, com resultados tantas vezes bilionários. Mas as coisas não começaram assim. E um retorno a certos ou incertos começos pode ser coisa bem-vinda. Ouvindo Le Corbusier, por exemplo, num de seus "axiomas fundamentais": cadeiras são feitas para se sentar (coisa de que os desenhistas industriais se esqueceram: uns pensam que cadeiras são objetos de decoração; outros acham que são esculturas para exprimir suas "subjetividades"). Assim como casas são máquinas de morar, cadeiras são máquinas de se sentar: "O padrão da mobília está em plena via de experimentação nos fabricantes de móveis de escritório, de malas, nos relojoeiros, etc. Não há mais que prosseguir nessa via: tarefa de engenheiro. E todas as futilidades ditas acerca do objeto único, do móvel de arte, soam falso e provam uma incompreensão irritante das necessidades da hora presente: uma cadeira não é uma obra de arte; uma cadeira não tem uma alma; é um instrumento para se sentar".

Uma questão complicada para mim, nesse caso, sempre foi a cadeira vermelha e azul de Gerrit Rietveld. "Um trabalho crucial dos primórdios do *De Stijl* foi o projeto da Cadeira Vermelha/Azul de Rietveld, em 1917-18, pois aqui foi feita uma tentativa de encontrar um objeto utilitário tridimensional equivalente a uma pintura abstrata retilínea. Não restam dúvidas de que Rietveld se inspirou parcialmente nos primeiros desenhos de mobiliário de Wright (com suas raízes nos ideais do Artes e Ofícios, nos trabalhos com madeira cortada e na simplicidade japonesa), mas aqui o significado era um pouco diferente. Apesar do fato de a cadeira ser, sem dúvida, uma peça única, um objeto feito à mão, ela foi criada para ter o significado simbólico de um protótipo da arte da máquina e o caráter de um objeto padronizado", observa William Curtis. Mas acho que ele não chegou ao âmago da questão.

É uma cadeira fascinante, sim, de beleza realmente rara. Mas será que alguém se sentaria confortavelmente ali? Não sei. E parece mesmo que há uma pergunta anterior a esta: aquela cadeira foi feita para alguém sentar?

"Esta não é propriamente uma cadeira: é um pensamento. É um manifesto neoplasticista", escreve Décio Pignatari, em *Semiótica da Arte e da Arquitetura*. Para Décio, o ato corriqueiro de alguém se sentar ali não estava nos planos de Rietveld. Acredito. Décio: "É uma cadeira pensando a cadeira, aspirando a ser todas as cadeiras possíveis [...] é um ícone arquitetônico do sentar [...] seu funcionalismo não é de natureza anatômica ou ergonômica: seu encosto e assento são ideais, absolutos, hegelianos". Estaríamos, assim, diante de um esplêndido "signo utilitário não-funcional" — "[...] é uma cadeira 'teórica', *cosa mentale*, um protótipo de protótipos, um arquétipo construído". Tudo bem. O fascínio da cadeira de Rietveld está nisso, na abstração radical, no fato de ele ter conseguido fazer, materialmente, um objeto "imaterial". Mas nem todo *designer* é um Rietveld — e, ao mesmo tempo, sujeitos à lei da gravidade e a todas as imperfeições de nossa anatomia e funcionamento corpóreo, precisamos de cadeiras que não sejam brilhantemente platônicas ou hegelianas, mas, também, objetos mais simples e úteis, feitos para animais pedestres, bípedes, que não raro possuem varizes e sofrem com dores na coluna. Enfim, precisamos de cadeiras sentáveis. Alguém teria de ter feito algo como a cadeira vermelha e azul. Mas levas de desenhistas industriais não deveriam passar a vida tentando, com brilho e senso estético infinitamente menores, fazer algo semelhante. Não: em primeiro lugar, deveriam saber projetar coisas para o nosso uso. Objetos utilitários funcionais. Cadeiras onde seres humanos possam se sentar. Confortavelmente.

Diversamente da bela cadeira "hegeliana" de Rietveld, os móveis de Charlotte Perriand e Le Corbusier (dizem que mais dela do que dele) foram feitos para serem usados. Isto, no entanto, veio se perdendo. Outro dia, num documentário na televisão, vi um badaladíssimo *designer* francês criticando uma exposição de móveis porque faltava "originalidade" às peças ali exibidas e colocadas à venda. Esta é a questão errada: uma cadeira (ou um outro móvel qualquer) não deve ser vista nunca como um artefato para a "expressão do eu", para a expansão narcísica do desenhista, em busca obsessiva da "originalidade". Uma cadeira tem de ser vista, corbusierianamente, como um objeto onde alguém vai se sentar. Sua meta não é a "originalidade", como numa pintura ou num poema, e sim o conforto. Mas está justamente aí a grande distorção ou perversão atual do *industrial design*. Todo imbecil quer "se expressar", "ser original". E o resultado é o que a gente vê, diariamente: cadeiras que dificultam o sentar, relógios onde não conseguimos ler as horas, garrafas térmicas que não acertamos abrir, panelas cujos cabos metálicos queimam a mão, etc., etc., que a lista é interminável.

Nesse caso, é certeira a crítica de Witold Rybczynski ao *design*. Claro que há a dificuldade em estabelecer o que é conforto, numa definição de validez geral. Conforto não é uma entidade que se possa fixar em termos matemáticos, físicos, "científicos". Não existe uma norma correta e inflexível para o bem-estar pessoal. Existem normas sociais, princípios do conforto coletivo ou comunitário, que condenam buzinas estridentes à noite, automóveis estacionados em calçadas ou cachorros soltos pelas ruas, por exemplo. Coisas de civilidade ou urbanidade. Mas, no plano estritamente pessoal, a conversa é outra. Uma pessoa pode se sentir perfeitamente à vontade numa cadeira onde não aguento ficar mais do que cinco minutos. Pode adorar um travesseiro que detesto. Minha mãe não pode ver uma rede que vai logo se deitando, como se aquilo fosse a delícia do mundo — minha mulher, ao contrário, aprecia redes como produtos visuais, nunca como objetos de repouso. E vai por aí. Ouço opiniões totalmente conflitantes quando a questão é o bem-estar físico de cada um. "Pão ou pães, é questão de opiniões", diria Guimarães Rosa, no *Grande Sertão: Veredas*.

* * *

A propósito, o arquiteto João Filgueiras Lima (Lelé) sempre relativizou a noção de "conforto térmico", por exemplo. Concordo inteiramente com ele. Anos atrás, no verão baiano (que, de resto, é sempre chuvoso), saí para uma reunião às dez da manhã. O caminho, pela orla do mar, era uma delícia. Mas acabei chegando ao local do encontro: um prédio de escritórios todo envidraçado, com as possíveis janelas todas fechadas, na parte mais nova e feia da cidade. Lá dentro, a maldição do ar condicionado. No escritório, fazia frio. Perguntei por que não abriam aquelas janelas, para a brisa baiana ventilar o lugar. Nenhuma resposta. "Moramos na Cidade da Bahia", achei por bem avisar à equipe de trabalho. "Por que vocês vivem fazendo de conta que não estão aqui, mas em Paris ou Nova York, no inverno?" É muito claro o *nouveau-richisme* nessa história de publicitário baiano querer trabalhar entre 15 e 18 graus centígrados. Mas tudo bem. À noite, de volta em casa, com todas as janelas abertas, dou de cara com uma entrevista de Lelé. E ele: "Veja os prédios de escritórios, hoje. As janelas não abrem. Por que ficam fechadas? Porque sai mais barato. Acho horrível essa questão da mobilidade das esquadrias. As alavancas não funcionam, os basculantes enguiçam, então se prefere fechar as esquadrias e não abri-las nunca mais. Na Finlândia, com poucos dias quentes no ano, eles evitam essa 'solução'. E nós, com esse clima tropical, deixamos todas as janelas cerradas. [...] Conforto ambiental é uma questão subjetiva. Às vezes, com 25 graus se obtém sensação de conforto melhor do que com 20 graus. Há uma tendência, especialmente nos sistemas de ar condicionado, de encaminhar a questão para o lado exclusivamente científico, o que me parece uma visão limitada. A relativização é necessária, pois as diferenças individuais não devem ser desprezadas. O mundo globalizado tende a padronizar até o conforto ambiental".

O raciocínio de nosso arquiteto não poderia ser outro. Basta ver o que ele fez nos hospitais que construiu. São hospitais que contam com ar condicionado somente onde o sistema é rigorosamente necessário. Nos centros cirúrgicos, que necessitam de um controle maior da temperatura, em função dos equipamentos. Fora daí, a ventilação é natural. E essa busca da ventilação natural, de resto, levou João Filgueiras Lima a um desenho arquitetônico nítido e pessoal, com *sheds* ondulados. *Sheds* que não apenas encantam, por sua elegância formal. Mas que são, também, o resultado da procura de um "processo aerodinâmico" para facilitar a ação do vento, já que sua função não é somente iluminar. E Lelé levou sua busca da ventilação natural ao extremo: seus prédios se voltam hoje contra o vento, para a extração do ar quente, sem maior preocupação com a orientação solar. É algo sobre o qual nossos arquitetos deveriam pensar. Para não sair por aí fazendo prédios padronizados, "globalizados", cada vez mais distantes de nossa realidade ambiental, indiferentes às nossas condições climáticas. Prédios de janelas lacradas, inimigos dos ventos e das brisas da cidade.

Relativizações, contudo, não conduzem necessariamente a nenhuma anarquia nas construções. Pelo contrário: no terreno do *design*, o que bagunça negativamente a paisagem (porque existe, claro, a bagunça positiva, tal como nos ensinaram Kurt Schwitters e Marcel Duchamp) é a ânsia ou o afã de "originalidade". Relativizamos o conforto de uma poltrona — mas, mesmo assim, temos a noção do consenso para medir as coisas. Dou um exemplo com as bonitas cadeiras que Lina Bo Bardi desenhou para o teatro da Fundação Gregório de Mattos, no bairro da Barroquinha, centro antigo de Salvador. Cadeiras, aliás, que foram todas surripiadas por nossos governantes municipais, os larápios então entrincheirados no Palácio Thomé de Sousa, erguido ao lado do lastimável cocoruto do Elevador Lacerda — ser "ladrão descarado", aliás, faz parte do currículo da maioria dos prefeitos de Salvador, nessas últimas décadas. Mas não vamos perder tempo com isso. O que quero dizer é que Lina colocou, no teatro da instituição baiana, uma cadeira dobrável, a que deu o nome de "Frei Egídio". Era uma cadeira simples, elegante, bonita, onde os elementos de madeira se encaixam de forma clara e precisa. E que se casava à perfeição com o ambiente arquitetônico ao mesmo tempo despojado e nobre assumido pelo velho prédio, que fora então recuperado com brilho e ousadia.

Acontece que um dos sentidos da palavra "cadeira", em nossa fala cotidiana, é o de anca, quadril. Como no samba "A Vizinha do Lado", de Dorival Caymmi, por exemplo: "ela mexe com as cadeira pra lá/ ela mexe com as cadeira pra cá/ ela mexe com o juízo/ do homem que vai trabalhar". E é justamente aqui que vamos ter o problema. A cadeira de Lina, peça de mobília, não foi feita para acolher confortavelmente a cadeira-anca ou cadeira-quadril de ninguém, seja mulher ou homem. Não é simplesmente que o assento seja duro. É que o encosto é incômodo. O corpo não acha como ficar à vontade. O desconforto vai aumentando com o passar dos minutos — e como estamos na plateia de um teatro, acaba sendo bastante dolorido assistir a uma peça inteira. Não acredito que tenha sido esta a intenção da *designer*: fazer o espectador sofrer, numa versão literal do "teatro da crueldade". A questão, acho eu, é que Lina pensou a cadeira como um problema plástico, um produto visual, passando ao largo do "axioma fundamental" de Corbusier (e de qualquer preocupação anatômica): uma cadeira é um objeto para se sentar. Ou também: uma cadeira não deve ser um objeto no qual a primazia caiba não ao conforto, mas à geometria. Ou ao desvario "orgânico".

* * *

Houve um momento, na primeira metade do século XX, em que os arquitetos quiseram ter controle total da obra, sempre no horizonte do sonho barroco-romântico da *Gesamtkunstwerk* — e partiram para desenhar não só o prédio, mas tudo que haveria dentro dele, de cadeiras a luminárias, passando por copos, garrafas, bules e cinzeiros. Era "a sagrada união das artes", como gostava de dizer Alvar Aalto, arquiteto com uma percepção aguda das conexões entre as coisas, definindo a perna de um móvel como a "irmã caçula" do pilar ou piloti, da coluna arquitetônica. Confesso que os resultados, desde que alcancem um certo patamar do primor e da limpeza visual, não me incomodam. Pelo contrário: podem ser maravilhosos. E posso viver muito bem tanto num lugar assim, como em meio à variedade individual.

O que acho esquisito é ver uma casa mobiliada como se fosse um escritório. É encontrar móveis de espaços tipicamente comerciais, sejam de consultórios médicos ou de restaurantes "funcionais", na sala de estar de uma casa ou na varanda de um apartamento. Há banheiros de casas que fazem eu me sentir como se estivesse no banheiro de um hotel ou de um bar. Cozinhas que parecem perfeitas para uma clínica, não para a produção da satisfação alimentar mais íntima em um abrigo doméstico. Enfim, nadando contra o corbusierianismo e o desenho industrial, não vejo muito como combinar *décor* empresarial e aconchego caseiro. Mas talvez isso não passe de uma inclinação nostálgica que carrego. De qualquer sorte, pessoalmente, gosto de móveis precisos, formalmente concisos, visualmente limpos, mas sólidos e confortáveis. Mas não tenho nada contra o chamado "conforto burguês" do século XIX, que alguns arquitetos modernistas tanto execraram. Já entrado o século XX, no período anterior à hegemonia quase absoluta da *avant-garde*, muitas coisas me agradam (e adoto esse tom na primeira pessoa, aqui, porque, como disse, estas questões e preferências, desde que o mobiliário tenha alto acabamento tecnoestético, acabam mesmo sendo essencialmente subjetivas). Em princípio e de um modo geral, considero excessivo, cansativo mesmo, o mobiliário *art nouveau*.

Não aguentaria frequentar diariamente, por mais de uma semana, a célebre sala de jantar que Eugène Vallin desenhou para um cliente da cidade francesa de Nancy, na primeira década do século passado. "Uma expressividade tão violenta cansa", comentou, a propósito, Nikolaus Pevsner. A sala é muito bonita, sim, mas me sentiria asfixiado com tantos estímulos visuais. Posso apreciar em estado de êxtase a profusão de formas de um altar barroco, mas não me vejo na contingência de ir todos os dias até ele — e muito menos gostaria de jantar ali. Em Barcelona, minha mulher Sara Victoria se sentia fascinada por — e, ao mesmo tempo, expelida de — um apartamento mobiliado por Antoni Gaudí, o gênio neobarroco da Catalúnia. Mas a própria intensidade do mobiliário disposto por Sara, aqui em casa, me enche de mais estímulos do que eu gostaria, com meu apreço por São Francisco de Assis e Mondrian. Na verdade, o que penso é que o interior doméstico não deve ser dominado pelo exagero, pela alta densidade de móveis, por contorcionismos expressionais. Não deve ser frenético, excitante, a não ser para temperamentos bem singulares. Diante da excitação visual e sonora de nossas ruas, melhor que a casa apareça como um espaço alegre, sim, mas suave e equilibrado, sem espalhafato. No entanto, para cometer uma heresia contra os princípios da estética *art nouveau*, que se orientava para a concepção e execução de conjuntos articulados e não de objetos isolados, tenho em alta conta peças soltas do mobiliário produzido por aquele movimento. A exemplo do fascínio que sinto pelas linhas e curvas tão limpas e tão nobres da escrivaninha que o arquiteto e *designer* belga Henri van de Velde projetou, a caminho do final do século XIX.

* * *

Em *Home*, Rybczynski vai fundo e acerta em cheio quando diz que o mobiliário conta a história toda — *furniture tells all*. Na sua comparação, assim como o paleontologista pode reconstruir um animal pré-histórico a partir de um fragmento de maxilar, é possível reconstruir o interior doméstico — e as atitudes e posturas de seus habitantes —, a partir de uma única cadeira.

"Uma *fauteuil* Luís XV reflete não apenas o cenário da sala a que foi endereçada, mas também a elegância encantadora do período. [...] Uma superacolchoada poltrona vitoriana [...] representa tanto o conservadorismo do período quanto seu desejo de conforto físico. Uma *chaise longue art déco*, estofada com pele de zebra e incrustada de madrepérola, exibe um gozo táctil e voluptuoso da luxúria." E é com esse olhar contextualizador que Rybczynski se posta diante da cadeira Wassily — "considerada um clássico" —, que o húngaro Marcel Laiko Breuer desenhou em 1925. Uma cadeira — *armchair* — como nunca se tinha visto até então. "Como a cadeira Barcelona de Mies van der Rohe, do mesmo período, ela exemplifica os ideais do *design* contemporâneo da cadeira: é leve, usa materiais produzidos por máquinas, não ostenta nenhum ornamento". É uma estrutura tubular de metal cromado, com faixas de couro liso estiradas para formar o assento, o encosto e os braços. Parece, na observação de Rybczynski, algo que não foi feito por mão de gente, *untouched by human hands*. Sua beleza, prossegue o analista, não deriva de nada decorativo, "mas da maneira explícita e estruturalmente expressiva com que os materiais se combinam".

É a beleza da configuração enxuta, a beleza da própria construção, beleza construtivista. Não há nenhuma referência a períodos ou estilos mobiliários do passado — todas as suas associações são contemporâneas, modernas. A estrutura curva de metal, por exemplo, lembraria a moldura de uma bicicleta. É verdade. A coisa era tão nova e diferente, diz Rybczynski, que a primeira reação de quem se sentava naquela cadeira era favorável: a pessoa se surpreendia positivamente com o próprio fato de que era possível sentar naquela montagem de planos e tubos que se cruzavam. Mas é que nosso estudioso tem sérias restrições ao artefato de Marcel Breuer. E não por acaso usei a palavra: se a cadeira vermelha e azul de Rietveld era sobretudo um *mentefato*, a de Breuer é de fato um *artefato*. E, tanto quanto ou mais até do que a tão banalizada "Barcelona" de Mies, ainda hoje é fabricada e consumida nas mais diversas partes do mundo. Tenho um exemplar em minha casa e costumo encontrá-la em casas de amigos — especialmente, quando eles são arquitetos ou *designers*.

Mas vejamos a crítica de Rybczynski. Ele observa que a Wassily nos impõe uma determinada posição corporal, em consequência da excessiva inclinação do ângulo do assento. Fica difícil fazer qualquer movimento à frente — para pegar uma xícara de café, por exemplo, ou um copo de uísque. Se você se vira para os lados, os braços da cadeira oferecem pouco suporte. O encosto plano e o assento desencorajam o movimento e a pessoa vai ficando cansada. Se os joelhos estiverem dobrados, coxas e quadris não são bem acolhidos pelo couro teso do assento, que também impede que a pessoa possa esticar completamente as pernas. Depois de algum tempo, o couro áspero da borda machuca, causando alguma dor, assim como se torna desagradável a fricção entre couro e cotovelo. Resumindo: é uma cadeira onde ninguém consegue ficar relaxado por mais de trinta minutos. E a pergunta de Rybczynski é: como pode uma cadeira tão desconfortável ser um "clássico"? — pergunta que valeria também para a Barcelona de Mies van der Rohe, encontrável em tantos centros comerciais, clínicas e hotéis. Bem, não é o que penso — e não é o que sinto: aquele desconforto, para mim, está na cadeira Hardoy, da qual também tenho um exemplar em casa e na qual nunca me sento. De saída, acho estranho quando alguém fala "poltrona" Wassily. Não afundo nela — não há nada estofado, acolchoado, almofadado. Prefiro a expressão inglesa — *armchair*, cadeira de braço. O assento e o encosto são lisos e rijos — nenhuma elasticidade, nenhuma ilusão de adaptação ao corpo de quem senta (não temos em português uma palavra como "sentante", equivalente ao *sitter* da língua inglesa).

Não faz muito tempo, tive um AVC, um derrame cerebral, que chegou a paralisar todo o lado esquerdo do meu corpo (foi terrível, mas, felizmente, me recuperei) — e minha apreciação da cadeira não mudou: antes e depois do "acidente", quando passei um tempo me movendo numa cadeira de rodas, me sento — e me sinto — bem ali, na armação couro-metálica de Marcel Breuer. Ao contrário de Rybczynski, posso ficar horas sentado na distinta, lendo e bebendo (o copo de uísque na mesinha ao lado) até o dia clarear. Não tenho dificuldade alguma em me pôr de pé (embora saiba que o pai de um amigo meu ficou entalado nela), a coluna não dói, os braços e as pernas encontram o modo de se colocar. Os braços da cadeira dão bom apoio aos meus braços. A perna dobra confortavelmente à altura da junção interna do joelho. Os pés tocam firmes no chão. Quanto à motilidade, viro-me facilmente para os lados, curto uma pequena variação de posturas, consigo esticar inteiramente as pernas (por conta do meu tamanho) e mesmo dobrá-las sobre o assento, quase em posição ióguica de lótus (ao contrário do que me espera na Barcelona de Mies, que parece ter sido concebida para enormes jogadores ou jogadoras de vôlei ou basquete).

E ainda há um aspecto sempre pouco examinado: quase toda cadeira tem o seu som, do mais abafado ao mais audível, que o *sitter* escuta quando se senta e quando, já sentado, se move sobre o móvel. Alguns desses sons não são exatamente agradáveis e há mesmo os que dão uma certa "gastura". Nem aqui a Wassily de Breuer me incomoda: o que ouço é o som das tiras de couro que se retesam sob o peso e a pressão do meu corpo. E, quando a olho, ainda curto a beleza da junção contrastante do couro e do metal — as curvas dos tubos metálicos, a precisão das faixas de couro, o diálogo estético entre dois materiais de origem tão diversa. (Uma obra no avesso total das simulações vitorianas, quando desenhistas pintavam placas de vidro para que parecessem mármore.) Às vezes, tenho mesmo a sensação de que aquela cadeira, com aquelas medidas, foi feita sob encomenda para mim, como se fosse possível um diagrama personalizado, no sentido de que reconheço, num produto industrial de massas, um acolhimento, mesmo que muito econômico, da singularidade do meu sentar. É claro que a Wassily não é uma espreguiçadeira, uma *chaise longue*, um móvel onde a pessoa possa pousar ou jazer de modo completamente relaxado. Ela requer uma domesticação prévia do corpo. Uma disciplina corpórea e gestual. É como se a luz estivesse sempre acesa, mesmo quando tudo é escuro. E, como cadeira desgarrada, parece feita sob medida para a leitura. Mas, *nota bene*, não para a leitura prazerosa e descompromissada de algum romance como *A Casa dos Budas Ditosos*, de João Ubaldo Ribeiro, por exemplo — e sim para a leitura intelectual mais disciplinada. Afora isso, lembre-se que Darcy Ribeiro escreveu seus últimos livros à mão, sentado numa Wassily, com uma prancheta de apoio. E ficava horas ali.

Embora minha relação com a Wassily seja bem diferente da de Rybczynski, concordo, no essencial, com a crítica que ele faz ao desenho industrial e, em especial, ao *design* de cadeiras — crítica que vou reproduzir e comentar nos próximos parágrafos. É claro que uma cadeira desenhada para a postura ativa no local de trabalho não é igual a uma cadeira feita para o repouso confortável em horas de lazer ou convívio caseiro. Para falar de extremos, um móvel para o sentar ativo tem de ser totalmente diverso de um móvel para o repouso reclinado. E o que vamos examinar, aqui, é a questão do *design* de cadeiras para o sentar confortável. Rybczynski começa lembrando que uma cadeira bem desenhada, boa para o sentar confortável, deve levar em conta não apenas a postura relaxada do corpo, mas também a possibilidade de o sentante/*sitter* estar tomando um *drink*, lendo, conversando, brincando com uma criancinha, cochilando, etc. Deve permitir que a pessoa se movimente de modo cômodo, adotando posturas variadas. Posturas que têm uma função social, como nos mostram estudos de antropologia ou de semiótica gestual, bem como uma função física, desde que a variação de posições no sentar, do cruzar as pernas ao descansar de uma delas sobre o braço da poltrona, desloca o peso de uma parte do corpo para outra, alivia a pressão, relaxa este ou aquele grupo de músculos. Vale dizer, a movimentação corporal gera bem-estar, desde que o corpo humano não foi feito para permanecer durante muito tempo numa mesma posição. Sabemos muito bem a tortura que é cruzar o Atlântico numa "classe executiva", em horas de voo do Rio para Frankfurt, por exemplo.

Rybczynski lembra que um modo de lidar com a motilidade é fazer com que a própria cadeira se mova, como acontece com a tradicional cadeira de balanço. E que, a partir de meados do século XIX, começou a aparecer, principalmente nos Estados Unidos, uma variedade de peças que ofereciam conforto pelo seu movimento. Eram móveis móveis, nesse sentido. Com uma novidade: o movimento da nova leva de *moving furniture* era mecânico. Hoje, associamos móveis mecânicos a lugares como o consultório do dentista ou a cadeiras giratórias de escritórios de advocacia ou de *marketing* político, por exemplo. Mas sua origem é doméstica. Na "era vitoriana", *machines for sitting in* eram usadas pelas famílias socialmente privilegiadas. E o mobiliário mecânico apresenta uma vantagem dupla: favorece a motilidade e, graças aos ajustes que permite, responde à variedade de formas e tamanhos dos corpos humanos, como hoje vemos nas melhores poltronas de motorista dos automóveis mais sofisticados. No entanto, não há nada de parecido com as confortáveis cadeiras de nossos carros que seja produzido com vistas ao espaço doméstico: "cadeiras mecânicas nunca atraíram a atenção de arquitetos e *designers*". O mobiliário doméstico moderno não inclui instrumentos ou mecanismos que permitam ao sentante ajustar as cadeiras aos reclamos de seu corpo. Mas deveríamos produzir cadeiras mecânicas móveis e ajustáveis: a "máquina de sentar" em sentido literal, que Corbusier desprezou, não quis ou não chegou a imaginar.

É óbvio que nem todas as cadeiras modernas são desconfortáveis, mas a preocupação com o assunto nem sempre parece estar presente na prática de arquitetos e *designers*. Aqui, nosso estudioso adota a leitura de Allan Greenberg, em "Design Paradigms in the Eighteenth and Twentieth Centuries" (na coletânea *Ornament*, editada por Stephen Kieran). Para Greenberg, o "fracasso ergonômico" do mobiliário contemporâneo deve ser creditado na conta do desdém modernista pelas convenções tradicionais acerca do sentar confortável. Os fabricantes setecentistas gastaram muito tempo até encontrar os ângulos corretos do assento e do encosto, as curvas, formas e materiais que propiciassem conforto no sentar. Algumas cadeiras incorporaram esses padrões de *successful seating*. Livros veiculavam com detalhe as informações sobre tal fazer, descrevendo o paradigma. Enfim, havia um balizamento explícito e relativamente minucioso de uma arte de sentar. E esta prática atravessou o século XIX para entrar pela centúria seguinte. Os desenhistas do mobiliário *art déco*, por exemplo, embora experimentando em direções variadas, nunca abandonaram o conjunto básico dos princípios tradicionais. Nunca deixaram de parte coisas estabelecidas em tempos vitorianos ou mesmo no campo do rococó. Nunca deixaram de seguir a tradição, em suas linhas básicas, em sua forma geral. A invenção estava em tecer variações no interior de um campo devidamente delineado. Princípios e convenções do conforto não eram olhados com desprezo.

Foi isso que mudou. Os *designers* contemporâneos não estão interessados em tecer variações, mas em partir do zero. Querem fazer coisas absolutamente pessoais, passando ao largo da tradição, da linguagem estabelecida e, digamos assim, dispensando as muletas de qualquer paradigma. Trata-se, portanto, de pretender reinventar a roda. Acabamos derrapando na pista multicolorida das invencionices desnecessárias, do exibicionismo narcísico, do novidadeirismo como critério de valor. Aí está a grande distorção. Cada *designer* quer fazer uma coisa única, criar um paradigma próprio (um falso paradigma, já que serve apenas a ele mesmo). Ou seja: o paradigma, em vez de ser coletivo, como se esperaria da produção industrial, passa a ser propriedade de um desenhista particular. Se um faz um experimento com determinados materiais, o outro, para ser "original", não receber a pecha de carente de imaginação, deverá procurar outros elementos e medidas. É uma inversão absurda: querer a fabricação industrial — vale dizer: a produção massiva — criando obras "únicas". E é uma coisa maluca: nada tem seguimento, nada amadurece, nada se aprimora. A evolução e o aperfeiçoamento das coisas foram abolidos. E quem perde com isso somos nós, os sentantes. Os que queremos cadeiras onde possamos sentar bem — e, em alguns momentos, o mais gostosamente possível.

Mas é claro, como disse, que vamos também encontrar *designers* e objetos no campo oposto ao da crítica que desenvolvemos aqui. Para trazer à baila um exemplo inquestionável, basta citar a poltrona Mole (1957), do brasileiro Sérgio Rodrigues. É uma cadeira que, mais do que a sentar, nos convida a nos esparramar em seus braços, como se fosse uma senhora bonitona, carnuda e gostosa. Mas Rodrigues, ao longo de toda a sua trajetória, sempre pensou de verdade no *sitter*. Como podemos ver, por exemplo, em declaração que deu ao jornal O *Globo*, poucos meses antes de sua morte, em 2014: "A cadeira é a única peça de *design* que remete diretamente ao homem. E, por isso, proporciona um exercício muito interessante. Além da beleza e do charme, é preciso considerar o assento, a altura, a profundidade e o conforto para os braços e a coluna. Se forem só belíssimas, sem funcionalidade, eu não chamaria de cadeira — chamaria de brincadeira". Bem, se não contássemos com gente como Rodrigues, ficaríamos sem ter onde sentar.

* * *

Rybczynski vai ao ponto certo: o pecado não está de modo algum na disposição experimental, mas no afã novidadeiro, na invencionice. O que é ainda mais insensato (e, não raro, delirante), porque o *designer*, ele mesmo, não tem como inventar praticamente nada. Trabalha a partir de invenções sempre alheias e às vezes até muito antigas, historicamente. É contratado para fazer uma luminária, por exemplo. Um banco de igreja ou praça. Uma cadeira. Um guarda-roupa. Uma máquina de costura. Um relógio. Ou um aparelho telefônico. Em tudo, ele teria de partir do que foi feito antes. Mas, não. Quer fazer de conta, como disse — e até acredita nisso, o que é mais ridículo —, de que é capaz de reinventar a roda a cada esquina. E há mais. O narcisismo incorrigível de alguns (ou de muitos, não tenho números) quer não só curvar a indústria à obra única, como se não existisse a realidade da "reprodutibilidade técnica" de que falava Walter Benjamin, como sonha em criar algo perfeito ou deslumbrante que atravesse os tempos, algo para a eternidade, superando o caráter essencialmente provisório do *design*, que, bem vistas as coisas, é ramo industrial de uma arquitetura relativamente efêmera, já que, em tese, todo produto que surge será logo mais substituído, desde que apareçam novas técnicas e novos materiais para a feitura de um determinado objeto. O problema é que, assim como todo publicitário criativo se considera "genial" (palavra extremamente banalizada no Brasil, do movimento tropicalista para cá), cada *designer* mais desinibido, ou menos capaz de discrição e senso crítico, não quer ser menos do que um Caravaggio ou um Klee.

Por tudo isso, muitas cadeiras contemporâneas que conhecemos podem dizer respeito a várias coisas — a *status*, inclusive —, mas não nos convidam amistosamente para sentar. Vem daí o móvel desconfortável e, em resposta ao desconforto, a nostalgia, o desejo de móveis de tempos transatos. A preferência por peças antigas, que procuravam acolher prazerosamente os corpos que nelas se assentavam. Aqui, Rybczynski segue a leitura de Adolf Loos, o arquiteto que, entre tantas outras coisas, projetou a casa do agitador, comandante em chefe do dadaísmo, Tristan Tzara, em Paris. Loos observa que a nostalgia mobiliária, digamos assim, não encontra correspondentes em outros aspectos de nossa vida cotidiana. De fato, em matéria de vestuário, por exemplo, desconheço homens ou mulheres desejosos de um retorno ao tempo de anquinhas, bombachas e redingotes. E muito menos querendo a volta de princípios oitocentistas de conduta. Nossas mulheres não querem parecer modelos de Renoir, sonhando antes com corpos esguios à Giselle Bündchen. Do mesmo modo, ninguém, afora colecionadores, pretende trocar os automóveis atuais pelos modelos pioneiros da indústria automobilística. Todos acionam computadores e celulares. Mas, se as pessoas não querem mais se cobrir com roupas do século XVIII ou XIX, muitos vestem ou gostariam de vestir suas casas à moda antiga, com móveis amplos e gostosos. Com móveis feitos segundo o entendimento de que existe uma arte de sentar, assim como uma arte produzida para o sonho.

A nostalgia é com frequência signo não de um esnobismo cultural, mas de uma insatisfação com o presente, lembra nosso arquiteto polonês-escocês. Greenberg e Rybczynski consideram que houve uma ruptura na história do que entendemos por conforto doméstico. Quando os paradigmas tradicionais foram arquivados, a partir das primeiras décadas do século XX, o que se buscou não foi simplesmente a introdução de um novo estilo de composição de interiores caseiros. Radicais, os vanguardistas, rejeitando repertórios de coisas burguesas, pretendiam subverter o significado cultural do conforto doméstico. Investiram contra a intimidade, a privacidade e a domesticidade. A "ruptura", frisa Rybczynski, estava no fato de o funcionalismo atacar frontalmente a própria ideia de conforto. Em resposta, as pessoas passaram a olhar para o passado. Não se tratava de rejeitar os avanços da tecnologia, mas de reconhecer que móveis antigos vinham com uma qualidade que passou a faltar na concepção moderna de interiores. Rybczynski: "As pessoas se voltam para o passado porque estão procurando algo que não encontram no presente: conforto e bem-estar". É preciso, por isso mesmo, que nossos *designers* atenuem a obsessão doentia pela invencionice, deixem de lado seus *fucking big egos*, como dizia John Lennon — e passem a pensar mais nas pessoas.

17.
MEMOS

Lembrete 1

Ainda estamos na pré-história da tecnologia de ponta de inícios do século XXI. Na "idade da pedra" do lance *high-tech*. Nossos computadores continuam confusos e primários. Alguém disse (não me lembro quem, onde, nem quando) que tecnologia boa é tecnologia simples — compare-se a luz elétrica e o computador. A pessoa aciona o botão com um simples toque — e a luz acende. Não temos os "efeitos especiais" da "estética das interfaces", curtida por artistas algo lisérgicos (e a relação entre LSD e *virtual reality* é bem conhecida), cuja postura não deixa de me lembrar os arquitetos de edifícios neogóticos na manhã das cidades industriais.

Os "celulares" se tornaram igualmente complicados. Passaram a ser uma espécie de máquinas para quase tudo: fotografar, filmar, navegar na internet, etc. Não se trata mais do aparelho telefônico nascido da invenção de Graham Bell. Telefonar se tornou um expediente praticamente secundário. Em consequência, os celulares se encheram de tantos recursos e frescuras que, em alguns casos, simplesmente me atrapalham. Deixei de usá-los, para dizer a verdade. Até porque me incomodavam aquelas engenhoquinhas soando em tudo quanto era canto, de sanitários públicos a terreiros de candomblé. Por uma questão de conforto da fala e da audição, prefiro mil vezes conversar através de cópias dos modelos de aparelho telefônico que Henry Dreifuss desenhou entre o final da década de 1930 e o da de 1940. E tem mais uma coisa: ao tempo em que nos dão um alto grau de mobilidade, celulares também nos mantêm presos, sob controle constante. Desse ponto de vista, o celular e o computador são, por assim dizer, prisões modernas.

O celular permite que, de onde quer que esteja, eu faça uma ligação para determinada pessoa, por necessidade ou afeição (tivemos o lado terrível disso em março de 2014: parentes telefonavam e os celulares dos passageiros sequestrados, que estavam a bordo do boeing da Malaysia Airlines que desapareceu entre Kuala Lumpur e Pequim, não paravam de tocar: celulares soando onde?; na escuridão da morte?; celulares soando para quem?). Mas a recíproca é verdadeira. Quem quer que tenha o meu número (e os números são passados adiante com uma facilidade espantosa e, quase sempre, indevida), vai me achar onde eu estiver. Posso não estar a fim de falar. Posso não atender à ligação. Posso deixar o celular desligado. Mas não tem jeito: a ligação fica registrada. Logo, sou obrigado a responder, ou passo por esnobe ou mal-educado. Este mesmo misto de fantástica agilidade e rigoroso controle, quase aprisionamento, comparece no correio eletrônico. É muito bom poder "conversar" diariamente com pessoas distantes. Mas há, também, o reverso da medalha. Não tenho como contornar o que não desejo. A mensagem está ali, armazenada, indicada por escrito, impondo-se na frente dos meus olhos. É verdade que posso dizer que a mensagem não chegou. O que, às vezes, acontece. Mas não só não acontece com frequência, como o remetente reenvia o recado.

Pensando bem, o fenômeno não é novo. A novidade está em que, hoje, ele se dá em plano individual. Na África antiga, mensagens percutidas por tambores (os célebres *talking drums* que aparecem na poesia de Ezra Pound e nos *comics* de Tarzan) atravessavam a floresta para alcançar seus destinatários. Mas estes eram *coletivos*: uma comunidade, não o indivíduo. Algumas daquelas mensagens deviam ser recebidas com júbilo. Outras, encheriam o saco. Mas eram todas ouvidas. Compulsoriamente. Seria impossível dizer: desculpem, não ouvimos. Uma aldeia inteira não tem, no mesmo momento, um surto de surdez. Mas houve um tempo em que as coisas não se passavam assim. Do início da história da cidade moderna até tempos bem recentes, pré-informáticos. O sujeito podia realmente se dissolver na multidão. Podia selecionar tranquilamente seus interlocutores. Discriminar mensagens. Se não quisesse ser atingido por esta ou aquela mensagem, não seria. Bastava submergir, desaparecer no meio da massa sem rosto. Não responder a uma carta, não atender ao velho e espalhafatoso "triiim" do antigo telefone fixo ou infixo. Hoje, é impossível. O indivíduo dispara o celular de uma praia perdida no litoral do Amapá e vai encontrar você cruzando uma faixa para pedestres na Avenida Paulista ou na Candelária, ou comendo um peixe num restaurantezinho da Vila Madalena ou das Laranjeiras. A localização é direta e pontual. De indivíduo para indivíduo — e não de grupo para grupo, como no caso dos tambores africanos.

Você não atende? Tudo bem. Mas chega em casa e lá está, na tela do computador, a mensagem do mesmo indivíduo, cobrando aquela promessa que você fez, inadvertidamente, numa noite de porre. Bem, talvez John Cage esteja certo: ser incomodado faz parte da ética do século.

Lembrete 2

Muitos produtos do desenho industrial já nascem embonecados, outros se vão ataviando com o tempo. O avião, não. Continua nu e belo, com sua fuselagem rebrilhando ao sol. Por uma razão forte: se fizerem floreios e patacoadas, o bicho não sobe — e, se subir, despenca... Alguns drones, hoje, são outro exemplo. Eles pedem um desenho absolutamente preciso para voar sem que sua presença seja percebida por radares. E podem assumir formas ousadas, em termos rigorosamente necessários. Um dos modelos mais recentes, por exemplo, parece uma dessas belas arraias que perambulam livres por nossas praias. E o desenho não é gratuito. Nada tem de ornamental, subjetivo. É para driblar a vigilância. Enfim, no seu ponto atual mais avançado, esses robôs voadores são perfeitamente "funcionais".

O avião apareceu, aos olhos das vanguardas das primeiras décadas do século XX, como o supersigno da modernidade. Como a prova visível e voadora — inquestionável — da excelência da civilização técnica. Como pássaro metálico atravessando os céus em direção a um novo mundo e a uma nova era. De Corbusier a Vicente Huidobro, passando pelo experimentalismo russo e pelo modernismo brasileiro — o marxista, inclusive, com Caio Prado Júnior. Quando penso no assunto, me lembro logo de Huidobro e do seu fascínio por aviões e "proezas aéreas". É alta a frequência com que a palavra "aeroplano" aparece na sua escrita, em formações verbais por vezes surpreendentes ("aeroplanos do calor", por exemplo; ou "ele, o pastor de aeroplanos"). Em *Altazor*, lemos:

> *Abrí los ojos en el siglo*
> *En que moría el cristianismo.*
> *Retorcido en su cruz agonizante*
> *Ya va a dar el último suspiro*
> *Y mañana qué pondremos en el sitio vacío?*
> *Pondremos un alba o un crepúsculo*
> *Y hay que poner algo acaso?*
> *La corona de espinas*
> *Chorreando sus últimas estrellas se marchita*
> *Morirá el cristianismo que no ha resuelto ningún problema*
> *Que solo ha enseñado plegarias muertas.*
> *Muere después de dos mil años de existencia*
> *Un cañoneo enorme pone punto final a la era Cristiana*
> *El Cristo quiere morir acompañado de millones de almas*

Hundirse con sus templos
Y atravesar la muerte con un cortejo inmenso
Mil aeroplanos saludan la nueva era
Ellos son los oráculos y las banderas.

["Abri os olhos no século/ Em que morria o cristianismo./ Retorcido em sua cruz agonizante/ Já vai dar o último suspiro/ E amanhã que vamos colocar no lugar vazio? Colocaremos uma aurora ou um crepúsculo/ E acaso há que colocar algo?/ A coroa de espinhos/ Murcha gotejando suas últimas estrelas/ Morrerá o cristianismo que não resolveu problema nenhum/ Que só ensinou preces mortas./ Morre depois de dois mil anos de existência/ Um canhoneio põe ponto final à era cristã/ O Cristo quer morrer acompanhado de milhões de almas/ Afundar com seus templos/ E atravessar a morte com um cortejo imenso/ Mil aeroplanos saúdam a nova era/ Eles são os oráculos e as bandeiras" — em *Altazor e Outros Poemas*, organização e tradução de Antonio Risério e Paulo César Souza.]

Nietzsche, uma vez mais... Huidobro, "aviador-poeta". Mas as vanguardas também tiveram um verdadeiro aviador: o russo Vassíli Kamiênski, autor de *Stienka Rázin* (o chefe de uma rebelião cossaca na região do Volga, no século XVII), companheiro de Maiakóvski e David Burliuk. Kamiênski se diplomou piloto em novembro de 1911, tornando-se então um dos primeiros aviadores russos. Vejam como ele trata o assunto com arrojo semântico e formal em seu poema "Desafio" (incluído na antologia *Poesia Russa Moderna*, de Augusto e Haroldo de Campos e Boris Schnaiderman). Em nosso modernismo literário, temos alguns exemplos de referência ao tema. Oswald de Andrade, no "Manifesto da Poesia Pau-Brasil", falava das "novas formas da indústria, da viação, da aviação". Luís Aranha fez o poema "O Aeroplano" e, em "Crepúsculo", escreveu: "Sou um trem/ Um navio/ Um aeroplano/ Sou a força centrífuga e centrípeta/ Todas as forças da terra". Etc. E é claro que todo mundo sempre se orgulhou de o Brasil estar no ponto de partida da grande aventura humana de voar. E de estar ali, acrescento, com um prodígio de *design*: o maravilhoso 14-Bis, de Santos Dumont, que fez Décio Pignatari se lembrar de Mondrian e das casas perfeitas da antiga arquitetura japonesa.

Mas os tempos mudam. E hoje começam a rarear os que celebrariam o avião. É inverso o movimento que vai ganhando corpo. Se o objeto em si, como produto de *design*, permanece admirável, o meio de transporte tem sido cada vez mais criticado. Num livro recente, *Together*, o sociólogo Richard Sennett, por exemplo, escreveu: "aviões — esses terríveis instrumentos de tortura da sociedade moderna". Mas dizer isso ainda tem sido quase o mínimo. Hoje, a principal crítica ao avião, assim como ao automóvel particular, é feita do ponto de vista ambiental. Nas entrevistas da coletânea *O que os Economistas Pensam sobre Sustentabilidade*, André Lara Resende observa: "O segundo grande poluidor, além do automóvel, é o avião... É outra coisa que está na fronteira de se tornar disfuncional: avião e aeroportos". Eduardo Giannetti completa: "Pegar um avião para atravessar o Atlântico é uma extravagância sem tamanho, do ponto de vista ambiental. Você emite mais dióxido de carbono do que um indiano durante uma vida, ao pegar um avião e cruzar o Atlântico. Isso não está no preço da passagem. O preço da passagem vai medir o custo do combustível, o desgaste do equipamento, os serviços de bordo e o salário do piloto, mas não vai medir o impacto ambiental e a emissão de carbono produzida. Então, essas pessoas que viajam alegremente, cruzando o Atlântico, e que se consideram ambientalistas, quando chegar a hora de pagar a conta da extravagância que estão fazendo, vão chiar. Mas essa realidade vai ter de mudar. Comer um bife é uma extravagância do ponto de vista ambiental. O preço da carne vai ter de ser muito caro, o leite terá que ficar mais caro. Tudo o que tem impacto ambiental vai ter de embutir o custo real e não apenas o monetário. Essa é a mudança decisiva".

Mas o que sejam ou devam ser uma arquitetura e um desenho industrial "sustentáveis", no contexto maior da preservação do patrimônio natural e da sobrevivência da espécie, é tema para um outro estudo. De qualquer sorte, antes que oráculo de uma nova era, como queria o audaz Huidobro, o avião é visto agora como coisa do passado.

LEMBRETE 3

Melhor arquivar definitivamente a crença em determinismos, quaisquer que sejam eles. Sempre costumo dizer que um certo conjunto de fatores políticos, sociais, culturais e econômicos não é suficiente para fazer com que uma senhora excêntrica dê à luz um gênio.

Se houvesse determinismo sociológico, o frevo teria nascido simultaneamente no Recife, no Rio e em Salvador — porque as três cidades dispunham dos elementos e práticas para que tal acontecesse: bandas de música que tocavam marchas e dobrados — e bandos de pretos capoeiristas. Mas o frevo brotou só e somente só no Recife. Por quê? Porque dois lugares diferentes podem contar com as mesmíssimas condições para que determinada coisa aconteça. No entanto, ela pode acontecer em ambos, somente em um e não em outro ou em nenhum deles. Não existe sequer o determinismo arquitetônico de que falou a arquitetura racionalista-funcionalista da primeira metade do século XX. Dispondo de princípios idênticos e de idênticos materiais e procedimentos construtivos, dois arquitetos de temperamento diverso jamais irão construir duas casas iguais. Nada determina nada. Do mesmo modo, não devemos falar de determinismo ecológico. Uma casa se define e se desenha muito mais a partir de um horizonte sociocultural do que em consequência do clima e dos materiais disponíveis para a sua construção. Culturas diferentes produzem casas diferentes num mesmo contexto ambiental, como vemos em diversas regiões do continente africano. Ou seja: a palavra final, determinante, não cabe ao meio ambiente.

Mas, se não devemos falar de um determinismo da circunstância ambiental, também é correto dizer que a configuração ecossistêmica (como a sociológica, etc.) tem o seu peso, desempenhando um papel que tanto pode ser de estímulo quanto de constrangimento. Pode incitar certas buscas e favorecer determinadas soluções arquitetônicas. Pode limitar a ação do arquiteto, oferecendo-lhe um elenco restrito de materiais — cipó, pedras, óleo de peixe para a argamassa e cal de mariscos, por exemplo. Pode obrigá-lo a adotar expedientes que aqueçam ou ventilem a construção, em resposta a esta ou àquela situação climática. Etc. É assim que devemos apreciar as casas dos hãs ou jabas, da região de Nok, na atual Nigéria, estudadas por Frank Willet, em *African Art*. São casas de plano oval, com cobertura de palha, nas quais o *design* das camas de argila comporta uma abertura, de modo que se possa acender algum fogo sob cada uma delas, formando "um verdadeiro hipocausto" — um sistema geral de aquecimento da habitação, para contrabalançar o frio das noites de dezembro e janeiro, quando a temperatura cai sob os ventos *harmattan* do deserto.

Podemos encontrar outro exemplo de resposta à circunstância ambiental numa cultura completamente diversa, com a questão da luz na arquitetura finlandesa de Alvar Aalto. Escreve Francesca La Rocca que, com seus estudos e suas luminárias, "Aalto buscou não só atentar ao estilo dos objetos em si, mas principalmente estudar a qualidade da luz. Estava interessado em estudar cientificamente a modulação da luz como resposta às necessidades fisiológicas do homem e em experimentar a atmosfera que os corpos luminosos são capazes de criar num interior, do ponto de vista emocional. Se os trabalhos de reforma das igrejas [que ele executou] nos anos 1920 o levaram a voltar a atenção para a luz como elemento capaz de transfigurar o ambiente, sua sensibilidade pode ser atribuída também às condições na Finlândia, onde a luz, em sua escassez durante seis meses no ano, é considerada uma matéria preciosa". Fazendo uma comparação com James Joyce, aliás, podemos dizer que a Finlândia é a *dear dirty Dublin* de Alvar Aalto. Ambientalmente, inclusive. Como provocação, limitação e desafio. Mas sem determinismo.

Lembrete 4

Do ponto de vista da sociobiologia, *território* é uma área defesa. Uma porção de espaço ocupada de modo mais ou menos exclusivo por um animal ou grupo de animais, que a defende de forma direta exibindo disposição para o confronto ou por meio de sinais, *advertisements*, que podem ser sonoros (como no cricrido dos grilos ou em trinados de pássaros) ou químicos, a exemplo do uso demarcatório da urina por certos mamíferos. E nem sempre é uma fatia geográfica fixa, imutável. Assume também natureza espaciotemporal (para lembrar a expressão de Edward O. Wilson, em *Sociobiology*), quando o animal protege apenas a área em que se encontra em determinado momento, estação ou temporada.

A "territorialidade" é portanto, obviamente, umas das variantes do comportamento agressivo. E o que o animal defende, com sua postura para alertar e repelir intrusos, pode ser o terreno de sua base alimentar, o lugar onde se encontra seu abrigo, uma zona de exibição sexual e acasalamento, etc. Ou seja: a territorialidade inclui ou implica, muitas vezes, a defesa ou a garantia do abrigo, da área da moradia. E aqui chegamos ao ponto que me interessa realçar. O ser humano é um animal territorial. Não só conta com pontos de referência no espaço, como defende a área onde se alimenta e onde tem o seu abrigo. Neste sentido, podemos falar do *território* como o fundamento biológico da propriedade privada, seja ela comunitária ou individual. Em *Da Natureza Humana*, o mesmo Wilson comenta que "a fórmula biológica de territorialidade é facilmente traduzida para os rituais da moderna posse de propriedade". Mais: cada cultura desenvolve e estabelece seus próprios princípios e suas regras particulares de salvaguarda da propriedade e do espaço individual. O comportamento territorial se acha sujeito a diferenças, alterações e nuances, mas está sempre presente em nossas vidas — e o espaço da pessoa ou da família é preservado, a não ser em situação extrema de ruptura, de violação variavelmente violenta dos tabus sociais em vigor. Seguindo Wilson (e o sociólogo Pierre van den Berghe, em que ele se baseia), podemos ver isso em nossa conduta codificada diante da casa dos outros. Van den Berghe ("Territorial Behavior in a Natural Human Group") está falando, no caso, do comportamento moderno com relação a um condomínio de casas de férias, localizado próximo a Seattle, nos EUA:

"Antes de entrar no território familial, os convidados e visitantes, especialmente se não esperados, passam normalmente por um ritual de identificação, atenções, saudações e desculpas pela possível amolação. Essa interação comportamental tem lugar fora da casa se o dono aí estiver quando do primeiro contato, e é dirigida preferivelmente aos adultos. Os filhos dos donos, se encontrados em primeiro lugar, são interrogados a respeito do paradeiro de seus pais. Quando os donos adultos não são encontrados do lado de fora, o visitante vai normalmente até à porta da residência, onde faz um ruído de identificação batendo na porta ou tocando a campainha, se a porta estiver fechada, ou com a voz, se ela estiver aberta. Usualmente, a soleira só é transposta após o reconhecimento e o convite do dono. Mesmo assim o convidado sente-se à vontade somente para entrar na sala de estar e normalmente pede licença para entrar em outras dependências da casa, como banheiros ou quartos. Quando uma visita está presente, ela é tratada pelos outros membros do condomínio como uma extensão do seu anfitrião. Isto é, seus limitados privilégios de ocupação territorial estendem-se somente ao território de seu anfitrião, e esse será responsabilizado pelos demais condôminos por quaisquer transgressões territoriais dos convidados [...] Também as crianças não são tratadas como agentes indpendentes, mas como extensões de seus pais ou do adulto 'responsável' por elas, e as reclamações contra suas transgressões territoriais, especialmente se repetidas, são feitas aos pais ou aos responsáveis. A estrada de terra que atravessa a área do loteamento é livremente acessível a todos os membros do condomínio, que a usam tanto para chegar às suas propriedades como para passeios. As regras da etiqueta exigem que os donos se cumprimentem quando se veem fora de casa, mas eles não se sentem à vontade para adentrar terrenos alheios sem um ritual de reconhecimento. Esse ritual é, contudo, menos formal e elaborado do que quando se entra nas casas".

Ora, *mutatis mutandis*, as observações do sociólogo podem ser feitas a propósito de condutas humanas, diante de sua vizinhança ou comunidade, em todas as cidades que conheço. Num condomínio em Cotia, numa vila paulistana ou carioca, num loteamento baiano como Pedra do Sal, em Itapoã. Em graus variáveis, valem tanto para residências condominiais quanto para casas avulsas, desde que o bairro seja de fato um bairro, um bairro com vida de bairro, e não uma mera demarcação administrativa da prefeitura do município. Só numa situação-limite de quebra de padrões e normas comportamentais, repito, a propriedade é ignorada ou atropelada — e a casa alheia é invadida. O que significa que grades e muros não são somente físicos: trazem um substrato biológico. O enclave residencial contemporâneo, com guaritas e cercas elétricas para barrar, intimidar e afugentar os outros, representa uma perversão patológica disso. Mas, doenças sociais e individuais à parte, o certo é que, no âmbito humano, o território e a territorialidade, em torno do abrigo/moradia, são universais.

Lembrete 5

Nas palavras do arquiteto-urbanista Affonso Reidy, "a habitação é a célula mater da cidade e, como elemento fundamental de sua estrutura, deve estar sempre relacionada com os demais elementos que constituem o complexo urbano". Mais: se a casa (o abrigo construído, não o meramente encontrado) é o começo do urbanismo, o ponto de partida básico de toda cidade, não devemos permitir que ela se converta na expressão consumada, no lugar por excelência, da desigualdade e mesmo da crueldade social.

18.
QUE CASAS SÃO ESSAS?

É o que me pergunto mais e mais. Porque não é nada difícil reconhecer quando entramos em um apartamento arrumado segundo o olhar padronizado de um decorador profissional *clean*. O ar é inconfundível. Os móveis não fazem parte da história pessoal do morador. O *layout* remete a outras residências igualmente decoradas. Há um certo *déjà vu* na disposição das coisas, no visual mais ou menos estratificado do gosto moderno, com as paredes brancas, a mesa de vidro, a marquesa de couro claro, alguma cadeira à Marcel Breuer, o jogo marcado da iluminação, incidindo em ângulos previsíveis, supostamente confortáveis. Parece que estamos entrando não numa casa, mas na página de uma revista.

A assepsia decorativa organiza o cenário para a teatralização de condutas e gestos, em reuniões mais ou menos íntimas. Dá a impressão de que estamos sendo filmados ou fotografados a cada movimento ou iniciativa gestual. As pessoas que moram ali têm dinheiro para pagar o apartamento à vista, mas a verdade é que não sabem o que colocar dentro dele. Na dúvida — e como quase todos os de sua classificação social fazem isso —, contratam um profissional, um *expert* em "interiores". É garantia de um certo padrão de relativo "bom gosto", sim. Mas é, sobretudo, garantia de impessoalidade. De opção pelo *kitsch*, mesmo que num padrão menos analfabeto da "arte da felicidade". Estamos num apartamento, na antessala de um escritório ou na entrada de um quarto de hotel? A casa não chega a ser exatamente uma casa. Tem mais a ver com uma "locação", como se diz na gíria dos cineastas. Os moradores se demitem da coisa mais básica — e até bonita — que é a definição visual de suas próprias casas. Hesitam sobre a qualidade estética do que um dia chegaram a possuir. E sobre a do que desejam ter. É preciso convocar um especialista, alguém que entenda "tecnicamente" do assunto.

Mas, regra geral, decoradores não preparam casas. Montam "instalações". Um cenário ao gosto deles, sob o eterno argumento de que "é a cara de vocês". Não, dificilmente é a cara das pessoas que moram ali. A "instalação" falsifica, na raiz, a própria ideia de casa. O quadro que está na parede não diz respeito a ninguém. Não tem nada a ver com a pessoa que me recebe na sala e é proprietária daquele imóvel. As cozinhas são as mesmas, de apartamento a apartamento. São palcos espaçosos e claros, cheios de compartimentos. De talheres, louças e panelas ocultos em armários. Cozinhas feitas sob medida para quem não sabe — ou não gosta de — cozinhar. Tudo planejado e executado para o olhar, não para o fazer. Uma cozinheira de verdade acha essas *kitchens* totalmente disfuncionais, impraticáveis para a feitura de um sarapatel, uma quiabada, uma feijoada, uma moqueca ou mesmo um *strogonoff*. Cozinhar, ali, parece um pecado. Algo que vai macular a brancura, expor o que está guardado, trazer aromas impuros. A assepsia é hospitalar e, quase sempre, *nouveau riche*. Coisa de quem já não sabe comer relaxadamente, compra livros sobre vinhos, decora nomes de lojas e restaurantes em suas excursões pelo mundo, julga objetos por marcas e assinaturas.

É totalmente diferente de quando entro na casa nova de um amigo e ali reconheço coisas de suas casas anteriores. Vejo a poltrona, o abajur, a antiga edição dos sermões de Antonio Vieira, o aparelho de som que não funciona direito. Esta casa, sim, tem uma história. Seus moradores têm trajetórias próprias de vida, gostos irredutíveis, coisas reais. A teatralização (inevitável: somos todos atores) é mínima, o exibicionismo quase não existe, o estilo *nouveau riche* de falar das coisas do mundo é praticamente apagado — ou, ao menos, toma um rumo secundário, segue outro curso. Se estiver fazendo frio na varanda, posso novamente tomar de empréstimo o agasalho que já me foi emprestado antes. A sensação é de uma intimidade mais genuína, acolhedora, de um agradável conforto familiar, de aconchego. Me sinto bem, me sinto em casa. Esta casa não é aquela mesma casa de dez anos atrás, a cidade é outra, ganhamos algum dinheiro, as crianças cresceram, o mundo mudou. Mas aqui estão, à nossa volta, signos, lembranças, coisas de tudo isso. Nada de *tabula rasa*, de vazio total preenchido por cenografia decorativista — coisa de quem não percebe a folhagem nos bosques, nem a água no meio de um rio cheio.

19.
MULHERES DA RUA

Historicamente, as mulheres viveram as cidades em outros planos e dimensões, que não os da objetividade construtiva da arquitetura e do urbanismo. Além disso, o modo como a mulher existe e se move na cidade é obviamente diverso do modo masculino de ser e se conduzir no espaço urbano. E não digo isso em termos vagos, ainda que verdadeiros, no sentido de que são distintos os modos masculino e feminino de lidar com o mundo. Esta conversa pode ser mais objetiva. As mulheres sempre se plantaram e se moveram, no espaço urbano, de forma diferente da maneira dos homens. Não são somente as classes ou os grupos sociais que existem de modo específico na cidade. Os sexos, também. Mas mesmo os sexos são sociologizáveis. E mais: as condutas, dentro de um mesmo sexo, não são separáveis da localização da pessoa num determinado ponto da hierarquia social, ainda que para tentar apagar ou negar esta condição de classe.

Vemos isso, de modo muito claro, na história urbana das mulheres no Brasil. É lugar-comum, entre os estudiosos, a afirmação de que as mulheres brasileiras, durante séculos, viveram isoladas, encerradas no recinto de suas casas. "A dona de casa que saísse para fazer compras corria o risco de ser confundida com uma prostituta", escreve Frédéric Mauro, em *O Brasil no Tempo de Dom Pedro II*. Mas observações sobre o enclausuramento feminino, no Brasil colonial e mesmo imperial, aplicam-se somente aos círculos da elite econômica, social e política. Se a regra, para as mulheres ricas, era a indolência, a inatividade propiciada pelas mucamas ou pelos escravos, a regra, para as mulheres pobres, andava bem longe disso. Elas eram obrigadas a batalhar, quando escravas, para tentar comprar a própria alforria e, já libertas, para se sustentar e à sua família. É certo que algumas negras se tornaram senhoras de casarões onde tinham vivido como escravas. Mas não estava aí o comum da vida na sociedade escravista brasileira. Ali, as brancas ricas, com raríssimas exceções, viviam praticamente enclausuradas. As mulheres do povo, ao contrário, viviam na rua. Gastavam suas energias ao ar livre. Frequentavam mercados e chafarizes. E, aqui e ali, podiam se ver envolvidas em — e até, às vezes, comandar — iniciativas de alto relevo cultural.

Já em *Casa-Grande & Senzala*, Gilberto Freyre fala do "isolamento árabe" em que viviam as sinhás (principalmente, nos engenhos) e de sua "submissão muçulmana" aos maridos, "a quem se dirigiam sempre com medo, tratando-os de 'Senhor'". Ao passar do engenho para a cidade, da casa-grande para o sobrado, a realidade permanece praticamente inalterada, durante anos e anos. "O patriarcalismo brasileiro, vindo dos engenhos para os sobrados, não se entregou logo à rua; por muito tempo foram quase inimigos, o sobrado e a rua. E a maior luta foi travada em torno da mulher por quem a rua ansiava, mas a quem o *pater familias* do sobrado procurou conservar o mais possível trancada na camarinha", escreve o mesmo Freyre, em *Sobrados e Mucambos*. Sinhás e sinhazinhas continuaram trancafiadas, entregues aos "cafunés afrodisíacos" das mucamas — que, para Roger Bastide ("Psicanálise do Cafuné"), possuíam claro aspecto lesbiano. Ainda na expressão de Freyre, sobrados eram "quase-conventos". Para ele, o homem, no regime patriarcal, marca o mais claramente possível a diferença entre os sexos. O sexo forte e o sexo fraco nada teriam em comum. Sob a distinção aguda, a "raiz econômica: principalmente o desejo, dissimulado, é claro, de afastar-se a possível competição da mulher no domínio, econômico e político, exercido pelo homem sobre as sociedades de estrutura patriarcal". Mulheres deveriam ser antônimos de ação, iniciativa, energia. E nossa sociedade patriarcal gerou dois tipos femininos básicos: o da criatura "franzina, neurótica, sensual, religiosa, romântica" — e o da senhora gorda, prática e caseira. Ambas, longe do bulício das ruas. É claro que houve exceções — mas exceções são exceções. O comum, mesmo dentro de casa, era que a mulher nem sequer aparecesse quando houvesse visitas de estranhos — sumiço feminino que só começou a ser superado no Rio de Janeiro, no tempo da Corte.

Escrevendo em 1807 — em resposta a um questionário do Conde da Ponte, então governador da província, sobre as razões do retardamento econômico da Bahia —, Rodrigues de Brito (*A Economia Brasileira no Alvorecer do Século XIX*), discípulo de Adam Smith, surpreende ao apontar pioneiramente, entre os fatores do nosso atraso, "a reclusão do sexo feminino". Defende ele a introdução, em nosso meio, "dos costumes das nações mais civilizadas da Europa, onde o belo sexo se ocupa em vender nas lojas e no exercício de todas as artes". Acha que isto duplicaria "a soma das riquezas anualmente produzidas" — "e eu ouso crer que as suas [das mulheres] virtudes não perderiam nada na livre comunicação e trato civil dos homens; antes a maior independência, em que ficariam a respeito deles, as preservaria dos perigos, a que expõe a necessidade. Além disto o hábito do trabalho ativo lhes daria uma constituição mais vigorosa e animada; pois vejo a maior parte das senhoras definhar em moléstias nervosas, procedidas da inação e enjoo, em que vivem". Para incrementar a comunicação intersexual, Brito reivindica, ainda, a implantação de um passeio público e o fim do muxarabis, que herdamos da arquitetura árabe. No seu entender, os muxarabis "obstam à civilização, escondendo o belo sexo ao masculino, para aparecer a furto sempre envergonhado. A destruição deste esconderijo mourisco poria as senhoras na precisão de vestir-se melhor para chegarem às janelas, a satisfazer a natural curiosidade de ver e serem vistas, e assim familiarizando-se com o sexo masculino, não olhariam como virtude o insocial recolhimento, que as faz evitar os homens, como a excomungados".

O problema não estava nos muxarabis, é claro, mas na dominação patriarcal. (Até porque a coisa podia ser vista de outro ângulo. Nas *Memórias de um Sargento de Milícias*, por exemplo, Manuel Antônio de Almeida escreveu: "A mantilha para as mulheres estava na razão das rótulas para as casas: eram o observatório da vida alheia".) E as mentalidades ainda demorariam a mudar. Freyre: "O tipo mais comum de mulher brasileira durante o Império [...]. Muito boa, muito generosa, muito devota, mas só se sentindo feliz entre os parentes, os íntimos, as mucamas, os moleques, os santos de seu oratório [...] desinteressando-se dos negócios e dos amigos políticos do marido, mesmo quando convidada a participar de suas conversas. Quando muito chegando às margens sentimentais do patriotismo e da literatura. Alheia ao mundo que não fosse o dominado pela casa [...]. Ignorando que houvesse Pátria, Império, Literatura e até Rua, Cidade, Praça". E mais: "Nunca numa sociedade aparentemente europeia, os homens foram tão sós no seu esforço, como os nossos no tempo do Império; nem tão unilaterais na sua obra política, literária, científica".

O quadro era outro com a ausência do homem. O absenteísmo masculino, em diversas partes do mundo americano, não só deixou o terreno livre para as mulheres, como, em muitos casos, favoreceu a preservação de formas culturais que, de outro modo, poderiam ter sido varridas mais cedo de nossos mapas antropológicos. Em *Mulheres no Caminho da Prata*, ao falar da vida em Assunção do Paraguai no século XVI (a cidade foi fundada em agosto de 1537, uma dúzia de anos antes da fundação da Cidade da Bahia por Thomé de Sousa), Jorge Caldeira faz a seguinte observação sobre a movimentação daquelas assuncenhas de ascendência guarani: "Aqueles que se diziam conquistadores espanhóis falavam guarani em casa, com suas mulheres educadas para controlar o trabalho nas roças e a distribuição dos produtos para os membros da família e o comércio. Com maridos que viajavam por anos a fio, elas tinham tempo de sobra para educar os filhos nas tradições que conheciam e, levando consigo as crianças, visitar seus parentes nas tabas. Seus filhos aprendiam a andar no mato, a tomar banho de rio e a viver em liberdade, ouvindo os mitos, conhecendo as ervas, brincando com as irmãs e os irmãos índios". É evidente que aí está uma das raízes centrais do processo que fez do Paraguai uma nação sincrética bilíngue — e o papel das mulheres, nesse caso, foi fundamental. Mas tratava-se de uma situação na qual, com a distância duradoura do macho, a assimetria sexual se achava suspensa. Quando não havia absenteísmo masculino, as mulheres da elite dominante e dirigente eram criaturas descoloridas e submissas, vegetando em espaços domésticos.

Temos exemplos dessa projeção feminina, no espaço aberto pelo vazio de gênero, na antiga sociedade colonial brasileira. Citam-se, entre outros, casos como o de Ana de Holanda, senhora de engenho em Pernambuco (seu engenho, a Casa Forte, deu nome ao atual bairro do Recife), personalidade ainda hoje polêmica e de vida sexual bastante animada (casou-se algumas vezes e, entre os seus amantes, os historiadores costumam listar os nomes do conde Maurício de Nassau, de Vidal de Negreiros e de Francisco Duchs). O de Ana Sutil, proprietária de engenho de açúcar no litoral da Bahia, no século XVIII. O da comerciante, latifundiária e líder política maranhense Ana Jansen, senhora de muitas fazendas e escravos ("a maior proprietária de negros do Maranhão"). O de Úrsula Luiza de Montserrate, que fundou, construiu e dirigiu o Convento das Ursulinas das Mercês, na Bahia, na primeira metade do século XVIII, considerado "o maior centro de formação da vida religiosa feminina" no Brasil Colônia. O de Brites de Carvalho, dona de sesmaria na região do Rio Real, pioneira no avanço lusitano sobre os grupos indígenas e as terras cobiçadas de Sergipe. Etc. Mas são exceções. A regra, no segmento que ocupava o lugar superior na hierarquia social brasileira, era outra. Em vez de mulheres em ação, o que tínhamos eram fêmeas encolhidas e recolhidas, como que fugindo sempre da luz do sol e até dos cômodos menos privados de suas próprias moradias.

Mas é também evidente que as mulheres da classe dominante não foram apenas fantasmas equivocados entre as paredes grossas das casas-grandes. Freyre sublinha o papel da mulher-matrix em nossa formação. Diz que é impossível imaginar a casa-grande, "centro da nossa integração", sem ela. E que "essas iaiás foram sempre as estabilizadoras da civilização europeia no Brasil". Ok. Não poderia ser igual o estilo de vida em um espaço dominado por um homem casado com sua matrona portuguesa e num lugar onde vivesse um homem solteiro ou amasiado com alguma índia ou cabocla da terra, isto é, com mulher extraeuropeia, regida por outros códigos de cultura. Sabemos, de fato, o que isto significa. Nos termos de Freyre, aquelas mulheres portuguesas, quase sempre gordas e ignorantes, deram maior "dignidade moral" (não acredito que seja esta a expressão: com ou sem elas, casas-grandes nunca deixaram de ser, no dizer do mesmo Freyre, "antros de perdição", com usos e abusos sexuais de todo tipo) e conforto físico à moradia, além de maior estabilidade à vida doméstica. Podemos substituir palavras e conceitos, mas entendo o que Freyre quer dizer. "Em São Vicente, no Recôncavo da Bahia, em Pernambuco — os pontos de colonização portuguesa do Brasil que mais rapidamente se policiaram — a presença da mulher europeia é que tornou possível a aristocratização da vida e da casa. E, com esta, a relativa estabilização de uma economia que, tendo sido patriarcal nos seus principais característicos, não deixou de ter alguma coisa de 'matriarcal': o maternalismo criador que desde o primeiro século de colonização reponta como um dos traços característicos da formação do Brasil."

Ok, repito: ainda hoje, a casa de gente solteira e a casa de gente casada mostram essa diferença, como se o primeiro tipo pudesse sugerir uma espécie de casa pela metade, por assim dizer, geralmente mais instável, desimpedida e disponível. Mais livre, mesmo. Ou mais entregue às desarrumações, mais aberta ao imprevisto e ao acaso. Principalmente, claro, as casas dos homens — que as mulheres, mesmo solteiras e até desgarradas de qualquer organização familiar, costumam ter uma noção mais forte de ordem caseira e conforto doméstico. Mas, voltando ao tema específico, Freyre não convence ao afirmar que aquelas matronas lusas definiram um estilo de vida doméstico entre nós. Salvo raríssimas exceções, o fato é que elas nunca definiram nada. Eram servas de seus senhores até no consumo de sobremesas. Freyre pisa terreno mais firme quando diz que as senhoras (de casas-grandes e de sobrados), ociosas, submissas e isoladas, quase que só tinham permissão para uma coisa: "inventar comida". E isto elas fizeram, dedicando-se às "artes domésticas", introduzindo produtos nativos dos trópicos em modos produtivos europeus, sincretismos culinários se manifestando em doces, conservas, geleias, licores, etc. Tudo bem. Mas o que importa sublinhar aqui, de nosso ponto de vista, é que foi múltiplo de zero o peso dessas mulheres em nossa vida extradoméstica.

Mas enquanto as mulheres brancomestiças da elite se fechavam em suas casas — principalmente, ao longo dos séculos XVII e XVIII (já que mudanças nesse quadro principiam a se tornar visíveis no século XIX, com fêmeas ricas frequentando teatros, festas e os bailes de máscaras, como vemos já nos primeiros romances de Machado de Assis) —, bem outra era a vida de pretas, mulatas e mesmo brancas, mas todas pobres, respirando o ar das ruas e praças das cidades, que ocupavam com seus risos e afazeres, em movimento tão colorido quanto incessante. Em *A Bahia no Século XVIII*, Luiz Vilhena fala, por exemplo, das quitandas (palavra de origem banta) de Salvador, "nas quais se juntam muitas negras a vender tudo o que trazem", de peixes a hortaliças e "carne meio assada". Fala das "negras regateiras", negras-do-ganho ou ganhadeiras — vendedoras ambulantes, tanto cativas quanto libertas, as primeiras trabalhando para suas senhoras. "Não deixa de ser digno de reparo o ver que das casas mais opulentas desta cidade, onde andam os contratos e negociações de maior porte, saem oito, dez e mais negros a vender pelas ruas a pregão as cousas mais insignificantes e vis", escreve o preconceituoso Vilhena, referindo-se a todo um "catálogo de viandas tediosas", que incluía caruru, vatapá, feijão de coco e acarajé. Fala, ainda, das aguadeiras, das negras que trabalhavam carregando água das fontes, dos chafarizes. Além do trabalho, a festa. O mesmo Vilhena se manifesta contra o fato de que "pelas ruas e terreiros da cidade façam multidões de negros, de um e outro sexo, os seus batuques bárbaros, a toque de muitos e horrorosos atabaques, dançando desonestamente e cantando canções gentílicas".

Não era diferente o que se via na moldura de outras cidades brasileiras. Em núcleos urbanos de Minas Gerais, por exemplo, e no mesmo século XVIII, como nos mostra Luciano Figueiredo, em *O Avesso da Memória*. Lembra ele que ali, como em outras regiões da América Portuguesa, o pequeno comércio era atividade essencialmente feminina, "envolvendo mulheres pobres de variada cor", na função de vendeiras ou de "negras de tabuleiro": "Minas Gerais não seria a única região do Brasil colonial em que mulheres encarregavam-se do abastecimento de gêneros básicos às populações urbanas, preferencialmente através do comércio a varejo. Luís Mott ["Subsídios à História do Pequeno Comércio no Brasil"] fornece amplo panorama do pequeno comércio nos principais núcleos urbanos da América Portuguesa, no qual evidencia-se a maciça ocupação feminina, sejam livres, forras, escravas de qualquer cor, inclusive brancas, em atividades comerciais, primordialmente na função de vendedoras ambulantes". Outras sobreviviam do pequeno artesanato doméstico. Mas o que importa sublinhar é que, em nenhum dos casos, a rua era inimiga, espaço a ser evitado. E que, além de lugar de trabalho, ela se abria igualmente para a diversão e a festa. O que não quer dizer que, muitas vezes, mulheres pobres não sofressem o diabo na mão de seus homens, fossem eles maridos, amantes ou achados ocasionais. Estou apenas apontando para o fato de que elas circulavam pelos espaços públicos e tinham um repertório mais rico de relações sociais do que as senhoras dos sobrados.

Enfim, enquanto sinhás e sinhazinhas eram obrigadas a cultivar a reclusão e a indolência, não projetando o seu olhar para além do âmbito estreito da casa e da família, vamos encontrar mulheres menos abastadas e mesmo pobres, quase sempre pretas e mulatas, engajadas em iniciativas e movimentos de relevo, em dimensões políticas e culturais. Concordo por isso mesmo com Freyre, quando ele diz que "foi no escravo negro que mais ostensivamente desabrochou no Brasil o sentido de solidariedade mais largo que o de família". No caso das mulheres, logo nos vem à mente a figura hoje algo lendária de Luiza Mahin, que se envolveu em conspirações e movimentações dos negros malês, com revoltas urbanas violentas e mesmo sanguinárias na Bahia, durante as primeiras décadas do século XIX — levando a elite senhorial baiana a temer que se produzisse, na província, uma chacina racial nos moldes da que tinha acontecido no Haiti. Mas nem é preciso pensar em desafios históricos maiores. Coisas pequenas também merecem destaque. Como o movimento das aguadeiras contra o guarda do chafariz do Terreiro de Jesus, em Salvador, no ano de 1871. O fato foi notícia em O Alabama, jornal "crítico e chistoso" que circulou durante anos na capital baiana, na segunda metade do século XIX. É interessante. Pouco tempo depois da fundação de Salvador por Thomé de Sousa, o terreiro de Jesus (com esse nome que hoje mais sugere coisa do candomblé; terreiro de um pai de santo chamado Jesus) já aparecia como um dos principais pontos da cidade. Espaço de passagem, lugar de encontro e trabalho, onde todos comentavam tudo, era já referido em soneto por Gregório de Mattos, no século XVII, numa descrição da Cidade da Bahia:

> *A cada canto um grande conselheiro,*
> *Que nos quer governar cabana e vinha;*
> *Não sabem governar sua cozinha,*
> *E podem governar o mundo inteiro.*
>
> *Em cada porta um frequentado olheiro,*
> *Que a vida do vizinho e da vizinha*
> *Pesquisa, escuta, espreita e esquadrinha,*
> *Para levar à praça e ao Terreiro.*

E foi nesse Terreiro de Jesus, centro do fuxico colonial baiano, que as aguadeiras fizeram o seu movimento. Eram negras africanas que trabalhavam carregando água do chafariz do terreiro, a fim de vendê-la à sua clientela. No chafariz, ficava um guarda, funcionário da empresa que fornecia a água.

O guarda e as negras se desentenderam — segundo *O Alabama*, "pelas maneiras bruscas e impertinentes que [ele] usava para com elas". Veio a reação: as africanas se reuniram sob uma árvore do terreiro e decidiram não mais pegar água do chafariz, até que o guarda mudasse seu comportamento. O boicote funcionou. O guarda se viu não só obrigado a se desculpar, como a presentear as negras com duas garrafas de vinho. A propósito, em "Um Boicote de Africanas na Bahia do Século XIX", texto incluído no volume *Lessé Orixá*, Vivaldo da Costa Lima comentou: "É conhecida a atividade e a energia das mulheres nagôs no comércio e na liderança que exercem sobre grupos e categorias de produção como sobre os grupos familiares — a família parcial que se cristalizava na Bahia e a família religiosa dos grupos iniciáticos dos terreiros de candomblé. [...] Essas mulheres nagôs, enérgicas, conscientes de seu poder, sem dúvida limitado no sistema de escravismo, mas fortalecido com os mecanismos e estratégias simbólicos do princípio da senioridade, da genealogia reconhecida e da liderança religiosa, dominavam e influíam numa larga faixa de atividades produtivas. Vender águas às portas era uma delas. [...] Sabe-se, também, de libertas que mantinham suas incipientes empresas capitalistas, como proprietárias de jumentos que carregavam até quatro 'caçotes', barris de água, com escravos seus para enchê-los e fazer a distribuição pela freguesia costumeira". De certa forma, essas negras reproduziam, em nosso espaço social e urbano, comportamentos comuns em suas condutas nas cidades africanas de que elas ou seus antepassados imediatos tinham vindo. E não consta que nossas sinhás e sinhazinhas descendessem de qualquer tradição semelhante.

Além do campo mais propriamente produtivo ou político, em que vemos Luiza Mahin e as aguadeiras, mulheres negras e mestiças tiveram presença ainda mais forte no espaço religioso. Dos primeiros calundus de que temos alguma notícia no Brasil, parte deles era coisa de mulher. Em *O Candomblé da Barroquinha*, Renato da Silveira nos fornece informações sobre o assunto. Fala de calundus que nossas mulheres tiveram a coragem de abrir, em tempos escravistas, em tempos coloniais. Antes de mais nada, a definição: calundu "vem do quimbundo *kilundu*, derivado de *kulundûla* (herdar), 'alusão ao modo de transmissão'". Mas, também, pode ter vindo de *kalundu*, termo encontrável tanto em quicongo quanto em quimbundo, implicando a realização de um culto para os espíritos. O que interessa aqui, no entanto, é outra coisa. É tomar conhecimento de que, na passagem do século XVII para o XVIII, numa chácara nas vizinhanças da Vila de Rio Real, na Bahia, existia um templo desses. Era o calundu de uma escrava chamada Branca. Em Minas Gerais, nas cercanias de Sabará, primeira metade do século XVIII, havia o calundu de Luzia Pinta, que enfrentou um processo da Inquisição. Escreve Renato: "Suas festas eram reuniões 'com atabaques e cantos' na sala da casa de Luzia onde operavam percussionistas (tocando 'timbales' ou 'tabaques' pequenos, não sabemos quantos), duas mulheres angolanas, mais um africano de etnia ignorada. Nessas cerimônias sempre havia um público, o objetivo era justamente o contato com ele, a purificação da comunidade, cerimônias portanto abertas a todos, frequentadas por negros e por brancos".

Adiante, em inícios do século XIX, mulheres organizaram o primeiro terreiro de Ketu do Brasil, o Ilê Omi Axé Airá Intilê — matriz da qual nasceram os grandes terreiros jeje-nagôs da Bahia. Mais ou menos pela mesma época, formou-se a Casa das Minas, centro de culto dos voduns da gente jeje, em São Luís do Maranhão — assunto estudado por Nunes Pereira, em *A Casa das Minas: Culto dos Voduns Jeje no Maranhão*, e Sérgio Ferretti, em *Querebentan de Zomadonu: Etnografia da Casa das Minas*. À frente, uma mulher: a daomeana Nan Agontime. "Os fundadores [da Casa das Minas] foram negros africanos jejes trazidos como escravos para o Maranhão. Mãe Andresa [nochê do templo na primeira metade do século XX] disse a Nunes Pereira que quem assentou a casa foi 'contrabando', gente mina jeje vinda da África, que trouxe o peji consigo. No Brasil eram chamados de 'contrabando' os escravos desembarcados após 1831, ano da primeira lei que proibiu o tráfico negreiro e que foi violada por cerca de vinte anos. Pesquisa de Costa Eduardo [*The Negro in Northern Brazil: A Study in Acculturation*], complementada por Pierre Verger ["Le Culte des Voduns d'Abomey aurait-il été apporte à Saint-Louis de Maranhon par la Mère du Roi Ghézo?"], identificou, entre divindades cuatuadas na Casa das Minas, o nome de inúmeras pessoas da família real de Abomey, anteriores ao rei Adonzan (1797-1818), que pela primeira vez vendeu como escravos membros da família real [...] Verger conclui que o culto de antepassados da família real de Abomey foi estabelecido na Casa das Minas por Nan Agontime, viúva do rei Agongolo (1789-1797) e mãe do futuro rei Ghezo (1818-1859), que teria sido, com parte da família, vendida como escrava para o Brasil."

E não seria caso único de realeza escravizada assumindo, aqui, o comando de operações culturais, religiosas, através das mulheres. Temos, entre outros, o exemplo de Otampê Ojarô, da família real de Ketu, fundando um terreiro de candomblé na Bahia, o Alaketu.

20.
O SAGRADO NA CIDADE

Alguns de nossos primeiros centros de culto de origem africana, os calundus, nasceram no campo, ou na periferia de focos citadinos. Mas isso não nos deve conduzir a equívocos sobre o caráter do candomblé. Os antigos cultos de origem banta podem ter sido, forçosamente até, uma realidade inicialmente rural. Mas existiam também nas cidades que se formavam recebendo levas de negros escravizados. Gregório de Mattos já falava da feitiçaria banta nos calundus da Cidade da Bahia. E, quando ele inclui o calundu entre os traços distintivos da vida sociocultural na Salvador seiscentista, fica imediatamente clara a importância que o culto assumira já, na então capital do Brasil. Gregório registra explicitamente que tais pontos do culto candomblezeiro (provavelmente, ainda não *terreiros*; "quilombos" é a expressão que ele usa) eram frequentados por um número razoável de pessoas de ambos os sexos — e por homossexuais, "mil sujeitos femininos". E não eram somente pretos os que se entregavam a tais práticas e ritos. Gregório fala de mestiços e brancos recorrendo igualmente a bruxos e batuques.

Não sei se houve algum tipo de retração, de recuo ante ações repressivas, mas o que temos, para o século XVIII, em meio aos estudiosos do assunto, são visões de pequenos templos ou templos incipientes. De formas predominantemente domésticas de culto, apesar da referência de Vilhena aos numerosos batuques de pretos e pretas. De qualquer sorte, o processo é fascinante, porque pretos e negromestiços, basicamente escravos, vão ocupando e ressemantizando pequenos pedaços da cidade. Vão investindo de novos significados (e mesmo sacralizando) segmentos do corpo físico citadino. Vão transfigurando as senzalas urbanas dos sobrados coloniais, a partir do momento em que cultuam ou reinventam deuses e ritos. Promove-se, assim, uma "espantosa transformação simbólica dos pequenos espaços urbanos ocupados pelos escravos, nos solares, nos porões dos sobrados em que viviam seus senhores", escreve Vivaldo da Costa Lima, em "O Candomblé no Centro Histórico" (de Salvador), acrescentando: "Eis a transformação simbólica das lojas, das sobrelojas, dos porões dos velhos sobrados já centenários, ou dos fundos das casas baixas, onde um pequeno quintal, um pequeno pedaço de terra, de pouca terra livre, virava de repente o mato, a floresta ancestral, o próprio reino de Ossanhe recriado na Bahia. Era uma transformação fascinante essa em que, desprovido do seu mato, da sua floresta, das suas plantas, os negros, os escravos baianos, tentando recriar simbolicamente o seu espaço sagrado, faziam de um pequeno terreno, de um pequeno quintal de centro urbano, todo um repositório das formas simbólicas de seu sistema religioso". E o lugar das mulheres, nesse processo, foi nítido, forte e central.

O candomblé, por qualquer ângulo que se olhe, foi e é uma religião essencialmente urbana. De acordo com Renato da Silveira, foi sob o "manto benevolente" de uma confraria católica de pessoas pretas — a Irmandade do Senhor Bom Jesus dos Martírios, instalada na Igreja de Nossa Senhora da Barroquinha, em Salvador — que surgiu nosso primeiro terreiro nagô-iorubá, sintomaticamente implantado em área contígua ao templo cristão. A história é cheia de versões e meandros, incluindo uma viagem a Ketu com finalidade ritualística, necessária à implantação do axé da Barroquinha, que evoluiria para "um grande acordo político reunindo os nagô-iorubás da Bahia, sob a liderança dos partidários do Oxóssi de Ketu e do Xangô de Oió". No centro das movimentações, mulheres — as enérgicas e voluntariosas mulheres iorubanas, de que fala Pierre Verger em seu *Orixás*, citando nomes (ou títulos) como os de Iyá Adetá, Iyanassô Oká e Iyá Akalá. E elas agiram, fundamentalmente, no centro, no miolo mesmo da cidade. Costa Lima lembra que o primeiro censo nacional de 1870 mostrava a cidade de Salvador com quase 130 mil habitantes, 66% dos quais eram negros, escravos e libertos. "Os negros se espalhavam por toda a cidade, que era deles, e permeavam toda ela. Mas foi certamente a trama cerrada destas ruas estreitas [do atual centro histórico], destas praças de muitas confluências e de intensa comunicação social, o que favoreceu a emergência das casas de culto das religiões africanas." Desse modo, se é verdade que o calundu começou como manifestação principalmente rural (o que não me parece assim tão provável), somente a partir do final do século XIX terreiros começaram a deixar o centro urbano de Salvador, em direção a áreas periféricas ou semiperiféricas, buscando realizar seus ritos de maneira mais protegida, com maior privacidade, até mesmo como forma de se ver livre da repressão policial.

Mas, mesmo com a implantação de terreiros de candomblé na periferia da cidade, locais de culto continuaram operando no centro histórico de Salvador. Basta consultar o jornal *O Alabama*, que combatia sem descanso as expressões cultuais de extração negroafricana. Veja-se, por exemplo, a seguinte nota, apontando para a execução de práticas mágicas no belo prédio tombado a que hoje tratamos como Solar do Ferrão: "Ao senhor subdelegado da Sé, chamando a atenção de sua senhoria para um candomblé no Maciel de Baixo, numa das lojas do sobrado do Sr. Paranhos, do qual candomblé é papai um preto de nome Jebu, o qual encuca-se por grande mestre de deitar e tirar diabos, dar ventura, curar feitiços, para o que reúne ali nos domingos grande número de pessoas de toda qualidade". O *Alabama* veicula, na verdade, diversas informações sobre a vida candomblezeira no centro antigo da Cidade da Bahia, na segunda metade do século XIX. Faz referência a um ritual como o axexê. Noticia a existência de vodunces, que é como são chamadas as mulheres iniciadas no candomblé jeje, que funcionava na casa de uma africana de nome Clara, no Largo de São Miguel. Vale dizer, centros de culto continuaram funcionando — e personalidades centrais do mundo candomblezeiro continuaram morando — no centro antigo de Salvador, ao longo do século XIX e mesmo no século XX. Como Marcelina Obá Tossi, mãe de santo do terreiro da Casa Branca; o babalaô Martiniano Eliseu do Bonfim (Ojé Ladê), que morou na descida do Taboão, perto do Caminho Novo; as ialorixás Pulquéria e Menininha do Gantois, que foi concorrida vendedora de doces no centro histórico, morando num sobrado da Rua do Açouguinho e, mais tarde, em frente ao Cruzeiro de São Francisco; etc. Naquela época, de resto, a Rua das Laranjeiras, no centro histórico da capital baiana, era lugar de concentração de nagôs.

Mas o fato é que as casas de culto foram se deslocando algo gradualmente do centro antigo, do cerne da cidade. Não houve uma revoada geral, abrupta, com todos os candomblezeiros se retirando do núcleo histórico de Salvador, trocando o centro por "roças" mais afastadas, situadas em vales ou colinas relativamente distantes da velha mancha matriz e de suas primeiras extensões, em direção ao Pelourinho, à Cidade Baixa ou a Santo Antônio Além do Carmo, Soledade e Lapinha. Em "roças" às vezes de fato então distantes, como a de São Gonçalo do Retiro, onde Aninha (Obá Biyi) implantou seu terreiro, o Axé do Opô Afonjá, em 1910. Ainda Vivaldo da Costa Lima: "[...] a mudança não foi total, nem todo mundo se mudou daqui [do centro histórico]. Velhos africanos e libertos quiseram continuar aqui e, mesmo quando alugavam suas roças, moravam ainda aqui, e iam às roças para as obrigações. Faziam as obrigações, mas continuavam morando na cidade. A exemplificação disso está bastante documentada em toda a literatura etnográfica sobre o candomblé da Bahia, de Nina Rodrigues aos contemporâneos". Nina, aliás, que sempre chama a nossa atenção para a "fitolatria nagô", já registrava o rarear de plantas sagradas no centro antigo, quando escreve: "*Iroco*, a grande gameleira das folhas largas, é notável pelo culto popular que a cerca. Nas estradas e nas matas encontram-se frequentemente quartinhas de água em torno dos troncos. No centro desta cidade se vão tornando raros os *Irocos*. Os mais próximos são os dos caminhos do Retiro e do Rio Vermelho. Em tempo foram afamados o do Politeama, o do Campo da Pólvora, o do Garcia, etc.".

Apesar do deslocamento geográfico e do uso do termo "roça" como sinônimo de terreiro (na minha adolescência, antes do predomínio da ideologia da pureza africana dos terreiros, não dizíamos "ir ao Opô Afonjá", mas "ir à roça"), podemos dizer, como disse, que o candomblé é uma religião essencialmente urbana, fruto do circuito de encontros e trocas desses centros semióticos que são as cidades. Foi atrás da Igreja da Barroquinha que se formou o Omi Axé Airá Intilê. Foi no centro histórico de Salvador que nasceu e viveu a hoje quase mítica ialorixá Aninha. E volto, mais uma vez, a Vivaldo da Costa Lima: "[...] falarei de uma extraordinária figura dos candomblés da Bahia, cuja história de vida permeia estas ruas e estes largos do centro antigo, pois que aqui ela nasceu, na freguesia de Santo Antonio Além do Carmo, e aqui, por muitos anos, morou, bem ali no Largo do Pelourinho, em casa contígua à Igreja de Nossa Senhora do Rosário, igreja de onde, na tarde de 4 de janeiro de 1938, sairia o seu enterro. Falarei, assim, da grande ialorixá Eugênia Ana dos Santos, Aninha... Levantando o quadro de sua vida admirável, vamos perceber como toda ela foi marcada pela ambiência e pela dinâmica da cidade, centro de poder e decisão, cidade onde Aninha, menina, aprendeu, com africanos e libertos, que era também um reduto combativo e resistente".

Cabe, aqui, uma digressão. Com relação à Bahia, principalmente, a fim de enfatizar o lugar de destaque que as mulheres sempre tiveram ali. De fato, podemos falar de um forte *matrifocalismo* existente na organização doméstica da velha sociedade baiana e de uma tendência matriarcal se espraiando dos terreiros de candomblé para o conjunto daquela mesma sociedade. Em suas observações sobre a vida antilhana, no texto "La Organización Social de las Antillas", Jean Benoist diz coisas que são aplicáveis à realidade baiana. Ele sublinha, na vida familiar do arquipélago, a coexistência do modelo da família nuclear, unida pelo matrimônio, e de outro modelo menos estável, encontrável sobretudo em meio às camadas populares. Neste segundo modelo, vê-se uma frágil coesão da unidade habitacional, a instabilidade das uniões e a poliginia aceita sem maiores problemas. Ainda Benoist: "Nestas condições, frente à norma expressa que é o matrimônio, se desenvolve uma constelação de comportamentos centrados na família 'matrifocal'. Orientada em torno da mulher ou, dito com maior exatidão, em torno do eixo mãe-filho, o lugar matrifocal pode oferecer composições distintas, mas só este eixo permanece estável". A importância do marido-pai, na organização doméstica, é muitas vezes menor do que a da parentela. Mas o importante é que a instabilidade das relações, em oposição à firmeza do eixo mãe-filho, faz da mulher-mãe a personagem central da casa (o grau em que se realiza a matrifocalidade é obviamente variável). E é natural que esta preponderância da figura da mulher-mãe, eco da vida doméstica dos negromestiços no sistema escravista, se estenda a outras dimensões da vida social e cultural. Penso que a presença nítida da mãe, na poesia de Caymmi, por exemplo, deve ser lida nesse contexto. Contando ainda que o fenômeno é reforçado, na Bahia, pelo predomínio feminino na vida candomblezeira, embora sempre um pequeno contingente de homens, geralmente homossexuais, se apresente com o título de babalorixá.

Tome-se o caso de Menininha do Gantois, por exemplo. Menininha pertence a uma linhagem de mulheres ilustres da Bahia. Integra o elenco das ialorixás, das ialaxés, as grandes mães de santo. Em 1938, numa temporada de estudos baianos que resultou no livro *Cidade das Mulheres*, a antropóloga Ruth Landes perguntou ao também antropólogo Édison Carneiro: "Não é pouco comum que uma mulher chegue à notabilidade no Brasil?". Resposta de Édison Carneiro: "Não na Bahia, não no mundo do candomblé". Em outra ocasião, ouvindo Carneiro se referir a um "complexo de inferioridade" de um pai de santo, pediu explicações. Carneiro: "É um homem... num mundo dominado por mulheres". Um pensador como Nestor Duarte, na época estudando a história da mulher negra no Brasil, andava impressionado com a independência e a coragem das pretas. Duarte via, na projeção feminina no candomblé, um fator de equilíbrio, a contrabalançar a preponderância dos homens na vida secular. Duarte a Ruth Landes: "Essa espécie de mulher tem vivido com independência por tanto tempo... que não consigo imaginá-la dependente e trancada em casa, ainda que se eleve à classe média". Antes que esposa de fulano, a sacerdotisa do candomblé é uma intermediária entre os seres humanos e os deuses. Há uma conversa curiosa entre Ruth e Édison sobre o assunto. Ruth perguntou a ele sobre os maridos das mulheres do candomblé. "Maridos? Não há muitos, e de qualquer modo não são de confiança", respondeu Édison.

Ruth concluiu então que Menininha do Gantois não tinha se casado legalmente com Álvaro MacDowell pelas mesmas razões por que as outras iás não se casavam: "Teria perdido muito. De acordo com as leis daquele país católico e latino, a esposa deve submeter-se inteiramente à autoridade do marido. Quão inconcebível é isto com as crenças e a organização do candomblé! Quão inconcebível para a dominadora autoridade feminina!". Aquelas mulheres não foram treinadas para ser apêndices dos homens. O casamento não está entre os seus objetivos supremos. A ialorixá não é uma doméstica abnegada, não é assimilável ao estereótipo da "rainha do lar". Ela é "mãe" de uma comunidade, não de uma família nuclear. Seu território não é a casa, mas o terreiro, a comunidade, o *egbé*. E esse território se expande em várias direções. Ruth Landes percebeu corretamente que o mundo do candomblé era (e é) uma espécie de enclave matriarcal (não raro, lesbiano, ou, ao menos, bissexual) numa sociedade patriarcal. O fato poderia não ter maior importância numa sociedade mais materialista, mas a religião está presente nos menores aspectos do cotidiano baiano. Assim, a ialorixá nunca é mulher subjugada ou marginalizada. É respeitada e venerada. E esta projeção feminina se reflete sugestivamente no linguajar dos baianos: uma dona de casa *tem* filhos — uma ialorixá *faz* filhos. A mulher comum, esposa e mãe, pode ter sido feita para seguir o marido, obedecê-lo, caminhar à sua sombra. A mulher que se entrega aos deuses, não. Ela é filha de um poder maior. Vale dizer, a ideologia do candomblé, com relação às ialorixás, vai de encontro à dominação masculina que se configurou com o patriarcalismo escravista brasileiro.

Mas voltemos ao nosso tema, às relações entre candomblé e cidade. Em síntese, é certo dizer o seguinte: as formas de relacionamento de bantos e iorubanos com a esfera do sagrado podem ter nascido, na África, no âmbito da vida aldeã e campestre, mas, na própria África, foram reinar nas cidades, com Exu se firmando como o orixá dos mercados — e sua reconfiguração ou seu redimensionamento, no Brasil, foi coisa fundamentalmente urbana. Afolabi Ojo, em *Yoruba Culture: A Geographical Analysis*, frisa que o alto grau de urbanização da Iorubalândia não encontrava paralelo em toda a África Tropical. E não nos esqueçamos da afirmação de William Bascom, em *The Yoruba of Southwestern Nigeria*: a tradição de vida urbana dá aos iorubanos um lugar único não só entre as sociedades africanas, mas também entre os povos iletrados do mundo inteiro. No Brasil, nas cidades, jejes e nagôs (que não vieram para cá a fim de trabalhar em plantações ou na mineração) se moveram inteiramente à vontade. E se recriaram institucional e culturalmente. O terreiro, aliás, é uma invenção brasileira. Mais precisamente: uma invenção brasileira *urbana*. Como o frevo, por exemplo. Na África, entre os jejes e nagôs, cada deus era adorado numa determinada cidade, região ou reino, como Xangô em Oió, Oxóssi em Ketu ou Iemanjá em Abeokutá. No Brasil, sob o regime escravista, os diversos grupos jejes e nagôs foram compactados e, em resposta, eles agruparam também os seus orixás, criando assim o terreiro.

Em *Os Nagô e a Morte*, Juana Elbein sublinha: "O 'terreiro' concentra, num espaço geográfico limitado, os principais locais e as regiões onde se originaram e onde se praticam os cultos da religião tradicional africana. Os orixás cujos cultos estão disseminados nas diversas regiões da África Iorubá, adorados em vilas e cidades separadas e às vezes bastante distantes, são contidos no 'terreiro' nas diversas casas-templos, os ilê-orixá". Fenômeno tipicamente urbano, o terreiro vai promover, ainda, sua própria expansão citadina, irradiando-se para outras cidades. Com o Axé do Opô Afonjá, por exemplo, estendendo geograficamente seu raio de alcance, abrindo "filiais" no Rio de Janeiro e em São Paulo. Coisa que também acontecerá com casas do rito congo-angola.

21.
MARIA-FUMAÇA NO AXÉ

Não precisamos nos concentrar nos grandes centros urbanos do país, como o Rio e São Paulo, para constatar que o florescimento e os desenvolvimentos do candomblé estão vinculados à vida nas cidades — e à movimentação de bens simbólicos entre elas. É logo o que vemos, por exemplo, diante do xangô sergipano (como no Recife, candomblé em Sergipe é chamado *xangô*) e de suas relações com o complexo candomblezeiro da Bahia de Todos os Santos e seu Recôncavo, região que sempre apresentou fortíssimo grau de urbanização em meio aos seus muitos quilombos e canaviais. Tanto Felte Bezerra (não me lembro se em *Etnias Sergipanas* ou em outro livro) quanto Mário Cabral (*Roteiro de Aracaju*), escrevendo ambos na década de 1940, nos falam dos terreiros de Sergipe. Mais particularmente, de abacás do Aracaju. Cabral se refere a xangôs na Rua Porto da Folha, atrás do alto de Dona Bebé e da Caixa d'Água. Felte descreve um sincretíssimo xangô de Zeca, nas imediações da Atalaia Velha. E quando Cabral e Felte escreveram sobre o assunto, o mundo xangozeiro de Sergipe estava passando por uma grande transformação.

Beatriz Góis Dantas examinou o assunto, tanto no livro *Vovó Nagô e Papai Branco*, quanto no texto "Nanã de Aracaju: Trajetória de uma Mãe Plural". Beatriz assinala que o ritual da iniciação — popularmente chamado "feitorio de santo", em Sergipe — não era conhecido na região até pelo menos as primeiras décadas do século XX. Beatriz: "O segmento dos cultos de possessão aí existentes incluía os centros de espiritismo kardecista em fase de organização burocrática, preocupados em distinguir-se dos centros de sessão tidos como de baixo espiritismo e dos terreiros que, segundo o sistema de classificação dos próprios sacerdotes, eram designados como torés e nagôs. Estes últimos remetiam a uma herança africana trazida pelos escravos e repassada sobretudo para seus descendentes, enquanto o toré era visto como uma forma de culto trazida das aldeias dos índios, ou de alguma forma por eles influenciada. Nas duas formas de culto, a incorporação de fiéis prescindia do feitorio, como período de iniciação, incluindo reclusão, raspagem de cabeça, cortes no corpo, sacrifício de animais, etc., enfim, um conjunto de rituais descritos com detalhes sobretudo nos grandes candomblés nagôs baianos que, nesse aspecto, eram muito diferentes dos autodenominados terreiros nagôs de Sergipe. Nestes, os vínculos de sangue uniam uma parentela aos seus ancestrais e os orixás transmitiam-se por herança de família ou eram identificados por meio do jogo de búzios, sendo então o fiel submetido à 'confirmação' ou, no caso de não ter ascendência africana reconhecida, ao 'batismo', rituais que punham sua cabeça em contato com o orixá, prescindindo porém de reclusão, raspagem e cortes".

Exemplar, nesse sentido, é o terreiro de Santa Bárbara Virgem, na cidade candomblezeira de Laranjeiras, hoje dirigido por uma jovem, bonita, serena e lúcida pessoa, também chamada Bárbara, herdeira da força da finada Mãe Bilina. Nesse terreiro, ainda hoje predomina o parentesco, a ascendência negroafricana, a ênfase na família. Terreiro em que boa parte dos fiéis, que são pretos, herdaram de seus ascendentes o culto doméstico dos orixás, que zelam em altares montados dentro de casa — e onde o feitorio não é praticado. Esta diferença do Santa Bárbara Virgem é acentuada ainda, visualmente, na dimensão vestual, já que, nas festas e cerimônias, os fiéis que frequentam o terreiro usam roupas brancas, jamais coloridas. A inexistência do feitorio e o uso de roupas apenas brancas (orixá colorido é invenção de baiano, dizem os "nagôs" de Sergipe) são traços distintivos fundamentais. Ao contrário da antiga casa nagô de Laranjeiras, outros terreiros sergipanos adotaram a prática do feitorio. E a explicação é a seguinte. Entre as décadas de 1920 e 1940, pais de santo da Bahia começaram a desembarcar em terras de Sergipe. E levavam com eles a tradição do rito iniciático. "Baseando-se em depoimentos orais e enfrentando os riscos de estabelecer cronologias apenas com os recursos da memória, Oliveira [em *Candomblé Sergipano*] entrevistou velhos chefes de terreiro e resgatou histórias que remontam à década de 1920, momento em que teriam sido feitas as primeiras tentativas de expansão do candomblé de feitorio em Sergipe, movimento que se acentuou e teve sucesso a partir dos anos de 1930", relata Beatriz Góis Dantas, acrescentando que foi no contexto do processo de valorização de uma suposta "pureza" africana, que sublinhava a importância do feitorio, que esses pais de santo migraram para Sergipe.

Eram injeções simbólicas interurbanas, fluxo de cidades baianas como Salvador e Cachoeira para cidades de Sergipe. A mobilidade geográfica era então favorecida pela expansão ferroviária regional. E foi se expressar, logicamente, também no campo da vida religiosa — conexão entre o candomblé, a "maria-fumaça" e o xangô. O deslocamento do "povo de santo" da Bahia para Sergipe "era facilitado pelos trens da Leste Brasileiro, popularmente conhecidos como Maria Fumaça, que, passando pela periferia de Aracaju e em várias outras cidades sergipanas e baianas, transportavam mercadoria e gente. Gente que, às vezes, ia fazer-se no santo em Salvador, como a sergipana que Ruth Landes, no final da década de 1930, encontra no terreiro de Mãe Sabina, ou como os pais de santo que, com a parafernália ritual, dirigiam-se para Sergipe, a iniciar filhos na nação queto, no angola ou no ijexá. Essa novidade trazida pelos baianos — que fique registrado que eram todos eles homens —, com o prestígio atribuído ao que vinha de um centro maior e historicamente tido como reduto do candomblé, arrebanha entre os seguidores do toré e do nagô, já estabelecidos nas principais cidades sergipanas, adeptos e também ferrenhos opositores [...] Às distinções que já se colocavam no segmento dos cultos locais de possessão soma-se agora mais uma: os pais/mães de santo 'feitos' e os 'não feitos', surgindo assim um novo eixo de hierarquizações" (Beatriz). No polo oposto à postura de Bilina e à tradição do terreiro de Santa Bárbara Virgem, será então possível encontrar, em Aracaju, o Acabá de São Jorge — fundado e dirigido durante longos anos pela figura hoje quase lendária de Nanã de Aracaju —, terreiro que adotou o complexo iniciático de base jeje-nagô, o feitorio, como traço distintivo de autenticidade e prestígio, no mercado sergipano de bens simbólicos.

A história xangozeira de Nanã já se inicia com relação à Bahia. É uma narrativa xamânica. Possuída certa vez por uma entidade que a levou a esfaquear o próprio corpo, ela se recuperou dos cortes, mas continuou doente. Em busca de cura, foi parar em Cachoeira, à margem do Rio Paraguaçu, no Recôncavo Baiano. "Aí foi identificada a entidade que a fazia doente — Pai João —, que promete deixá-la boa sob a condição de que instale um centro para trabalhar. Não há registro do nome do pai de santo [ou mãe de santo, na terra não só de Catuaba, mas também de Maria Babá] que a atendeu em Cachoeira, nem do tempo que por lá ficou, mas voltou da Bahia curada e abriu um centro em Aracaju, fazendo sessões e trabalhando com Pai João e outras entidades". Mas ainda não tinha passado pelo ritual da iniciação. Mais tarde, Nanã se casou com um baiano ligado ao Bate-Folha, o grande e belo terreiro do culto congo-angola na Bahia, com sua mata cheia de bichos e os seus inquices. Conta-se que foi ele o mestre de Nanã nos ritos da "nação angola". Por essa época, finalmente, Nanã fez seu feitorio. Foi iniciada por Zeca do Pará, baiano de Alagoinhas, no abacá do Alto da Croa, no Aracaju. A partir daí, Nanã passou, ela mesma, a iniciar pessoas, fazendo uma legião de filhos de santo, que se espalharam por cidades de Sergipe e de outras partes do país.

Assim, "a genealogia religiosa de Nanã lhe dá como origem a Bahia, por meio de vários pais de santo de diferentes localidades como Salvador, Cachoeira e Alagoinhas, com os quais fez seu aprendizado do candomblé e se submeteu ao feitorio" (Beatriz). Além disso, eram frequentes as idas de Nanã a Salvador, onde ela obtinha os materiais necessários à prática litúrgica. Fala-se, aliás, que, numa dessas viagens, ela se encontrou com Menininha do Gantois, quando nenhuma das duas era ainda famosa.

22.
AS PRETAS DO PRATA

Com a clareza possível sobre a importância das mulheres das classes dominadas em nossos jogos urbanos, devemos nos lembrar de uma coisa. Esta história feminina bipartida — com as mulheres da elite e as mulheres do povo percorrendo, durante séculos, cursos radicalmente distintos — não se circunscreveu ao Brasil. Aconteceu, também, em outros lugares submetidos ao regime escravista. Como a Argentina, por exemplo. O problema é que, de um modo quase geral, as pessoas não costumam imaginar a presença de escravos ou libertos negros e negromestiços na vida argentina. Muitos argentinos, por sinal, se incomodam com o assunto. Em *Morenada: Una Historia de la Raza Africana en el Río de la Plata*, José Luis Lanuza escreveu que "nossos morenos [para os argentinos, como para nós, por muito tempo, pessoas de pele escura] quase não nos deixaram sequer sua recordação. Nossa história parece se comprazer em olvidá-los, em evitá-los".

No entanto, a Argentina se encheu de escravos africanos ou de ascendência africana (muito deles, comprados no Brasil), ao longo de séculos. E pretos e mulatos marcaram fundamente a história política, social e cultural do país. Lutaram bravamente (e morreram aos montes) na guerra da independência; na guerra contra os ingleses, quando Pantaleón Rivarola fixou em versos a figura do escravo Pablo Jiménez, um mulato; na guerra ao Paraguai de Solano López. Espalharam o *candombe* ou candomblé pelas províncias do país e estiveram na base e no cerne da criação do tango, hoje visto como uma espécie de *trademark* da alma argentina. Na época da ditadura de Rosas, ganharam enorme visibilidade. Mas acontece que, depois, praticamente desapareceram. Foram se reduzindo numericamente, em consequência do fim do tráfico escravista, dos morticínios das lutas da independência e da guerra do Paraguai e da devastadora epidemia de febre amarela de 1871. Além da redução brutal de sua presença na demografia do país, viram sua significância social e cultural se diluir com a impressionante maré migratória europeia que inundou a região. Muda, aqui, o papel de Buenos Aires. Se, no período colonial, a cidade fora o principal polo disseminador da negritude na Argentina, ela se tornou, entre os séculos XIX e XX, no polo difusor de uma nova *blanquedad*. Os argentinos fecharam os olhos ao seu passado negro, procuraram apagá-lo da memória coletiva e resolveram se assumir como a nação mais branca, mais europeia, das Américas. Daí, as palavras de Lanuza, tendo em vista pretos que se foram: "Agora que quase não existem, é bom recordá-los atravessando com passo candomblezeiro os arrabaldes da história". Entre eles, as pretas do Prata.

De acordo com o censo de 1776, Buenos Aires tinha cerca de 24 mil habitantes — e, destes, mais de 7 mil eram negros e mulatos. As milícias da cidade contavam com oito companhias de mulatos livres e três de infantaria de pretos também livres. Mas esta presença negromestiça não se resumia a Buenos Aires. Em Córdoba, a confraria do Rosário celebrava, com uma procissão, a festa de uma *Nuestra Señora de los Negros y Mulatos*, chamada popularmente a Virgem Mulata. Córdoba exibia, no século XVIII, "un compacto negrerío de servidumbre" — "uma multidão de rostos escuros, um pouco aclarados em mulatos e mulatas, rodeava as famílias brancas, que se autointitulavam 'a nobreza da cidade'" (Lanuza). Àquela altura, a música africana, ou de origem africana, já se espalhava pelo país, como acontecia nos EUA, no Caribe e no Brasil. Nas belas palavras de Lanuza: "Por qualquer lado onde [os negros] andem, o ar se povoa de estranhas percussões, ritmos apenas entendidos, que podem se transformar de pronto em movimentos. Toda a América se vai enchendo de seus ruídos e de seus gestos. Desde o Mississippi até o Rio da Prata. No centro das selvas e na orla das cidades. Em todas as partes ressoam seus instrumentos, trazidos de longe ou improvisados no continente novo. Soam as maracas e as marimbas nos candomblés". Os bailes proliferavam. Em Buenos Aires, as "pessoas de bem" se escandalizavam com o que consideravam a "obscenidade" das danças negras. Um cronista setecentista de Cuzco, Calixto Bustamente, observou, na mesma tecla de tantos relatos brasileiros: "suas danças se reduzem a menear a barriga e as cadeiras com muita desonestidade". E Lanuza: "Os negros transformavam tudo em dança. Pegavam no ar as músicas da moda e as adaptavam ao seu ritmo. Eram capazes de dançar até... o Hino Nacional Argentino!". E deviam fazê-lo com gosto, por sinal, já que se viam entre os grandes responsáveis pela independência do país.

Pretas e mulatas, lá como aqui, zanzavam pelas ruas. Pelos espaços públicos das cidades. Sabiam de tudo que se passava nas casas e nas ruas, nos bares e nas escolas, nas igrejas e nos bordéis. "Buenos Aires fervilha de indivíduos de sangue africano", escreve Lanuza, referindo-se às primeiras décadas do século XIX. Para acrescentar: "Uma verdadeira África em miniatura — já um pouco acrioulada — desliza com pés descalços pelo empedrado ou a terra das ruas". Distinguem-se aqui as mulheres — de cor e coloridas. Lanuza fala do "bullicioso negrerío" do mercado da Praça 25 de Maio. Das pretas e mulatas vendedoras e compradoras, conversando em voz alta. De negras pobres que passavam pelas ruas "recolhendo desperdícios", catando coisas jogadas fora por uma sociedade "abundante e despreocupada" — negras que recordavam, pela sujeira, as *achuradoras* (coletoras de vísceras) dos matadouros. Das *criadas de razón*, mulatinhas ou "morenitas" que seguiam levando recados de suas senhoras. E das lavadeiras que fumavam cachimbo na margem do rio, "*alborotada muchedumbre*", limpando a roupa branca dos portenhos.

"Ali, no mato, ajoelhadas junto aos riachos, esfregavam a roupa ou batiam nela com uma espécie de bastão, 'acompanhando seu trabalho — acrescenta Hudson [*Allá Lejos y Hace Tiempo*] — com a falação que é própria das negras, e que com seus gritos e gargalhadas me faziam lembrar o concerto de ruídos confusos que produz uma grande multidão de gaivotas, íbis, maçaricos, gansos e outras aves buliçosas de patas compridas, reunidas em algum lugar pantanoso'. Para se entreter nessa espécie de piquenique buliçoso que as negras celebravam o ano todo, sob o raio de sol do verão ou sob o frio cruel do inverno, acendiam uma fogueira de galhos para esquentar a caldeira do mate, fumavam seu cachimbo e descarregavam saraivadas de insultos sobre os jovens ociosos cuja grande diversão consistia em passear entre as rochas com ar distraído e pisotear a roupa recém-lavada. Esses insultos eram famosos, mas ainda mais o eram suas gargalhadas". E cantavam, "as margens do rio se enchiam de cantos africanos que já se perderam no vento" — "cada uma ao modo de sua nação" — e bailavam. Um cronista portenho, Wilde, observa que algumas famílias iam — uma que outra tarde de verão, uma que outra manhã de inverno — "sentar-se na grama, para tomar mate e saborear os chistes e gracejos das lavadeiras". Daí que Lanuza diga que vinha dos tempos coloniais o costume de "mexericar com as lavadeiras, fonte inesgotável das murmurações portenhas". Eram essas mulheres — todas essas pretas e mulatas — que davam vida às ruas e coloriam a paisagem física e social de Buenos Aires.

No século XVIII, a *negrada porteña* se concentrava no bairro do Tambor ou do Mondongo (na paróquia de Montserrat), nomes reveladores: um instrumento percussivo sem o qual o candomblé não funcionava; uma expressão de origem banta. É por aí que se pode começar a pensar a história do tango, ainda que um estudioso argentino, Rodríguez Molas ("La Música y la Danza de los Negros en el Buenos Aires de los Siglos XVIII e XIX"), nos diga que "em latim o verbo tango-is significa tocar, apalpar, ter contacto com mulher". No século XIX, os escravos viviam nas paróquias centrais da cidade, onde residiam seus senhores, e os libertos e fugidos buscavam a periferia, os subúrbios da cidade. E há quem diga que o tango nasceu justamente aí, do encontro de pretos, mulatos e marginais variados da periferia (arrabaldes afastados do "centro europeu" da cidade, "onde se entremesclava uma fauna heterogênea, que começava a engendrar as formas atuais do tango", no dizer de Oscar Natale, em *Buenos Aires, Negros y Tango*), passando pela roda-viva dos puteiros, dos lupanares portenhos, que podiam ter nomes como "Las Esclavas" e "Las Perras [As Cachorras]". Mas o que me importa, aqui, é a presença de mulheres nesse processo. *Mujeres de color*, também chamadas "morenas" ou "chinas". Algumas delas gravaram seus nomes na história cultural argentina. Não aparecem, nesse processo da criação do tango, como compositoras, letristas ou instrumentistas. Até onde eu saiba, não há uma equivalente feminina de Discépolo. Mas como dançarinas e donas de bordéis, fornecendo a infraestrutura física em que se desenvolveu e se definiu a linguagem do tango.

Não por acaso, um dos capítulos do livro de Natale se intitula "De los Cuartos de las Chinas, de las Academias y de Otros Lugares Prostibularios". Academias de baile, naturalmente — e os bordéis recebiam, também, a denominação de *quilombos*. Natale: "Em última análise, é válido inferir que a população morena, apesar da sensível diminuição que sofreu a partir de 1850, desempenhou nos princípios do tango um papel de protagonismo nos salões de *chinas, academias, pirigundines, kilombos*, etc., lugares onde o tango se foi engendrando e nos quais os negros brilharam com seus requebros tortuosos e as mulheres de cor atuaram como regentes ou aparentes donas de tais sítios, ou simplesmente como experientes bailarinas antes do coito". Em suma: mulheres mais pobres fizeram e aconteceram na Argentina. Principalmente, em Buenos Aires. Vivendo dias escravistas. Cultivando o *candombe*. Trabalhando, fazendo sexo, fofocando. Curtindo a *habanera* (levada por marinheiros negros de Cuba) e o tango. Enchendo a cidade de vida.

23.
URBANIZAÇÃO E VIRADA DE MESA

Se as mulheres da elite brasileira viviam recolhidas ainda no século XIX, a grande reviravolta aqui, nesse meio social, aconteceu quando elas começaram a dar as caras. Primeiro, aparecendo diante das visitas, em sua própria casa. Segundo, passando a frequentar lugares públicos, como teatros e bailes. Terceiro, saindo às ruas. Mas tudo foi muito lento, processando-se já depois da aparição raríssima de Nísia Floresta, escritora e educadora, amiga pessoal de Auguste Comte, pioneira do feminismo brasileiro, autora de uma tradução livre do célebre livro de Mary Wollstonecraft, *Vindication of the Rights of Woman*. De fato, podemos dizer que a mudança se inicia no reinado de dom Pedro II, nas últimas décadas do século XIX. E no contexto da elevação do grau de urbanização do país e da modernização de nossas principais cidades. O Rio se expande, São Paulo dá um salto, as mulheres começam a se soltar.

Um sinal claro dessa transformação, como já se observou, é visível na supremacia que o médico passa a ter sobre o confessor (o sacerdote foi, por cerca de três séculos, confidente e guru das fêmeas senhoriais; agora, a palavra do médico, com sua leitura objetiva do corpo feminino, valia mais: o corpo se tornava uma entidade mais real, mais tangível, o que significou uma alteração relevante na visão da mulher). Outro sinal está na intensidade assumida pela vida mundana, "em sociedade", com recepções, saraus, concertos, etc. Era, para lembrar o título do livro de Wanderley Pinho, a voga dos salões e damas do segundo reinado. "No século XIX, a vida da mulher da camada senhorial sofria algumas modificações, à proporção que se intensificava o processo de urbanização. Embora nenhuma alteração profunda se tivesse produzido em sua posição social, já não vivia reclusa na casa-grande. O ambiente da cidade propiciava mais contatos sociais nas festas, nas igrejas, nos teatros. A família patriarcal perdia sua dimensão rígida, permitindo à mulher desenvolver certo desembaraço de atitudes", observa Heleieth Saffioti, em *A Mulher na Sociedade de Classes: Mito e Realidade*. Mas só no século seguinte as mulheres das classes médias e altas irão desfilar, de fato, no espaço público das cidades, entre ruas, escritórios e lojas. Lembre-se, a propósito, do reacionário Menotti del Picchia protestando em 1920, na *Revista Feminina*, contra as moças que "serelepeavam nos asfaltos, irrequietas e sirigaitas" e "se desarticulavam nos regamboleios do tango e do maxixe". Além disso, as mulheres começavam a trabalhar, com mais frequência, fora de casa. E veio a onda da educação física e das práticas esportivas, com as mulheres exibindo seus corpos em movimento — corpos percebidos, a essa altura, em termos bem físicos.

Nas primeiras décadas do século XX, com o avanço do processo urbano-industrial, "a vida feminina ganha novas dimensões não porque a mulher tivesse passado a desempenhar funções econômicas, mas em virtude de se terem alterado profundamente os seus papéis no mundo econômico. O trabalho nas fábricas, nas lojas, nos escritórios rompeu o isolamento em que vivia grande parte das mulheres, alterando, pois, sua postura diante do mundo exterior" (Heleieth Saffioti). O crescimento das cidades passou a fazer solicitações inéditas e trouxe novas formas de sociabilidade e de lazer. Expostas abertamente aos olhares da população masculina, as mulheres das classes mais altas tiveram de se submeter a um novo tipo de aprendizado gestual. Tiveram de aprender a se movimentar — a andar e a se apresentar — no espaço público. Veja-se o caso paulistano, examinado por Mônica Raisa Schpun, em *Beleza em Jogo: Cultura Física e Comportamento em São Paulo nos Anos 20*. Aquela foi uma década de forte crescimento da cidade, em plano urbano e econômico. Os grandes proprietários rurais tinham trocado o campo pela vida citadina. A imigração, iniciada no final do século XIX, inundara a cidade com levas e mais levas de estrangeiros. O êxodo rural também despejara gente ali. A cidade, ela mesma, se modernizou.

E é nessa paisagem urbana em plena transformação que vão circular as mulheres da elite — e devemos lembrar, aliás, que a própria autonomia (relativa) da mulher era tomada, então, como índice de modernidade. "Mantendo a distância física (bairros residenciais e pontos de encontro reservados) e simbólica em relação às outras camadas sociais, o grupo [a elite do café] exibe a todo instante uma identidade social solidamente construída, insistindo nas fronteiras bem espessas que o separam do resto da população", comenta Mônica Schpun. É uma elite que se deixa caracterizar por uma disposição bifronte diante do mundo. De uma parte, cultiva a tradição, as práticas ancestrais, a fantasia do quatrocentão descendente de bandeirantes. De outra, quer ser moderna e cosmopolita. Nessa pauta, "os papéis das mulheres e dos homens na sociedade e na família estão sujeitos, ao mesmo tempo, ao respeito das tradições, para garantir as prerrogativas de classe, e às novas exigências de uma sociedade moderna, com mulheres emancipadas, presentes nas ruas, participando das formas de sociabilidade". Ainda Mônica Schpun: "A instalação da oligarquia rural na cidade gera consequências especificamente ligadas à ocupação do espaço urbano. Entram em ação códigos de diferenciação ligados à apresentação física, que preparam os cidadãos para repartir esse espaço de forma anônima, mas sem deixar de exibir, pelo modo de aparição pública, suas identidades sociais".

No caso das mulheres da elite, a nova didática do desempenho público nasce de um discurso normativo de gênero (o que define a mulher é a graça; ela deve ser espontânea, nada vulgar, ter sutileza na sedução) e implica determinadas práticas corporais (dança, natação, equitação, tênis, etc.), com a finalidade de assegurar o controle gestual e a juventude do corpo. Vale dizer, uma certa ideologia do feminino conduz a uma certa "cultura da beleza", com vistas a qualificar, em sentido classista, a presença da mulher no espaço público. Mônica: "Pois a urbanização, e a intensificação da vida urbana que daí decorre, é responsável pela significativa presença e frequência das mulheres no espaço da cidade. Essa ocupação da rua, dos locais de lazer e de comércio — e, especificamente em relação às mulheres burguesas, dos espaços dedicados à vida mundana —, exige preparação, trabalho prévio a ser realizado sobre o rosto e sobre o corpo". Tudo para tentar alcançar o que o educador Fernando de Azevedo, na época, batizou nos termos de uma "poesia da locomoção". Para Azevedo, a educação física deveria produzir, no corpo das mulheres, efeitos de ordem estética. Para Mônica Schpun, é sintomático que Azevedo insista na "graça da 'locomoção' feminina, elemento que deve ser desenvolvido pela educação física: num momento em que o corpo das mulheres desfila mais [...] diante do olhar dos homens, nas ruas, lojas e espaços de lazer, é necessário que elas invistam no seu andar, alvo de novas atenções e, portanto, de novas vigilâncias". Bem, o discurso normativo para as mulheres era, certamente, alienado e repressivo. Mas o que realmente importa sublinhar é que, no século XX, pela primeira vez em nossa história, mulheres de todas as classes sociais frequentavam os espaços públicos das principais cidades do país.

Ao mesmo tempo, Mônica Raisa Schpun relativiza (corretamente) a mudança em curso, sem reduzir a sua relevância: "Os anos vinte são o palco de importantes transformações no que se refere ao aparecimento das mulheres na cena pública. Entretanto, é preciso matizar. Assiste-se com certeza, no período, à crescente exposição dos corpos femininos na cidade: todos os tipos de discursos exprimem a admiração que envolve essa presença, ainda muito recente, das mulheres nas ruas, nas lojas, nos eixos de sociabilidade, enfim, fora de casa, em espaços até aqui reservados à convivência masculina. Mas essa ocupação da praça pública [...] está longe de corresponder à experiência masculina. Um certo embaraço continua existindo na relação entre as mulheres e o espaço da rua; várias formas de resistência ao fenômeno procuram marcar maior intimidade dos homens com a cidade e lembram incessantemente que as mulheres pertencem antes de mais nada ao espaço privado. Nas situações de consagração coletiva, sua presença é ainda minoritária, tanto nos eventos esportivos quanto nas comemorações cívicas. As massas urbanas são mais masculinas que mistas. Apesar disso, mesmo que a divisão dos espaços públicos ainda seja muito desigual, em detrimento das mulheres, se pensarmos no tradicional confinamento destas, torna-se evidente que a realidade se transforma rapidamente. Elas saem mais, tendo cada vez mais álibis para estar na rua, mesmo que os álibis ainda sejam necessários e mesmo que tais saídas devam ser feitas preferivelmente em grupo. E essas transformações também envolvem as mulheres burguesas, mais vigiadas e confinadas ao espaço privado que as outras. O desenvolvimento do comércio, dos lazeres, do conjunto dos equipamentos urbanos as chama cada vez mais a transpor a soleira da porta".

 De outra parte, é bom lembrar que discursos diversos sobre a mulher — femininos e feministas — entravam também em cena. Fiz referência a Nísia Floresta, figura quase lendária na história do positivismo no Brasil. Assim como poderia falar da mineira Francisca Senhorinha, jornalista que editou o semanário *O Sexo Feminino*, defendendo igualdade de direitos para as mulheres — inclusive, o do voto —, em 1890, muito antes que o movimento sufragista aflorasse aqui. Mas é nas primeiras décadas do século XX que a onda ganha corpo. Com os anarquistas pregando igualdade e mesmo o "amor livre". Com a poesia erótica de Gilka Machado ("sinto pelos no vento"), uma das fundadoras do Partido Republicano Feminino, em 1910. Com os escritos e os trabalhos práticos da médica sergipana Ítala Silva de Oliveira e da bióloga paulista Bertha Lutz. Com as palavras duras e diretas de Ercilia Nogueira Cobra. "Enquanto muitas mulheres se limitavam a denunciar os conflitos e a pedir maior compreensão e tolerância dos maridos, sem nem mesmo reivindicar o divórcio, outras, mais radicais, pregavam o amor e o sexo fora do casamento e prescindiam da presença masculina no sustento da família e na educação dos filhos. Algumas delas deixaram documentado seu inconformismo não apenas sob a forma de palavras, mas também na prática, como Ercilia Nogueira Cobra e Maria Lacerda de Moura", escrevem Marina Maluf e Maria Lúcia Mott, em "Recônditos do Feminino" (*História da Vida Privada no Brasil 3: República: da Belle Époque à Era do Rádio*).

"Ercilia pertencia a uma família decadente de fazendeiros. Ao ficar órfã, recebe uma educação 'para o lar', foge de casa, é internada no Asilo Bom Pastor, de São Paulo, destinado à recuperação de 'moças perdidas', torna-se professora e na década de 1930, sob o pseudônimo de Suzy, transforma-se em dona de uma casa de mulheres em Caxias do Sul, no Rio Grande do Sul." Em 1924, Ercilia Nogueira Cobra publicou um pequeno ensaio, *Virgindade Anti-Higiênica*. Palavras suas: "[...] os homens no afã de conseguirem um meio prático de dominar as mulheres, colocaram-lhe a honra entre as pernas, perto do ânus, num lugar que, bem lavado, não digo que não seja limpo e até delicioso para certos misteres, mas que nunca jamais poderá ser sede de uma consciência [...] A mulher não pensa com a vagina, nem com o útero". Na década seguinte, teremos o brilho intenso de Patrícia Galvão — Pagu. Depois dos disparos inovadores e reluzentes do movimento da antropofagia, ela e Oswald de Andrade editam o pasquim *O Homem do Povo*. Um jornal agressivo, esquerdista, de caráter panfletário e humorístico, primando pela invectiva polêmica, que acabaria empastelado pelos estudantes de direito do Largo de São Francisco, sempre conservadores. Nele, além de fazer *cartuns*, Pagu assina uma coluna chamada "A Mulher do Povo", onde critica hábitos e valores das mulheres paulistanas e, de uma perspectiva marxista, ataca o feminismo "pequeno-burguês" então em voga, com seus discursos emancipacionistas. Mais ou menos por essa época, as mulheres participaram também, como elementos fundamentais, da conquista de um espaço público precioso. Do processo de reinvenção da praia no Brasil.

Mas vamos avançar um pouco no tempo, para não passar ao largo de uma outra questão feminina. Temos um marco nesse caminho, que é *O Segundo Sexo*, de Simone de Beauvoir. Simone nos mostrou que a opressão masculina era mais profunda do que se costumava imaginar, até porque a definição do ser feminino se fazia com relação a uma definição central de humanidade, encarnada no homem. Nessa época mesma, os homens começaram a se sentir devorados no seu próprio reino. Na sociedade contemporânea, disse um sociólogo, o sexo chegou a se tornar uma espécie de grande antídoto de massas contra a apatia. Mas as mulheres, deixando de ser objetos, tornaram-se também consumidoras de sexo. Apropriaram-se de um domínio masculino, ao poderem ostentar, também elas, histórias de uma *experiência sexual*. O homem passou a ter de conversar com uma mulher que tinha a sua vida de cama. Começou a se sentir ansioso, inseguro. A mulher podia competir com ele no conhecimento do sexo. E os anos que vieram aumentaram a sua ansiedade. O que aconteceu, então, foi a chamada "segunda onda" feminista. O feminismo sempre quis direitos iguais para homens e mulheres. A diferença, na década de 1960, esteve na radicalização do discurso. As mulheres, que até então falavam de "emancipação", passaram a falar de *libertação*. Qual a diferença? Está exatamente aí, na *diferença*. O emancipacionismo pregava a igualdade jurídica, política, social e econômica entre os sexos, mas não deixava de aceitar, mesmo implicitamente, uma centralidade masculina. O discurso da *libertação* é mais radical: a ênfase não está na "igualdade", mas na *diferença*. A mulher, muito mais que complemento do homem, é um outro, *uma outra*. Tem a sua cor, a sua voz, os seus sonhos próprios. E ia-se, então, mais uma vez, além do marxismo.

Em vez de defender uma participação maior das mulheres no modo de produção e no desenvolvimento das forças produtivas, passou-se a falar da mulher como o poder de si mesma, dominando o seu próprio corpo e implicando, para a sua realização plena, mudanças culturais mais profundas. Exigia-se uma nova mentalidade, uma nova psique e um novo homem, como condições básicas para a emergência social de uma nova mulher. E o movimento avançou em muitas direções, ainda que não mais sob o escudo ao mesmo tempo vibrante e rechaçado do "feminismo". Mulheres, de um modo geral, recusaram os excessos inevitáveis da radicalização discursiva. Mas as modernas sociedades ocidentais compraram o peixe quase pelo preço com que ele foi oferecido. Incorporaram o feminismo à sua retórica partidocrata, promulgaram leis, selaram conquistas. Mas nem por isso preconceitos e discriminações desapareceram. Nem por isso lugares e espaços públicos da cidade foram franqueados, de forma inteira e segura, à presença feminina. Nem esta presença se dá, ainda hoje, em pé de igualdade com a do homem.

24.
A REINVENÇÃO DA PRAIA

Em *O Que Faz o Brasil, Brasil?*, Roberto DaMatta mobiliza signos principal e tradicionalmente litorais, alguns dos quais só muito recentemente principiaram a se imiscuir em vidas interioranas, para tentar delimitar o que seria a *identidade* brasileira. E procura sua definição numa teia entretecida com a sociabilidade praieira, o *jeitinho*, o carnaval das escolas de samba, o futebol, a feijoada, a música popular, o culto de santos e orixás, o gregarismo. Afirma, então, o antropólogo: "É certo que eu inventei um 'brasileiro' [...] mas quem me garante que aquilo que disse é convincente para definir um brasileiro foi [sic] a própria sociedade brasileira".

DaMatta cai numa armadilha denunciada já por Dante Moreira Leite em *O Caráter Nacional Brasileiro*, ao apontar a confusão feita por Margaret Mead entre cultura alemã e nazismo e por Ruth Benedict entre cultura japonesa e militarismo nipônico: tomar o que seria característico de uma época, de um lugar ou de uma parte da sociedade, como definidor desta sociedade em sua inteireza. Mas um habitante do vale amazônico pode ter pouco a ver com o rol de DaMatta. Pode preferir a sua comida no tucupi, jamais ter ido a uma praia marinha, não dar a mínima para o carnaval, menos ainda para a umbanda — e nem por isso ele deixa de ser e se sentir brasileiro. A identidade gaúcha está mais nos pampas e no churrasco do que na praia e na feijoada — e mesmo esta é uma visão redutora, já que no Rio Grande do Sul encontramos pelo menos três áreas culturais distintas, e a "gaúcha" é apenas uma delas, ao lado da "rio-grandense" e da "colonial". São Paulo, com toda a sua variedade antropológica, encontra-se nas cantinas de extração italiana. Orixás contam muito pouco em Minas Gerais e praticamente nada no Paraná, em Santa Catarina ou no Vale do Rio de São Francisco, onde quem reina soberano é o Senhor Bom Jesus da Lapa, protetor das lagoas, dos rebanhos e das plantações. Em suma, a sociedade brasileira não autoriza DaMatta a dizer o que disse. Quando ele discursa acerca de uma identidade brasileira, o que toma o centro da cena é o etnocentrismo carioca, levemente matizado por signos baianos. Como se o Rio fosse o país. É uma derrapada e tanto, diante de nossa complexidade presente — e de nossos futuros amazônicos.

De qualquer sorte, a sociabilidade praieira é um dos traços distintivos centrais de nossa *cultura litorânea*.

Mas mesmo esse praieirismo brasileiro, tal como o conhecemos hoje, data do século XX. Em 1859, no seu *Brésil Pittoresque*, Charles Ribeyrolles registra que a grande distração, no Rio de Janeiro da época, era o teatro. Distração das elites, bem entendido. E Ivan Lins, em sua *História do Positivismo no Brasil* — ao caracterizar o Rio, naquela década de 1850, como cidade "sem grandes divertimentos" —, observa que um dos passatempos favoritos dos letrados cariocas de então era acompanhar defesas de tese em estabelecimentos de ensino. Veja-se, ainda, *O Brasil no Tempo de Dom Pedro II*, de Frédéric Mauro. Seu foco é a vida cotidiana. Mas não encontramos aí qualquer menção à praia e ao banho de mar. Mauro fala de publicidade, de técnicas culinárias europeias, dos prazeres do cafuné, dos bordados das pretas, de música e missas, do cozido e da couve com toucinho, da semeadura do feijão e da plantação de mandioca, da destreza dos canoeiros do Recife, dos urubus ("aves de rapina encarregadas da limpeza pública"), das pretas minas ("às vezes, parecem deusas antigas talhadas em blocos de mármore negro"), do culto a Santo Antonio casamenteiro, de pichamentos obscenos nos muros das cidades, da falsificação baiana de vinho, da situação da mulher da classe dirigente, do burburinho em volta dos chafarizes, das carruagens fechadas que não raro funcionavam para encontros amorosos ou apenas sexuais de sinhás ou prostitutas altamente requisitadas, da primeira mulher que passeou a pé pelas ruas do Rio e das mulheres bem-vestidas de Pernambuco, da função dos salões na vida carioca, dos progressos da urbanização, etc. Mas não nos deixa uma só palavra sobre ondas se espraiando na areia, cobrindo corpos em seus movimentos de afago ou de afogo. O banho de mar não existe para os que não são pobres. Hoje, nossas cidades litorais se estruturam em função praieira, em resposta a demandas do mar. Naquela época, não. A praia não despertava atenções da classe dirigente.

A propósito, alguns observadores da criação literária brasileira costumavam fazer duas distinções. Numa delas, diziam que os polos mais diversos de nossa criação textual se encontravam em Machado de Assis e Euclydes da Cunha. Machado representaria o Rio. Euclydes, o sertão. A outra distinção coloca Machado e José de Alencar, nascido perto de Fortaleza, como polos irradiadores distintos. Machado seria o realismo urbano. Alencar, o romantismo litoral. Em qualquer dos casos, porém, o banho de mar é um ilustre desconhecido. Machado faz seus enredos rolarem em casas plantadas na beira da praia. E sempre celebra o mar como objeto estético. Mas não recria a vida dos pescadores da orla do Rio, não acompanha o movimento das canoas, nem os jogos das pescarias. Em *Dom Casmurro*, o que temos, no episódio da morte de Escobar, não é um banho de mar: Escobar não é um banhista, mas um nadador solitário, fascinado pelos desafios das ondas. Também *Iracema* nos fala do mar e não da maré, de mergulhos lúdicos ou eróticos na praia cearense. O que banha o corpo de Iracema não é a onda, mas a sombra da oiticica. Iracema é "filha das florestas", não das ondas do mar. Alencar a plantou num grupo indígena interiorano. E, quando ela se muda para a beira do mar, seu cotidiano não é feito de marés, mas de lagos e rios. A praia e o banho de mar, tal como passaram a existir para nós, só vão se desenhar mais tarde. E com lentidão. Tanto na Europa quanto no Brasil. Vejam Daniel Kidder e Adolphe d'Assier, ambos no século XIX, falando, respectivamente, do Recife e de Salvador. Não há nenhuma palavra sobre se alguém se deixava banhar nas águas cálidas da beira do mar nordestino, ou se ousava se arremeter para além da linha da arrebentação. O que existe é o oceano. Não a praia, espaço do sossego móvel das marés. Ninguém olhava com mais vagar para ela. As casas coloniais de Salvador, como a chácara do Unhão ou os sobrados do Carmo e de Além do Carmo, eram construídas com as fachadas voltadas para as ruas, todas de costas para o mar. A praia, globalmente, para o conjunto da sociedade — em especial, para os seus estratos mais altos —, não existia ainda.

* * *

Cada praia tem os seus enredos, a sua narrativa, a sua história. Todo litoral nasce e se define numa encruzilhada entre o social e o ecológico. Na relação entre o ser humano, agente ou ator do mundo da cultura, e um determinado segmento da natureza. É assim que o que era apenas um pedaço de terra na imensidão de água se vai converter um dia nas ilhas de Kerguelem, Fernando de Noronha ou Itaparica. Que um fragmento de orla marítima se vai transformar nas praias de Biarritz, Ipanema, Porto da Barra. O nicho ecossistêmico impregna os seres humanos que nele vivem e dele fazem parte. E esses mesmos seres humanos imantam a circunstância ambiental, semantizando-a. Conferindo-lhe sentidos. Cobrindo-a com uma rede de conceitos, trama ou teia de signos. É por isso que todo mar é histórica e culturalmente variável. Que o movimento das marés não tem a mesma significância, a mesma aura semântica, numa praia da Bretanha, em outra do Vietnã e numa praia brasileira.

Não é por acaso que chamamos, a uma ilha, Itaparica. Que olhamos o *tijupá* de um saveiro, o pescador passando com seu *samburá*, entre moquecas de *pitu* ou *beijupirá*. São termos que atravessaram séculos, vocábulos que vieram viajando pelo tempo, desde as aldeias litorâneas de nossos antepassados ameríndios. Ainda hoje, começos do século XXI, uma parte considerável de nosso vocabulário marítimo é de origem tupi. Até onde sabemos, a história social de nosso mar começa com os grupos indígenas que aqui viveram. Foram esses índios — tupinambás e tupiniquins, sobretudo — que criaram a nossa primeira cultura marinha. E foi percorrendo os inumeráveis caminhos de água da região que eles imprimiram o desenho inaugural de nossa cultura talássica. Admiráveis nadadores, pescadores e marinheiros, desenvolveram um complexo e rico saber litorâneo, ao qual não faltaram crenças aquáticas, como a da existência de uma infra-humanidade submarina, formada pelos ipupiaras. Em seguida, vieram as caravelas lusitanas. Voltada de cara para a imensidão azul do Atlântico, aquela gente foi um povo de pescadores e marujos. Um povo que experimentava intensamente a existência litorânea, tinha o treino da pesca e sabia se expor às ondas. É o que nos dizem, com a delicadeza da lírica, as suas *barcarolas*. As cantigas medievais galego-portuguesas que tematizam o mar, as coisas marinhas, a vida náutica, enfim, traços e tópicos do relacionamento do ser humano com o mar. Ou da presença do mar na vida humana, em termos econômicos ou afetivos. São cantares claros, com uma limpidez de arroio correndo entre seixos polidos. Como na beleza puríssima de uma cantiga de Martim Codax, por exemplo.

Chegaram também aqui, desde o século XVI, africanos pertencentes a povos diversos, que falavam línguas diferentes, cultivavam valores e costumes dessemelhantes, apresentavam diversidades políticas, cultuavam deuses distintos. Basicamente, os povos banto, jeje e nagô-iorubá. Os bantos tinham certamente suas relações com o mar. Extraíam sal do oceano. E era na beira do mar da ilha de Luanda que coletavam a concha chamada *zimbo*, que fazia as vezes de dinheiro, em sua economia já monetária, antes mesmo da chegada dos europeus. Mas não parece que essas relações com o mar tenham sido íntimas e intensas. O reino do Congo se achava nas proximidades da orla marítima africana. Mas sua capital, Mbanza Kongo (atual São Salvador), ficava longe do litoral, na parte setentrional do que hoje é Angola. Mais longe ainda da orla se entrincheirava a Matamba da rainha Ginga. De qualquer modo, entre os deuses que os bantos trouxeram, para o lado de cá do Atlântico Sul, encontravam-se divindades aquáticas. O *nkisi* Caiarê, por exemplo, reinando na água salgada. Ou Dandalunda, senhora da água doce. Entre os séculos XVIII e XIX, a direção do tráfico entre a Bahia e a África se deslocou para regiões africanas acima da linha do equador. Passamos a receber jejes, nagôs e hauçás. Os hauçás, negros islamizados, eram vizinhos dos iorubanos. Parece que formavam um povo autóctone, coisa mais do que rara na história da humanidade. No princípio do século XIX, em virtude de guerras no "continente negro", muitos hauçás foram escravizados. E vendidos, em parte, à Bahia. Situaram-se, ali, no meio do redemoinho das rebeliões escravas das primeiras décadas daquele século. Mas, se a matéria é o mar, sua importância é secundária. Falaram mais alto, aqui, os jejes e nagôs, povos até então desconhecidos na margem ocidental do Atlântico Sul. A expressão *jeje* designava grupos étnicos do antigo Daomé, como a gente fon; a expressão *nagô*, grupos de língua iorubá. Uns e outros vieram parar aqui, também, em consequência de guerras africanas Os jejes trouxeram seus voduns. Os nagôs, orixás e orikis.

Mas é curioso. Quando vemos Iemanjá reinar sobre o mar brasileiro, lembro que não há notícia de que os diversos grupos iorubanos tenham sido praieiros. Eles conheciam a existência citadina, mas não eram afeitos à vida litorânea. Se Oió (o reino de Xangô) e Ketu (o reino de Oxóssi) são referências para a vida brasileira, nenhum dos dois foi costeiro. Oió ficava distante da praia. Ketu ficava no interior do Daomé. Também Abeokutá, a terra de Iemanjá, erguia-se longe do litoral. O vazio demográfico da costa da Iorubalândia era imenso. A atividade pesqueira dos nagôs, além de reduzida, era fluvial. Ainda assim, os nagôs, ao fazer a travessia atlântica, trouxeram, para os trópicos brasileiros, uma divindade marinha: Iemanjá. Seus textos sagrados — orikis de orixá — falavam do mar (*okun*, em iorubá), apresentando-a como *darúgbó olokun*, a velha dona do mar. Etimologicamente, *Yèyé omo ejá*, a "mãe cujos filhos são peixes", segundo Pierre Verger, em *Orixás*. Iorubanos vinham para o Brasil trazendo a grande deusa, senhora dos egbás. Mas não traziam saberes e sabores da vida litoral. Era uma gente essencialmente agrícola. Com a travessia oceânica, os nagôs tiveram de mobilizar suas energias para aprender a se mover no Brasil. E aprenderam. Assimilaram signos, incorporaram repertórios, introjetaram códigos. Fizeram o seu aprendizado da beira do mar. A tal ponto que injetaram um fragmento luminoso de sua cultura — uma deusa — na vida e nas águas brasileiras. Que fizeram de Iemanjá — Iemanjá dos cinco nomes — a senhora de nosso mar. E marcaram o calendário religioso e cultural do país, na passagem do Ano-Novo no Rio de Janeiro — e com a maior festa praieira da Bahia, no dia 2 de fevereiro. Mas não vamos apressar o passo.

Antonio Vieira *dixit*, num de seus sermões: o mar é o melhor vizinho que a natureza deu às cidades que mais amou. Do alto da Cidade da Bahia, debruçado numa das janelas do Colégio dos Jesuítas, ele via o intenso movimento do porto baiano, onde os mastros dos navios eram tantos que quase se enganchavam uns nos outros. Cardumes de peixes saltavam na água. Baleias irrompiam esguichando. Era a baía viva e colorida, solidarizante e socializadora, que significava troca, encontro, riqueza. Naquela época, Salvador era já cidade sólida. Capital clara e arejada, exibindo edificações imponentes, como a Santa Casa de Misericórdia, o Convento do Carmo, a Casa de Câmara e Cadeia. No Recôncavo, vilas tinham vindo à luz. Também o contexto ilhéu se desenvolvera, de Itaparica à Curupeba e à Maré, com sua igreja de Nossa Senhora das Neves. E tudo se interligava por caminhos de água, fossem marítimos ou fluviais. O golfo baiano era cruzado e recruzado, sem cessar, por embarcações dos mais variados tipos. Na passagem do século XVIII para o XIX, por sinal, Luiz Vilhena, professor de grego na cidade, teve uma ideia fascinante. Achou que poderíamos ter construído nossa capital num agrupamento de ilhas, arquipélago ao sul do centro de Salvador, que de certa forma divide a baía em duas. E revela, extasiado, seu projeto: "É a sua vista tal, que eu não sei se a Natureza em alguma parte terá feito um tão aprazível quadro, digno verdadeiramente de ser decantado pelos insignes poetas da antiga Grécia. Dez Venezas juntas não poderiam comparar-se com a cidade que naquele dédalo se fundasse; porque é tal o labirinto de canais, que dividem aquelas ilhas grandes e pequenas, e tantos os esteiros que por elas rompem, que os mesmos naturais vacilam, e muitas, repetidas vezes se enganam". Vilhena sonhava com uma Veneza tropical, saveiros deslizando de porto em porto, com suas velas brancas, sobre a água clara dos canais. Mas, por mais que veja marés, não nos dá notícia alguma de um banho de mar.

 Mas vamos adiante. Uma coisa é a linha do litoral, onde areia e onda se limitam. Outra coisa é a *praia*, como a concebemos. A praia se define no momento em que a linha litorânea, o recorte espacial que envolve areia e água, ganha um determinado sentido social, que já não é somente o da reunião humana em busca do alimento das pescarias. Isto é: no momento em que tal limite relativamente instável se deixa semantizar por uma certa práxis humana, que não diz respeito principalmente ao trabalho, para se converter em território destinado ao exercício de uma forma específica de sociabilidade. O que significa que, antes que acidente geográfico ou dádiva ecológica, a praia é uma invenção humana. Uma criação histórica e cultural. É certo que, hoje, o Brasil é um país cheio de praias. Que as praias brasileiras são frequentadas massivamente. E que o nosso olhar, culturalmente comprometido, tem o dom de metamorfosear em praia qualquer pedaço deserto de litoral com que se depara. Mas nem sempre o litoral existiu como praia. Observadores mais atentos costumam assinalar que, no Brasil, a praia —

"enquanto sítio de ação coletiva multitudinária e específica" (Thales de Azevedo, *A Praia: Espaço de Socialidade*) — tem somente cerca de um século de existência. É uma entidade fisiocultural que principiou a se configurar em inícios do século XX. Não é que a beira do mar não fosse visitada, percorrida ou povoada em época anterior. Era, sim. Mas, entre os motivos que concorriam para tal frequência, não se destacava o banho de mar. Mesmo para os escravos e outros miseráveis, a franja marinha era, sobretudo, local de trabalho. Lugar de luta e labuta, com vistas à sobrevivência. Ninguém estava ali para, principalmente, se divertir. Para se entregar à suave embriaguez do devaneio. Para tomar sol. Ou para se banhar sensual e ludicamente.

O mergulho lúdico nas ondas, as braçadas gratuitas nesta ou naquela direção, seriam coisas secundárias. Já para os mais abastados — para os homens livres mais desimpedidos, ao menos —, o lineamento costeiro poderia ser eventualmente utilizado para fins de espairecimento e prazer. Como espaço para o *spasso*. Ou recanto para a farra correr solta. É o que vemos numas "décimas" em que Gregório de Mattos recria "uma jornada, que fez ao Rio Vermelho com uns amigos", lá pela segunda metade do século XVII. Trata-se de uma excursão a cavalo, com o grupo de farristas partindo para a esbórnia, pândega de música e pasto, que vai ter seu ponto de descanso na areia, ao abrigo sombreado de alguma folhagem, diante das ondas do mar. Mas, embora empregue palavras como praia, areia e onda, Gregório não faz menção a nenhum banho de mar. E o mesmo se pode ver em outros textos gregorianos, tematizando eventos em ilhas e vilas da Bahia de Todos os Santos. Aqueles baianos seiscentistas iam à orla, sem adentrar a maré. Iam à beira do mar, não à praia. De qualquer sorte, do ponto de vista atual, há aspectos que não deixam de merecer alguma atenção, nesse texto de uma jornada ao Rio Vermelho. Primeiro, a tranquilidade com que se dorme na praia. A sesta no areal é referida naturalmente, como coisa simples e comum. A areia é um leito claro e macio, recebendo os corpos exaustos daqueles trocistas barulhentos. Areal acolhedor, afável, hospitaleiro. E a passagem traz o gosto de uma intimidade luso-brasileira com o mar. Mas o que é mesmo digno de nota é que o jogo litorâneo do mar existe, para Gregório, não como algo a ser prazerosamente usufruído no trato do corpo com o movimento das águas, mas como fato estético. Como espetáculo visual — quadro móvel para o encantamento do olhar: é a onda que se desata, descaindo em grãos de prata.

* * *

Em *O Território do Vazio: A Praia e o Imaginário Ocidental*, Alain Corbin escreveu que os europeus menos pobres do século XVII, regra geral, ignoravam "o encanto das praias de mar, a emoção do banhista que enfrenta as ondas, os prazeres da vilegiatura marítima". E mais: "Uma capa de imagens repulsivas impede a emergência do desejo da beira-mar. A cegueira e o horror integram-se em um sistema global de apreciação das paisagens naturais, dos fenômenos meteorológicos e das impressões cinestésicas cuja configuração se esboça pouco a pouco a partir do Renascimento". O que predomina então, em meio aos contemporâneos de Descartes, é uma representação essencialmente negativa do mar. É todo um elenco de imagens e de ideias que compõem uma fisionomia repulsiva do litoral, visto como lugar perigoso, infectado pela putrefação de animais, envolvido por um ar doentio. Mas é o mesmo Corbin quem sinaliza a existência de exceções nesse quadro geral de insensibilidade e repulsa das elites diante da natureza marina. Lembra ele que, na aurora do século XVII, "um grupo de poetas franceses, geralmente qualificados de barrocos, fala da alegria que a presença à beira-mar desperta". Também Gérard Genette, em *Figuras*, sublinha o vínculo desses com o mar. Genette fala de um "universo reversível", dos espelhamentos de céu e oceano, da identificação das faunas do ar e do mar, que realçam esse fazer textual. Enfim, o mar atrai e seduz a alma barroca. E é nesse plano que vai comparecer Gregório de Mattos. Aliás, enquanto inacianos, na Europa, abominavam e amaldiçoavam o mar, o jesuíta barroco Antonio Vieira o abendiçoava.

O intrigante é que a percepção estética da beira do mar, das ondas dançando na linha litoral, vai quase desaparecer, em meio aos círculos socialmente privilegiados do Brasil, no século XVIII. E permanecerá praticamente submersa também ao longo de boa parte do século XIX. Podemos observar, *grosso modo*, que, entre 1750 e 1850, mais ou menos, a orla marítima, com as exceções de praxe, como que vai ser rasurada do horizonte culto de nossa sensibilidade. Não terá existência sequer como *paisagem*. Esta estranha cegueira, diante do mar, tinha tomado conta das elites europeias. Embarcamos na canoa. E nossos olhos também se fecharam, mentalmente, para a margem clara dos trópicos. Na verdade, todo olhar é ideológico. Culturalmente orientado. Todo cenário que o ser humano delimita, no conjunto da natureza, é uma criação sociocultural. A natureza, ela mesma, nunca se oferece como paisagem. A natureza existe apenas para si mesma. A paisagem, ao contrário, é estruturada segundo uma retórica. É fruto da semiotização de um determinado segmento do mundo natural. Ou seja: só existe à medida que existe uma separação entre sujeito e objeto. A partir do instante em que o ser humano se imagina como entidade discreta, distinta do ambiente que o envolve. Em outras palavras, toda paisagem nasce de um enquadramento cultural. Articula-se como um recorte realizado pelo olhar de um animal simbólico, o *homo semioticus*. "A cultura é o agente, a área natural é o meio, a paisagem cultural é o resultado" — sintetiza Carl Sauer, em *The Morphology of Landscape*. Além disso, a determinação do que é e do que não é paisagem sofre mutações ao longo da história.

Houve um período, na trajetória dos segmentos sociais que dominaram política e economicamente a vida brasileira, em que o mundo litoral, como disse, foi excluído da categoria *paisagem*. Quando o assunto era a paisagística nacional, o que vinha à baila eram lagos, florestas, cachoeiras, bosques, colinas, rios, montanhas. A celebração do céu azul, do verde das matas, das noites estreladas. Foi nesse contexto que nasceu Petrópolis, a cidade de Pedro II. Petrópolis foi a corte brasileira voltando as costas aos incômodos do Rio de Janeiro, cidade mestiça, escravista e litorânea, com seus verões de calor intenso. Foi a expressão urbanístico-arquitetônica das aspirações europeias da elite dirigente. Sua irmã ou prima-irmã, no espaço urbanizado brasileiro, é Campos do Jordão, criada umas três décadas depois, em São Paulo, no ano de 1874. O litoral não seduzia os olhos da nobreza. O belo estava no refúgio das montanhas, nunca na beira do mar. É a cultura de uma época e de uma classe que aí se manifestam. No Hino Nacional Brasileiro, o mar é somente um som. Antes que existir para a visão, encontra-se circunscrito ao âmbito da percepção auditiva. Em sua letra, o Brasil aparece deitado ao *som* do mar e à *luz* do céu profundo. O que conta, para a sensibilidade visual, é o céu. O mar, plasticamente, não existe. E a verdade é que seria difícil apreciar o litoral do Rio naquela época. As casas da cidade não possuíam fossas. Os detritos domésticos eram carregados em barris e despejados no mar, em ponto próximo ao palácio imperial. Em 1833, uma francesa, a senhora Toussaint Samson, escrevia: "As margens da baía [de Guanabara] não passam de um vaso infecto, em que toda espécie de detrito apodrece espalhando emanações nauseabundas [...] As praias, que de longe nos pareciam tão belas e perfumadas, eram o receptáculo das imundícies da cidade".

Em *Sobrados e Mucambos*, Gilberto Freyre vai ampliar nacionalmente este quadro: "As praias, nas proximidades dos muros dos sobrados do Rio de Janeiro, de Salvador, do Recife, até os primeiros anos do século XIX, eram lugares por onde não se podia passear, muito menos tomar banho salgado. Lugares onde se faziam despejos; onde se descarregavam os gordos barris transbordantes de excrementos, o lixo e a porcaria das casas e das ruas; onde se atiravam bichos e negros mortos. O banho salgado é costume recente da fidalguia ou da burguesia brasileira que, nos tempos coloniais e nos primeiros tempos da Independência, deu preferência ao banho de rio. 'Praia' queria dizer então imundície. O rio é que era nobre". Mas, nesse mesmo século XIX, a orla marítima experimentaria uma alteração em sua semântica social. Ainda no rastro da Europa — mas, agora, via Rio de Janeiro, para onde se transferira a corte lisboeta —, a beira-mar brasileira se converteria, mais ou menos nos meados daquela centúria, em espaço terapêutico. Segundo Corbin, foi entre 1750 e 1850 que as elites europeias conheceram "o irresistível despertar do desejo coletivo das praias". Antes de mais nada, por seu valor de cura. Já no *Corpus Hippocraticum*, a coletânea de textos dos médicos da Escola de Cós, na Grécia clássica, lemos sobre a virtude curativa do "banho salgado". E é justamente o banho salgado que vai voltar à cena na Europa do Iluminismo. Nessa época, a imersão na água salgada passou a ser vista como antídoto a toda uma patologia urbana. O litoral marinho se transformou em fonte de saúde. Suas águas se reviraram na salvação dos neuróticos. Adquiriram o poder de curar as mais variadas doenças e disfunções, fossem elas somáticas ou psíquicas. Seriam capazes de regular até o ciclo menstrual. E assim o litoral se enche não de banhistas, mas de pacientes. Em resumo, o discurso sobre o mar, que predomina agora nos meios mais cultos e ricos da Europa, é o discurso talassoterápico — em cuja ponta, de resto, vai brotar, embora bem mais tarde, a "talassoterapia" de Ferenczi, dissidência da teoria psicanalítica clássica. O mar é então reincorporado ao arsenal terapêutico dos médicos do Ocidente, uso medicinal da água salgada que também vai se impor às elites luso-brasileiras de inícios do século XIX. Surgem aqui, então, as chamadas "casas de banho" — e o próprio João VI, aliás, passou a tomar seus banhos salgados medicinais. Os médicos brasileiros fizeram uma campanha em favor desse banho marinho. E a moda pegou. Não era ainda o banho de mar. A água marinha não era, em princípio, elemento de prazer, mas remédio. Como disse um jornalista carioca, a ida ao mar, no Brasil de meados do século XIX a princípios do século XX, era receita de médico.

Na Bahia, assistimos, mais ou menos por essa mesma época, ao surgimento de casas de saúde localizadas no litoral ou em sua vizinhança mais próxima. O que resultou, inclusive, na valorização comercial de imóveis situados na beira do mar ou mesmo nas imediações da orla marítima. Somente nessa conjuntura, de resto, a Ilha de Itaparica poderia ter sido encarada não como um vasto campo de lazer marinho e extramarinho, mas como um sanatório. Em síntese, a orla da Bahia de Todos os Santos foi, até então, espaço laboral e espaço terapêutico. Lugar onde o homem ganhava o peixe com o suor de seu corpo (ou do corpo alheio, que tinha comprado), ou onde tentava se ver livre de males físicos ou anímicos que o perseguiam. Não era ainda sinônimo de praia. Apenas pessoas das camadas mais pobres da população — principalmente, crianças, herdeiras dos curumins das aldeias tupinambás — frequentariam mais amiudadamente o litoral, em grupos e com propósitos lúdicos. Na Europa — no ambiente das elites, é bom repetir —, as coisas mudam progressivamente de figura. Com a valorização terapêutica do mar, vem o desenvolvimento de uma sensibilidade estética com relação ao mundo litorâneo, na esteira dos holandeses. A linha costeira se afirma, então, como paisagem. Curiosamente, a recuperação estético-terapêutica do espaço marítimo litoral teve início pelas praias geladas dos nórdicos. As praias italianas eram então olhadas com repugnância. Eram praias claras, de areia cálida, banhadas por um mar morno. E isso não só era indigno de apreciação, como lhes conferia uma natureza insalubre. Foi só com o tempo que os litorais cintilantes da Sicília e da Grécia vieram a fascinar os nórdicos. Em todo caso, já no final do século XVIII, conforme Corbin, "a vista para o mar constitui um argumento fundamental para quem pretende exaltar os méritos de uma estação balnear, de uma casa de veraneio, de uma propriedade". E disso tudo vai resultar, em seguida, uma *reinvenção da praia*.

* * *

É bem verdade que, na Europa, antes das camadas dirigentes da sociedade terem aderido ao banho de mar, o povo já se divertia nas praias. Corbin fala do *banho popular* nas costas do Báltico, do Mar do Norte, da Mancha, do Atlântico Norte. Refere-se às práticas praieiras de banhistas mediterrânicos. Etc. E diz que esse "modelo de banho popular" era um prolongamento de folguedos infantis e adolescentes, desenvolvendo-se "no quadro das atividades coletivas, festivas ou lúdicas, sempre ruidosas, que os povos litorâneos apreciam". Mas só com o tempo grupos sociais privilegiados começaram a tomar a direção do mar, como faziam os romanos ricos da antiguidade, com suas vilas litorâneas espalhando-se pelas praias da Itália. Foram surgindo então, inclusive, estabelecimentos costeiros voltados para atender clientes que buscavam o banho marinho com propósito principalmente hedonístico. E é no século XIX que a praia vai principiar a se desenhar como tal, para os estamentos superiores da população europeia. Assim, quando Kandinsky pintou, em 1904, *Strandkörbe in Holland* — pequeno estudo paisagístico de feitio impressionista, com manchas de cores se justapondo para configurar uma bela marinha, a caminho da linguagem pictórica abstrata —, o veraneio era já uma instituição estabelecida na velha Europa.

No Brasil, a "praia" foi também, primeiramente, coisa de gente pobre. Negros e mestiços herdaram, em nossos trópicos, práticas praieiras tupis. Anchieta dizia: os índios são "como peixes no mar". Os jesuítas, aliás, prefeririam construir suas igrejas na vizinhança da praia, de modo que os índios pudessem se manter com pescarias. Mas essa relação com o mar não se resumia ao círculo dos homens adultos do aldeamento catequético. Nos *Tratados da Terra e Gente do Brasil*, Cardim fala do praieirismo infantil, dos jogos litorais dos curumins, assim como do alto desempenho feminino na natação e no remo. E Jean de Léry (*Viagem à Terra do Brasil*): "Cabe observar que na América tanto os homens como as mulheres sabem nadar e são capazes de ir buscar a caça ou a pesca dentro d'água como um cão. Também os meninos apenas começam a caminhar já se metem pelos rios e pelas praias, mergulhando como patinhos". Outro missionário, Antonio Blasquez (*Cartas Jesuíticas*), conta de curumins que, desejando seguir caminho com os padres, enganaram seus pais, dizendo-lhes que iam nadar no mar — o que mostra o caráter rotineiro do banho marinho ameríndio. O mesmo Blasquez diz que, não raro, os catequistas tinham de ensinar orações, às crianças tupis, na beira do mar, enquanto elas nadavam e pescavam.

Escravos e libertos pobres também pescavam e mariscavam para sobreviver, o que se traduzia, quase inevitavelmente, em intimidade com a beira do mar. O litoral brasileiro era não apenas um lugar de onde se podia extrair alimento, mas também espaço para o banho higiênico, tiradas recreativas e, mesmo, encontros amorosos ou galopes sexuais. Freyre informa que, em 1831, "no sentido de dar à vida da cidade aparência tão europeia quanto possível", a Câmara Municipal do Recife decretou que todo indivíduo que fosse "achado nu em beiras de praia", ou "tomando banho com os corpos descobertos sem a devida decência", seria punido com prisão ou bolos. Mas esse e outros decretos não alcançaram o efeito desejado. Não seria diferente a paisagem nos litorais do Rio e da Bahia. O próprio fato de escravos, libertos e mesmo pessoas livres pobres dificilmente terem, em suas casas, um lugar reservado para o banho higiênico, conduzia-os a se banhar em rios ou águas marinhas. Mas a beira do mar não era usada apenas com fins práticos. Desde os primeiros tempos coloniais, foi frequentada, também, com vistas a digressões lúdicas e a jogos eróticos. Em *Jana e Joel*, a novela praieira que Xavier Marques publicou no final do século XIX, as personagens principais têm seus encontros clandestinos de amor à noite, entre barcos pousados na areia, na vizinhança das ondas. E aqui a ficção não recria mais do que o que era comum, em meio à faixa etária mais jovem de grupos sociais pobres da Bahia. Estetização à parte, uma cena sensual como a da atriz Luiza Maranhão, deitada nua na areia da praia, no *Barravento* de Glauber Rocha, nada teria de insólito na vida histórico-social dos litorais brasileiros.

Em *Jana e Joel*, vemos o contraste que existia, nas relações com o mar, de grupos sociais e culturais diversos. As "banhistas", que Jana encontra, em Salvador, são impensáveis na Ilha dos Frades, onde ela nasceu. São mulheres vestidas de baeta azul, que chegam à areia como se estivessem frequentando uma espécie qualquer de proibição, contra o pano de fundo de um mar atravancado de vapores. Eram banhistas matinais, com horário marcado. E Jana, ao conseguir permissão para tomar banho ali, também o faz com calções de baeta azul. Sente o seu "prazer voluptuoso", escondendo-se na bruma líquida do entardecer. Mas, na Ilha dos Frades, a história era outra. Lá ela era a "selvagenzinha" de olhos verdes, que "crestava, nos banhos salitrosos, como uma flor nadante". Seus cabelos se encaracolavam sob o sol — e ela "não sabia nem queria pisar senão nas areias da costa e nas vasas do porto, chapejando em volta das embarcações, pescando à linha e à forquilha, nadando como um cachorrinho". É uma outra vivência do mar. A da moça mestiça pobre que — antes que ir a banhos regulares, pontuais — gostava de viver na beira da praia, mergulhando, mariscando, pescando. E sempre com Joel, seu namorado. Jana, que também tinha olhos oblíquos como a Capitu de Machado de Assis, era, no dizer de Xavier, uma saxífraga das ribanceiras ilhoas.

No caso praieiro do Brasil, podemos dizer que o Rio imitou a França — e a Bahia imitou o Rio. Escreve Thales de Azevedo: "A ida à maré, como então se dizia, se dava bem cedo, de madrugadinha, às vezes de manhãzinha, ao nascer do sol, por uma ou duas horas se tanto, enquanto o mar estava descansado e não houvesse o inconveniente de queimar a pele alva das mocinhas e das senhoras". Bem, este não seria um problema para mestiços e mestiças pobres, de tez mais escura, nascidos no litoral. E aquelas senhoras e mocinhas, de que fala Thales, cobriam-se, cheias de pudor, com roupa de banho, imitando francesas de Biarritz. Era uma paisagem humana, aquela de começos do século XX, que muito dificilmente conseguiríamos reconhecer, hoje, no campo de nossa vida praieira. O banho de mar exigia das elites, dos *distingués*, o uso de uma tremenda parafernália vestual. As mulheres não deviam oferecer, aos espectadores, o mais leve recorte ondulante de sua anatomia. E eles não eram poucos. Em "Versos a um Viajante", Castro Alves se mostra contemplando mocinhas que se banhavam na "nitente espuma" da Tijuca, no Rio. Mas, como pais e maridos costumam ser cegos, contavam elas, mocinhas e senhoras, com banhistas profissionais para mantê-las no mar. Eram sujeitos musculosos, "de confiança", encarregados de carregar as sinhazinhas até às ondas. As moças se arrepiavam, davam gritinhos, à proximidade da água fria, das ondas supostamente ameaçadoras. Até que um português ou um turco mais forte as atirasse no mar. E é claro que o quadro tem um quê de fantasia erótica. Àquela altura, de resto, ninguém parecia mais preocupado com a virtude terapêutica do mar. Passa a predominar o prazer. E as mulheres começam a se desinibir.

"Cerca de 1910 ou pouco mais adiante, aquelas vestes [femininas] já são mais sumárias e abertas, desnudando, ao menos, pernas e braços e tornando-se menos refolhudas e pesadas", comenta o velho Thales. Até que veio a revolução, explodindo entre as duas Guerras Mundiais. Naquela época, os decotes se fizeram mais generosos. Era possível contemplar costas femininas quase nuas. Mesmo coxas foram mostradas. E logo veio o maiô, colado à pele, afetando modos de andar — e de olhar. Se, à banhista, o novo traje propiciava um contato mais sensual com a água, ao banhista ou espectador (que assistia a um novo espetáculo social) ficava mais aberto o panorama das explorações visuais. Nunca a praia dos privilegiados fora tão erotizada. Corpos se desenhavam claramente sob tecidos colantes. E os homens, também, ficavam cada vez mais desnudos. Na Bahia, passagem da década de 1920 para a de 1930, no rastro do que ocorria no Rio, a praia da Barra era já um ponto consagrado ao desfile de automóveis e maiôs. Mulheres exibiam lá suas formas corporais — e, para a apreciação delas, moviam-se curiosos de diversos recantos da cidade. A própria Companhia Circular de Carris anunciava excursões ao bairro, atraindo interessados em curtir as banhistas. Foi quando a Barra se transformou. Ainda no século XIX, enquanto o Corredor da Vitória se povoava de estrangeiros elegantes, de diplomatas, a Barra permanecia campestre. Era um lugar de sítios, árvores, regatos, cavalos, galinhas e porcos. Anúncios de jornais falavam de suas chácaras. Do seu arvoredo. De repente, como acontecera no Rio, então se despencando em direção a Copacabana, a mancha urbana avançou sobre o campo vizinho. A Barra, antes do advento da praia baiana, era uma localidade semirrural, como Ipanema e o Leblon, no Rio. Mas logo foi alcançada. A praia significou para os baianos, desde o início, um movimento urbano, gradualmente predatório, para o litoral norte e para as ilhas.

Na década de 1920, cariocas ricos moram já em Botafogo. Alguns, em Copacabana, a "princesinha do mar", que vai assumir dimensão mitológica no imaginário brasileiro, com suas águas marinhas e o calçamento em pedra portuguesa. Mas Leblon e Ipanema eram distâncias quase desérticas, que só mais tarde seriam significativamente povoadas. De qualquer modo, há um aspecto intrigante na história do litoral do Rio de Janeiro: é o aparecimento tardio do mar na poesia da música popular carioca. Na verdade, o samba carioca, nas primeiras décadas do século XX, é coisa do morro, do subúrbio, da Lapa. É certo que, aqui e ali, exibe respingos de mar. Mas, antes que elemento central, o mar, além de raro, é secundário. Só vai entrar em cena, de fato, com a bossa nova. Surgem aí letristas e compositores de uma Zona Sul empolgada pela expansão urbana, frequentadores da orla marítima, como Vinicius de Moraes. Ou Ronaldo Bôscoli, que, segundo Zuenir Ventura, "ia namorar a musa do movimento, Nara Leão, na praia à noite e jamais teve qualquer sobressalto por isso". Boa parte desses artistas morava em bairros à beira-mar, entre Copacabana e o Leblon. O apartamento da família de Nara Leão, em que se reuniam, ficava na Avenida Atlântica. João Gilberto pousara em Ipanema. Etc. Enfim, o barquinho bossa-novista, dádiva tardia deslizando no macio azul do mar, está vinculado ao lazer de segmentos socialmente privilegiados do Rio de Janeiro. Não é coisa da favela, nem do subúrbio.

O Rio se encontrava então no que hoje é visto, pelos próprios cariocas, como a sua *âge d'or*. Veja-se, a propósito, o relato retrospectivo de Paulo Francis, em O *Afeto que se Encerra*. E a bossa nova fixou, em música e poesia, um mundo e um viver praieiros. Fazendo escola. Nessa tradição bossa-novista, também o jornal O *Pasquim* fez praça de praieiro. Jornalistas entre o mar e o bar, produzindo textos que modificaram a linguagem da imprensa brasileira. E a história da contracultura, no Brasil, tem diversos referenciais litorâneos. Passa pelo desbunde dos corpos dourados, cabelos compridos, roupas coloridas e uma nuvem de fumaça de maconha, charos ou baseados ao pôr do sol, nas "dunas do barato" ou "dunas da Gal", em referência à cantora Gal Costa, no Rio de Janeiro — assim como passa, também, pelas praias do Porto da Barra e da Boca do Rio, bairro popular de Salvador onde então viviam muitos artistas (pintores, músicos, artesãos, escritores, gente de teatro, etc.), entre baianos, cariocas, mineiros e paulistas. Isso para não falar das cintilações canábico-lisérgicas da praia de Arembepe, também na Bahia, com *freaks* morando em casinhas de barro e palha perto de uma lagoa e de frente para o rio e o mar, onde, não raro, pessoas passavam nuas e nuas mergulhavam nas ondas. E da "descoberta", por curtidores contraculturais em busca de locais mais virgens, de lugares hoje badalados como Canoa Quebrada, no Ceará, agora cheia de iracemas queimadas de sol.

Recapitulando, a praia brasileira começou como uma prática de grupos dominados numa sociedade escravista. Caminhamos do mar indígena para o mar mestiço. Para uma orla predominantemente mulata. Mas foi necessário um outro movimento para que esta praia se definisse tal como a conhecemos, já entrado o século XX. Isto é, como espaço lúdico coletivo, frequentado pelo conjunto da sociedade, ainda que com as diversas classes e grupos sociais guardando distâncias e distinções entre si — nenhuma praia, no espaço das cidades brasileiras, é realmente igualitária; nem a praia fictícia de João Ubaldo Ribeiro, na Ilha do Pavão. Aquele movimento, principiando no século XIX, veio das elites. Tome-se o caso baiano. Em Salvador, ele partiu, inicialmente, do núcleo de estrangeiros que moravam no Corredor da Vitória. E essa prática do banho de mar hedonístico se foi disseminando gradualmente, embora em marcha não muito lenta, pela população baiana. Foi se irradiando dos estrangeiros para a elite nativa, em meio à qual se firmou. Para, quase simultaneamente, influenciar a classe intermediária e repercutir de volta, se assim podemos dizer, sobre as camadas populares. Por esses caminhos, configurou-se a praia baiana. E aconteceu basicamente o mesmo processo nas principais cidades do litoral brasileiro, da praia pobre e mestiça do período escravista-colonial à praia da classe dominante, para chegar ao mundo praieiro plural, heterogêneo, multiclassista, de nossa vida novecentista.

* * *

Mas voltemos a pousar o olhar nas mulheres. Em mulheres de grupos socialmente privilegiados. Aconteceu uma mudança espetacular. As mulheres oitocentistas poderiam estar na praia para serem vistas ou até para provocar alguma coisa — e é certo que seus banhos de mar vinham carregados de erotismo. Mas elas ocultavam o corpo, encasacadas. Depois, foram simplesmente tirando a roupa. Fazendo um *striptease*. Depois do maiô inteiriço, apareceram semidesnudas em "duas peças". Em biquínis. O célebre machismo patriarcal brasileiro não teve como mantê-las sob controle. O biquíni é uma provocação erótica. É a fêmea se mostrando ao macho. Exibindo-se sem recato. Não contentes com isso, as mulheres brasileiras inventaram a tanga, leve e breve cobertura do monte venusiano, dos pelos púbicos — com relação à tanga, de resto, ficou embaraçoso afirmar, à maneira de McLuhan, que a roupa é uma extensão da pele. E algumas ainda chegaram ao *topless*. Fora da praia, minissaia. Na praia, biquínis e tangas. Mulheres para serem vistas. Apalpadas — com as mãos ou com o olhar. E a nudez praieira do Brasil não é a nudez estranha das colônias nórdicas de nudismo. Mas uma nudez voltada para jogos sensuais. Com o maiô e o biquíni, as mulheres das camadas economicamente mais favorecidas da população alcançaram, finalmente, uma liberdade corporal de que antes só gozavam negras e mestiças pobres. E, ao ver um grupo de mocinhas de tanga (a palavra diz tudo), caminhando sob o sol do Rio ou de Barra do Una e do Arraial d'Ajuda, podemos observar que o que há de mais parecido com elas, em toda a história de nosso litoral, são as jovens índias que encantaram o olhar de Pero Vaz de Caminha. Não parece lá muito fácil entender como essas mulheres conseguiram mudar tão radicalmente nossa paisagem litoral. Como conseguiram se impor, levando-se em conta sua antiga história de submissão. Mas foi o que aconteceu.

É claro que assistimos — na época em que surgiram a minissaia e o biquíni (nascido este do desenvolvimento de um material sintético, o náilon) e em que se generalizou o uso da calcinha — a um fenômeno mundial. À moda ignorando fronteiras entre muitos países — embora, hoje, seja algo esquisito falar de "moda", a propósito do biquíni, que já tem mais de meio século de existência. É óbvio que essas coisas não aconteceram no vazio. Resultaram, em última análise, de toda uma movimentação planetária de afirmação feminina, articulando-se desde o século XIX ou um pouco antes, para ganhar vigor e visibilidade nas primeiras décadas do século seguinte. No Brasil, foi a época da conquista do direito de voto para as mulheres, do aumento da presença feminina no mercado de trabalho, da projeção de personalidades como Bertha Lutz, Tarsila do Amaral, Patrícia Galvão e Rachel de Queiroz. O biquíni apareceu na Europa pouco antes da pílula anticoncepcional se espalhar pelos EUA. E as brasileiras seguiram esses passos. Bem, o objetivo das modas vestuais, em última instância, é sempre idêntico: destacar-se no campo do mesmo sexo e chamar a atenção do sexo oposto — ou, menos restritivamente, do sexo que se deseja, seja o mesmo ou o diverso. Mas essas modas assumem sentidos dessemelhantes em lugares diferentes.

No caso brasileiro, a generalização social do biquíni foi um sinal de fundas alterações na estrutura psicossocial das elites. Via-se ali que a velha moralidade patriarcal havia já explodido. Claro: o modo de um grupo se vestir não é destacável da dimensão da moralidade. E o erotismo brasileiro assumiu então, em expressão historicamente inédita, o seu lugar ao sol. Sinhás e sinhazinhas, secularmente reprimidas, trancafiadas no escuro dos sobrados, obrigadas a se cobrir da cabeça aos pés nas suas raras saídas à rua, tiravam a roupa agora na beira do mar. Podiam finalmente fazer o que, até então, só as negrinhas faziam.

25.
ALGUNS CENÁRIOS ANTIFEMININOS

Cidades são entidades contraditórias e, não raro, paradoxais. Podemos, é claro, distinguir entre crescimento urbano e urbanização. Esta seria a forma de ordenar aquele. De organizar a cidade. Mas, seja como for, o fato é que tal dupla, crescimento urbano/urbanização, institui um espaço tanto de concentração e produção da pobreza, quanto, simultaneamente, de combate à miséria e de avanço social. Cidades são, ao mesmo tempo, agentes da degradação e da recuperação ambientais. Da emissão de gases de efeito estufa e da consciência ecológica. Do mesmo modo, lugar da heterogeneidade, de construção da tolerância, de aceitação das diferenças, de promoção (mais ideológica do que efetiva) da igualdade, a cidade, em si mesma, favorece a autossuficiência econômica e liberta a mulher de antigas coerções e de antigos constrangimentos — ao tempo em que gera novos instrumentos e mecanismos de discriminação e exploração das fêmeas. Vale dizer, a cidade tanto contribui quanto contraria, tanto consolida quanto separa, tanto destrata quanto celebra.

Em "Women's Empowerment and Gender Equality in Urban Settings: New Vulnerabilities and Opportunites" (texto estampado na coletânea *The New Global Frontier: Urbanization, Poverty and Environment in the 21st Century*, organizada por Martine, McGranahan, Montgomery e Fernandéz-Castilla), Luis Mora destaca e examina justamente aspectos contraditórios da vida urbana com relação às mulheres. Ou, como se diz na atual gíria acadêmica, a questões "de gênero" (por falar nisso, nunca vi nenhum estudioso de "gênero" dissertar sobre homens). Mora parte do óbvio: o ambiente urbano é o espaço por excelência para a reconstrução ou remodelagem das relações entre os sexos. Das *gender relations*. O processo de urbanização traz vantagens e desvantagens no que diz respeito à busca da igualdade de gênero e ao fortalecimento da mulher. Em contrapartida, relações de gênero são muitas vezes decisivas para a configuração do próprio processo de urbanização, "afetando decisões sobre quem migra para as cidades, e também sobre como a moradia, os papéis familiares e as organizações comunitárias locais serão estruturadas no contexto citadino". Mora: "As condições urbanas são frequentemente mais difíceis para mulheres e crianças — especialmente, entre os pobres —, expondo-os a novas formas de exploração e discriminação, ao lado de maiores riscos ambientais. Ambientes urbanos podem, no entanto, também apresentar novas oportunidades para a igualdade de gênero, permitindo às mulheres escapar das formas tradicionais de discriminação que prevalecem em áreas rurais, encorajando o trabalho fora de casa e facilitando o acesso a educação, renda e serviços de saúde, assim como a participação na vida política e pública". O que está em tela, portanto, são tendências, vertentes ou forças contraditórias com que se depara a mulher no cenário e nas cenas das cidades.

Mora aborda algumas dessas tendências contraditórias no que dizem respeito à presença feminina no mercado de trabalho, às condições de vida da mulher, à sua família e à sua participação social. É evidente que, ao ganhar dinheiro trabalhando fora de casa, a mulher se investe de um poder que favorece mudanças positivas num quadro de relações assimétricas entre os sexos. E o fato é que vem se acentuando, praticamente no mundo inteiro, o processo de feminização do mercado de trabalho. As mulheres integram, em contingentes crescentes, a força de trabalho remunerada que move as sociedades. Em parte, este aumento da participação feminina é explicável pelo avanço mundial da própria urbanização, que provoca alterações nas estratégias domésticas de sobrevivência, como se vê nos países em desenvolvimento ou que apenas começam a se desenvolver. A urbanização, sem dúvida, cria novas oportunidades para a mulher, em termos de acesso a emprego e renda. Por outro lado, em muitos países, a situação de inferioridade feminina persiste, com salários baixos, pouca formalização contratual e escassez de benefícios sociais.

A própria maternidade pode ser um problema, em muitos lugares do mundo. "De fato, empregadores expressam uma preferência por mulheres jovens em empregos fabris e frequentemente demitem a trabalhadora que se casa ou engravida. Em alguns países, como a Indonésia, essas intoleráveis condições de trabalho levaram as trabalhadoras a se tornar mais corajosas e militantes", escreve Mora. E é terrível a situação da maioria das trabalhadoras chinesas, não raro operando em fábricas onde o regime é praticamente escravista. É interessante notar, ainda, que Mora relativiza a informalidade: "O emprego no setor informal pode ser tanto uma bênção quanto um estorvo para as mulheres. Ao tempo em que oferece oportunidades positivas, como a flexibilidade das horas de trabalho e a conveniência de trabalhar em casa, o emprego informal com frequência não fornece condições de trabalho adequadas. Um estudo sobre vendedores ambulantes na Ásia revelou que a renda das mulheres era menor que a dos homens, que elas frequentemente sofriam assédio e que não lhes era permitido sentar na calçada [...] Além disso, o nível de sindicalização era mais alto entre ambulantes homens, proporcionando proteção melhor a eles do que a elas. Todavia, alguns sindicatos têm incorporado uma ala feminina, como em Bangladesh e na Índia".

Outro problema — e mais aspectos contraditórios da vida citadina, em países pobres ou em desenvolvimento — está no acesso à moradia e aos serviços sociais básicos. Recorrendo a informações de R. Masika e S. Baden (*Infrastructure and Poverty: A Gender Analysis*) e de J. Songsore e McGranahan ("The Political Economy of Household Management: Gender, Environment and Epidemiology in the Great Accra Metropolitan Area"), o mesmo Luis Mora sintetiza: "Acesso a moradia protegida e segura é crucial para explorar o que a cidade tem a oferecer. Contudo, de acordo com a UN-Habitat (2006), perto de um bilhão de pessoas vivem hoje em habitações precárias. Além do mais, é geralmente sabido que prioridades femininas tendem a ser ignoradas no *design* dos assentamentos humanos, na localização da moradia e no fornecimento de serviços urbanos. O planejamento urbano tem se preocupado mais com questões que se definem em termos físicos e espaciais e que estão ligadas a padrões masculinos de trabalho: projetos habitacionais para os pobres, por exemplo, raramente consideram as necessidades e prioridades das mulheres em termos de traçado do terreno e da natureza da infraestrutura e da provisão de serviços".

Além de suportar os pesados incômodos de inadequações de infraestrutura e dos serviços congestionados, de viver a aflição de não ter garantias de sua posse ou propriedade, mulheres pobres ainda expõem sua saúde (e a de suas crianças) ao usarem água não tratada, em assentamentos onde o lixo se acumula e a falta de saneamento básico é a praxe. Ainda assim, prossegue Mora, elas se beneficiam de uma infraestrutura melhor do que a mulher que vive em áreas rurais, tanto no continente africano quanto no asiático, para não falar de algumas regiões americanas. Na cidade, as casas costumam contar com banheiros mais razoáveis. Com acesso a água encanada, a transporte público e com a possibilidade de ficar nas proximidades de algum posto de saúde. "No entanto, acesso a — assim como o uso das e o controle sobre — facilidades da infraestrutura urbana e dos serviços sociais são diferentes para homens e para mulheres. Disparidades que se vinculam a desigualdades nas relações domésticas, nos direitos de propriedade e nas restrições culturais. Mulheres tendem a ficar em desvantagem em consequência de fatores socioculturais e discriminações de gênero nos serviços urbanos."

Mora considera ainda que, diante da questão da mobilidade, fundamental para "a inserção social e econômica em ambientes urbanos", o planejamento das cidades não costuma levar em conta as relações entre mulher e transporte. Ou, talvez fosse mais correto dizer, entre classe, mulher e transporte. Mulheres ricas, em países pobres ou em desenvolvimento, não utilizam veículos do sistema público, o que ressalta o aspecto classista do problema. Mas o gênero vem para o primeiro plano, quando se constata que mulheres pobres — fazendo ginástica para equilibrar seus papéis produtivo, social e reprodutivo nas sociedades — ficam com menos tempo para fazer as coisas do que os homens pobres. Segundo Mora, um levantamento feito em cinco cidades de países em crescimento, neste início do século XXI, indicou que, por falta de transporte, mais mulheres do que homens são forçadas a andar a pé. Mais mulheres do que homens dependem do transporte público. E é provável que mais homens do que mulheres tenham acesso individual a veículos particulares, bicicletas e outros meios intermediários de circulação citadina. Ainda no campo da carência de serviços, mulheres trabalhadoras têm de enfrentar o problema de cuidar dos filhos (os homens costumam achar que crianças não existem, ou não passam de fatos incômodos que se resolvem por si mesmos, como se vida biológica e vida social fossem a mesma coisa), desde que não há creches em número suficiente para abrigar a criançada. Problema que se agrava quando é significativa a distância entre local de trabalho e local de moradia, em cidades com vias congestionadas e sistema de transporte precário. Trabalhar e cuidar dos filhos podem se tornar, assim, atividades incompatíveis. Por conta disso, muitas mulheres escolhem — ou se veem obrigadas a escolher — ocupações mais flexíveis no setor informal do mercado de trabalho.

Parêntesis. Em *The Death and Life of Great American Cities*, sua obra central, Jane Jacobs escreveu o seguinte comentário: "Planejadores e projetistas são, em sua maioria, homens. Estranhamente, eles criam projetos e planos que desconsideram os homens como integrantes da vida diária e normal de onde quer que haja moradias. Ao planejar a vida residencial, o objetivo deles é satisfazer as pretensas necessidades cotidianas de donas de casa ociosas e criancinhas em idade pré-escolar. Resumindo, eles fazem projetos estritamente para sociedades matriarcais". A observação é basicamente correta, salvo por três palavras, que aqui ganham relevo: "estranhamente", "satisfazer" e "matriarcais". E é muito curioso que a estudiosa não tenha percebido isso. Não é nada estranho que homens criem planos e projetos que os excluem da vivência cotidiana em espaços de moradias. Pelo contrário. Homens fazem isso exatamente porque são homens. Seguem, nesse passo, uma cartilha masculina milenar: aos homens, o espaço aberto das ruas; às mulheres, a vida residencial, cuidando da casa e das crianças. E o objetivo não é "satisfazer" necessidades cotidianas de fêmeas caseiras. É *confinar* as mulheres nesse âmbito estritamente doméstico, nesse mundo menor. E isto, antes de ser feito "para sociedades matriarcais", é realizado por sociedades patriarcais. Machistas. É impressionante, nesse particular, a insensibilidade política e sociológica de uma estudiosa quase sempre muito brilhante. Fim do parêntesis.

Depois de falar de acessos ao mercado de trabalho, à moradia e a serviços sociais básicos, Luis Mora toca nos tópicos da família, da fertilidade e das *gender transformations* em contextos urbanos. Como está sempre preocupado em apontar contrastes entre campo e cidade, ele começa anotando distinções. Tipologias e características de famílias e residências são diferentes em cada área. Acontece, na transição do meio rural para o urbano, a passagem do predomínio da família extensa para o domínio da família nuclear, abrindo caminho para novas formas e práticas familiais. O aumento das taxas de divórcio, separação, coabitação e recasamento, em âmbito citadino, resultam em mais peso e pressão na vida social de homens e mulheres. E cresce visivelmente nas cidades, a cada dia, o número de mulheres chefe de família — especialmente, diz o pesquisador, na chamada América Latina e na África Subsaariana. Crescimento que "é comumente equacionado a um incremento na pobreza [o que nem sempre é verdade], mas a chefia feminina pode também ter efeitos positivos, particularmente em assentamentos urbanos. Moradias urbanas chefiadas por mulheres são provavelmente menos constrangidas pela autoridade patriarcal — e as mulheres podem experimentar níveis mais altos de autoestima, liberdade e controle sobre seus recursos econômicos, assim como menos abusos físicos e emocionais. Mulheres na chefia também estão melhor preparadas para perseguir seus interesses pessoais tanto em educação quanto nos negócios e, assim, assegurar o bem-estar de seus dependentes", afirma o estudioso.

Adiante, Mora lembra a notória relação entre aumento do grau de urbanização e mudança no regime de fertilidade, cujas taxas decaem em escala considerável sempre que as cidades incham. Como não há quem ignore, as cidades de nosso tempo reduzem a dimensão da família e o número de nascimentos. Favorecem, incentivam e até pressionam as pessoas nessa direção. Em ambiente urbano, com trabalho remunerado, mais educadas e informadas, expostas ao influxo de valores e conceitos modernos, as mulheres se sentem encorajadas a ser donas de seus próprios corpos, controlando, assim, seu desempenho reprodutivo. Quase não nos lembramos disso, mas, no meio urbano, elas também se acham mais fortalecidas para rechaçar pressões da parentela, decidir sobre quando desejam (ou se querem) casar e, claro, não aceitar que a família escolha seu esposo, costume ainda hoje comum entre muitos grupos e povos, do Oriente Médio a extensões asiáticas. Como se vê na Índia, por exemplo, onde o casamento arranjado ainda é a norma.

Recentemente, aliás, a *Economist* estampou a seguinte chamada de capa, a lembrar o título de um antigo disco dos Beatles: *Asia's Lonely Hearts*. Subtítulo: "Por que as mulheres asiáticas estão rejeitando o casamento e o que isto significa". Em questão, claro, a família tradicional, vista como a base mesma da sociedade chinesa. A reportagem-ensaio recorda que a família está no cerne da ética confuciana, que sustenta que um princípio moral básico, *xiushen* (traduzível por *self-improvement*, "autoaperfeiçoamento"), só pode ser perseguido e alcançado dentro de suas fronteiras, na vida familiar intramuros. E o que os conservadores temem, confucianamente, é que o colapso da família leve a um colapso social maior. As novas atitudes diante do casamento e da procriação representam assim, para eles, uma grave ameaça. E elas se espraiam diante dos olhos de todos. Sob esta luz, as sociedades asiáticas não parecem caminhar para colapso algum, mas, sem dúvida, começam a assistir à formação de uma vasta e forte maré subversora, transformando a vida em muitas regiões daquela parte do planeta. "Os asiáticos têm alguns sistemas familiares distintos. Para simplificar: no sul da Ásia, a tradição é ter casamentos precoces arranjados, onde os homens dominam e a família extensa é importante. A Ásia oriental também tem um sistema de dominação masculina, mas dá maior ênfase à família nuclear; e, atualmente, abandonou os casamentos arranjados. No sudeste, as mulheres têm alguma autonomia. Mas todos os três sistemas escaparam de muitas das mudanças sociais que golpearam a vida familiar no Ocidente desde a década de 1960" (*The Economist*).

O que acontece, no atual momento asiático, é que a novidade deu o ar de sua graça justamente aí. Na base da mudança comportamental, vamos encontrar a intensificação do crescimento urbano e da urbanização, sob o signo da contemporaneidade urbanística, tecnológica e cultural. Sob poderosos influxos ocidentais. Nesse contexto, a crescente autonomia da mulher e a consequente alteração dos padrões casamenteiros derivam de traços muito nítidos no cenário urbano asiático: a elevação do nível da educação feminina, ampliando a participação da mulher no mercado de trabalho, inclusive em faixas salariais mais altas. Como já pregavam feministas norte-americanas do século XIX, a exemplo de Melusina Fay Peirce, a independência econômica é fundamental para as mulheres — e muitas delas hoje, nas grandes cidades asiáticas, andam preferindo um emprego a um marido. Ainda a *Economist*: "A Ásia está mudando. Embora as atitudes diante do sexo e do casamento sejam diferentes daquelas do Ocidente, as pressões da prosperidade e da modernização, sobre a vida familiar, têm sido implacáveis. Elas apenas se manifestaram de modos distintos. No Ocidente, o desfecho tem sido divórcio e ilegitimidade. Na Ásia, os resultados incluem casamento tardio, menos casamentos e, em alguma medida, mais divórcio. As mudanças no Ocidente podem ser mais espetaculares. Mas ambos, Oriente e Ocidente, estão vendo grandes mudanças no papel das mulheres e na vida familiar tradicional".

Outra dimensão contraditória do viver em cidades se evidencia na questão da violência contra as mulheres. Mulheres que moram em centros urbanos deixam para trás formas rurais de violência de gênero. Mas conhecem outras situações de risco. Outras formas e expedientes discriminatórios e agressivos. Muitas vezes, a violência contra a mulher está relacionada ao problema da propriedade habitacional. No Brasil, isso gera um bom número de agressões. Mora: "Mulheres sujeitas à violência doméstica podem permanecer em relacionamentos ultrajantes, caso não estejam preparadas para assegurar seus direitos à terra e à propriedade, a não ser através de seus maridos". E ainda: "Contextos culturais de transição apresentam problemas particulares. Por exemplo, em centros urbanos do Quênia, organizações de direitos humanos documentaram numerosos casos de parentes por afinidade explorando mulheres, quando seus maridos morrem: parentes interferem no acesso de viúvas a pensões, contas bancárias e propriedades". Para compensar, cidades reagem à violência com serviços de segurança, serviços legais e de saúde para mulheres agredidas. Estabelecem parcerias entre organizações femininas e a administração municipal. E, ainda, há aquelas em que a segurança das mulheres assume função estratégica na promoção de modificações na vida da comunidade. Por fim, espaços urbanos oferecem mais oportunidades para as mulheres interagirem, se associarem e participarem da vida pública. Associações de mulheres podem se expandir poderosamente, como nos casos da indiana SEWA, de uma União das Mulheres Vendedoras de Peixe (no Chade) ou, em plano global, da *Streetnet International*, uma aliança de organizações de vendedores ambulantes (homens e mulheres), fundada em 2002. Enfim, a tendência é que as cidades se convertam em lugares onde as mulheres encontrem "novos modos de escolhas de vida, através de melhor acesso ao associativismo, à participação pública e a processos decisórios".

Aqui chegando, cabe uma observação geral. Mora, como os demais autores de *The New Global Frontier*, adota um olhar panorâmico ao falar das realidades de países pobres ou emergentes. Os escritos do livro se concentram em leituras da Ásia, da África e da *so-called* América Latina. A "nova fronteira global" é constituída por centros urbanos de países de baixa e média rendas, vivendo processos políticos e momentos culturais distintos. Assim, muito do que é dito no livro pouco ou nada tem a ver com a nossa atual vivência brasileira. O problema da migração rural-urbana, por exemplo, tensiona fortemente o presente de muitos países, mas, para nós, é coisa do passado. Não integramos o rol dos países às voltas com imensos fluxos migratórios, vivendo conjunturas de transição urbana, como vemos na África e na Ásia. São coisas que, no Brasil, praticamente se encerraram na década de 1970. Em *O Brasil desde 1980*, Vidal Luna e Herbert S. Klein recordam que, em meados do século que passou, o Brasil era uma sociedade predominantemente rural. Em 1950, apenas 36% da população brasileira moravam em cidades. Na segunda metade daquela centúria, todavia, conhecemos intensas migrações internas. "Embora a migração para as cidades seja uma constante na história brasileira, o processo ficou muito mais rápido na segunda metade do século. Em 1960, a maioria da população nacional ainda morava no campo. Mas, em 1970, mais de metade da população já estava nas cidades, e essa proporção continuou aumentando de modo constante, até chegar a 80% no censo de 2000. Calcula-se que, em vinte anos (de 1960 a 1980), cerca de 27 milhões de brasileiros migraram para os centros urbanos". Assim, a caminho do final do século XX, deixamos de ser um país vastamente rural para nos tornarmos um país predominantemente citadino.

É uma história bem diferente da de países africanos como a Nigéria ou da China, por exemplo. Estudiosos falam, aliás, da *uniqueness*, da singularidade do processo africano de urbanização. E é muito forte o contraste entre as experiências brasileira e chinesa. Leia-se, também em *The New Global Frontier*, o estudo "The Urban Transition in China: Trends, Consequences and Policy Implications", de Xuemei Bai. Na China, viver em cidades foi, durante séculos, privilégio de uma minoria. E, ainda hoje (embora isso não vá durar muito), a maioria da população chinesa habita zonas rurais. A mudança foi grande no século passado, mas nem assim, no ano 2000, os habitantes das cidades ultrapassaram em número os moradores do campo: bateram na casa dos 36%. Mas os dados são notáveis. Em 1949, a China contava com pouco mais de 130 cidades; na primeira década do século XXI, com mais de 650. E este aumento espetacular, assinala Bai, "é um dos traços mais distintivos da urbanização chinesa". Crescimento urbano resultante, principalmente, da migração rural-urbana. Um processo que nada tem a ver com o que se deu no Brasil. Se, em 1970, a maioria de nossa população era já urbana, na China, dez anos mais tarde, o grau de urbanização mal chegava a 20%. Sim, as cidades do Brasil e da China cresceram e crescem de modo espantoso, mas em tempos, ritmos e características muito diversos. De qualquer sorte, aproveito para insistir num ponto. A questão central não é tentar controlar ou diminuir tal crescimento. É promover a urbanização, acionando políticas que tragam benefícios sociais para um número sempre maior de pessoas. A expansão das cidades não é um mal em si. E é inevitável. Algo que é possível tentar retardar, mas não reverter. O que, aliás, não acredito que seria desejável. É na cidade que o crescimento populacional pode chegar a um patamar estável. É pela cidade que podem passar os processos de desenvolvimento econômico fundado na sustentabilidade e de redução da pobreza e das distâncias sociais.

Xuemei Bai distingue três fases na história recente da urbanização chinesa. A primeira vai de 1949, ano da vitória maoísta e da fundação da República Popular da China, até 1980. Nesse período, o tamanho da população urbana foi mantido sob controle. A visão era moralista: os comunistas chineses queriam evitar a influência corruptora de cidades *western-lifestyle*. Ao contrário de Confúcio, Mao Zedong celebrava o campo, onde, para falar à maneira de Euclydes da Cunha, divisava a rocha viva da autenticidade do povo chinês. "O instrumento mais eficiente de controle de fluxos populacionais para as cidades [...] foi o *hukou*, ou sistema de registro domiciliar. Sob o regime socialista, habitantes das cidades tinham de estar registrados numa área urbana, a fim de receber auxílio governamental para alimentação, saúde, educação, habitação e de toda a infraestrutura de bem-estar social. O sistema tornava praticamente impossível a gente do campo ir a — ou se estabelecer em — uma cidade, desde que o acesso a todos os elementos essenciais à sobrevivência requeriam a apresentação de um *hukou* urbano. Como apenas um número limitado de novos registros era concedido a cada ano, o sistema, até 1980, foi eficaz em atar a população rural à terra." A segunda fase — caracterizada pelo incentivo ao desenvolvimento urbano, principalmente em centros de pequeno e médio portes — estendeu-se de 1980 a 2000. Cresceram então o número de cidades e o nível de urbanização do país. A terceira fase, com o jogo mercadológico dando cada vez mais cartas, vem do ano 2000 aos dias atuais. Nesta fase, a China conheceu um processo veloz de industrialização e manteve uma taxa bem alta de crescimento econômico. A urbanização passou a ser vista, em si mesma, como um aliado formidável dos esforços de desenvolvimento. Distingue-se, assim, um tempo de claro comando estatal da urbanização; um período em que, apesar da presença do governo, o mercado se tornou cada vez mais relevante; e o que se prevê, para o futuro, é que o peso do Estado será cada vez menor.

É coisa muito diferente do que aconteceu no Brasil. Embora Brasil e China sejam igualmente países continentais em ascensão, as semelhanças entre um e outro são mínimas. Em *What Should the Left Propose?*, Roberto Mangabeira Unger observa que a resistência ao modelo vigente de globalização e a sua futura reforma podem encontrar um campo mais fértil e uma possibilidade mais efetiva de realização entre os países continentais em desenvolvimento, entre os quais se situam o Brasil e a China. São países que combinam em si recursos práticos e espirituais com que se imaginar como mundos diferentes. Mas Mangabeira sabe de nossas dessemelhanças. A China ainda se ressente de coisas como a herança da "revolução cultural" maoista, o massacre de jovens na Praça da Paz Celestial, a situação atual de seu campesinato, o regime de partido único, um sistema semiescravista de trabalho em suas fábricas. Conta com mais de cinquenta grupos étnicos; com minorias étnicas subalternizadas que plantam arroz em suas montanhas. E ainda não é tudo. Comparativamente, a opressão e a discriminação das mulheres, entre nós, são praticamente inexistentes. A China é um escândalo, sob esta luz. Na década de 1970, o feminismo se projetou no ambiente brasileiro. Na década seguinte, direitos das mulheres foram amplamente reconhecidos, inclusive nos meios conservadores. E o que se via, nessa mesma época, na China? Mulheres humilhadas, num país brutalmente repressor, onde qualquer conversa pública sobre sexo era tabu e o próprio governo se dava o trabalho de combater a masturbação.

"Em fins de 1980 foi publicado um pequeno e sóbrio manual oficial de educação sexual, no qual aparecia o desenho de uma vagina: por causa disso, teve intensa procura e no mercado negro alcançava preços dez vezes superiores aos oficiais. Havia um capítulo inteiro sobre os 'excessos de atividade sexual': o casal comunista modelo praticava-a uma vez por mês. Citavam-se exemplos de casais destituídos de 'espírito socialista', que tinham pouco rendimento no trabalho e sofriam de muitos males incuráveis, até descobrir-se que eram sem-vergonhas, mantinham relações uma vez por semana. No mesmo livreto há um capítulo elogiável sobre o onanismo, ou melhor, 'lascívia manual' — sublime definição — que deveria ser bastante difundido a ponto de ser qualificado de 'enfermidade social'. Os autores mostravam-se compreensivos, percebiam que era consequência de fantasias e davam sugestões extraordinárias para evitá-lo: 'No que tange [sic] à lascívia manual, os jovens chineses devem ter uma correta atitude socialista'.

Suspense. Não se trata de esquerda ou direita nessas intimidades inconfessáveis, mas surgem conselhos práticos: 'Quando pensamentos perturbadores nos assaltarem, deve-se colocar os pés durante dez minutos numa bacia de água quente, a fim de evitar a prática da lascívia manual'. Para compreender a eficácia da sugestão, é preciso conhecer um pouco o país. Ninguém tinha água quente em casa e pouquíssimos possuíam água corrente. Quando chegassem os pensamentos perturbadores, seria preciso buscar água, acender o fogo a carvão, esperar que a água esquentasse e derramá-la na bacia, a fim de afastar a agitação; mas ainda haveria perturbações, depois de tanto trabalho?", pergunta-nos Fernando Mezzetti, em *De Mao a Deng: A Transformação da China*.

Quando começou a intensa campanha do controle da natalidade, a barra pesou de vez para o sexo feminino. Mezzetti: "Na sociedade chinesa, ter filhos do sexo feminino é quase uma desgraça: ao casar-se, a filha sai da família para ficar com o marido e cuidar dos sogros, esquecendo os pais. Num sistema no qual não existem pensões para os oitocentos milhões de camponeses, é vital ter filhos homens, e não somente para o prosseguimento da descendência. Diante da obrigação de colocar no mundo apenas um filho, se fosse do sexo feminino significaria o fim". Prosseguindo: "Com uma maciça mobilização e toda a capacidade de pressão social, política e propagandística possível, a campanha de controle dos nascimentos assumiu aspectos severos: as unidades de trabalho ou os comitês de bairro e de vizinhança estabeleciam quem podia ter um filho, e quando fazê-lo. Dar à luz uma menina significava frequentemente maus-tratos para a mãe por parte do marido e da família deste. Tentar novamente, a fim de ter um filho homem, acarretava duras sanções, ou talvez a obrigação de abortar, mesmo com a gravidez adiantada. Intensificou-se, então, numa teia de cumplicidade e terrível tolerância, a antiga prática de afogar as meninas recém-nascidas [...] ou de deixá-las morrer em tenra idade à primeira enfermidade, a fim de ter direito a um segundo filho. Eram práticas difundidas, a ponto de o próprio primeiro-ministro Zhao Ziyang, em seu discurso na sessão anual da Assembleia do Povo em 5 de novembro de 1982, precisar recorrer à advertência, ao falar da questão demográfica: 'Toda a sociedade deve condenar resolutamente a atitude criminosa de matar as recém-nascidas e de maltratar suas mães. Os departamentos judiciários devem punir severamente os responsáveis'. Quando o filho nascia deficiente, a tragédia era maior. O casal afogava-o ou deixava-o morrer, numa rede de cumplicidade ainda mais extensa, de tal forma que, enquanto pelo menos se falava das meninas, quanto aos defeituosos se estendia um silêncio geral".

Os comunistas chineses, como antes os nazistas, passaram a discursar enfaticamente em favor da eugenia. O vice-primeiro-ministro Chen Muhua, então responsável pelo planejamento dos nascimentos, chegou a dizer que ninguém devia "ter filhos fisicamente deficientes ou mentalmente retardados". Enfim, bocetas, aleijões e carências cerebrais estavam de novo na mira da maioria dos chineses. Hoje, aliás — na Índia, na China, na Coreia do Sul, mas também em Cingapura e Taiwan —, a moderna tecnologia médica é acionada para eliminar fetos femininos. Exames de laboratório, antecipando o sexo do futuro bebê, direcionam abortos. É a ultrassonografia a favor de uma espécie de assassinato prévio sexualmente seletivo. Com isso, para usar a expressão de Amartya Sen, uma vasta onda de *high-tech sexism* anda varrendo as extensões asiáticas. E há mais. Atualmente, a política chinesa do filho único se converteu em fonte cruelmente reveladora da imensa desigualdade social que marca de uma ponta a outra o imenso país. Claro: quem viola a determinação governamental de ter apenas um filho, é obrigado a pagar uma multa. Altíssima, para a classe média e os mais pobres. Mas praticamente insignificante para os muitos novos ricos chineses. Estes veem a multa como um mero preço a pagar para ter mais um filho. E pagam sem reclamar, sem fazer maior esforço para retirar a grana do bolso.

A propósito, informa Michael J. Sandel, em *O que o Dinheiro não Compra: Os Limites Morais do Mercado*: "A política adotada há mais de três décadas para reduzir o crescimento populacional chinês dá à maioria dos casais em áreas urbanas o direito de ter apenas um filho. (As famílias rurais são autorizadas a ter um segundo filho se o primeiro for uma menina.) A multa varia de uma região a outra, mas chega a 200.000 iuans (US$ 31.000) nas grandes cidades — um valor espantoso para o trabalhador médio, mas facilmente ao alcance de empresários ricos, estrelas do esporte e celebridades. Uma agência chinesa de notícias relatou o caso de uma mulher grávida que entrou com o marido no departamento de controle da natalidade de sua cidade, Guangzhu, largou um monte de dinheiro em cima da mesa e disse: 'Aqui estão 200.000 iuans. Precisamos cuidar do nosso futuro bebê. Por favor, não nos incomodem'". Bem, para os pobres restam os caminhos do infanticídio — entre o aborto e o abandono. O que faz com que o Estado chinês apareça como um tipo muito estranho e perverso de comerciante. Sim. Na prática, o Estado entra em cena como a entidade que vende, aos membros de segmentos privilegiados da sociedade que assim o desejarem, o direito de ter um filho a mais do que os outros, os simples mortais que não dispõem de prestígio e/ou de contas bancárias vistosas, recheadas de milhares e milhares de iuans. Só agora, no finalzinho de 2013, o governo chinês anuncia a "flexibilização da política do filho único", dispondo-se a autorizar casais a terem dois filhos.

Não por acaso me referi antes a Amartya Sen. Examinando a questão da desigualdade entre homens e mulheres, em *The Argumentative Indian: Writings on Indian Culture, History and Identity*, Sen faz uma análise que impressiona, com base no conceito de *missing women*. Vamos acompanhá-lo. O ponto de partida é simples. Em condições semelhantes de atenção social e zelo médico, com os mesmos cuidados em matéria de saúde e nutrição, as taxas de mortalidade feminina, em qualquer agrupamento etário, tendem sempre a ser mais baixas do que as da mortalidade masculina. Mesmo fetos fêmeos apresentam menor probabilidade de malograr do que fetos machos. É muito interessante. A concepção de fetos machos é maior do que a de fêmeos e nascem mais bebês do sexo masculino do que do feminino. Mas, desde que ambos os sexos sejam objeto de tratamento igual, não discriminatório, a preponderância numérica dos machos se reduz gradualmente e o quadro acaba se invertendo, em virtude da maior capacidade de sobrevivência das mulheres.

É o que se vê em diversos países europeus, nos Estados Unidos, no Canadá, onde é costumeiro encontrar cerca de 105 fêmeas para cada 100 machos. Mas esse padrão das sociedades sexualmente mais igualitárias não se sustenta em muitas outras regiões do planeta, em países ou sociedades onde as mulheres não são tratadas do mesmo modo que os homens. Nesse caso, as taxas da mortalidade feminina, contrariando a expectativa biológica (e o que de fato se constata nas sociedades ricas do Atlântico Norte), alcançam níveis excepcionalmente altos e as mulheres perdem sua predominância numérica usual. O conceito de *missing women* entra exatamente aqui. É acionado para tentar dar conta da diferença quantitativa entre o número real e o número esperável de mulheres, na população de países que apresentam claro desequilíbrio no trato com os gêneros. O foco incide, portanto, sobre "as mulheres que simplesmente não estão ali". Fazendo cálculos comparativos, Sen vai nos dizer que, no ano de 1986, por exemplo, havia 37 milhões de *missing women* na Índia. E na China, naquele mesmo ano, o número era ainda maior: 44 milhões. Convenhamos, ainda, que o conceito de *missing women*, um dos conceitos mais terríveis com que já me deparei, é uma acusação pesada e incontornável ao desenho e ao caráter atual de sociedades como a indiana e a chinesa.

Bem. A verdade, impondo-se cristalina, é que, ainda hoje, com relação ao mundo muçulmano (com mulheres chicoteadas nas ruas; mulheres apedrejadas sob a acusação de adultério; mulheres estupradas sendo condenadas como adúlteras; mulheres torturadas e assassinadas) ou aos mundos indiano e chinês, a mulher brasileira é nítida e espetacularmente livre. Desenvolve intensa participação social e política. Desfila com rara desenvoltura no campo da criação cultural. Move-se massivamente e em boas condições no mercado de trabalho. E alcançou um patamar invejável em matéria de igualdade entre os sexos. O que não quer dizer que não existam problemas. Existem, sim. E não são poucos.

26.
NOVOS CENTROS URBANOS?

Diante do padrão de relações entre a mulher e o espaço público prevalente em nossas cidades, me vejo na obrigação de seguir alguns pesquisadores e matizar minha visão do *shopping center*. Do ponto de vista da arquitetura, regra geral, o *shopping* é um tremendo trambolho na paisagem urbana: um pacotão fechado, sem leveza, sem graça e sem beleza. Passam-se os anos, eles se multiplicam — e continuam, persistem como exemplos imediatos de feiura hostil.

Mas, ao mesmo tempo, apesar de socialmente discriminatórios e essencialmente avessos aos circuitos citadinos, apresentam um aspecto societário que não devemos contornar. Em especial, o *shopping* se tornou um elemento realmente relevante no campo da socialização e da sociabilidade femininas (não acredito em 100% das mulheres que me dizem que não gostam de ir ao *shopping*). Uma espécie de neocentro de uma vida urbana em transição. Penso aqui, aviso desde já, numa mulher da classe média tradicional, da alta classe média ou da burguesia — e seu centro comercial bem vigiado, praticando com eficácia a exclusão social. Em especial, mas não exclusivamente, em cidades como Salvador, onde o comércio relativamente chique de rua foi simplesmente abolido (não é o caso de São Paulo, por exemplo, onde tal comércio é intenso, das lojas dos Jardins às da Vila Madalena; mas, mesmo em São Paulo, o Iguatemi é referência obrigatória do consumo burguês). A questão, em meio às classes populares, é diversa. E exige, logicamente, outro tipo de leitura. Feita a ressalva sociológica, vamos ao assunto.

O que é um *shopping center*? Já escrevi algumas vezes sobre a matéria, inclusive para contrapor a personalidade urbana do *shopping* e a do terreiro de candomblé: o primeiro, circunscrito em seus pisos e pavimentos; o segundo, aberto, conversando com a natureza. Em sua forma original, voltada para atender às camadas privilegiadas da população, o *shopping* é um centro de consumo seguro e socialmente segregador, que controla e induz comportamentos. Em *Arquitetura Contemporânea*, Diane Ghirardo escreve que sua concepção remete à Disneylândia: um mundo de consumo e entretenimento, que combina venda, espetáculo, vigilância e controle. Um centro comercial fechado, de costas para a rua, voltado apenas para si mesmo. "Em termos arquitetônicos, uma das características mais notáveis dos *shoppings* tem sido o contraste entre o interior altamente articulado e o exterior relativamente não-decorado", escreve, ainda, Diane. Raro é o *shopping* socialmente seletivo que se abre para o exterior. A regra é a antipatia, a "fachada inamistosa" para a rua. E enquanto Diane nos remete à Disneylândia, Witold Rybczynski, em *Vida nas Cidades: Expectativas Urbanas no Novo Mundo*, observa que o grande sucesso dos *shopping centers* aconteceu, acima de tudo, graças ao supermercado.

"Como a geladeira e o automóvel, o supermercado mudou os hábitos de compra. Desde que era possível estocar comida na geladeira — e mais tarde nos *freezers* —, as donas de casa não precisavam mais fazer compras todos os dias. As compras da semana significavam carregar muitas sacolas pesadas, e é aí que entra o carro. Na verdade, o primeiro supermercado veio antes do uso disseminado do carro particular e começou numa área urbana. Piggly Wiggly, aberto em Memphis em 1916, foi a primeira rede de armazéns *self-service* e o modelo para supermercados como o King Kullen, que abriu sua primeira loja em Queens em 1930. Mas os grandes supermercados não eram realmente adequados para o centro. Ao contrário das lojas de departamentos, eles se espalhavam por um só andar e, por causa do estacionamento, precisavam de grandes terrenos, que eram mais fáceis de encontrar nos arredores da cidade", escreve Rybczynski. Com a proliferação dos automóveis e a implantação de supermercados em áreas mais afastadas do centro, a cama estava feita para a explosão dos *shoppings*, reunindo diversas lojas comerciais (ninguém precisaria mais ficar andando ou dirigindo para baixo e para cima) e, eventualmente, incorporando um supermercado. Desse modo, de resto, os *shoppings* apareceram como uma das principais forças que produziram o declínio dos antigos centros das cidades. Na verdade, no caso dos Estados Unidos, o esvaziamento dos espaços centrais das cidades parece ter sido o desfecho da expansão da suburbanização, da proliferação de *shoppings* e da *gentrification* — vale dizer, da recuperação física e da "elegantização" de certos segmentos daqueles espaços, expulsando dali os moradores mais pobres e a boemia de artistas e intelectuais.

Já em meados da década de 1950, o modelo do *shopping center* se definiu nos EUA. Era o centro comercial fechado, com áreas de circulação interna, um elenco de vitrines, ar condicionado, etc. Mas a coisa não parou aí. Os *shoppings* foram somando diversas atrações e serviços. E vieram novidades atrás de novidades, de pistas de patinação no gelo a espaços para exposições de artes plásticas. Mas aconteceu, sobretudo, a grande transformação, quando se completou o salto triplo do antigo armazém ao novo simulacro de cidade. Rybczynski assinala: "Os *shoppings* não eram mais apenas um lugar para compras, mas centros urbanos. Embora as lojas continuassem a ser o maior chamariz, os investidores começaram a ceder espaço para uma série de clientes, inclusive academias de ginástica e de cuidados com a saúde, bancos, lojas de corretagem e centros médicos. E os *shoppings* passaram a ter mais usos: bibliotecas públicas foram instaladas em Saint John, New Brunswick e Tucson, no Arizona; uma sala da representação da Organização dos Estados Unidos funcionando em Hampton, na Virgínia, e uma sucursal da prefeitura em Everett, Washington, além de escritórios de órgãos federais e estaduais em toda parte. [...] À medida que espaços não-comerciais começaram a funcionar nos *shoppings*, eles surgem em toda parte: a Universidade de York, no subúrbio de Toronto, há pouco acrescentou um *shopping* ao seu campus, e o novo aeroporto de Pittsburgh tem um *shopping* com mais de uma centena de produtos, três praças de alimentação e um quiroprático".

Este foi o modelo que trouxemos para as cidades brasileiras; este foi o processo que se reproduziu aqui — inclusive, com *shopping center* em espaço universitário e o "conceito", digamos assim, do *aeroshopping*. A diferença é que, nos EUA, os centros comerciais se alastraram no rastro da suburbanização da sociedade norte-americana, que se intensificou na década de 1950 — o que, de resto, nos exclui da justificativa do arquiteto Victor Gruen, argumentando que os centros comerciais vinham para "preencher um vazio" da vida nos subúrbios ricos daquele país, como um *ersatz* de praças e mercados da cidade. Mas o *shopping*, também entre nós, não é mais somente um centro comercial, mas um centro comercial e de serviços — públicos, inclusive. *Shoppings* com lanchonetes e butiques, mas também com agências bancárias e serviços da burocracia governamental. Etc. Artefatos francamente "antiurbanos", no sentido de que se fecham em si mesmos, rejeitando a heterogeneidade do viver citadino, eles procuram substituir os antigos centros urbanos, passando-os a limpo e se constituindo em neocentros das cidades contemporâneas. Novos centros urbanos, no sentido de que são vigiados, assépticos, estilizados ou comprimidos; excluem manifestações políticas; e procuram, pelo menos programaticamente, reduzir a presença do acaso no cotidiano das pessoas, desde que não é possível extingui-lo de todo.

"Sua concepção busca recriar, na essência, um centro urbano idealizado e atemporal [...] São espaços apartados, destinados aos que podem consumir, sem as perturbações causadas pela massa urbana sem posses e onde a ocorrência de eventos casuais característicos do viver urbano possa ser suprimida", como observou Wilson Ribeiro, em "Shopping Center: Uma Imagem de Espelhos" (na coletânea *Shopping Centers: Espaço, Cultura e Modernidade nas Cidades Brasileiras*, organizada por Silvana Maria Pintaudi e Heitor Frúgoli Jr.). Esta visão de uma "cidade" dentro da cidade se firmou entre os estudiosos. Uma "cidade" que representa o triunfo, ao mesmo tempo final e caricatural, do "higienismo". Em "Os Arquitetos e os *Shopping Centers*" (*Projeto*, março de 1989), Hugo Segawa já falava, a este respeito, de "um complexo equivalente a uma cidade" ou um "centro urbano" diferente da cidade e do centro reais. Uma "cidade" sem pobres, sem violência e sem carências infraestruturais. E, lá dentro, os privilegiados "cidadãos" da "cidade" do consumo, passeando por "ruas" e "praças" sem história, cercados de atrações. "Surge, portanto, no interior da cidade, uma outra 'cidade em miniatura', que 'dialoga' com signos e características de outros espaços e instituições, recriando em seus interiores novas praças, calçadões, bulevares, alamedas de serviços, agrupamento de lojas, etc., dentro de uma nova escala e concepção. Nesse cenário de irrealidade, os frequentadores imaginam encontrar um lugar a salvo das estatísticas da violência urbana, das intempéries climáticas, dos transtornos do trânsito, das desordens da geografia urbana." (Frúgoli Jr., "Os Shoppings de São Paulo e a Trama do Urbano: Um Olhar Antropológico") Um jogo de cartas marcadas no reino do simulacro. Na verdade, o *shopping* aparece hoje, entre outras coisas, como uma espécie de *byproduct* compensatório de uma promessa que não foi cumprida: a promessa de que, com o avanço do mundo industrial e tecnológico, viveríamos em cidades boas, limpas, bonitas e agradáveis.

Em *Os Últimos Intelectuais*, Russell Jacoby lembra que "os novos centros comerciais oferecem, especialmente à juventude, um local de encontro, o qual de outra forma ela não teria". Mas para completar: "Os centros comerciais pouco oferecem além disso; em geral, oferecem menos. É difícil se emocionar com os centros comerciais, sejam eles grandes ou pequenos, cobertos ou descobertos, com ou sem fontes, elevadores de vidro e mostras de arte locais. Os centros comerciais são máquinas de vender. Diferentemente das ruas de uma cidade, eles são planejados e administrados por empresas privadas de forma que cada metro quadrado, inclusive os bancos e as fontes, estimule a vontade de comprar". Tudo bem: o *shopping* é uma máquina de vender. Mas aquele outro aspecto, o do "local de encontro", também deve ser examinado. Nesses neocentros urbanos, jovens circulam relativamente à vontade. Sentem-se protegidos e donos do pedaço. Antes que templo do consumo, o *shopping* parece ser, para eles, centro de lazer e sociabilidade.

Rapazes e moças limitam seus gastos, praticamente, ao cinema e à lanchonete. Como geralmente não têm dinheiro suficiente para ir de uma loja a outra fazendo compras, mostram-se mais visivelmente, portanto, no circuito do consumo simbólico. Ali está o *point* onde a turma se encontra, se exibe, se diverte, troca informações, paquera. Em cena, o narcisismo estrídulo e colorido da galera juvenil. O principal não é comprar — é olhar e ser olhado. É conversar e namorar. E até tecer e entretecer aproximações com outras pessoas e outros grupos igualmente jovens. Ainda Frúgoli Jr.: "Estes grupos jovens [...] circulam pelo *shopping center* de forma bem diferente dos consumidores propriamente ditos: ao invés das vitrines, preferem observar os transeuntes. Fazem percursos como que à deriva, olhar atento à busca de encontros e propensos a leves transgressões grupais". Fazer riscos e rabiscos no banheiro, por exemplo; roubar ou quebrar algum pequeno objeto; arranhar alguma coisa. Mas o mais importante não é isso. O mais importante é o desempenho simbólico. A atividade comunicacional. O *shopping* como espaço interpessoal e intersemiótico. E ele é buscado por isso mesmo, até porque não são raros os jovens que vivem de espaço fechado em espaço fechado — escola, condomínio, *shopping* —, sem pisar os pés numa rua ou numa praça verdadeiramente pública. Curiosamente, aliás, não conheço músicas de compositores ou bandas jovens que tematizem explicitamente tais neocentros urbanos. Nenhum *rock* que fale de um rapaz ou de uma garota numa "praça de alimentação", por exemplo.

Os jovens são, de fato, a face mais visível e barulhenta dos frequentadores de *shopping centers*. Mas, até onde me é dado saber, o público desses centros comerciais e de serviços é tradicional e predominantemente feminino (boa parte dos jovens que os frequentam é formada, claro, por moças). Frúgoli Jr. cita, a propósito, um comentário do empresário cearense Carlos Jereissati, dono do Iguatemi, na Avenida Faria Lima, área rica de São Paulo (o Ceará, por sinal, foi pioneiro na implantação de *shoppings* no Brasil): "Um bom *shopping* precisa conhecer a fundo a técnica de seduzir uma mulher. Este é um dos nossos segredos". Mulheres vão ao *shopping*, obviamente, porque adoram consumir. Gostam de comprar. Mas não só por isso. Poderiam fazer suas compras no comércio comum das ruas, como, aliás, acontece em lugares como Berlim. Mas raramente o fazem (existem, mesmo, as que detestam o comércio de rua). E explicam por quê. Segurança — é um dos motivos. Concentração de lojas e serviços variados, outro. Falam, ainda, de circulação fácil e conforto climático — especialmente, quando a temperatura sobe em nossas cidades litorais, como no verão do Rio de Janeiro, de Salvador ou de Fortaleza. Mesmo São Paulo, em finais de ano, é um forno.

Mas nada disso as impediria, em princípio, de serem consumidoras do comércio tradicional de rua (que, em termos paulistanos, não se extinguiu:

pode ir da 25 de Março à Oscar Freire). É que, além de a rua se ter tornado expulsiva e até ameaçadora, a soma dos ingredientes supracitados facilita, ainda, um determinado tipo de comunicação com os outros. O encontro com pessoas que não são vistas rotineiramente. O estabelecimento de relações com pessoas no âmbito de determinada loja ou café. Etc. "Aqui é um ponto de referência para encontros, com várias possibilidades: cinema, café, compras, etc. É um lugar aonde a gente pode vir só, numa boa, sem se sentir inibida", diz uma jovem cliente do Iguatemi paulistano. Vale dizer, o *shopping* também não deixa de ser uma espécie de clube. É evidente que a forma da sociabilidade feminina não é igual à dos jovens (nunca foi, em outros lugares e circunstâncias). Mas ela existe. É tecida, igualmente, via signos de identificação e diferenciação. Da atividade comunicacional ou dos diálogos semióticos. Só que em outro patamar: sem a ostensiva demarcação de turmas, como acontece entre os jovens; sem as aproximações tantas vezes oblíquas, ao mesmo tempo discretas e "estratégicas", como se vê na sociabilidade homossexual mais recolhida. De qualquer modo, conheço mulheres que se tornaram amigas (não sei se no sentido menos superficial da palavra) por serem clientes de uma determinada loja de um mesmo *shopping* e, em conversas que foram se desdobrando, terem descoberto afinidades de gosto e vida.

Podemos abominar os *shopping centers*, é claro. Lastimar a estreiteza dessas mulheres que minimizam e empobrecem seus circuitos existenciais. Fazer discursos denunciando que é a isso que se está reduzindo a urbanidade em cidades violentas, desiguais e segregacionistas. Mas, por outro lado, não temos como atirar aquelas mulheres no olho da rua, em cidades cujas vias públicas nada têm de acolhedoras e onde elas se sentiriam ameaçadas, importunadas e inibidas. Onde correriam — e correm — riscos reais. Rybczynski, de sua parte, nem acha que os novos centros urbanos, configurados pelos *shopping centers*, mereçam qualquer tipo de condenação: "Acho que o que atrai as pessoas para os *shoppings* é que eles são espaços públicos onde a liberdade individual é respeitada. [...] É isso que os *shoppings* oferecem: um lugar (para a maioria das pessoas) com um nível razoável de ordem, com a garantia de que o consumidor não será importunado por atos bizarros de comportamento, nem abordado ou intimidado por adolescentes mal-educados, bêbados barulhentos e mendigos agressivos. Não parece que seja pedir muito".

Mais Rybczynski, em perspectiva histórica: "E o que dizer dos *shoppings* serem lugares fechados? Será que eles não podem ser considerados lugares urbanos pelo fato de os consumidores estarem protegidos do calor e do frio? Eu não acho. Comerciantes constroem *shoppings* fechados há um bom tempo. Galerias com teto de vidro, ou *passages*, surgiram no centro de Paris no início do século XIX e foram muito imitadas no restante do continente e na Inglaterra. Londres e Paris no século XIX também tinham bazares, como Milão, Nápoles e outras cidades italianas tinham galerias, que eram grandes centrais de compras, em geral com vários andares de lojas com boxes independentes e com tetos impressionantes, feitos de ferro fundido e vidro. Um dos únicos edifícios-bazares para compras que ainda existem é a fantástica loja de departamentos GUM, em Moscou, terminada em 1893. A arquitetura da maioria dos *shoppings* atuais é quase modesta se comparada com os bazares e lojas de departamentos vitorianos, com seus interiores exagerados, com grande circulação de pessoas, que faziam de comprar e consumir uma festa, de uma forma que nunca antes fora feita, nem depois". Em "Paris, Capital do Século XIX", aliás, Walter Benjamin fala das galerias parisienses (vistas já como "cidades em miniatura"), mas para recordar uma informação relevante: "Fourier viu nas galerias o cânone arquitetônico do falanstério. É significativa a reconstrução reacionária a que as submeteu: embora servissem originalmente a fins comerciais, elas se converteram, com ele, em lugares de moradia. O falanstério é uma cidade de galerias". Ou seja: das galerias parisienses do século XIX podem descender tanto os experimentos de "sociedade alternativa" que se espalharam pelos EUA, entre discípulos do "socialismo utópico" de Fourier, quanto os *shopping centers* do liberalismo e do neoliberalismo econômicos. O que bem nos mostra o quanto é difícil prognosticar o futuro de uma forma. Ou de uma ideia.

Mas voltemos a Rybczynski. "A polêmica sobre os *shoppings* poderem ou deverem substituir ou engrandecer o centro é acadêmica [há lugares em que o *shopping* já é o centro]. [...] Quando eu morava em Hemmingford, do outro lado da fronteira com o Canadá, a cada duas ou três semanas Shirley [esposa de nosso arquiteto] e eu íamos de carro até ao *shopping*, às vezes para fazer compras, às vezes para ir ao cinema, ou só para dar uma volta. O clima era animado, um grande contraste com o vazio da Margaret Street no centro [de Plattsburgh]. Havia muita gente, adolescentes agitados circulando pela galeria de vídeos, pais levando os filhos para o cinema, jovens casais olhando vitrines, gente mais velha andando para fazer exercício ou sentada nos bancos do jardim. [...] A grande área aberta, o ponto de encontro do *shopping*, era cheia de mesas e cadeiras; em volta ficavam os pátios com lanchonetes e placas de sinalização coloridas oferecendo todo tipo de comida: texano-mexicana, chinesa, italiana, oriental. As pessoas carregavam suas bandejas para as mesas e, como não havia separação entre a praça de alimentação e as lojas, a impressão era a de um enorme bar na calçada. [...] Eu via gente se cumprimentando e encontrando os vizinhos num lugar tranquilo — não atrás das rodas de um carro, mas a pé. Quanto ao superconsumismo, a força do comércio sempre foi a base da cidade norte-americana [e uma das bases da cidade, em todo o mundo] — tanto do velho centro quanto do novo — e não consigo entender por que sentar num banco no *shopping* possa ser mais artificial do que sentar num banco do parque. Honestamente, eu ainda gostava de andar pela Margaret Street, mas só quando me sentia nostálgico. Quando queria fazer parte da multidão, eu ia ao *shopping*."

Também não concordo com o uso da expressão "artificial", nesse contexto. Aldo Rossi está certo, quando, em *A Arquitetura da Cidade*, observa: "Já nas aldeias neolíticas há a primeira transformação do mundo conforme as necessidades do homem. Portanto, a pátria artificial é tão antiga quanto o homem". Tanto em sentido raso, quanto em sentido profundo, toda cidade é *artificial*: ruas, praças e prédios não brotam espontaneamente no mundo natural, como bromélias, cajueiros ou acácias. Em São Paulo, o "triângulo histórico", com o Pátio do Colégio, é tão artificial quanto o Anhembi e o Iguatemi. E nada mais artificial do que as manchas matrizes de Salvador, Aracaju ou Belo Horizonte, com seus traçados geométricos. O que temos é que os centros tradicionais vêm passando boa parte de suas atividades para os neocentros, mas uns e outros são igualmente artificiais. Meu ponto de vista, nesse particular, é simples. Às vezes, me lembro de Tales Ab'Sáber em sua "Crônica da Província de São Paulo" (no livro *A (Des)Construção do Caos*, organizado por Sergio Kon e Fábio Duarte), quando ele diz que "as pessoas dedicam à banalidade dos corredores sempre iguais [do *shopping*] o flanar e o bem-estar que não conseguem viver no corpo estranho de sua própria cidade".

Mais Ab'Sáber: "Sempre que entramos em um *shopping* sentimos o alívio de estar finalmente em um espaço homogêneo de imagem e direitos, como deveria ser todo o espaço da cidade. Em seguida, sentimos a euforia das mercadorias, espraiando sua mania para a incitação de sua circulação. Depois de quarenta minutos estamos exaustos, tamanha a monotonia e pobreza de experiência deste feirão que se quer cidade. Tudo é parecido demais com o ciclo bipolar de uma droga. Os *shoppings* são os espaços falsificados de beleza e direito do cidadão igualitário, que não existe entre nós a não ser onde o dinheiro o simula para sua própria vida". De outra parte, sei que não passo de um personagem algo excêntrico na vida cotidiana das cidades onde pouso ou moro. Não tenho, de fato, um "cotidiano", no sentido comum da palavra: uma rotina. Trabalho, há anos e anos, por empreitada, sem emprego fixo. Escrevo à noite. Durmo por volta das seis horas da manhã e acordo no começo da tarde, de modo que vejo diariamente tanto o nascer do sol quanto o sol-pôr. E não sou frequentador de *shopping centers* por três motivos, ao menos. Primeiro, porque não sou frequentador de nada, a não ser da varanda de minha casa. Segundo, detesto toda espécie de segregação social — e não gosto de espaços fechados, nem de ar condicionado. Curto os imprevistos e os acasos das ruas. Além disso, e bem ao contrário de minha mulher e da maioria de minhas amigas, não sinto nenhum prazer especial em olhar vitrines e fazer compras. Diversamente, me agrada andar em feiras ao ar livre, em dias de sol, tomando uma cerveja gelada, olhando as pessoas e as coisas, comendo pastel, conversando. Seja em Vila Mariana ou em Vila Nova Conceição, na cidade de São Paulo, seja em Cachoeira do Paraguaçu, no Recôncavo Baiano. Não se trata de nenhuma opção ideológica pelo "artesanal", aviso. Mas de simples prazer pessoal.

Resta, no entanto, um aspecto político. O *shopping* é um neocentro, entre outras coisas, porque é um espaço de acesso público, mesmo que seletivo. Mas seu uso é definido por normas privadas. Daí que, no seu manual de regras, vamos encontrar a proibição de certas práticas políticas. Nos EUA, isso já rendeu pano para manga. Mas a Suprema Corte daquele país acabou decidindo que *shoppings* não eram lugares adequados para o exercício da "liberdade de expressão". Tudo bem. Atividades proselitistas e discursos a qualquer preço (e pretexto) são coisas que incomodam. E há lugares onde devem ser terminantemente proibidos, por mais públicos que sejam. Em museus, por exemplo. Mas, também, não devemos descartar definitivamente a possibilidade de certas manifestações transgressoras em *shoppings*. Coisas na linha do célebre *sit-in* da década de 1960, na época da luta por direitos civis nos EUA, quando as pessoas simplesmente chegavam e ocupavam o andar térreo, o *lobby* de hotéis, por exemplo. Coisas que, sem poluir o ambiente, possam chegar a magnetizar politicamente os neocentros. Afinal, nada (nem mesmo o direito de propriedade) justifica que eles, em sua ambivalência, permaneçam tão assépticos assim. E nem sempre é preciso ferir frontalmente a lei, para engenhar dissonâncias.

27.
ESPAÇOS PERDIDOS

Mark Hutter está certo quando diz que *The Death and Life of Great American Cities*, de Jane Jacobs, é uma evocação da civilidade urbana. "Era nas calçadas da cidade que as pessoas discerniam diferenças umas nas outras e desenvolviam um senso de confiança pública", escreve Hutter, em *Experiencing Cities*. Mas o fato foi que, entre o final da década de 1960 e ao longo dos anos de 1970, a vida citadina se tornou complicada para muitos norte-americanos. A desordem se instalou nas cidades. Os espaços públicos se tornaram, progressivamente, lugares inseguros e perigosos. Muita gente foi praticamente expulsa das calçadas. Lembro-me de que o Rio de Janeiro já experimentava o drama crescente do medo e da insegurança ainda na década de 1970. E processo semelhante começou a acontecer em Salvador, entre o final da década de 1980 e ao longo do decênio seguinte, para se acentuar escandalosamente em direção aos dias de hoje.

Há quem diga que a imagem de um espaço público mais tranquilo, nos bons velhos tempos, é uma construção idealizada e nostálgica. Uma visão fantasiosa, de base classista e racial. Hutter cita, a propósito, estudiosos norte-americanos do fenômeno urbano. Bryant Simon, o autor de *Boardwalk of Dreams: Atlantic City and the Fate of Urban America*, por exemplo. Para Simon, a visão é classista e racial porque passa ao largo da dimensão da exclusão nas extensões públicas das cidades norte-americanas. Para ele, o domínio público, nessas cidades, sempre foi menos democrático do que excludente. O espaço público foi "definido e modelado" pela exclusão. Racial, principalmente. Bem. A questão racial, nos Estados Unidos, sempre teve cores muito particulares. Apresenta características históricas, sociológicas e culturais inteiramente diversas do que aconteceu no Brasil. Basta confrontar fotos da clara segregação de Atlantic City com *Retratos da Bahia*, de Pierre Verger, para ver que, à separação lá, responde aqui a mistura inteira de pessoas de todas as cores nos espaços coletivos da Salvador da década de 1950, sem que aquilo implicasse inexistência de preconceito. Nas praças centrais da cidade, em suas ladeiras, nos bondes, etc., não havia espaços separados para pretos e para brancos. Além disso, não cultivávamos essa dicotomia racial exclusivamente norte-americana — os Estados Unidos são o único país do mundo que não reconhece a existência objetiva de mestiços (coisa que só agora está mudando, com os grupos e movimentos de reivindicação da "birracialidade").

De outra parte, não há dúvida de que a exclusão social não deixou de marcar e modelar a definição de certos espaços públicos principais em cidades brasileiras. Basta pensar no centro do Rio de Janeiro, depois da reforma comandada por Pereira Passos, em inícios do século passado. Ou no desenho de Manaus, mais ou menos na mesma época. Mas, mesmo reconhecendo com clareza a dimensão excludente de alguns espaços coletivos, não vejo como fugir à constatação de que tais espaços já foram extensões urbanas bem mais tranquilas, tempos atrás. O reconhecimento objetivo da transformação de tais lugares em zonas de insegurança e risco, sob o signo da violência, não pode ser classificado em termos de mera idealização ou nostalgia. Hoje, só vamos a uma praça ou pracinha, à noite, se ela estiver iluminada — e policiada. Outro fato contraria ainda mais frontalmente a tese de Bryant Simon, se tentamos aplicá-la a nossas cidades. Para que a visão dos espaços coletivos como espaços atualmente perdidos não passasse de uma idealização nostálgica, de uma fantasia classista e racial, seria necessário que ela se contivesse no âmbito das classes economicamente privilegiadas e dos segmentos mais claros da população.

E não é o que acontece. Entre nós, não são apenas brancos e ricos os que se queixam. Os que se recordam — com saudade, sim — do tempo em que podiam circular tranquilamente pelos caminhos e pousos da cidade. Ouvimos o mesmíssimo tipo de comentário em meio às camadas populares de nossa população. Em meio a pretos e pobres das cidades. Todos, em maior ou menor grau, se referem à insegurança e ao medo que os espaços públicos despertam. É uma sensação ou um sentimento que atravessa todas as faixas sociais e todas as mesclas de cores. Mesmo adolescentes têm medo de andar pela rua em determinadas circunstâncias — e não podemos dizer que eles sejam "nostálgicos". Repare-se, ao contrário, que a nossa paisagem urbana, hoje, não é marcada apenas pelos condomínios fechados dos mais ricos. Mas, também, pelas casinhas térreas de janelas gradeadas dos bairros mais pobres da periferia.

28.
ENCARANDO A BARRA

"Brasília é uma cidade para políticos e prostitutas", disse certa vez minha mulher, a artista plástica Sara Victoria, em pequena roda de amigos e amigas, numa sorveteria do Lago Sul, na própria Brasília. A observação é injusta. Mas entendo. Sara nunca morou em Brasília. Sempre esteve de passagem na cidade, plantando-se no setor hoteleiro sul. E falava de uma situação específica. Anos atrás, solteira, passando uns dias em Brasília, não podia descer do apartamento para tomar uma água mineral no bar do hotel, que os homens a olhavam como se ela fosse uma prostituta de luxo.

Entendo. Putas de luxo frequentam tradicionalmente hotéis desse setor da cidade. Me lembro de que, numa das vezes em que morei em Brasília, em 2003, o *pub* do hotel Bonaparte ficava cheio de putinhas muito jovens e muito bonitas. Era um desfile de gatas — em boa parte, nascidas em Goiânia. E, em dias de sessões mais agitadas ou decisivas no Congresso, o bar se enchia de políticos de procedência variada, bebendo e falando alto, numa amostragem cacofônica dos diversos sotaques regionais do país (em tempo: como me disse Francisco Achcar, sotaque é o modo de falar de quem fala diferente de mim). Políticos e prostitutas. Bem, Sara é uma mulher muito bonita, relativamente alta (até para o padrão da cidade onde nasceu, Berlim), loura, sensual. A primeira reação dos homens — machista, é claro —, ao vê-la sozinha no bar do hotel, era checar se se tratava de um bom programa sexual à vista. Eles vivem isso, todas as noites — em especial, entre a terça e a quinta-feira, já que hotéis e bares brasilienses praticamente se esvaziam nos fins de semana, quando políticos retornam aos seus lugares de origem, quase sempre a fim de engabelar conterrâneos, e lobistas recolhem as unhas. Mas ninguém a olharia assim, se ela estivesse em outros pontos da cidade, tomando sua água mineral na Oca ou no Carpe Diem, por exemplo. De qualquer sorte, sua observação me leva a temas de relevo.

Existem ainda hoje, em nossas cidades, lugares tradicionalmente masculinos e lugares tradicionalmente femininos. Eles se definem, como tais, na convergência de fatores materiais (tipo de consumo, mobiliário, decoração, etc.) e de procedimentos comportamentais ou simbólicos. Como exemplos, podemos citar o boteco e o salão de beleza. É claro que, eventualmente, podemos encontrar mulheres em botecos e homens em salões de beleza. Mas o boteco — especialmente, os mais toscos, em áreas centrais ou mais pobres dos centros urbanos, mesmo em cidadezinhas interioranas — é um lugar masculino, assim como é predominantemente feminino o salão de beleza cheio de mulheres fofocando, fazendo as unhas e pintando os cabelos. Exemplos menos extremos, a adega e a joalheria também exibem seus traços distintivos de gênero, do plano da decoração ao plano simbólico-comportamental. O caso da joalheria, aliás, é interessante. Ela organiza, com a sua clientela mais estável, uma espécie de microrrede feminina. O homem que entra ali está, às vezes, caindo nessa malha. Por exemplo: quer fazer uma surpresa à mulher e vai à joalheria que sabe ser a sua favorita. Conversando com ele, a dona ou gerente da loja logo fica sabendo se a sua mulher é cliente da casa. Ao identificá-la, sabe que tipo de joia ela compra e a faixa de preço de suas aquisições. De acordo com isso e sem nada dizer ao sujeito, exibe a ele um determinado elenco de anéis, colares, brincos, pulseiras. O sujeito sai da loja feliz, achando que *ele* escolheu uma joia para sua mulher. Bobagem. Quem escolheu foi ela, na cumplicidade da joalheria.

De outra parte, tivemos o processo de "bissexualização" dos lugares, como alguém o chamou. Desde meados do século passado, as mulheres foram se fazendo uma presença sempre mais visível em espaços antes predominante ou exclusivamente masculinos. O avanço feminino sobre os bares é exemplo disso. Mulheres passaram a frequentá-los em grupos mistos ou somente delas. Passaram a participar, de forma autônoma e desenvolta, da vida noturna da cidade. Entre nós, hoje, bares são entidades mistas, "bissexuais". Não só bares, claro. Houve uma bissexualização progressiva e generalizada de espaços masculinos. Bissexualização de escritórios empresariais. Dos meios de comunicação de massa. Do Congresso. E até da presidência da República, em experiência recente e não muito feliz nas mãos de uma mulher (comparável ao elenco dos piores homens que nos governaram). Ainda assim, há cartas marcadas. Como a de uma mulher jovem e sensual, sozinha à noite, na mesa do bar de um hotel de luxo, em Brasília, sendo automaticamente vista como uma prostituta.

A propósito dessa ocupação feminina de lugares masculinos, aliás, encontra-se uma leitura interessante no verbete *masculine space* do *Key Concepts in Urban Studies*, de M. Gottdiener e Leslie Budd, que a extraíram de um texto de Jordan Petty. Para Petty, a entrada em cena das mulheres corroeu o espaço exclusivamente masculino do passado — e esta erosão, ao lado do fracasso dos homens em definir novos espaços unicamente deles, "levou a uma redefinição da masculinidade, que é abertamente sexual, agressiva e, às vezes, violenta". Escrevem Gottdiener e Budd: "Agora, enquanto os espaços masculinos reais se retraem, sob a pressão social para que acomodem ambos os sexos, espaços virtuais de um tipo exagerado têm proliferado em filmes, revistas, *video games*, esportes 'radicais' e na televisão [...]. A pessoa não pode estar fisicamente presente nesses espaços virtuais, mas eles de fato reproduzem o discurso exclusivamente masculino, ainda que de modo exagerado e, certamente, alienado".

Petty conclui sua leitura do processo de dissolução final dos lugares masculinos, em nossos dias, observando que não se trata de "um clamor por clubes exclusivos de homens, pela segregação de rapazes e moças na sala de aula ou pela criação de uma nova hierarquia de gênero". Mas que é, sem dúvida, uma espécie de apelo por "definições construtivas da identidade masculina" — e pelo fornecimento de elementos culturais, literários e políticos, que encorajem os homens "a examinar sua masculinidade em termos francos e abertos". Mas isto está indo por um canal equivocado, que anula o homem hesitante e sensível de décadas anteriores (que deve ser recuperado em outra instância do relacionamento amoroso e intersexual), trocando-o por um troglodita que se desconhece ou que procura se reconhecer numa masculinidade excessiva e abusiva. Nas palavras de Petty, o "homem em desaparecimento" vai sendo substituído por algo que está se tornando, progressivamente, uma espécie de pênis com punhos — *a walking penis with fists*. Gottdiener e Budd consideram que essas observações são interessantes "precisamente porque introduzem o importante conceito de que os espaços, em nossa cultura, tanto são reais quanto virtuais". De fato, é interessante. Petty, porém, é excessiva. Vai um pouco além da conta. Homens gentis, na história da humanidade, sempre formaram um grêmio bem reduzido de pessoas. Mas suas palavras não deixam de ser aplicáveis, em alguma extensão, a certos segmentos masculinos da juventude brasileira.

Prosseguindo, é claro que não existem só recintos fechados ou espaços relativamente abertos na cidade, a exemplo de *shopping centers* ou bares com cadeiras na calçada. Existem também e principalmente a rua, as praças, o porto, os parques, grandes equipamentos públicos que abrigam multidões, como estádios de futebol, etc. Mas aqui, antes de avançar no assunto, será interessante lembrar a distinção entre espaço público e esfera pública. Porque o espaço público — ainda que passível de variações históricas ou meramente conjunturais e mesmo com toda a sua carga e todas as suas potencialidades simbólicas — é uma realidade física. Desenha-se na materialidade corporal da cidade. Já esfera pública e opinião pública, ainda que se configurando a partir de coisas objetivas como partidos políticos e *mass media*, dizem respeito ao circuito dos signos, com todas as suas relações de poder. E o espaço público é, hoje, uma realidade sob suspeita de declínio. De perda de brilho, peso, intensidade e vivacidade. Em "What is a City?", Lewis Mumford já dizia que a cidade é um teatro para a ação social. É por aí que devemos encarar o espaço público. Lyn Lofland, a autora de *A World of Strangers* e *The Public Realm*, observa que é o espetáculo da diversidade das pessoas, no espaço público, que dá à cidade sua "qualidade essencial". Ali, somos todos estranhos.

No entendimento de Lyn, este domínio coletivo para as performances urbanas deve ser valorizado pelas funções básicas que desempenha. Em primeiro lugar, é um espaço de aprendizado. É ali que aprendemos, de modo ao mesmo tempo difuso e direto, a interagir com estranhos, a nos mover em meio à multidão, a incorporar normas sociais básicas, a lidar com o outro. Em segundo, o espaço público oferece locais de relaxamento e entretenimento, implicando relacionamentos interpessoais, que chegam a transformar certos bares, por exemplo, em microcomunidades de pessoas que antes se desconheciam. Além disso, trata-se de um espaço de comunicação e de trocas — tanto materiais quanto informacionais ou simbólicas, signos de cultura e vida. Em quarto, o que se abre é uma arena para a prática política e o aprendizado da cidadania. O espaço público ensina as pessoas a agir em conjunto, com suas diferenças — e aí está a base, o alicerce, a *foundation* da ação política. Em quinto, é no espaço público que as ações políticas se projetam e se afirmam. Assumem formas visuais: atos públicos individuais, manifestações, passeatas. Por tudo isso, e por fim, o espaço público gera uma espécie de "cosmopolitismo", por assim dizer, no sentido da tolerância e da civilidade.

É certo que o que temos aí é uma visão bastante geral do assunto — e em sentido francamente positivo, celebratório até. Não que as observações não sejam corretas. São. No essencial. Mas é claro que admitem contra-argumentações e aceitam nuances. Primeiro, porque não existe um espaço público unificado, que acolha e distribua de modo igual o conjunto inteiro dos agentes sociais, dos moradores de uma cidade. Segundo, porque o espaço público é uma construção social e, por isso mesmo, varia no tempo. Na verdade, podemos dizer, do espaço público, o que Guimarães Rosa disse do espelho: são muitos. E é evidente que a vivência do espaço público varia também segundo a classe social, a faixa etária, a cor, a crença, o temperamento ou o sexo da pessoa. Se ela pertence a um grupo dominante, a um segmento contestador, a um contingente marginalizado da população. Enfim, o espaço público nunca é invariavelmente o mesmo, como se fosse um objeto em si (na verdade, cada centímetro do espaço público, quando se define, é o desfecho de uma luta de poder). Uma praça é uma praça, sim. Deixando provisoriamente de parte quem realmente a domina, na fatura objetiva da corrupção e do *design*, ela é, singelamente, uma coisa para um político panfletário, outra para uma prostituta, outra para uma família que por ali passeia ao pôr do sol, outra para um motorista de táxi e ainda outra para um morador de rua. Como na pergunta célebre — e sempre citada — de Shakespeare, no *Coriolanus*: "What is the city but the people?" — o que é a cidade, a não ser as pessoas?

O que Lyn Lofland sublinha é que aquela praça permanece, atravessando tudo, como referencial para todos e lugar de aprendizados e performances. O espaço público é múltiplo — e está em mutação permanente. Como a cidade, aliás. Há uma só constância na vida urbana: a inconstância. Tudo é mais fluido e cambiável do que se costuma pensar. Ao mesmo tempo, encontra-se a permanência. Mas, na base de todas as mudanças, temos o seguinte: é espaço e é público. E vou tocar aqui apenas em um aspecto da questão, prendendo-me ao meu tema feminil. Para começo de conversa, Lyn Lofland está certa, quando diz que a sociologia urbana, que tem no velho Friedrich Engels um de seus *founding fathers*, foi simplesmente desleixada, quando se dignou a falar da presença da mulher nos espaços públicos da cidade. Lacunar, talvez seja a expressão mais exata. Em grande medida, porque a mulher era então confinada a um âmbito apenas doméstico e a um cotidiano apenas vicinal — sem um desempenho mais visível e significativo nos domínios coletivos da vivência e da convivência urbanas. Mesmo em pequenas cidades do interior, raras seriam as mulheres, da classe média para cima, a se projetar além de canteiros e quintais caseiros ou da estreita órbita da vizinhança. No caso da leitura da vida em cidades maiores, a ótica sociológica incidia, com ênfase excessiva, no plano do perigo que o espaço público representa para criaturas do sexo feminino. O foco se fixava muito mais na ação de *male troublemakers*, de machos criadores de problemas, do que na natureza do envolvimento feminino com a esfera pública. Em primeiro plano, o *gender harassment*, o chamado "assédio sexual". Lyn não nega a prática do assédio, mas acha que ela foi superestimada. Com isso, deu-se pouca importância à análise do relacionamento e da atuação da mulher com e no espaço público. E a própria exageração do perigo, da visão dos espaços coletivos como áreas de risco para as fêmeas, levou a um enfraquecimento da presença feminina em zonas públicas.

Em todo caso, se não devemos exagerar o "assédio de gênero", também não devemos subestimar o peso das investidas sexuais que as mulheres se veem obrigadas a suportar, tão logo deixam para trás a porta ou o portão de suas casas. Mulheres são assediadas constantemente nas ruas, praças e parques de nossas cidades, assim como em seus mirantes e estacionamentos. E nem sempre tal assédio se limita ao assovio, à paquera ou ao galanteio. Pode se expressar agressivamente, em termos verbais e mesmo físicos. Muito embora não estejam errados os que lembram que a violência contra a mulher é muito mais comum dentro de casa do que no meio da rua, nas calçadas dos centros urbanos. A existência da Lei Maria da Penha (hoje, contabilizando milhares e milhares de processos, movidos por mulheres agredidas por seus homens ou ex-homens) e o funcionamento de delegacias da mulher, em nossas grandes e médias cidades, atestam que é alto o grau da violência intramuros que atinge as mulheres brasileiras. Como estudiosos do assunto costumam dizer, homem morre na rua — mulher, dentro de casa. Por falar nisso, pesquisa do IPEA, divulgada em setembro de 2013, mostra que a Lei Maria da Penha não conseguiu reduzir o número de mulheres brasileiras que morrem em consequência de violências caseiras. A maioria delas, no Espírito Santo e na Bahia (onde menos elas morrem: Santa Catarina e São Paulo).

Mas não se trata só de morte. A rubrica é agressão física e psicológica. E os números do problema são espantosos. Dados divulgados pelo governo federal, em agosto de 2012, revelavam que quatro mulheres são agredidas por hora no país. Que 60% das mulheres vítimas de violência eram atingidas diariamente. Tomavam porrada, esporro ou se viam de alguma forma agredidas e humilhadas todo santo dia. Quem bate? Em cerca de 90% dos casos, o agressor é marido, namorado ou "ex" da vítima — os 10% restantes distribuindo-se entre parentes, vizinhos, amigos e um ínfimo número de "desconhecidos". E o lar-doce-lar, como foi dito, é o principal cenário das agressões. Mas, seja como for, quando decidem se deslocar por áreas públicas, as mulheres se sentem mais ameaçadas, fisicamente, do que os homens. E este fato produz um dos traços diferenciais do tipo de relacionamento feminino com a cidade: mulheres não se aventuram sozinhas no espaço público com a mesma desenvoltura dos homens. Fazem um uso mais comedido e seletivo da cidade. Andam com as antenas mais ligadas — e sob uma espécie de angustiosa e permanente sinalização do medo. É claro que, com o espantoso crescimento da criminalidade e da violência urbana em nosso país, essas coisas se generalizaram e o medo se fez onipresente, diluindo distinções sexuais. Mas as mulheres ainda vivem o problema de forma muito mais concentrada e aflitiva.

É claro que não devemos cair na cegueira jurisdicista norte-americana e enfiar todo tipo de assédio no mesmo saco. Um longo e modulado assovio, saudando um belo par de coxas morenas que desfilam graciosa e sensualmente ao ar livre, cabe muito mais na conta do elogio do que no rol da agressão. E muitas mulheres — brasileiras — o recebem assim, enlevadas pelo desejo que despertam. Do mesmo modo, chamar uma mulher de *gostosa* nem sempre é agressivo — depende, entre outras coisas, do tom do olhar e da natureza da voz. O assédio deve ser tratado, também, em suas especificidades classistas, grupais e etárias. Em locais públicos frequentados por pessoas de classe média baixa e de baixa renda, como certas feiras populares, por exemplo, os homens consideram normais assédios verbais mais pesados às fêmeas (assim como costumam ser mais francamente racistas). Entre jovens, principalmente. Dirigir frases pornográficas a ciganas que vagam pelas ruas, praticando sua arte divinatória, também é comum. Como se toda jovem cigana fosse uma prostituta. Assimetrias sociais também geram condutas desregradas. Na minha adolescência, era comum ver garotos de classe média assediando empregadas domésticas, em termos claramente sexuais — coisa que não faziam com mocinhas da pequena burguesia. Não era raro que jovens se dedicassem a isso como a um esporte favorito. E elas não costumavam se intimidar. Não se crispavam, nem se esforçavam para fingir que nada estava acontecendo, como mulheres mais claras de alta classe média, diante da engrossada verbal de um sujeito mais escuro. Muitas vezes, devolviam a bola, trocando farpas ou gracejos, ridicularizando o paquerador. Mas também devo dizer que algumas alimentavam a onda, não raro topando chegar às chamadas vias de fato. Prolongava-se ali, de alguma forma, na atitude da abordagem, o suposto direito do sinhozinho branco ao corpo das pretinhas do sobrado e da senzala.

Pertence ao plano do assédio sociorracial a referência que fiz à abordagem da dondoca ou semidondoca branqueada por um trabalhador ou malandro escuro. Mitchell Duneier examinou o assunto em *Sidewalk*, de uma perspectiva contextual nova-iorquina, mas que não está muito distante de nossa realidade. Duneier fala do preto pobre que caminha ao lado da mulher branca na rua, assediando-a numa pseudoconversa, já que apenas ele fala, enquanto ela não olha em sua direção e não diz nada. Na verdade, ela finge que não está ouvindo, que não está rolando nada, embora siga tensa no seu caminho. Assim como no caso dos chistes sexuais ditos a empregadas domésticas por rapazes classemedianos ou ricos, esse tipo de assédio é uma prática que viola o que deveria ser a norma da conduta interpessoal na rua. Mas vai além da mera expressão da vulgaridade e da quebra da norma. O que está na base da conduta pseudodialógica do homem, diz Duneier, é a certeza de que aquela mulher, numa situação normal, jamais trocaria naturalmente palavras com ele. Ao mesmo tempo, a conduta do sujeito reforça a insegurança feminina no espaço público e sua percepção de que aquele é um tipo de gente que deve ser ignorada. Assim, o preto confirma a fantasia que faz a respeito da branca rica — e a branca consolida a imagem que carrega daquela espécie de preto pobre que circula pelas ruas da cidade. Ao evitar o olhar do preto, não responder às suas palavras, continuar andando como se ele não existisse, não estivesse falando ali ao seu lado, a mulher como que confirma a percepção, que ele tem, da distância em que ela se encontra e sempre se encontrará dele. Confirma o clichê classista e racial de sua incapacidade de empatia. Já o preto, com sua insistência numa ficção conversacional absurda, confirma, para a mulher, a imagem de que seu tipo é grosseiro e perigoso. Por esse caminho, conclui Duneier, estereótipos ganham vida. E concorrem para tornar os circuitos urbanos desse tipo de mulher ainda mais restritos, definindo certos espaços públicos como lugares a serem evitados. Como espaços de tensão. E de ansiedade.

Mas não para aí. É fácil fazer uma lista de fontes de desconforto para a mulher, em sua circulação por áreas, equipamentos e instrumentos de uso coletivo nas cidades. Como a ausência ou sujeira (quando não, imundície) de sanitários públicos, por exemplo. Na verdade, sanitários públicos são signos antigos e gerais de discriminação — discriminação de classe, de cor, de sexo. Mas vamos abrir parênteses. Na verdade, banheiros/sanitários não se limitam a fornecer informações sobre desigualdades sociais, raciais, sexuais, etc. Falam, também, da vida simbólica, da cultura de certa época e de determinados lugares. Conversando certa vez sobre o tema, um amigo me falou do seu espanto com Éfeso, cidade que nasceu como pequeno centro religioso no litoral da Turquia e acabou se convertendo em importante núcleo portuário, a segunda maior cidade do império romano. A propósito de Éfeso — berço da filosofia ocidental, a cidade de Heráclito, o Obscuro (*hó skoteinós*) — fala-se sempre do imenso teatro e do antigo e estupendo templo de Ártemis, com esculturas no telhado, ainda que não vinculadas estruturalmente ao funcionamento do prédio, como veremos séculos e séculos mais tarde em Gaudí, por exemplo, "com a assombrosa paisagem escultural dos telhados de sua maturidade, aquelas filas de totens respirantes e fumegantes no alto do Palau Güell e da Casa Milà", para lembrar as palavras de Robert Hughes, em *Barcelona*.

Mas o que o meu amigo tinha em mente, ao falar da antiga cidade dos pensadores jônicos, era o nosso popular "trono". No vasto sanitário público da Éfeso arqueológica, o que se vê é que as pessoas faziam cocô uma ao lado da outra, uma à vista da outra, sem qualquer inibição, como se aquilo fosse (e era) a coisa mais natural do mundo, disse-me ele. Mas veja o que é a repressão — observei: no âmbito da arquitetura religiosa cristã, isto seria impensável. Igrejas católicas não possuem banheiros, sanitários; faz-se de conta que pau, boceta e cu não existem — logo, ninguém pode querer macular o templo com o desejo ilusório de fazer cocô ou xixi. É um dos atestados mais fortes da atitude repressiva do cristianismo com relação ao corpo. O ser humano, ao entrar numa igreja, perde o seu corpo, esquece ou abole o seu metabolismo, seu funcionamento fisiológico, sua materialidade. Eu sabia apenas de uma exceção nesse quadro de igrejas assexuadas e antifisiológicas: a velha e bela catedral de Barcelona, construída ao longo da Idade Média, com um surpreendente mictório público funcionando no seu claustro. Mas já me falaram de outro exemplo, acho que na Itália, não me lembro agora qual.

Mas o que me importa aqui, principalmente, é a relação entre banheiro e/ou sanitário público e discriminação. Tema que, aliás, aparece já num dos textos fundadores da sociologia urbana, *A Situação da Classe Operária na Inglaterra em 1844*, onde Friedrich Engels, esquadrinhando Manchester, fala de mais de duzentas pessoas partilhando uma só privada (proporção, por sinal, reduzidíssima, em comparação com as que encontramos hoje para as maiores favelas da Índia e da África). Note-se também que durante muito tempo, em cidades dos Estados Unidos, existiram separadamente banheiros públicos para pretos e para brancos. Mais precisamente, três banheiros: um para homens brancos, um para mulheres brancas e um para pretos, independentemente de sexo. Já em *Experiencing Cities*, Mark Hutter relata: "Flora Dorsey Young era uma colega no Departamento de Sociologia da Universidade de Rowan. Era filha de pais eminentes, bem estabelecidas na comunidade negra de Filadélfia — membros de sua *burguesia preta*, para usar a expressão de E. Franklin Frazier. Pais altamente educados, seu pai um dentista muito bem-sucedido. Dr. Young se lembra vivamente de que, na Filadélfia anterior à Segunda Guerra Mundial, quando negros iam à *Center City* — à área central de compras da cidade —, sabiam que tinham de ir ao banheiro antes de sair de casa, desde que facilidades públicas de toalete não eram acessíveis a eles". Assim como não tinham permissão para experimentar antes as peças de vestuário que pretendiam comprar, os negros, fossem homens ou mulheres, não contavam com sanitários públicos à sua disposição. Mas o caso sempre foi mais complicado para as mulheres. E de todas as cores.

Oito gerações depois de Engels (lembra Mike Davis, em seu *Planet of Slums*), a extrema precariedade da situação sanitária ainda marca fortemente a vida das pessoas pobres, como a sublinhar o tempo todo qual o lugar delas na cidade e na sociedade. Um dos tópicos de *Planet of Slums*, por sinal, chama-se "Living in the Shit" ("Vivendo na Merda") e fala justamente disso. O problema, na verdade, é bem antigo. Data dos primórdios da vida citadina. Por cerca de dez milênios, observa Davis, as sociedades urbanas têm lutado sem descanso contra as montanhas de lixo e excremento que produzem. E não registramos nenhum avanço maior nesse terreno. Ainda hoje, mesmo nos polos urbanos mais ricos e mais chiques do planeta, as pessoas vão ao banheiro, fazem o que tinham ido fazer lá e se despedem com uma descarga, despachando xixi e cocô por algum canal líquido ou para a extensão de mar que se move na vizinhança da cidade. Daí que a gente tenha cidades divididas não apenas horizontalmente, no assentamento apartado de suas classes e grupos sociais, mas também verticalmente: a cidade variavelmente vistosa que sobe do plano da rua para o alto dos prédios e a cidade invariavelmente imunda que corre sob o chão, com suas águas podres e suas multidões de ratos e baratas. Veja-se o caso extremo de Nova York — de Manhattan. Mas quanto mais pobre ou socialmente desequilibrado o centro urbano, maior o problema. Que o digam os fortes fedores do Rio Pinheiros, principal afluente paulistano do Tietê, ou do Rio Camarajipe, em Salvador.

Mesmo onde existem, muitas ligações sanitárias são clandestinas. Me lembro de um levantamento feito em São Paulo (a cidade que mais faz merda no Brasil) em 2008: via ligações clandestinas, a capital paulista despejava cerca de quinhentos litros de esgoto por segundo em seus cursos ou reservas de água. Na periferia ou nas favelas mais miseráveis dos grandes centros, vemos mais: a população vivendo com esgotos que correm a céu aberto, não raro pelo meio de ruas ou vielas. E com as mulheres experimentando, como foi dito, as situações mais difíceis. Veja-se o que acontece na Índia, onde, estima-se, cerca de 700 milhões de pessoas, por falta de banheiros, se veem forçadas a fazer cocô ao ar livre. Em *Bombaim: Cidade Máxima*, Suketu Mehta escreve: "Todas as manhãs, pela janela de meu estúdio, vejo homens se aliviarem nas pedras à beira-mar. Duas vezes por dia, quando a maré sobe, um fedor terrível vem dessas pedras e inunda apartamentos de meio milhão de dólares a leste. Prahlad Kakkar, autor de filmes publicitários, fez um filme chamado *Bumbay*, um filme sobre pessoas que cagam na metrópole. Usou câmeras ocultas para filmar pessoas cagando, em banheiros de toda a cidade insular. Mas isto é apenas uma parte da história, disse-me ele. 'Metade da população não tem vaso para cagar, por isso caga fora. São 5 milhões de pessoas. Se cada uma cagar meio quilo, são 2,5 milhões de quilos de merda todo santo dia. A história real é a que o filme não mostra. Não há imagens de mulheres cagando. Elas precisam cagar entre as duas e as cinco da manhã, a única hora em que dispõem de privacidade'".

Ser obrigado a desempenhar funções corporais publicamente é humilhante para qualquer um, mas principalmente para as mulheres, lembra Mike Davis, citando dois pesquisadores. A jornalista indiana Asha Krishnakumar ("A ausência de banheiros é devastadora para as mulheres. Afeta severamente sua dignidade, saúde, segurança e senso de privacidade, e indiretamente seu letramento e produtividade. Para defecar, mulheres e meninas precisam esperar a escuridão, que as expõe ao assédio e mesmo à agressão sexual.") e Loes Schenk-Sandbergen, que examinou o problema nas favelas de Bangalore, a cidade-vitrine de uma Índia *high-tech*, onde, pelo visto, a proliferação de computadores tem sua contrapartida na escassez de latrinas. Schenk-Sandbergen observa que homens podem urinar a qualquer hora e em qualquer lugar, ao passo que as mulheres pobres de Bangalore só atendem ao "chamado da natureza" antes do nascer e depois do pôr do sol. Para não correr riscos, elas saem em grupos às cinco da manhã, dirigindo-se a terrenos pantanosos onde cobras se escondem ou a terrenos abandonados de antigos depósitos de lixo, frequentados por ratos. Muitas mulheres evitam comer durante o dia justamente para não ter de ceder à pressão fisiológica e serem obrigadas a fazer cocô em algum lugar aberto. É evidente que a nossa situação não é tão pavorosa (aterrorizante até) quanto as da Índia e da China (onde as favelas — e favelas com barracos sem banheiros — reapareceram no rastro das reformas de mercado), mas, também no caso das principais cidades brasileiras, já ouvi inúmeras vezes as queixas: sanitários públicos inexistem — e, quando existem, são infrequentáveis (imundos, entupidos, exalando e transbordando urina e fezes). Mesmo em lugares como *shopping centers* há sanitários sujos. Enfim, a sujeira é a regra — a limpeza, exceção.

O rol dos desconfortos e constrangimentos, infelizmente, não acaba aí. Há mais coisas. Como o assédio físico no transporte público, por exemplo. Homens se aproveitam do espaço reduzido, num ônibus cheio, para se encostar e se "roçar" nas mulheres, ainda que muitas delas não o queiram (porque há, sim, as que não se importam — e até desfrutam o prazer ocasional). Assim como o espelho retrovisor que o taxista direciona para as pernas da passageira, a abordagem calhorda em filas, a agressividade na disputa por uma vaga no estacionamento, a rispidez da mendicância ofensiva em esquinas e sinaleiras, a aspereza (e mesmo o deboche) policial na relação com moças mais pobres, o tratamento insolente de pivetes, etc. Em tudo isso, vê-se que a condição da mulher, na dimensão pública do viver citadino, não é tão confortável quanto a do homem. Esse desconforto, expressando-se em atitudes e escolhas diante do espaço urbano, também termina por diferenciar as espécies masculina e feminina de relacionamento com a cidade. E pode chegar a gerar uma certa hostilidade das mulheres com relação a determinados segmentos públicos do tecido citadino. Em suma, o bem-estar feminino, nas extensões coletivas da cidade, se reduz em função de uma série de restrições machistas. E acho que ninguém deve aceitar esse quadro. Por tudo isso, de resto, considero fascinante que justamente uma mulher, a urbanista Jane Jacobs, faça o elogio das ruas e da presença das pessoas nas ruas. O já citado Mark Hutter está certo quando diz que *The Death and Life of Great American Cities* é um elogio da urbanidade, da civilidade urbana. E o que Jane Jacobs expõe se desenha de uma perspectiva eminentemente pedestre. Ela pensa em profundidade a partir da rua, do andar, do plano dos passeios e das calçadas.

É interessante, aliás, o que Chico Buarque fala do andar feminino em *Budapeste*, numa observação que vale também para as cidades, de um modo geral: "[...] idênticas no andar, não há duas mulheres no mundo, nem as manequins, as gueixas, nem mesmo irmãs gêmeas". Não andamos do mesmo modo em cidades diferentes, nem duas cidades andam do mesmo modo no tempo. Mas não vamos dispersar. Voltando ao tema, não nos esqueçamos de que Jane Jacobs pensa o movimento das pessoas nas ruas em termos de segurança. "Manter a segurança urbana é uma função fundamental das ruas das cidades e suas calçadas", escreve. E, para que uma rua ofereça segurança, precisa ter três características principais: "Primeira, deve ser nítida a separação entre o espaço público e o espaço privado [...] Segunda, devem existir olhos para a rua, os olhos daqueles que podemos chamar os proprietários naturais da rua [...] E terceira, a calçada deve ter usuários transitando ininterruptamente, tanto para aumentar na rua o número de olhos atentos quanto para induzir um número suficiente de pessoas de dentro dos edifícios a observar as calçadas". Mais: "A segurança das ruas é mais eficaz, mais informal e envolve menos traços de hostilidade e desconfiança exatamente quando as pessoas as utilizam e usufruem espontaneamente e estão menos conscientes, de maneira geral, de que estão policiando [...] O requisito básico da vigilância é um número substancial de estabelecimentos e outros locais públicos dispostos ao longo das calçadas do distrito; deve haver entre eles sobretudo estabelecimentos e espaços públicos que sejam utilizados de noite. Lojas, bares e restaurantes, os exemplos principais, atuam de forma bem variada e complexa para aumentar a segurança nas calçadas".

Num certo sentido, contudo, não deixa de ser possível ver a tese de Jane Jacobs, brilhante e lúcida, como filha (ou reflexo pelo avesso) de uma espécie geral de agorafobia feminina — do medo, da ansiedade ou apenas da mera insegurança da mulher diante do espaço urbano, em suas tramas ou configurações de caráter público. E aqui podemos aproveitar para olhar o tema um pouco mais de perto, seguindo basicamente a análise feita por Esther da Costa Meyer, em "*La Donna è Mobile*: Agoraphobia, Women, and Urban Space", texto estampado na coletânea *The Sex of Architecture*, organizada por Diana Agrest, Patricia Conway e Leslie Kanes Weisman. Em termos espaciais, a agorafobia é certamente a mais limitadora das neuroses, das psicopatologias da vida urbana. É o distúrbio que mais impõe restrições ao ir e vir, ao movimento da pessoa nas extensões citadinas. E pode mesmo chegar a confiná-la em recesso fechado e estrito, como em nossas vítimas dessa também chamada "síndrome de pânico".

É sintomático, de resto, que a palavra — montada a partir de expressões gregas, ágora (*hé agorá*, a praça pública, o mercado) + fobia (medo) — tenha surgido somente nas últimas décadas do século XIX: a agorafobia é coisa de cidade grande e moderna, atingindo principalmente as mulheres. Antes dela se impor e se tornar corrente, várias outras expressões (quase todas em alemão, por sinal) eram usadas para designar essa perturbação anímica — expressões sempre reveladoras, a exemplo de *Platzscheu* e *Platzschwindel* (*Platz* — praça pública; *Scheu* — medo, temor; *Schwindel* — tontura, vertigem) ou *Strassenangst* e *Raumangst* (*Strassen* — rua; *Raum* — espaço; *Angst* — ansiedade, angústia), ansiedade espacial, e mesmo, voltando à criação neológica de base grega, *topofobia*. Em sua definição mais ampla e comum, a agorafobia designa o medo ou a ansiedade diante de espaços abertos. Mas, mais precisamente, uma perturbação essencial com relação a todo espaço que se inscreve no campo do domínio público — não somente perturbação diante de praças e ruas, mas, também, a respeito de *shoppings*, metrôs, pontes, elevadores, túneis, etc. A cada dia, a ocorrência dessa desordem ou confusão mental cresce espantosamente. "Nesses últimos anos, a incidência da agorafobia aumentou exponencialmente, representando atualmente mais de 50% de todas as desordens fóbicas ou psiconeuróticas. E sua conexão com as mulheres está fora de discussão: cerca de 85% dos agorafóbicos hoje, neste país [Estados Unidos], são mulheres", escreve a estudiosa.

Mas vamos com mais vagar. Esther inicia seu exame dos analistas ou intérpretes da agorafobia pelo urbanista Camillo Sitte, numa Viena às voltas com o seu espetacular redimensionamento físico enquanto cidade, expresso nas obras da Ringstrasse. Em *Viena Fin-de-Siècle*, Carl E. Schorske escreve que, desde que os liberais assumiram o poder na capital austríaca, na segunda metade do século XIX, começaram a remodelar a cidade à sua imagem e semelhança. E as atenções se concentraram na larga faixa de terra livre, circular, que estabelecia uma clara separação entre o antigo centro aristocrático de Viena e sua periferia classemediana e proletária — faixa de terra onde restavam como fósseis apenas fortificações antigas, obsoletas, e uma larga esplanada, coisas de um sistema feito para defender a cidade em tempos remotos. Era necessário ocupar aquele cinturão de terra aberta, transformá-lo em imenso e monumental bulevar, com um complexo de prédios públicos e particulares. Assim, a remodelagem ou reconstrução urbana de Viena centrou-se na nova ocupação e destinação daquele espaço circular e contínuo, na realização da enorme "rua-anel", a Ringstrasse.

Diante do projeto, observa Schorske, foram-se constelando vertentes opostas do urbanismo moderno, ainda que exibindo um *traite d'union* então tipicamente vienense: "[...] foi na forja da Ringstrasse que dois pioneiros do pensamento moderno sobre a cidade e sua arquitetura, Camillo Sitte e Otto Wagner, moldaram as ideias sobre a vida e forma urbanas, cuja influência ainda vigora entre nós. A crítica de Sitte valeu-lhe um lugar no panteão dos teóricos da cidade comunitária, onde é reverenciado por reformadores criativos recentes como Lewis Mumford e Jane Jacobs. As concepções de Wagner, radicalmente utilitárias em suas premissas básicas, granjearam-lhe os louvores de funcionalistas modernos e aliados críticos, os Pevsner e os Giedion. Em suas concepções antagônicas, Sitte e Wagner trouxeram ao pensamento sobre a cidade as objeções arcaístas e modernistas à civilização novecentista que se levantavam em outros setores da vida austríaca. Em sua teoria urbana e desenho espacial, puseram em relevo dois traços destacados da emergente alta cultura austríaca do século XX: a sensibilidade aos estados psíquicos e a preocupação com as consequências negativas e potencialidades da racionalidade como guia de vida".

A crítica de Sitte, a que Schorske faz referência, está em seu livro *Der Städtebau*, onde, como disse Françoise Choay (*O Urbanismo: Utopias e Realidades*), ele investe, com uma postura essencialmente estetizante e nostálgica, "contra as transformações de Viena e o planejamento urbano da Ring[strasse] segundo os princípios haussmanianos". E é aí que devemos situar a visão que ele desenvolve sobre a agorafobia, que entende no sentido geral de medo de áreas abertas. Bom observador comportamental, Sitte notava a dificuldade que muitos encontravam em se mover nessas áreas. Via pessoas hesitarem diante de praças mais amplas, umas forçando o passo para fazer o mais rápido possível aquela travessia, outras fazendo rodeios, andando coladas às paredes dos prédios em volta. Num caso como em outro, o temor diante da área livre e o sacrifício para cruzá-la. Até atravessar uma rua poderia ser uma experiência espinhosa, angustiada. E o urbanista se impressionava com isso. Esther considera que ele tinha uma razão muito forte para se preocupar com o assunto. As velhas fortificações vienenses antes mencionadas, "que durante séculos tinham funcionado como um limite — tanto psicológico quanto arquitetônico — protegendo o centro histórico, acabavam de ser derrubadas para dar lugar à Ringstrasse". E aí talvez tenham emergido inconscientes temores de classe. Por tempos e tempos, o centro fora sede da corte, lugar da aristocracia e dos burgueses mais ricos, enquanto o proletariado era mantido à distância. Mas, com a Ringstrasse, com o fim das antigas fortificações e da esplanada militar, rasurava-se definitivamente o marco distintivo protetor. Desfigurava-se a principal divisória que mantinha os poderosos de um lado e os desprivilegiados de outro. E Sitte reagia contra o caráter monumental de tudo que se planejava para aquele espaço. Queria, para a Ringstrasse, praças pequeninas e acolhedoras, pracinhas desenhadas e construídas como espaços fechados, que protegeriam os que por ali precisassem passar. Projetos singelos que, na visão de Esther, falam de um "protesto nostálgico, pequeno-burguês, contra a inevitável transformação de Viena numa metrópole".

De qualquer sorte, Sitte foi sensível à ancestral necessidade de segurança, do espaço fechado, do papel protetor de paredes e muros, da concha. Ainda que, observa Esther, deixando escapar as implicações psicossexuais da questão. E aqui entra em cena um conterrâneo e contemporâneo de Sitte, vivendo naquela mesma época em Viena: Sigmund Freud, o criador da psicanálise. Analisando seus pacientes, Freud chegou à conclusão de que o agorafóbico era uma pessoa que transferia seu medo de forças obscuras internas (de natureza erótica) para a materialidade arquitetural do espaço urbano. Nesse caso, o temor da cidade devia ser visto como sintoma de uma outra coisa. Esther resume: para Freud, a neurose de ansiedade, rótulo geral onde ele incluía a agorafobia, diz respeito a medos ou desejos inconscientes, reprimidos, que aparecem mascarados em termos espaciais: o perigo interno deslocado, transformado em perigo externo. Mas com relação não exatamente ao espaço vazio — e sim ao espaço social, urbano. Sobretudo, às ruas — com todas as suas pessoas, todas as suas possibilidades, todos os seus imprevistos, todos os seus riscos. A rua é ameaçadora, na visão freudiana, por suas promessas de tentação, satisfação de desejos ou fantasias sexuais, escape da vida rotineira e reprimida no lar (Freud, embora analisando pacientes masculinos — e mesmo uma criança, como o hoje célebre Hans e seu medo de cavalos —, considerava já a agorafobia como um distúrbio essencialmente feminino). O agorafóbico teme ter um ataque de ansiedade em resposta às forças inconscientes que o atormentam — e então busca evitar praças e ruas, evitar a tentação dos outros e se proteger atrás de paredes e muros. Na verdade, Freud nos deixou, para o estudo da vida nas cidades, principalmente os diagramas da situação espacial do "pequeno Hans" e a visão psicanalítica do misterioso, do temível, do hostil e mesmo do sinistro — *unheimlich, Unheimlichkeit* —, que se projeta dos espaços urbanos impenetráveis, hoje tão presente no *uncanny* dos estudos em língua inglesa.

Falamos, antes, da conexão entre agorafobia e modernidade urbana. Nesse terreno é que se plantam as leituras de teor historiográfico ou sociológico. "A Revolução Industrial requereu, entre outras coisas, a divisão sexual do trabalho e a separação entre moradia e local de trabalho. Com isso, as identidades sociais de homens e mulheres passaram a se constituir de modo diferente", lembra Esther. Com a Revolução Industrial e a expansão urbana, as mulheres mais pobres não tiveram alternativa: sem posses para permanecer reclusas em suas casas, foram obrigadas a ocupar sempre mais as ruas. Tiveram de sair de casa para trabalhar em fábricas. Neste horizonte imperativo, não teriam como alimentar, digamos assim, luxos agorafóbicos. É por isso que alguns estudiosos encaram a agorafobia como distúrbio típico de mulheres bem posicionadas na hierarquia social. Esther cita, a propósito, Susan Bordo ["The Body and the Reproduction of Femininity: A Feminist Appropriation of Foucault"]: "Agorafobia e anorexia, afinal, são principalmente distúrbios de mulheres de classe média e de alta classe média — mulheres para as quais as ansiedades da *possibilidade* se colocaram, mulheres que possuem recursos materiais e sociais para levar a linguagem da feminilidade ao excesso simbólico".

Topamos, ainda, com leituras sociopsicológicas da questão. "Retornando à etimologia de agorafobia, Gillian Brown ["The Empire of Agoraphobia"] a reinterpretou como medo do mercado (ou ágora), isto é, medo do consumo. Em sua visão, a agorafobia condensa a condição do indivíduo numa economia de mercado e assim pode também ser vista como uma tentativa dolorida e patológica de ludibriar o papel consumista atribuído às mulheres de classe média em sociedades afluentes." A agorafobia teria a ver, então, com uma transformação fundamental, que é quando a casa deixa de ser lugar de produção para se converter em lugar de consumo. Ou seja: a agorafobia seria, mais precisamente, protesto agorafóbico de mulheres socialmente privilegiadas contra o consumismo da modernidade urbano-industrial... Confesso que esse tipo de leitura me sugere, mais que qualquer outra coisa, teoricismo delirioso. E Esther da Costa Meyer nos traz de volta ao chão, observando que, diante das nossas atuais estatísticas de estupro, a agorafobia, o medo de espaços *públicos*, assume outra coloração. Para as vítimas de estupro, diz ela, o espaço público não existe a não ser como parte de uma topologia do medo. "E o tempo, não só o espaço, é também um elemento constitutivo da agorafobia: à noite, na maioria das grandes cidades, *todas* as mulheres são agorafóbicas."

Sim. A barra é pesada. Os números da violência sexual contra mulheres, nos Estados Unidos como no Brasil, são espantosos. Uma mulher é assassinada no Brasil a cada hora e meia. Milhares de estupros são registrados por ano, para não falar de agressões menores. Mas o que fazer? As mulheres devem saber identificar riscos, evitar lugares, se proteger, procurar meios e modos menos inseguros de fazer as coisas, sim. Mas sem se fechar à importância e aos prazeres da vida pública na cidade. Mesmo porque, para lembrar o sempre citado ditado alemão, *Stadtluft macht frei*, o ar da cidade liberta. Ou ao menos — e em princípio — deveria libertar. Porque, hoje, as próprias cidades é que precisam ser libertadas da opressão e da violência que confinam e encurralam. Mas isso diz respeito também aos homens. Eles têm de estar na linha de frente desta luta. Afinal, uma cidade que não é capaz de contar, em seus espaços públicos, com o vigor, a jovialidade e o colorido de uma visível e significativa presença feminina, é uma cidade que renuncia a alcançar sua plenitude. É uma cidade que escolhe ser menor. Porque mulher é qualidade de vida.

29.
O JOGO POLÍTICO 1

Em *Contrarrevolução e Revolta*, Herbert Marcuse, ao falar da *produtividade destrutiva* das sociedades humanas, observa que esta tem sido "a característica cada vez mais notória da dominação masculina; à medida que o 'princípio masculino' tem sido a forma mental e física dominante, uma sociedade livre seria a 'negação definitiva' desse princípio — seria uma sociedade *fêmea*. Neste sentido, nada tem a ver com um matriarcado de qualquer espécie [...] Em jogo está, antes, a ascendência de Eros sobre a agressão, em homens *e* mulheres; e isso significa, numa civilização dominada pelo homem, a 'feminilização' do macho. Expressaria a mudança decisiva na estrutura dos instintos: o enfraquecimento da agressividade primária que, por uma combinação de fatores biológicos e sociais, tem governado a cultura patriarcal".

Vamos retomar, aqui, a metáfora marcusiana: se o poder masculino instituiu núcleos urbanos marcados pela agressividade, onde as mulheres se sentem constrangidas (ou são feridas e mesmo assassinadas) por intimidações, ameaças e agressões machistas, a superação disso estará na instauração de *cidades fêmeas*. Ou na feminilização de nossas configurações citadinas. Mas qualquer conquista, nessa direção, passa pelo reconhecimento (e uso) efetivo da *função política* do espaço público. Não nos esqueçamos do que foi a *conquista da praia*, das banhistas de Castro Alves à gravidez ensolarada de Leila Diniz, que, mesmo sem ter maiores interesses políticos ou ideológicos, foi transformada em "ícone" carioca das movimentações e dos avanços femininos no Brasil, quando, na verdade, uma nova mulher brasileira começou a se expressar muito mais na figura de uma cantora como Nara Leão e de uma outra atriz: Dina Sfat. "A função política do espaço público pode também operar mais sutilmente na forma do discurso simbólico. Por exemplo, através da mera presença de minorias étnicas ou raciais, ou através de padrões de vestuário e comportamento. É difícil imaginar que a revolução política e social da década de 1960 acontecesse, sem os espaços onde os *hippies* puderam se apresentar eles mesmos e mostrar seus estilos alternativos", escreve Alexander J. Reichl, em "Fear and Lusting in Las Vegas and New

York: Sex, Political Economy, and Public Space", texto enfeixado na antologia *Understanding the City: Contemporary and Future Perspectives*, de John Eade e Christopher Mele. Foi também o que vimos, mais recentemente, na onda de afirmação da juventude negromestiça no Brasil, quando batas e tranças coloridas tomaram conta das ruas de Salvador e, depois, de outras cidades brasileiras. O espaço público é um fórum, uma conferência semiótica em várias direções, onde algum tema está sempre em foco — em destaque ou em debate. E, por isso mesmo, é um espaço em permanente transformação, sempre reinventável.

Neste sentido, temos exemplos nítidos da presença transformadora da mulher na cidade. De mulheres se manifestando como agentes vitais na ocupação e semantização do espaço público. Tomando conta do lugar. Transformando, enfim, áreas coletivas fundamentais da extensão citadina. Como no caso das célebres Mães da Plaza de Mayo, circulando ali e controlando um lugar de fortíssima carga social e simbólica, o espaço público mais central da vida argentina (onde, em inícios do século XIX, ouviu-se o clamor da independência nacional), num protesto silencioso à vista do prédio neoclássico da Casa Rosada, protesto que contribuiu de modo decisivo para a queda da ditadura militar. Pois bem: andando em volta da pirâmide (em maravilhosa resposta literal ao comando da polícia: "circulando, circulando"), aquelas mulheres escreveram, naquela praça, de seu próprio ponto de vista, um capítulo fundamental da história argentina contemporânea. "Inscreveram suas próprias histórias no palimpsesto urbano", para citar a frase perfeita de Susana Torre, em "Claiming the Public Space: The Mothers of Plaza de Mayo", texto também incluído na coletânea *The Sex of Architecture*.

Para Susana, dois aspectos poderosos se projetam aqui. A duradoura apropriação da Plaza de Mayo, por aquelas mulheres, ilustra um processo fascinante. O processo que conduz do exercício de papéis e roteiros tradicionais de mãe e esposa à emergência da mulher como sujeito ativo, transformando o chão onde pisa, transformando a cidade, o significado de um lugar público. De outra parte, como diria o Norman O. Brown do *Closing Time*, "as formas da política são as formas do teatro". Ao se apropriar da grande praça, a fim de transformá-la em palco para a encenação de seu apelo fundamental, com os nomes de seus "desaparecidos" (dissidentes torturados e assassinados pela ditadura; alguns atirados ainda com vida em alto-mar) gravados naqueles lenços brancos amarrados na cabeça, as mães e esposas apareceram como uma mostra eloquente, disse-o bem Susana, do espaço público enquanto *produção social*. "Sua redefinição daquele espaço sugere que o domínio público não reside nos — nem pode ser representado pelos

— edifícios e espaços, mas, antes, é chamado à existência por ações sociais." Ou, ainda, de uma visada ampla, generalizadora, que "o espaço público é produzido através do discurso público e sua representação não é território exclusivo da arquitetura, mas o produto da relação inextrincável entre ação social e espaço físico". O que, de resto, me faz lembrar a bela observação do biólogo e urbanista escocês Patrick Geddes: a cidade não é apenas um lugar no espaço, mas, também, um drama no tempo.

Mais recentemente, tivemos a aparição, em Cuba, das chamadas Damas de Branco, movimento formado inicialmente por mães e mulheres de 75 presos políticos detidos em 2003 pela ditadura castrista. No momento em que escrevo, elas são a única oposição nas ruas de Havana, a única oposição ao ar livre, *en plein air*, aos mandos e desmandos dos irmãos Castro. Sob a liderança de Laura Pollán, professora de língua espanhola e literatura, elas podem gritar por "liberdade", já foram agredidas pela polícia cubana, mas penso que a sua marca mais densa, transfigurando o espaço público, está nas caminhadas silenciosas pelas ruas de Havana, todas vestidas de branco, levando flores nas mãos. São donas de casa, jornalistas, etc., que, depois de assistir à missa matinal de domingo na Igreja de Santa Rita, costumam sair andando em silêncio pela Quinta Avenida ou se plantar na Praça da Revolução — espaço que se define como o cerne, o coração político do país —, desafiando a ditadura, seus *pitbulls* e seus urubus. Não nos esqueçamos, aliás, de que as Damas de Branco se queixam fortemente da postura do governo brasileiro diante da situação cubana e do problema que elas apresentam. Como um governo que se diz democrático, comandado por Lula e o PT, um político e um partido que nasceram da luta contra a ditadura, pode apoiar o regime ditatorial cubano e não dar a mínima bola para os que reivindicam a democratização de Cuba? — é o que perguntavam há pouco.

Numa entrevista, Laura Pollán comentou: "Sempre vimos Lula como um homem do povo, um homem que surgiu dos trabalhadores. Portanto, alguém que amaria o povo e que desejaria a todos os povos a mesma liberdade vivida pelo Brasil. Em especial, para Cuba. Mas, cada vez que ele vem até aqui, é para se reunir com a ditadura dos irmãos Castro, sem se lembrar de que há presos políticos, de que existem famílias que estão sofrendo e de que nós temos a dor que vocês [brasileiros] tiveram durante a ditadura. Espero que o novo governo do Brasil, depois das eleições, não siga o caminho de Lula [esperaram em vão: Dilma Rousseff manteve a mesmíssima posição, apesar de ter sido torturada pela ditadura brasileira]. Que pense mais nos seres humanos. Que nos ajude a encontrar o caminho da democracia, para que todos possamos sentir a liberdade". Como se sabe, o Brasil acabou criando uma "comissão da verdade" para falar de crimes ditatoriais internos, mas, para Cuba, não seria capaz de propor mais do que uma comissão da mentira. De Lula a Dilma Rousseff, esta tem sido uma das características mais escandalosas da política externa brasileira. Um país que nada tem a dizer sobre os crimes atuais cometidos pelos governos de Cuba e do Irã, por exemplo. Na verdade, o Brasil teve, ao longo do século XX e dos primeiros anos do século XXI, entre Vargas, Jânio, Jango, Geisel e os desdobramentos da "nova república", uma linha principalmente ascendente no sistema das relações internacionais. Mas Dilma Rousseff jogou esses avanços na lata do lixo. Agora, é preciso repensar e reformular as coisas. Retomar o protagismo. Não só em questões econômicas. E sim, igualmente, em iniciativas pela paz, em ações que nos situem na vanguarda ambiental do planeta e na defesa dos direitos humanos.

Mas vamos adiante. Sem o mínimo da seriedade, e bem diversa da gravidade e mesmo da solenidade das Mães da Plaza de Mayo e das Damas de Branco, é a Marcha das Vadias, proposta iniciada em Toronto, no Canadá, em 2011. Trata-se, agora, de uma provocação feminina-feminista que surgiu em resposta a uma declaração infeliz de um policial canadense, que disse que, se as mulheres não queriam ser estupradas, que usassem roupas mais decentes, "adequadas". Parece que era o que elas estavam esperando ouvir para começar a desfilar de *lingerie* pelas ruas. De imediato, a passeata se espalhou por boa parte do mundo. Uma manifestação lúdico-política, narcísica e até mesmo erótica. Vemos ali o inegável prazer que as mulheres sentem ao exibir publicamente seus corpos. A quase se desnudarem diante do olhar de todos. A se fantasiarem de prostitutas, a posarem de putinhas. O pretexto é perfeito: em protesto contra o estupro, elas exibem as coxas, os peitos. Declaram-se "vadias" ("sou livre — sou vadia"), vagabas. Encenam-se nas ruas como bonitinhas ordinárias.

É curioso. Interessante. Como se reinasse ali não uma cartilha mínima de princípios políticos, um feminismo básico, mas um repertório muito reduzido e bem específico de pequenas fantasias sexuais. Confesso que, mais do que assistindo a uma marcha de protesto, me sinto diante de uma espécie de desfile ilustrativo de alguma marchinha carnavalesca mais picante ou mais provocadora. Algo assim como a passagem de um bloco das "filhas da Chiquita Bacana", para lembrar a composição escrita e cantada por Caetano Veloso em carnavais da década de 1970. Entendo a mensagem das moças, claro. Mas, se o meio é a mensagem, como dizia o velho McLuhan, então a mensagem da Marcha das Vadias — ao menos, em sua versão brasileira — parece ser irremediavelmente outra. Não sugere de imediato uma recusa à curra. Antes, soa como um "gostamos de foder, por livre e espontânea vontade". Mulheres cantando, sorrindo, se divertindo. Em vez do nome de um "desaparecido", o poema-piada, o cartaz trocadilhesco. A homenagem explícita às putas, às profissionais do sexo. Na Alemanha, a coisa soa mais séria: "*Konsens ist sexy*". No Brasil, não. Que história é essa de que "consenso" é sexy? Um cartaz por aqui dizia mais ou menos o seguinte: sexo e amor são coisas distintas — o Estado me fodeu durante anos e nunca me apaixonei por ele... E não vamos nos esquecer de que boa parte dessas mulheres gostam de ser chamadas de "putinhas" enquanto estão trepando. Enfim, longe da Plaza de Mayo, o espírito é bem mais o da Parada Gay (oficialmente, Parada do Orgulho LGBT, com esta sigla que mais parece marca de *gadget* sul-coreano), que toma conta de São Paulo com suas cores e risos.

Outra forma recente de intervenção feminina no espaço público — esta, francamente explosiva e midiática — veio com a movimentação do Femen, criado em 2008 na Ucrânia e se irradiando a partir de Kiev, para hoje contar com focos espalhados pelo mundo, de Berlim a Paris (fui surpreendido, aliás, pela revelação feita recentemente no documentário *Ukraine Is Not a Brothel*, da australiana Kitty Green, de que um homem, Viktor Sviátski, foi o criador do movimento, liderando-o até 2012). A marca registrada do Femen é o *topless*, e aí talvez esteja o *male touch* de Sviátski. Mas vamos em frente. De início, o que víamos eram louras russas com os peitos de fora investindo contra explorações e abusos sexuais, gritando *slogans* enquanto eram seguras, derrubadas e arrastadas por policiais. A movimentação chegou ao Brasil sob a liderança de uma moça de 19 anos, Sara Winter, nascida na cidade paulista de São Carlos. Ao aderir ao movimento, Sara explicou, repetindo mais ou menos a cartilha da matriz ucraniana: "A nudez é usada pela sociedade patriarcal desde sempre. A mulher, nua ou não, vende todo tipo de produto. Já que somos mulheres, ao invés de vender produtos, vendemos ideias sociais. Como todo mundo gosta de olhar o corpo de uma mulher, usamos o nosso corpo para passar uma mensagem escrita no peito, um protesto".

É claro que, embora as militantes não queiram admitir, há o prazer da nudez, o narcisismo-exibicionismo, o gosto de se despir e de se mostrar em público — e a própria Sara, de resto, fez um ensaio fotográfico sensual, posando nua para a revista *Marie Claire*. Mas a relação entre ela, suas companheiras e a turma de Kiev não durou muito. As brasileiras romperam com o comando ucraniano do movimento, acusando-o de autoritarismo (o que não significa nenhuma novidade, em matéria de agrupamentos políticos) e — o que é de fato relevante — falta de sensibilidade antropológica. Sara Winter salientou este aspecto, ao comentar sua ruptura com as louras de Kiev. Entre outras coisas, revelou que as ucranianas queriam que as brasileiras pichassem o Cristo Redentor com frases diretas e mesmo agressivas sobre a situação da mulher em nosso país. Sara se recusou a cumprir a tarefa. Seu argumento é perfeitamente compreensível para qualquer brasileiro: se elas realizassem uma intervenção espalhafatosa no Cristo, toda a população do país se voltaria contra o movimento. As ucranianas não conseguiam entender. Por quê? Porque eram incapazes de perceber, respeitar e levar em conta a diversidade cultural do planeta. A pluralidade de culturas do mundo. No caso do Brasil, a ausência de uma perspectiva antropológica, na leitura das realidades nacionais e na deflagração de ações públicas, seria de um primarismo total. Sara Winter tinha inteira razão. Não é possível que um movimento político pretenda olhar para o nosso país — e tentar influir nos rumos internos de nossa vida política, social e cultural — de um ponto de vista assim tão estrangeiro. E, muito menos, ucraniano. Mas o nosso tema, no momento, não é este. Voltemos ao espaço público.

É um espaço que está se transformando, sim — e não é mais o mesmo de décadas atrás. Mas não aceito os temores com que Lyn Lofland acena, para sinalizar o seu declínio. Ela teme que o espaço público — o *public realm*, como prefere dizer — naufrague ou seja silenciado, sob a ação de três forças poderosas: tecnologia, turismo e timidez. O que ela classifica como "timidez", uma espécie de receio ou inibição social, está no fato de que é cada vez maior o número de pessoas que se afasta dos domínios espaciais coletivos, a fim de não correr perigo. Lugares não familiares passaram a ser sinônimo de lugares potencialmente perigosos. A tendência generalizada para evitar o espaço público — principalmente, por parte dos que não são pobres — é de fato preocupante, mas perfeitamente superável. Uma simples (embora complexa) questão de iluminação, políticas sociais e policiamento. Quanto ao turismo, o problema é a desfiguração. Espaços públicos perdem a alma, diz ela, ao serem convertidos em espécimes relativamente variados de "parques temáticos". Ainda aqui, o problema é superável. A questão é de mudança de ótica. Em vez de folclorizar a cidade, de rebaixá-la ao plano mais rasteiro da voracidade turística, a administração pública deve desenvolver suas ações como exercícios de socioantropologia aplicada. E, no plano em tela, fazer seus investimentos no sentido de combinar turismo de lazer com turismo cultural — o que não é nada complicado, desde que o objeto do consumo turístico, nesse caso, não é um vale pontuado por cachoeiras, por exemplo, mas uma cidade, com sua história, seus prédios e seus moradores, com os bens materiais e simbólicos que tal gente produz.

Por fim, a tecnologia. Lyn acha que a tecnologia, depois de ter sido extremamente eficaz para retirar o indivíduo do seu pequeno mundo doméstico (com os meios de transporte, por exemplo), agora está prendendo as pessoas de volta no recesso de suas moradias. Com a internet, já não é preciso ir ao espaço público: basta clicar, que o espaço público vem até você. Tudo bem, isso acontece — e com altíssima frequência. Mas me parece que Lyn se esquece de que o virtual não é capaz de substituir inteiramente o real. Muito especialmente, no campo das ações e expressões políticas. O que ocorre aqui é o avesso disso. A centralidade urbana, que quase sempre parece irreversivelmente declinante e desprezada, como que renasce. É o lugar por excelência da chama transformadora. O desejo de mudança ressemantiza o espaço. Como vimos agora em ruas e praças centrais de Madri, do Cairo, de Istambul, de Nova York, Barcelona, Atenas, etc. E são os corpos que realmente importam — ou, como diz David Harvey, o poder coletivo dos corpos no espaço público. A lição dos "indignados" na Puerta del Sol, assim como a dos trabalhadores na Syntagma ateniense e a do *Occupy Wall Street*, etc., é esta: o que de fato conta não é a conversa no Facebook, mas a presença física nas ruas — se não temos um grande jornal, um canal de televisão ou uma poderosa estação de rádio, vamos estender as tendas nos espaços públicos centrais do lugar onde vivemos. E este súbito avivamento da zona central da cidade, como o nicho do fogo contestador, não deixa de trazer em si o desejo de que, na cidade de uma outra sociedade que se quer construir, a antiga centralidade urbana seja reinstaurada, em novo contexto e sob novas luzes.

É evidente que os mais altos números de acesso ao ciberespaço e de emprego de tecnologias digitais estão nas grandes cidades. E que esta facilidade, em termos de mobilidade virtual, reduz em muito a prática dos deslocamentos físicos das pessoas, como se vê no caso do teletrabalho. Mas é claro que essas pessoas sabem que ações coletivas não podem acontecer num *home theater* — e muito menos na tela de um computador ou no pequeno visor do celular. Fala-se, hoje, de "democracia eletrônica". Em *Cibercultura*, por exemplo, Pierre Lévy escreve: "A verdadeira democracia eletrônica consiste em encorajar, tanto quanto possível — graças às possibilidades de comunicação interativa e coletiva oferecidas pelo ciberespaço —, a expressão e a elaboração dos problemas da cidade pelos próprios cidadãos, a auto-organização das comunidades locais, a participação nas deliberações por parte dos grupos diretamente afetados pelas decisões, a transparência das políticas públicas e sua avaliação pelos cidadãos". Mas vai-se, na verdade, muito além disso. O ciberespaço é acionável, também, no sentido da ação ou da práxis política transformadora. *Devices* eletrônicos podem — e têm sido — utilizados para materializar, em praças reais, o protesto, a vontade ou o desejo dissidentes.

Como vimos na Argentina. Como acabamos de ver na "primavera árabe", com a multidão se reunindo na Praça Tahrir (ou *Midan al-Tahrir*, "praça da libertação", em árabe), no Cairo. E depois na Praça Taksim, em Istambul, em manifestações vibrantes contra a islamização autoritária do país (para que se tenha uma ideia, na suposta democracia turca, hoje, beber cerveja na rua se tornou gesto contestador), quando o primeiro-ministro do país, com um nome que mais parece marca de remédio, Erdogan, definiu o Twitter como "uma praga para a sociedade". De seu ponto de vista, aliás, ele está certo: uma pichação numa avenida de Istambul anuncia: "A Revolução não será televisionada, será tuitada". Enfim, são multidões *e-mailing* pelo mundo. E é por isso mesmo que as ditaduras, de Cuba à China, vivem tendo problemas com internet e internautas. O movimento se completa, portanto, para além do imaginado por Lyn Lofland: a tecnologia que tornou desnecessária a frequência constante do espaço público é a mesma tecnologia que mobiliza as pessoas em sua direção. Da ágora eletrônica, ciberespacial, à praça concreta, real, materialmente existente. Porque os sonhos de transformação podem não conhecer todos os meios de que se utilizam. Mas costumam utilizar todos os meios que não desconhecem.

30.
O JOGO POLÍTICO 2

Em 2010, ainda ninguém imaginava a série de movimentos contestadores que iria se formar logo mais no planeta. Do *Occupy* norte-americano ao *Tamarod* egípcio, passando por *Los Indignados* na Espanha e chegando ao Brasil. De repente, em quase tudo quanto é canto do mundo, foram surgindo e crescendo movimentos políticos e sociais. As redes como plataformas de lançamento de signos, a partir da sua coisa mais básica que é a troca de experiências, sensações, percepções. As pessoas, afastadas umas das outras pela distância física e pelo modo de vida metropolitanos, encontraram um espaço, uma ágora cibernética, e começaram a partilhar seus projetos, suas decepções e indignações diárias, suas ideias, seus sonhos.

É evidente que esses movimentos são muito diferentes entre si, respondendo às situações objetivas dos lugares onde acontecem. Apesar do cartaz "meu cu é laico", numa manifestação em São Paulo, não há nada, no Brasil, que se aproxime do processo de islamização que angustia democratas nas ruas de Istambul e de outras cidades da Turquia. Os desejos da Praça Tahrir não são os mesmos da Candelária. Diante da ditadura egípcia, as pessoas querem democracia. Na democracia brasileira em crise, participação política direta e melhores serviços públicos. Apesar de todas as diferenças, contudo, encontramos semelhanças fundamentais. Posso sublinhar duas, pelo menos. Uma é semântica; a outra, formal — se é que podemos usar tais distinções. No plano semântico, o que vemos, em países democráticos, é a crise geral do partidocratismo. Gramsci viu bem, ao dizer que o partido político tende a substituir o movimento real da vida em sociedade pelo movimento interno da vida partidária. Com isso, o partido passa a representar principalmente seus próprios interesses, em detrimento das necessidades e desejos do conjunto da população. Esta é a origem da crise representacional, que é o que estamos vendo hoje, ao lado de anseios de democracia direta, em lugares tão diversos entre si quanto Madri e Natal, no Rio Grande do Norte. Ainda nesse plano semântico, não podemos deixar de apontar para a indignação nacional brasileira diante da corrupção, da ladroagem deslavada do dinheiro público pelos políticos e governantes, que invertem o antigo dito latino (*si possis, recte, si non quocumque modo* — "se possível, honestamente; se não, de qualquer jeito"), tornando o "de qualquer jeito" a praxe. E de registrar não só o atual processo de fortalecimento do indivíduo, reforçado ao extremo pelas redes sociais, como a emergência urgente de uma juventude que quer ter o direito de construir sua própria vida. De fazer o seu futuro.

Não por acaso mencionei a movimentação jovem na Espanha. Num artigo que encontrei na internet, "La Izquierda ante el Abismo de la Democracia" (Marcelo Expósito, Tomás Herreros e Emmanuel Rodriguez — Universidad Nómada), leio coisas que, *mutatis mutandis*, são aplicáveis ao Brasil. Nele, os autores justapõem duas imagens. A primeira, de março de 2004, quando dez explosões simultâneas arrebentaram quatro trens em Madri, matando quase duzentas pessoas e ferindo cerca de 2 mil. O governo do Partido Popular organizou então "uma cerimônia da confusão com a finalidade de capitalizar politicamente a dor". As pessoas começaram a reagir e os celulares a receber mensagens de texto: *encontrémonos en la calle*. Em seguida, enxurradas de pessoas tomaram as ruas. E veio a surpresa eleitoral, com o socialista Zapatero vencendo o páreo. A segunda imagem é de 15 de maio de 2011. "A manifestação convocada por redes sociais na internet ultrapassa as expectativas: dezenas de milhares de pessoas se reúnem em sessenta cidades espanholas sob o lema comum 'democracia real já!', que arrasta atrás de si toda uma constelação de enunciados: 'não somos mercadoria nas mãos de políticos e banqueiros', 'não nos representam'. As manifestações geram tal euforia que centenas de pessoas ocupam as praças centrais de suas respectivas cidades, começando pela tomada mais emblemática, a Porta do Sol de Madri. A poucas horas da realização de eleições municipais e autonômicas em toda a Espanha, o chamado Movimento de 15-M restituiu o sentido à palavra 'política' na metade de uma campanha eleitoral deplorável. Dito com clareza: tudo faz prever que o presidente Zapatero sairá do governo da Espanha envolto por um movimento social, que começou sendo de indignação por sua gestão econômica da crise e agora é um clamor pela refundação democrática."

Bem: o que aconteceu entre uma coisa e outra? Entre a confiante participação eleitoral de 2004 e a *furiosa desafección* de 2011? "A explicação se encontra no fato de que o presidente Zapatero desperdiçou uma oportunidade histórica: as condições em que foi eleito abriam a possibilidade de um exercício renovado da política que levasse em conta a potência de uma sociedade organizada". E ainda: "Só uma aposta ofensiva, que invente outra ética, outra política mais além da nostalgia e da resignação, poderia fazer a esquerda entrar em outro ciclo histórico". Mas sem insistir no despropósito de que ela pode e deve "representar" a cidadania. A crise representacional parece irreversível hoje nas sociedades democráticas do mundo. Como dizem os autores citados, a cidadania se constitui atualmente como tendência à autorrepresentação, embora, acrescento, isso não vá superar por si mesmo os impasses das democracias, hoje, no mundo. Pessoas e segmentos sociais vêm encontrando meios e modos de falar por si próprios, sem precisar recorrer a mediações, dispositivos ou aparelhos representacionais. Ora, não se pode dizer que, também no Brasil, Lula e o PT, no rastro de Fernando Henrique Cardoso, atiraram fora a oportunidade histórica de reinventar a política entre nós? Claro que sim. E agora eles pagam (e tudo indica que vão pagar ainda mais) por isso.

No prefácio à edição brasileira de *Por uma Esquerda sem Futuro*, T. J. Clark, confessando que sentiu um "prazer soturno" ao saber que seu texto seria publicado no Brasil, escreveu: "O prazer é soturno porque muitos de nós no 'Ocidente' decadente gostaríamos de continuar acreditando que, depois de uma década com a esquerda no poder, o Brasil, quem diria, é um lugar onde o meu surdo e desesperado 'chamado às armas' pareceria não mais que o murmurejar débil e indistinto de um (devidamente esquecido) universo paralelo. O que, afinal de contas, Lula e o lulismo têm a ver com as figuras grotescas da 'esquerda' europeia — os Blair, os Hollande, os Bersani, os Zizek, os badiouistas, os que choram junto ao túmulo de Christopher Hitchens? Sigo pensando que em nenhum outro tempo ou lugar a esquerda sofreu um declínio comparável ao experimentado pela esquerda europeia desde a queda do Muro de Berlim; mas conheço um pouco, sinto dizer, das complexidades e desilusões que marcaram o recente, extraordinário 'salto para a frente' brasileiro. Lembro-me de que, em uma visita que fiz anos atrás à casa que pertenceu a Elizabeth Bishop em Ouro Preto, a atual proprietária me levou até o porão para me mostrar uma escada esdrúxula, cujos degraus, erguendo-se do chão ao teto, terminavam numa parede cega, sem nenhum alçapão à vista. 'Demos a ela o nome de [Fernando Henrique] Cardoso', disse a pessoa. 'Começa cheia de vontade, mas não dá em lugar nenhum'. A piada azeda não é aplicável a Lula, mas algo da decepção de minha anfitriã — afinal, a certa altura Cardoso era considerado, no Brasil e em outras paragens, uma verdadeira potência intelectual marxista — continua a assombrar o presente".

O fato é que, quanto mais Lula e o PT foram se inclinando para o centro, mais intelectuais, artistas e militantes políticos foram se rebelando e se afastando deles. Como Carlos Nelson Coutinho, Francisco de Oliveira, Arnaldo Antunes e Luciana Genro, por exemplo. Começou a se produzir uma espécie de insatisfação essencial com os rumos do lulopetismo, no ambiente intelectual e nos meios culturais mais criativos e inquietos. Exemplo claro e direto de tal insatisfação — no caso, de uma insatisfação essencial e radical — é um livro lúcido e cortante como *Lulismo, Carisma Pop e Cultura Anticrítica*, de Tales Ab'Sáber, onde se fala da "extinção da vocação de esquerda" do PT e onde Lula aparece como "ex-socialista petista, novo mago do capitalismo periférico" promovendo a cultura da "universalização do consumo" e cultivando, juntamente com seus companheiros, os piores vícios da política brasileira, entre a corrupção e o fisiologismo. São os tempos do governo petista, com sua política econômica neoliberal, sua celebração do deus-mercado, que expulsa os quadros mais à esquerda do partido e anda de braços dados com o ex-presidente Sarney e todo um bando de crápulas da direita brasileira, operando pela inclusão dos mais pobres no mundo do consumo e pela satisfação cada vez maior dos muito ricos. Esta é a questão: nossos governos supostamente "de esquerda", de Lula da Silva a Dilma Rousseff, se comprometeram muito mais com o mercado e com a velha política do que com a cidadania e os novos movimentos sociais que hoje se manifestam em nossos centros urbanos, reivindicando o direito à cidade, maior participação política, perspectiva de futuro e uma vida melhor.

No plano formal, a semelhança é que as atuais movimentações mundiais são indissociáveis da internet. A informática pode ter permitido, como diz Julian Assange, a formação da maior rede de espionagem da história da humanidade — vide a denúncia de Edward Snowden, o técnico da CIA que fugiu dos Estados Unidos para botar a boca no trombone, divulgando, a partir de uma reportagem no jornal londrino *The Guardian*, a notícia de que o governo norte-americano bisbilhota a vida de milhões e milhões de instituições e pessoas em vários países do mundo. Mas a informática permitiu também a formação de extensas e vívidas redes de contestação do *establishment*, do *statu quo*. Entre a esfera pública e a esfera privada, a dicotomia mais simples de tempos atrás, floresceu o espaço virtual, onde o público e o privado se mesclam em entrelaçamentos promíscuos. E, de repente, as pessoas passam a articular suas informações e a ver a possibilidade de coordenar suas ações. É possível, então, agir a partir de nossas conversas? Sim. E as coisas começam a acontecer. Porque chega um momento em que as pessoas, como as mães da Plaza de Mayo, sentem a necessidade de levar às ruas a situação em que se encontram e/ou o que estão sofrendo ou pensando.

Ao mesmo tempo, como disse, a realidade ficou mais complexa. Temos o espaço público e o espaço virtual. O domínio das ruas e o domínio das redes. Hoje, em princípio, as ruas expressam as redes. Mas repercutem de volta, fortemente, sobre elas. As redes mudam as ruas, mas também as ruas mudam as redes. A mobilização nas redes é sempre maior do que o que se pode medir nas ruas. Por um motivo simples: nem todos os que se deixam sensibilizar, no circuito das redes, colocam os pés nas ruas. Para mil pessoas nas ruas, temos pelo menos duas mil pessoas nas redes — e este talvez seja um cálculo conservador. De outra parte, a rua é obviamente sempre mais densa, tensa e intensa do que a rede. O espaço virtual é o não-lugar (utopia) do discurso. E a rua é o lugar do coração batendo, do sangue circulando alto, da respiração percebida, da emoção. No primeiro, predominam signos. No segundo, pessoas. Na rede, podemos imaginar/ensaiar rumos para um iluminismo contemporâneo. Na rua, o que mais conta é a leitura do espaço e a inteligência do corpo. Mas o caminho entre a rua e a rede pode ser bem mais curto do que muitos costumam pensar. Da rede à rua, gentes se mobilizam de um dia para o outro. Da rua à rede, alguém, logo ao chegar em casa, pode postar uma foto que mobilize milhares de pessoas. Esta é a nova realidade: vivemos, hoje, um tempo de espaços essencialmente reversíveis. Como no discurso barroco sobre a reversibilidade do céu e do mar.

Mas não vamos perder de vista o óbvio. Não são as redes que produzem movimentos. São as condições objetivas e subjetivas de nossas vidas que estão na base de tudo. As redes, socializando o cotidiano das pessoas, permitem que os movimentos se configurem. Nesse sentido, podemos inverter o que foi dito antes: fundamentalmente, são as redes que expressam as ruas. Num documentário sobre os acontecimentos recentes na Turquia, vejo pessoas de idades diversas — mas, sobretudo, jovens — que, em vez de gritar palavras de ordem contra a islamização, dizem que a cidade é deles e não do primeiro-ministro Erdogan, do Islã ou de qualquer ditadura: "Istambul é nossa!". Esta é a coisa mais profunda que um cidadão pode dizer: esta cidade é minha, esta cidade é nossa (e logo em Istambul, um dos lugares mais lindos do mundo). E foi justamente isso o que senti que os moradores de São Paulo estavam dizendo, ao deflagrar as manifestações de junho de 2013 no Brasil: São Paulo não é dos empresários de ônibus, nem dos empresários da construção civil e dos políticos que eles bancam, à direita e à esquerda — São Paulo é nossa. O que essa garotada quer, com o apoio de gente mais velha das várias classes sociais (mas, principalmente, da classe média tradicional), é o direito constitucional de ir e vir. O direito de se mover no espaço urbano, falando por si mesma e com serviços públicos de qualidade (com a rapidez com que construíram ou reconstruíram estádios de futebol; tudo no "padrão FIFA"). Em suma: o direito à cidade. E de uma coisa podemos ficar certos: se cada cidade do planeta se manifestar assim — Barcelona é nossa! Berlim é nossa! São Paulo é nossa! —, o mundo muda. Mas, para libertar a cidade, será preciso também, dentro dela, libertar a mulher.

Postscriptum 1

Nunca é demais lembrar que, em tempos de circuito amplo e incessante de informações, o governo se vê mais e mais monitorado e os limites da mentira e da manipulação, com relação à propaganda e ao *marketing*, se estreitam. É um outro horizonte que se desenha à nossa frente, como uma tela imensa para a inscrição de signos que pulsam e se movimentam sem descanso.

Começamos a viver a era da contestação *on-line*. Onde os trabalhadores de baixa renda não deixam de se manifestar, mas cuja cena é estrelada, principalmente, pela classe média. Em *Governança Inteligente para o Século XXI: Uma Via Intermediária entre Ocidente e Oriente*, Nicolas Berggruen e Nathan Gardels escrevem: "[...] o descontentamento da classe média tanto ascendente quanto descendente ao redor do mundo conseguiu expressar-se ampla e facilmente, graças ao advento das redes sociais, mobilizando insatisfação de várias formas, do Tea Party ao Occupy Wall Street, passando pelas 'crianças do Facebook' da Praça Tahrir, assim como pelos indignados da Espanha e os ousados microblogueiros *weibo* da China". E pelos *Wutbürgers* (de *Wut* — fúria, raiva; e *Bürger* — cidadão; logo, cidadãos raivosos ou enfurecidos) da Alemanha. Etc. Berggruen e Gardels citam, a propósito, uma carta de Mark Zuckerberg endereçada aos investidores do Facebook quando a empresa entrou no mercado de ações, abrindo seu capital. E é justamente para os novos desenhos dos jogos de poder, com a perspectiva sempre presente de pressões massivas da *netcidadania*, de cidadãos *on-line*, que Zuckerberg aponta.

"Esperamos mudar a maneira como as pessoas se relacionam com seus governos e instituições sociais. Acreditamos que desenvolver ferramentas para ajudar as pessoas a compartilhar pode levar a um diálogo mais honesto e transparente a respeito de governo, o qual poderá conduzir a um fortalecimento mais direto da população, mais transparência por parte das autoridades e melhores soluções para alguns dos maiores problemas de nosso tempo. Ao dar às pessoas o poder de compartilhar, estamos começando a fazer com que as pessoas tenham suas vozes ouvidas numa escala diferente da que foi possível historicamente. São vozes que aumentarão em número e volume. Não podem ser ignoradas. Com o passar do tempo, esperamos que governos se tornem mais sensíveis a questões e preocupações levantadas diretamente pela população, mais do que por intermediários controlados por uma seleta minoria." Berggruen e Gardels se divertem — seriamente: "Tudo aquilo que era sólido a respeito das estabelecidas guildas, intermediários e guardiões da percepção está se desmanchando no ar sob o ataque da 'era dos amadores', desencadeada por Zuckerberg e outros Guardas Vermelhos virtuais do Vale do Silício. A conectividade entre as vozes recém-fortalecidas está desfazendo os últimos fios de autoridades cultural, social e política pendentes e costurando um novo padrão de poder". Mais: a "democracia vigilante" por meio da *web* está se tornando o "quinto poder".

Nesse terreno político, existem modos bem diversos de lidar com o fenômeno. No caso brasileiro, por exemplo, é preciso ver as diferenças entre Lula/PT e Marina/Rede diante do assunto. Mais precisamente, diante das redes e das manifestações brasileiras de 2013. Lula, um sujeito de temperamento autocrático-popularesco, se porta como um camelô berrando alto no mercado. Como um *Marktschreier* vendendo charlatanice. O PT aparece então, impositivamente, como um daqueles óleos, unguentos ou emplastros exibidos em feiras nordestinas, preparados mágico-medicinais que curam qualquer coisa e servem para tudo, de tristeza a hemorroida, passando por problemas estomacais, unha encravada, enxaqueca e dor de corno. Enfim, Lula se conduz como um misto de dono da verdade e salvador da pátria se dirigindo às massas de forma sempre paternalista e manipuladora. Na verdade, é um tremendo manipulador, a meio caminho entre Vargas e Jânio Quadros. Com os protestos de junho, veio à cena deitar falação sobre mídias sociais. À revista *Brasileiros* (entrevista de julho de 2013), declarou: "Nós temos de nos preocupar [com as novas mídias] e nos modernizar. O jeito de fazer política está mudando no mundo. Não é no Brasil. É no mundo. Hoje, as pessoas se comunicam sem pedir licença. Antigamente, na porta de uma empresa, eu tinha de conversar com o segurança para ver se deixavam entrar o carro de som. Hoje, milhares de jovens se comunicam, sentados no sofá, comendo batatinha. É um negócio fantástico. Onde isso vai parar no mundo eu não sei. O fato concreto é que a comunicação mudou". Mais: "A juventude tem outra linguagem hoje... A linguagem é nova, mas não temos de reclamar. Temos de trabalhar nesse mesmo campo. Estamos fazendo isso dentro do Instituto Lula. Como é que um partido do tamanho do PT não tem estrutura para conversar com essa meninada em tempo real? Não dá para conversar com essa juventude pelos jornais, pelas vias tradicionais. Tudo isso acabou... Então, a palavra de ordem agora é: vamos nos conectar! Vou me conectar!".

Passados alguns dias, Lula aproveitou para dar um conselho, via blogueiros reunidos no seu instituto: internet não é espaço para atacar. Pouco tempo depois, ao ver sua marionete Dilma Rousseff atingida pelo escândalo monumental da compra de uma refinaria no Texas pela Petrobras e pelo envolvimento da cúpula petista com um doleiro que chegou a fazer parte de uma delegação oficial do governo brasileiro em viagem a Cuba, mudou de ideia: em entrevista coletiva a blogueiros, atiçou os cães, dizendo que era hora de o PT "partir para cima" dos críticos. Mais do que "vamos nos conectar", a palavra de ordem seria, portanto, porrada em quem discorda do governo e do PT. Na verdade, Lula procurava, como ainda procura, a melhor maneira de vender seu peixe. Não estava exatamente interessado no que as redes diziam ou ensaiavam dizer, mas no meio mais eficaz de ele mesmo enunciar discursos, enfiar ditos e argumentos nos bolsos e nas cabeças das pessoas. Porque Lula nunca se coloca como receptor ou destinatário de nada — é sempre o emissor de tudo: teses, recados, palavras-de-ordem, sinais. Para ele, a multidão em movimento, gritando e circulando pelas ruas, antes que ser um imenso e importante gerador de mensagens, jamais passaria de um vasto receptáculo. De uma turba ruidista passível de ser domesticada e conduzida. De algo amorfo e confuso, necessitando ouvir os esclarecimentos indispensáveis e as orientações corretas. E o que Lula sempre procura é o meio mais esperto de inocular tais orientações.

Marina é pássaro de outra plumagem. Rainha cabocla amazônica, elegantíssima e radicalmente democrática, ela é em tudo o contrário disso — o avesso mesmo do autoritarismo petista. Ou, mais amplamente, do que há de stalinismo na direita e de nazifascismo na esquerda. Porque o que ela quer é uma outra conversa, num país que experimenta forte *déficit democrático* e que exibe claras ânsias participativas. Em duas ocasiões recentes — num longo almoço com ela e Eduardo Giannetti num hotel paulistano e numa reunião que se prolongou praticamente por um dia inteiro, em casa de Renata e Eduardo Campos, no Recife —, tive a oportunidade de ver que ela desenvolveu, como raríssimas pessoas, a prática política da escuta. Marina, para usar algumas palavras suas, não se sente atraída pelo modelo do líder político "heroico", do "salvador da pátria", que "sabe tudo", chega cheio de receitas e respostas, querendo fazer coisas *para* e não coisas *com* a sociedade. Marina não é adepta do *fazer para*, mas entusiasta do *fazer com*. O que ela divisa, com as redes sociais, é a emergência planetária de um novo sujeito político. Emergência irreversível. Nos seus termos, ela assinala a passagem do "ativismo dirigido" — vale dizer, o ativismo de quem segue as orientações e determinações de uma organização não governamental, um sindicato, um partido, uma liderança carismática — ao novo "ativismo autoral", ali onde "cada pessoa vai se constituindo em autor, mobilizador, protagonista da sua própria ação".

Postscriptum 2

Devemos recusar as principais críticas que se fazem às redes sociais e suas consequências na vida da sociedade, da política e das pessoas. Principalmente, a crítica nostálgica daqueles que dizem que a mobilização *on-line* é boa para armar manifestações, mas não favorece a organização do ativismo e, por isso, não conduz a vitórias. Prevaleceria aí uma suposta incapacidade de vencer. Veja-se, por exemplo, o artigo "Depois dos Protestos", da socióloga Zeynep Tufecki, publicado em *The New York Times* e republicado n'*O Estado de S. Paulo* (março 2014). O que ela diz é que as atuais e imensas mobilizações de cidadãos, articuladas via *web*, "definham inexplicavelmente sem o impacto sobre a política que se poderia esperar em razão de sua escala".

E logo vem a comparação com o passado recente, quando as coisas eram mais difíceis, mas, em compensação, mais duradouras e eficazes: "[...] antes da internet, o trabalho tedioso de organização que era requerido para contornar a censura ou para organizar um protesto, também ajudava a construir uma infraestrutura para a tomada de decisões e estratégias que sustentava a mobilização. Agora, os movimentos podem passar voando por essa etapa, muitas vezes em detrimento de si próprios". Exemplificando: "Na Espanha, multidões de manifestantes que se autodenominavam 'indignados' ocuparam as praças em 2011, mas as políticas de austeridade contra as quais protestavam continuam em vigor. O Occupy Wall Street encheu o sul de Manhattan em outubro de 2011, cristalizando a imagem dos 99% versus o 1%, sem forçar uma mudança na desigualdade crescente nos EUA. Na Praça Tahrir, no Cairo, em janeiro de 2011, os manifestantes usaram as mídias sociais para captar a atenção mundial. No fim daquele ano, durante os confrontos na praça, quatro pessoas na faixa dos 20 anos de idade usaram planilhas do Google, dispositivos de comunicação móvel e o *twitter* para coordenar suprimentos para dez hospitais de campanha que atendiam os feridos. Três anos mais tarde, porém, um regime militar repressivo voltou ao poder". Para concluir, aconselhando: "A mídia nas mãos de cidadãos pode abalar regimes. Torna muito mais difícil para os governantes manterem a legitimidade ao controlar a esfera pública. No entanto, os ativistas que fizeram um uso tão eficaz da tecnologia para mobilizar simpatizantes ainda precisam imaginar como converter essa energia num impacto mais poderoso. A questão não é simplesmente desafiar o poder, é mudá-lo".

Mas quem disse que um quadro dessa natureza, indo da praça madrilenha à praça egípcia, é específico ou inerente às manifestações articuladas na trama digital das redes? É possível fazer listagem semelhante para as mais diversas épocas históricas. Veja-se, por exemplo, a mitológica década de 1960. A Primavera de Praga teve como desfecho a invasão soviética e a derrubada de Alexander Dubcek; no Maio de 1968, na França, tivemos ocupações, greves, enfrentamentos, barricadas, mas De Gaulle retomou o controle da situação; no Brasil, a passeata dos 100 mil não impediria o AI-5; etc. Ao mesmo tempo, vamos negritar o fato de que nem naquela época, nem hoje, as coisas simplesmente evaporam. Antes, acabam gerando transformações e não raro ganhando sedimentação social, implicando mudanças objetivas de políticas e de condutas. Ninguém está condenado de antemão à derrota. E uma derrota aqui pode ter consequências vitoriosas no longo prazo. Praga e Paris mudaram. O Brasil, também. E o mesmo deve ser dito a respeito dos movimentos de mulheres que se sucedem em largo espectro histórico. Em nosso meio, a luta feminina vem de Nísia Floresta, Carmen Portinho e Pagu aos dias de hoje. Vem do século XIX ao século XXI. Da batalha pelo voto feminino ao chamado "pós-feminismo". Dos tempos artesanais de Nísia aos dias digitais que correm. Entre avanços e recuos, claro. E, obviamente, não só experimentando derrotas, como colecionando vitórias.

31.
CODA

Jacques Ellul dizia ser preciso reconhecer que a vida intelectual não tem como existir fora da cidade. Nem a política, radicalizam outros. Talvez não seja bem assim. Verdade que o antigo pensamento grego nasceu em focos urbanos, com os chamados "pré-socráticos" — e aqueles pensadores, ao serem mencionados, não são dissociados de suas cidades: Tales *de Mileto*, Heráclito *de Éfeso*, Parmênides *de Eleia*, etc. E não deixaram de ter a cidade como referência, como no célebre fragmento "constitucionalista", digamos assim, em que Heráclito afirma que o povo deve lutar pela lei assim como luta em defesa dos muros da pólis. De outra parte, é possível ver política em tudo, à maneira de Foucault e seus discípulos. E é claro que existia uma dimensão mais propriamente política em assentamentos humanos remotos. Ou nas aldeias tupis que orlavam o mar atualmente brasileiro. Mas uma aldeia era uma aldeia, espaço de agregação humana com seus fazeres coletivos e sua estrutura negociada de poder, não uma fazenda. Lembre-se, ainda, que a expressão *zoon politikon*, tal como Aristóteles a emprega, significa simplesmente que o homem é um ser urbano, um habitante das cidades. Mas, enfim, eis aí uma conversa interminável.

Vamos nos ater a outra coisa. Ao fato indisputável de que, ao longo da história da humanidade, as cidades têm se configurado como um permanente celeiro das utopias. São moradores da cidade, de Platão a Thomas Morus, que sonham com cidades ideais. É claro que a história nos mostra um rosário de rebeliões e utopias rurais. No Brasil, temos o caso da poderosa "utopia monástica" de Antonio Conselheiro, por exemplo. Mas é curioso que aqueles sertanejos messiânicos tenham se concentrado numa pequena vila ou arraial, em busca de vida citadina e não fazendeira. E a guerra passou à história com o nome de sua localização urbana: o arraial de Canudos, com uma população entre 20 mil e 30 mil habitantes, população de cidade grande na Grécia clássica. No plano local, uma das cidades mais populosas da Bahia, sabendo-se que Salvador, na abertura da década de 1890, não teria mais que 150 mil habitantes. Em *Os Sertões*, Euclydes da Cunha é bastante claro a esse respeito, ao recontar a história da cidade, empregando, inclusive, as expressões latinas *urbs* e *civitas*:

"Canudos, velha fazenda de gado à beira do Vasa Barris, era, em 1890, uma tapera de cerca de cinquenta capuabas de pau-a-pique. Já em 1876, [...], lá se aglomerava, agregada à fazenda então ainda florescente, população suspeita e ociosa, 'armada até aos dentes' e 'cuja ocupação, quase exclusiva, consistia em beber aguardente e pitar uns esquisitos cachimbos de barro em canudos de metro de extensão', de tubos naturalmente fornecidos pelas solanáceas (*canudos de pito*), vicejantes em grande cópia à beira do rio. Assim, antes da vinda do Conselheiro, já o lugarejo obscuro [...] tinha, como a maioria dos que jazem desconhecidos pelos nossos sertões, muitos germens da desordem e do crime. Estava, porém, em plena decadência quando lá chegou aquele em 1893: tejupares em abandono; vazios os pousos; e, no alto de um esporão da Favela, destelhada, reduzida às paredes exteriores, a antiga vivenda senhoril, em ruínas... Data daquele ano a sua revivescência e crescimento rápido. O aldeamento efêmero dos matutos vadios, centralizado pela igreja velha, que já existia, ia transmudar-se, ampliando-se em pouco tempo, na Troia de taipa dos jagunços. [...] O arraial crescia vertiginosamente, coalhando as colinas. A edificação rudimentar permitia à multidão sem lares fazer até doze casas por dia; — e à medida que se formava, a tapera colossal parecia estereografar a feição moral da sociedade ali aceitada. Era a objetivação daquele insânia imensa. Documento iniludível permitindo o corpo de delito direto sobre os desmandos de um povo. Aquilo se fazia a esmo, adoidadamente. [...] A *urbs* monstruosa, de barro, definia bem a *civitas* sinistra do erro".

Preconceitos à parte, é a uma cidade que Euclydes se refere. E o mesmo se pode dizer de outras manifestações sertanejas. Do utopismo monástico-sexual do Céu das Carnaíbas, por exemplo, que foi anterior a Canudos e ensinou o Conselheiro a pelo menos tolerar a prática do amor livre entre as flores do sertão. Bem vistas as coisas, muitas de nossas movimentações rurais são, também ou mesmo principalmente, movimentos urbanos. Ou, até, de constituição do urbano, como podemos ver nos macroquilombos que marcaram a vida colonial brasileira. Palmares era, na verdade, uma rede de nove arraiais, de Andalaquituche a Dambrabanga, passando por Macaco, Senrinhaém, Subupira. Arraiais ou póvoas que exibiam praças, ruas e um número às vezes razoável de casas. Macaco e Subupira contavam inclusive com muros de pedra, à maneira de cidadelas medievais. Outro exemplo de largo assentamento quilombola esteve no Quilombo de Trombetas, no Pará, que comercializava sua produção de fumo e cacau no porto amazônico de Óbidos. O assentamento oitocentista foi desmantelado pela repressão senhorial, mas seus sobreviventes se empenharam na criação de um dos quilombos mais importantes da história brasileira, cujo nome diz tudo: Cidade Maravilha.

* * *

Vale lembrar, aqui, o que diz o geógrafo David Harvey, numa passagem de *Rebel Cities*: "A cidade, escreveu certa vez o destacado sociólogo urbano Robert Park, é 'a mais consistente e, de modo geral, a mais bem-sucedida tentativa do homem de refazer o mundo em que vive conforme os desejos do seu coração. Mas, se a cidade é o mundo que o homem criou, ela é o mundo no qual ele está doravante condenado a viver. Assim, indiretamente, sem nenhuma noção clara do sentido de sua tarefa, ao fazer a cidade o homem refez a si mesmo'. Se Park está correto, a questão sobre o tipo de cidade que nós queremos não pode ser dissociada da questão sobre o tipo de gente que queremos ser, o tipo de relações sociais que buscamos, as relações com a natureza que valorizamos, o estilo de vida que desejamos, os valores estéticos que defendemos. O direito à cidade é, por isso, muito mais que o direito de acesso de um indivíduo ou grupo aos recursos que a cidade incorpora: é o direito de reinventar a cidade mais conforme os desejos do nosso coração. É, além disso, um direito antes coletivo que individual, já que a reinvenção da cidade depende inevitavelmente do exercício de um poder coletivo sobre os processos de urbanização. A liberdade de fazer e refazer nossas cidades é, quero sugerir, um dos mais preciosos porém negligenciados dos nossos direitos humanos. Como, então, melhor exercer esse direito?".

É uma pergunta fundamental, mas que pede, também, uma resposta coletiva. Quanto a mim, aqui chegando, volto *en passant* à metáfora da "cidade fêmea". E a dizer: o emprego do sintagma *fêmea*, com relação às nossas cidades, não tem nada a ver com sexo, gênero ou qualquer suposto governo de mulheres. De modo algum. A metáfora de inspiração marcusiana não deve nos levar a equívocos ideológicos ou estradeiros. O ponto em que insistimos e devemos insistir é outro. Trata-se de transformar em profundidade a vida citadina — e sem precisar reinventar a roda. Mas, se pode não ser preciso reinventar a roda, até mesmo porque ainda há valores e princípios ancestrais que podem nos guiar, certamente será necessário reinventar a vida urbana. Reimaginar e recriar o cotidiano das cidades — a vida diária de todos nós. E sabemos do que necessitamos, em termos gerais. É preciso fortalecer os movimentos urbanos, recuperar o poder de modelar a existência citadina, ter como fazer planos e estabelecer metas de longo prazo, diminuir distâncias e desequilíbrios sociais, qualificar de fato os serviços públicos, reduzir o acúmulo de privilégios, frear a febre consumista, investir pesado em capital humano, reconfigurar a classe média tradicional, incentivar o funcionamento de focos múltiplos de cultura, aprofundar a heterogeneidade e a aceitação das diferenças, incrementar práticas e condutas ecologicamente saudáveis, reestruturar nossas relações com as águas urbanas, incentivar a dimensão comunitária da organização e da vida citadinas, reconstruir a base ética da sociedade — como reclamam, com ênfases diversas e recortes variáveis, movimentos sociais espalhados por todo o mundo.

Além disso, será interessante retomar uma ideia lançada por Roberto Mangabeira Unger em *What Should the Left Propose?* (traduzi este livro para o português, mas cito em inglês porque discordo do título que deram à edição brasileira — *O Que a Esquerda Deve Propor* —, substituindo a pergunta original do autor, feita no condicional, por uma sentença afirmativa que cheira a imposição autoritária do famigerado *one best way*). O que ele sugere, no caso que destaco, é o seguinte: entre as várias trilhas convergentes que devem ser abertas para transformar o mundo, uma delas aponta para o estabelecimento de instituições de "uma política democrática de alta energia", que, entre outras coisas, "permita a setores ou localidades fazer opções fora do regime legal geral e desenvolver imagens divergentes do futuro social". Vale dizer, teríamos núcleos ou espaços experimentais situados programaticamente à parte das leis gerais do país, que poderiam, digamos, ensaiar novas formas de contrato e propriedade (em sítios amazônidas, por exemplo) ou até a liberação da produção e do consumo canábicos em terras tradicional e popularmente maconheiras entre a Bahia e Pernambuco, por exemplo, às margens do Rio de São Francisco.

Panorama social que mudaria ainda mais caso se trouxesse à cena outra proposição de Mangabeira, sugerindo o fim do instituto da herança, que instaura a desigualdade social no próprio berço em que a criança nasce. Para, em seu lugar, promover a "generalização de um princípio de herança social, assegurando a cada indivíduo um suporte básico de recursos, que ele pudesse ir retirando em momentos decisivos de sua vida". Mangabeira: "A transmissão hereditária de vantagens econômicas e educacionais, por meio da família, continua a reduzir drasticamente a mobilidade entre gerações, mesmo nas mais fluidas e igualitárias sociedades contemporâneas. Por isso mesmo, a simples abolição do direito de herança (incluindo herança antecipada através da família), exceto por um modesto mínimo familiar, corresponderia, em todos os lugares, a uma revolução". Sim: uma revolução. E penso que é preciso fazer com que o prato da balança penda definitivamente para o lado da meritocracia. Com a vigência da herança, quem nasce em família pobre — seja num subúrbio de Paris, num ambiente proletário em

Nova York ou numa favela do Rio —, já vem ao mundo em desvantagem, com a perspectiva de poucas oportunidades na vida.

Dinheiros de heranças, em vez de premiar indivíduos pelo simples fato de eles terem nascido em famílias ricas, deveriam assumir função coletiva. E é justamente aqui que se coloca o princípio da herança social. "Privilégio de classe herdado não é reconciliável com a democracia, nem justificável pelas consequências da herança", assinala Mangabeira. Acrescentando: "Nas sociedades em que a transmissão de privilégios herdados através da família permanece uma força poderosa, nenhum arranjo será capaz de despertar mais excitamento e ambição do que aquele que dá, generosamente, apoio e oportunidade especial aos estudantes mais talentosos e empenhados, especialmente quando eles lutam contra desvantagens. Nada pode ser melhor calculado para minar desigualdades sociais, tanto a curto quanto a longo prazo, do que a formação de uma contra-elite republicana equipada para derrotar e desalojar uma elite de herdeiros". Para, enfim, propor: "Tão logo as condições econômicas permitam, um princípio de herança social deve começar a ser introduzido. Sob tal princípio, o indivíduo poderia, em momentos decisivos de sua vida — entrar na universidade, comprar uma casa, abrir um negócio —, fazer retiradas de uma conta de dotação social de recursos básicos. A herança social para todos substituiria gradualmente a herança familiar para poucos".

Mas há mais. Alguém já observou que as cidades podem se unir para combater e tentar vencer os grandes problemas e desafios de nosso tempo, ali onde as máquinas estatais nacionais parecem emperrar ou encontrar enormes complicações e obstáculos para se mover, mesmo de modo exasperantemente lento. A grande dificuldade que temos, todavia, é encontrar um caminho comum para as manifestações diversas e dispersas que procuram modificar, refazer ou reinventar aspectos de nossas cidades. Não temos uma identidade urbana que se deixe ler de imediato e por inteiro. Cada cidade se converteu em uma colagem ou mosaico de muitos signos e sentidos vários. Numa coleção de ilhas, vielas e fragmentos. E isso tem sido estimulado ainda, no plano estético-intelectual, por correntes político-culturais que se pretendem "progressistas" ou se dizem "pós-modernas", como se a fragmentação e a pulverização fossem virtudes em si mesmas, numa proliferação de microverdades insulares destinadas a serem microverdadeiras somente em seus próprios guetos. Como se a humanidade devesse encarar um eterno babelismo, nunca a comunhão de discurso e projeto. Ou como se o estar junto ou o se mobilizar conjuntamente só fosse possível em pauta nanocomunitária, beco da naniquice numérica e mental, nunca em escala de massas.

É claro que nada tenho, em princípio, contra a heterogeneidade ou a multiplicidade. Mas há determinados momentos — tempos e espaços de ação — que só se podem configurar a partir do encontro, da definição ou da criação de uma base comum. É preciso, pois, saber construir a perspectiva de uma práxis mobilizadora geral, que atravesse — respeitando — as particularidades e os particularismos. Um problema "teórico" é que a alienação pós-moderna à François Lyotard e quejandos, e suas derivações oscilando foscas e confusas entre o *blasé* e o niilista, não só definiram as "grandes narrativas" (como a do "materialismo histórico" conduzindo à sociedade sem classes) em termos de fábulas de que teríamos de nos livrar, como colocaram até narrativas menores, minúsculas mesmo, sob sonorosa suspeita. O "libertário" não admitiria qualquer enredo mais claro e direto, tentando ligar elementos diferentes na realização de um propósito comum. Aqui, celebram-se lascas e estilhaços; condena-se o vínculo, a conjunção, o acoplamento, em suma, qualquer intuito de argamassa. Mas não é assim que as coisas podem assumir a capacidade de se articular no sentido da transformação sociocultural. O antropólogo Ernest Gellner não deixa de estar certo quando define o pós-modernismo como uma "histeria da subjetividade". Se queremos mover montanhas (e não é menos do que isso o que se impõe à nossa frente), temos de começar por recuperar a noção prática e teórica de algo que se pode *compartilhar*, para empregar com justeza a palavra-chave das mídias sociais. Ou, ainda: temos de conferir realidade a um chão compartilhável.

Tecer uma "narrativa comum" é, portanto, fundamental, se desejamos fazer algo mais do que dar as costas ao mundo, renunciar a ter rumo e prumo, engolir a seco as imposições da classe dirigente ou atirar bombas incendiárias a esmo, sem propósito construtivo que vá além da destruição mais imediata. Berggruen e Gardels acertam quando dizem que uma "narrativa relâmpago" pode levar repentinamente às ruas uma multidão que do contrário estaria dispersa, mas não é suficiente por si só para manter o arco teso. "Como também aprendemos com as experiências dos 'filhos do Facebook' no Egito e na Tunísia, o que mais importa no que se refere a um poder sustentado não é a conectividade, mas uma 'narrativa comum' definida por e alinhada com interesses socioeconômicos reais." No caso de que estamos falando, alinhada com o que queremos ser — na cidade que queremos ter. Mas aqui é melhor deixar de lado os eventuais charmes do neoanarquismo afrancesado, da obsessão "desconstrutivista" ou do escapismo pós-modernista, para encarar uma questão terrivelmente objetiva. A saber: como será possível que uma "narrativa comum" se configure em cidades brutalmente segregadas? Como partilhar uma leitura, um discurso e uma meta, se não partilhamos de fato o mesmo solo, nem sentimos que somos feitos do mesmo barro? Este é o ponto mais difícil. Para lidar com ele, temos de começar tentando entender como foi possível chegar até aqui, ao cúmulo da situação em que nos desencontramos, empurrando a cidade na direção de uma compartimentação estranhamente desordeira e violenta, destruindo espaços de convívio, detonando princípios e ritos de urbanidade. E o fato é que três forças em "ão" nos atiraram na enrascada em que agora nos vemos: a expansão, a segregação e a exclusão.

Vale dizer, com a expansão urbana apartando fisicamente as pessoas e se desdobrando em base segregacionista (na combinação de investidas estatais de desapropriação e da ação igualmente desapropriadora do mercado), num contexto de aprofundamento inédito da desigualdade. Impossível ter uma identidade urbana razoavelmente coesa e compartilhada numa cidade cindida ou fraturada, repartida espacialmente segundo a estratificação econômica, não raro sobrepondo linhas de classe e cor. A pobreza pura e simples, numa cidade relativamente apertada ou disposta em círculos muito próximos de vizinhança, onde todos vivam basicamente nos mesmos lugares, como o Rio do início do século passado ou a Salvador de até meados daquele mesmo século XX, não desfigura a imagem comum da cidade, nem corrói as bases da identificação urbana. O que faz isso é a desigualdade. A ação da desigualdade é, no mínimo, corrosiva. E os tapumes sociais implantam princípios de subserviência e práticas de agressão entre os dessemelhantes, numa situação que conduz a transgressões e à ampliação descontrolada das manchas de violência. Como falar então de ideias de conjunto, de "pertencimento" a um corpo coletivo, de identificação do cidadão com a sua cidade? Esses pontos soam cada vez mais fictícios ou o que é pior, graças ao cinismo de nossos políticos, como elementos de manipulação destinados a engabelar ou anestesiar a população. Em resumo, sob o signo da segregação socioterritorial, cidade nenhuma pode se manter saudável. E, caso forças antientrópicas não se organizem e estabeleçam conexões pragmáticas entre si, tudo indica que vamos nos encalacrar numa *blind alley*: ou as determinações do poder terminarão por asfixiar a cidadania ou a anomia vai se instalar definitivamente em todas as instâncias da existência citadina.

Para mudar o mundo urbano que se verticaliza e se faveliza ao nosso redor, precisamos de uma heresia compartilhada, de uma narrativa comum. Temos então de tentar vencer o isolamento e atar as pontas das movimentações que questionam, com disposição transformadora e sentido de futuro variavelmente desanuviado, a imagem vigente e o projeto dominante de cidade, que caracterizam a vivência atual da urbe. E aqui seremos obrigados a transcender "ideologemas" hoje caros a todos os gestos que buscam o equilíbrio social e ambiental da vida urbana, como a sacralização da "multiplicidade" e o fetiche da "horizontalidade" organizacional. É claro que a multiplicidade é extremamente enriquecedora, mas, se a sacralizamos, corremos o risco de travar e entrevar o movimento. De atravancar o caminho da construção de um novo modo de vida urbano. Se há momentos em que é vital a presença de mônadas nômades, há outros em que a necessidade dos nexos deve falar mais alto. Aliás, se a própria identidade pessoal é muitas vezes múltipla — uma só pessoa pode ser ao mesmo tempo bissexual, ambientalista, maconheiro e ligado ao Movimento Passe Livre, por exemplo —, e vários e distintos gestos contestadores se entrelaçam para constituí-la, tanto específica quanto simultaneamente, não vejo como negar que observação semelhante pode ser feita também com relação ao espectro das movimentações sociais.

É por aí que devemos considerar que diversos movimentos urbanos (de combate à poluição; contra a discriminação racial; do transporte público gratuito; dos *gays*; de preservação do patrimônio histórico ou de áreas verdes; de liberação da maconha; dos sem-teto; etc.) podem até ser irredutíveis uns aos outros, em última análise, mas é claro que encontrarão pontos fundamentais em comum, *desde que os procurem*. Do mesmo modo, a "horizontalidade" é algo que devemos cultivar, mas não absolutizar. Harvey assinalou o problema, e é dele que extraio, aqui, a expressão *fetichismo*. Não que ele considere a horizontalidade algo ruim ou que devamos descartar. Não. E até pelo contrário. Mas, no seu entender, "um fetichismo de preferência organizacional" — como este da "pura horizontalidade" — pode se erguer como obstáculo no caminho da sondagem e da experimentação de soluções adequadas e efetivas para questões que complicam nossas vidas. Logo, devemos estar cientes dos seus limites como "princípio organizacional hegemônico" — e estar preparados para avançar além dele, quando necessário. De qualquer sorte, fragmentados ou não, horizontalizados ou não, nós urbanitas devemos persistir na contestação do que deteriora nossas cidades; na busca de elos e laços que ultrapassem os limites do gueto e de todas as clausuras; e na proposição de rumos e alternativas para uma vida citadina nova e melhor.

A questão da narrativa comum se planta numa situação de crise e numa encruzilhada crítica. Existe a possibilidade real de ela se desenhar a partir da constatação cada vez mais nítida e da sensação cada vez mais intensa de que estamos todos no mesmo barco. E de que é possível tocar o barco adiante, em busca de novas praias. Afinal, a configuração urbana pode ser o lugar de muitos desajustamentos e desesperos individuais e até grupais. Mas concordo com os que pensam que, coletivamente, em sua inteireza, a cidade encarna a esperança, a possibilidade utópica, os sonhos mais ambiciosos da humanidade. E a verdade é que já está mais do que na hora de superar, de transcender, em termos práticos e teóricos, as estruturas históricas e culturais da ordem urbana que até aqui construímos.

ANEXOS

MULHERES EM AÇÃO

O experimentalismo estético e intelectual, no Brasil, conheceu não poucas musas. Gilka Machado, Anita Malfati, Tarsila do Amaral e Patrícia Galvão (Pagu), por exemplo. Delas, a menos conhecida é certamente Gilka Machado. A menos conhecida, mas não a menos brilhante. Entre a militância política mais ou menos tradicional, Gilka arrasou no feminismo e na criação poética. A minha vontade, sempre que escrevo sobre mulheres no Brasil, é falar logo dela, colocando-a nas nuvens.

Ouvi falar de Gilka, pela primeira vez, no *Panorama do Movimento Simbolista Brasileiro*, de Andrade Muricy. Na sua breve biografia da poetisa, Muricy lembra que Gilka nasceu numa família de artistas. "Vem do famoso repentista baiano Francisco Moniz Barreto (1804-1868), seu bisavô; do poeta Rosendo Moniz (1845-1897); de Francisco Moniz Barreto Filho (1836-1900), célebre violinista, discípulo de Alard, em Paris; e, por outro lado, do grande violinista português Francisco Pereira da Costa, seu avô materno, nascido no Porto em 1850 e falecido no Rio em 1890. Sua avó, Cândida, filha do repentista, era cantora conhecida. Sua mãe, Teresa, foi artista dramática, bem como o foram as irmãs desta", escreve o antologista. Gilka, nascida no Rio de Janeiro em 1893, foi mãe de uma bailarina de muito sucesso, Eros Volúsia, e estreou em livro com *Cristais Partidos* (1915), apresentando uma poesia "a um só tempo violentamente sensual e arrebatada de espiritualidade transcendente". Além de versos sensuais, eróticos, Gilka também expressou sentimentos e posições sociais. Vejam seus "Noturnos". No VII: "Toma-me todo o corpo um langor insensato,/ fecho os olhos e sinto a alma carícia tua.../ — sonho! — é apenas a luz que me amacia o tato,/ e, qual pólen, cai na minha cútis nua". Ou no VIII: "Uma brisa sutil, úmida, fria, lassa,/ erra de quando em quando. É uma noite de bodas/ esta noite... há por tudo um sensual arrepio.// Sinto pelos no vento... é a Volúpia que passa,/ flexuosa, a se roçar por sobre as coisas todas,/ como uma gata errando em seu eterno cio". O simbolista baiano Pedro Kilkerry se entusiasmou na época, publicando o artigo "A Verdadeira Poesia — a propósito dos *Cristais Partidos* de Gilka Machado". E, mais recentemente, Augusto de

Campos cumprimentou a poetisa e reproduziu o texto do poeta baiano em *ReVisão de Kilkerry*. Mas Gilka foi também, além de militante cultural, militante política. Feminista. Participando inclusive, em 1910, da fundação do Partido Republicano Feminino.

Não é preciso falar da pintora Anita Malfati, nascida em São Paulo, descendente de italianos e alemães, cuja célebre exposição de quadros "modernos", em 1917, provocou a fúria do conservador Monteiro Lobato e foi defendida por Mário e Oswald de Andrade. Também Tarsila é bem conhecida, autora de quadros famosos como o *Abaporu*. E Patrícia Rehder Galvão (Pagu), também paulista e descendente de alemães, desenhista e escritora que vivia sob um silêncio opressivo, esquecida por todos, voltou à luz a partir de meados da década de 1970, graças a Augusto de Campos. Mas o meu tema aqui não é a estética de vanguarda em literatura ou artes plásticas. Concentro-me de momento no terreno da arquitetura e do urbanismo, onde um trio logo aflora e se impõe: Lota de Macedo Soares, Lina Bo Bardi, Carmen Portinho. Vamos falar aqui dessas três marias. Nenhuma delas primando pela submissão ou a omissão. Lota, Lina e Carmen, independentemente das diferenças de posições políticas mais arraigadas ou que apenas eventualmente tenham assumido aqui e ali, concordam no essencial em matéria de arquitetura e urbanismo. Cultivam as linguagens modernas, defendem o patrimônio histórico e natural e colocam a pessoa no centro mesmo de suas atenções.

LOTA DE MACEDO SOARES

Graças a um filme de sucesso, Maria Carlota (Lota) de Macedo Soares, interpretada pela atriz Glória Pires, está agora relativamente famosa como caso amoroso da poetisa norte-americana Elizabeth Bishop. Mas o que me interessa, aqui, não são as graças que elas viam uma na outra. O que me importa é o Aterro do Flamengo, realizado em inícios da década de 1960, no Rio de Janeiro, durante o governo de Carlos Lacerda. Mas é ainda bem mais que isso: qualquer leitura crítica da obra de que participou Lota de Macedo Soares nos leva inevitavelmente à questão maior da concepção e da implantação de espaços de convívio coletivo nas cidades brasileiras. Na verdade, já tivemos maior sensibilidade para a necessidade urbana de espaços de convívio. Basta ver nossas praças, parques e jardins dos séculos XVIII, XIX e até, em alguns casos, da primeira metade do século XX. Hoje, depois de décadas de desdém, quando trocamos o passeio público pelo *shopping center*, voltamos a nos preocupar com o assunto. A começar pela recuperação daquelas praças, passeios e jardins setecentistas e oitocentistas. Uma ala ao menos do urbanismo atual quer se reaproximar das pessoas. Há também uma arquitetura empenhada nessa direção. Em suma: busca-se reconciliar a cidade e as pessoas (inclusive, na dimensão de uma reestruturação de nossas relações com as águas citadinas), depois da insensatez da onda dos "megaprojetos" que não tomavam conhecimento do contexto urbano onde se instalavam. Fala-se agora, como nunca, da importância do andar, da retomada do ponto de vista pedestre, da relevância dos pontos de encontro e dos espaços de convivência.

Mas vamos caminhar sem pressa. Antes de mais nada, ressaltando que grandes jardins, parques e passeios públicos se formaram, originalmente, em consequência da expansão urbana. O crescimento das cidades, privando as pessoas de um contato mais íntimo e direto com o mundo natural, gerou a abertura desses espaços verdes, que eram encarados em termos estéticos e espirituais, mas também científicos. Criava-se um duplo movimento. De início, ao começar a se expandir, a cidade destruía a vegetação. Expulsava o mato para fora de seu círculo. Mantinha a mata virgem à distância. Adiante, em sua própria trajetória de expansão, esta mesma cidade ia abrindo espaços especiais para acolher a natureza que afastara. As mais importantes cidades coloniais do Brasil — a exemplo de Salvador, de Ouro Preto ou do Rio de Janeiro — atravessaram séculos sem contar com políticas públicas de parques e jardins. Os jardins eram raros — e privados. Faziam parte de propriedades particulares, fossem elas grandes construções religiosas ou residências senhoriais abastadas. Ainda assim, sua finalidade era, sobretudo, utilitária. Não se plantava um espécime para preservá-lo, estudá-lo ou apreciá-lo. Mas, principalmente, para comer e ter remédios à mão, naqueles tempos de medicina caseira e artesanal. Predominava, assim, uma cultura pragmática de fruteiras, ervas de cheiro, floreiras e plantas medicinais. Em *Cidade Brasileira*, Murillo Marx escreveu: "O despontar do jardim moderno antecede a Independência. Os primeiros jardins públicos aparecem no fim do século XVIII, voltados para o lazer, já para a pesquisa dos interessados, já para o devaneio dos citadinos. Pouco depois, com a vinda da família real, vicejam em maior número e mais elaborados os jardins privados. Todos vão ensaiar não só muitas plantas exóticas, como também as representantes da nossa flora exuberante, até então quase despercebidas ou desconsideradas. Este florescer da jardinagem se revela muito importante para o enriquecimento da paisagem urbana e sua consequente transformação". As áreas ajardinadas se multiplicam. A vegetação ocupa mais visivelmente os vazios da cidade. Introduz-se, no Brasil, a prática da arborização de espaços públicos, como praças e ruas.

Mas a verdade é que o Brasil teve um marco totalmente pioneiro nesse terreno, no espaço das Américas, embora não como iniciativa luso-brasileira, e sim como produto das invasões holandesas. No século XVII, Maurício de Nassau-Siegen, nomeado governador-geral do Brasil Holandês pela Companhia das Índias Ocidentais, realizou em Pernambuco obras de urbanização, edificou pontes e palácios, abriu parques e jardins. Naquela época, na Holanda, vingava a moda dos jardins públicos, com tavernas e casas de diversão erguidas à sombra das grandes árvores, dispostas em alamedas. Foi o que Nassau fez no Recife, na Ilha de Antonio Vaz. Ficava ali a sua Vrijburg. E ali, em terreno árido, arenoso, com o recurso a aterros e o emprego de muito esterco, o príncipe plantou os mais diversos tipos de árvores encontráveis em terras brasileiras, além de espécimes vegetais importados de pontos variados das Antilhas e da África. Entre outras coisas, Nassau plantou em Vriburg cerca de 2 mil coqueiros, para a admiração de todos, que nunca tinham assistido a um replante de plantas daquele porte. E se orgulhava disso. Por volta de 1640, de resto, o príncipe passou a viver num pavilhão que construíra em seu jardim. Ali, havia casas de jogos e entretenimento, espaço para festas, viveiros de peixes, criatórios de exemplares de nossa avifauna. Um laranjal servia de cerca, abrigando limoeiros, jenipapeiros, mangabeiras, cajueiros, pés de pitanga e tamarindo, além de plantas ornamentais e medicinais. Foi o primeiro jardim botânico das Américas, desenhado e implantado um século antes que os Estados Unidos fizessem o seu. Infelizmente, não seguiram o exemplo. A própria obra do príncipe foi abandonada. E o jardim público só vai reaparecer, entre nós, a caminho do fim do período colonial, como uma espécie de reflexo físico ou expressão material das novas ideias e desejos que o Iluminismo despertou. Nasce, por esse caminho, com projeto de Valentim da Fonseca e Silva, o Passeio Público do Rio de Janeiro, inaugurado em 1783. Valentim deixou projetos importantes ali, do portão de entrada aos obeliscos, da Fonte do Menino ao Chafariz dos Jacarés, entre traçados geométricos e um terraço com vista para o mar. Também por essa época a região da Luz, em São Paulo, vai se tornar um espaço para o lazer e a observação de espécies vegetais cultivadas. Um pouco adiante, tivemos a abertura do Passeio Público de Salvador, determinada pelo Conde dos Arcos em 1810. Passeio que chamava a atenção de todos, com suas cercas de pitangueiras, as suas grandes árvores, suas alamedas de plantas frutíferas, coloridas por laranjas, mangas e jambos. Para não falar da vista deslumbrante da extensão azul do grande golfo baiano. Mas não temos cuidado bem das melhores coisas de nossas cidades. No final do século XIX, por determinação de Dom Pedro II, o Passeio Público do Rio começava a ser desfigurado, com a destruição das alamedas retas de Valentim. Adiante, em 1906, um absurdo: com a inauguração da Avenida Beira-Mar, no governo de Pereira Passos, o passeio carioca perdeu sua vista para o mar. De igual modo, o Passeio Público de Salvador, na segunda metade do século XX, foi sempre mais maltratado. E hoje está entregue às traças, com o antigo Palácio da Aclamação nas mãos da burocracia medíocre e preguiçosa de uma suposta "secretaria da cultura".

Mas o grande marco, na história brasileira de parques e jardins, virá em 1811, quando Dom João VI instituiu, no Rio de Janeiro, o Jardim Botânico, com suas imponentes fileiras de palmeiras imperiais, obra que deve ser apreciada no conjunto das melhorias urbanas introduzidas na capital da então América Portuguesa. Melhorias culturais, também, já que não devemos nos esquecer de que o Jardim Botânico e o Museu Nacional são criações coetâneas. Um jardim botânico que, inclusive, ensaiava novidades, tentando trazer novas culturas para cá. A propósito, escreve Oliveira Lima: "O Jardim Botânico (a princípio Real Horto), plantado originariamente para introduzir no Brasil a cultura de especiarias das Índias Orientais, no lugar do engenho de Rodrigo de Freitas onde também se montara uma fábrica de pólvora, foi outra criação de Dom João VI cujos resultados científicos têm sido consideráveis e são inesgotáveis. Esse jardim que interessava o seu fundador ao ponto de, segundo se conta, aí passar dias inteiros, abrigou numerosas plantas exóticas e aclimou várias que hoje admiramos e usufruímos, tendo sido outras perdidas por abandono. No número, das aproveitadas e das desamparadas, entram a cana de Caiena, o chá, a palmeira real — assim chamada por haver sido plantada pelas régias mãos — o abacate, o olho de boi e o litchi da China, a canforeira, o cravo da Índia, a fruta-pão, a noz moscada, o cajá-manga, a fruta do conde, a pimenta do reino, a carambola, a amoreira, etc.". Para cuidar do Jardim Botânico e mantê-lo em funcionamento, havia um grupo especial de escravos jardineiros. O que nos leva a um subproduto interessante da instituição, como nos relata Mary C. Karasch: "Depois do fracasso de uma experiência com trabalhadores chineses na plantação de chá, o governo nacional passou alguns de seus escravos para cuidar do chá e das plantas e árvores raras do Jardim Botânico. Em 1844, havia 72 escravos empregados no jardim imperial, mas desses apenas doze a catorze tinham condições de trabalhar, pois os outros eram doentes, menores ou cuidavam de crianças. Quando visitou o Jardim Botânico, Horner teve por guia Antonio, 'um negro idoso, sem chapéu e polido', que trabalhava ali desde o tempo de João VI [...]. Escravos como Antonio mantinham havia muito tempo um lucrativo negócio de venda ilegal de sementes e frutos de plantas e árvores raras do Jardim Botânico".

O Aterro do Flamengo pertence a esta linhagem ou tradição dos grandes jardins, passeios públicos e parques urbanos do Brasil. Espaços de convívio que podiam mesclar lazer e conhecimento, prazer e pesquisa, estudo e diversão. E que, como no caso do jardim botânico carioca, eram lugares abertos ao novo. Espaços experimentais. Ainda hoje, olhando para a obra que Lota de Macedo Soares pensou e coordenou, o que vemos é que o Aterro do Flamengo é um extraordinário, um esplêndido parque urbano brasileiro, como o Ibirapuera, em São Paulo. Mas qual foi mesmo o papel de Lota na empreitada? "Urbanista autodidata" — é como sempre a definem. Mas isso, no caso, não quer dizer muita coisa. Autodidata ou titulado, o fato é que há muito "urbanista" por aí que não entende nada do riscado. Não é, na minha opinião, o caso de Lota. Podemos dizer que, com relação ao Aterro e Parque do Flamengo, ela foi a articuladora que retomou o problema, apontou para o alvo, assumiu o encargo, mobilizou as pessoas certas e soube fazer as coisas acontecerem. Tome-se o caso de Affonso Reidy. Envolvido há tempos com o planejamento da cidade, como na época do Plano Agache e na gestão do prefeito Dodsworth, Reidy já tinha elaborado um plano para a urbanização do Aterro em 1948, muito antes de Lota assumir a frente do trabalho. Ele foi diretor de urbanismo da prefeitura carioca e desentendimentos com o prefeito Mendes de Morais levaram à sua demissão. "Cansado da Prefeitura, dos conflitos no Departamento de Urbanismo e das dificuldades para implementar os projetos habitacionais (a Gávea permanecia incompleta), Reidy, no início dos anos sessenta, parecia disposto a se retirar para trabalhos privados. Seus projetos haviam ganho enorme destaque internacional. Em 1961, um livro sobre sua obra foi publicado na Alemanha, com prefácio do historiador de arquitetura e antigo secretário do CIAM, S. Giedion, privilégio que raríssimos arquitetos brasileiros podiam ostentar na época. Vinha sendo frequentemente convidado para concursos fechados de projetos no exterior, como o Museu do Kuwait e a Organização Mundial de Saúde. Assim, com cerca de cinquenta anos, Reidy teria ainda grandes perspectivas de trabalho", avalia Nabil Bonduki em "Affonso Eduardo Reidy: Arquiteto de Espaços Públicos", estudo introdutório ao volume *Affonso Eduardo Reidy*, do Instituto Lina Bo e P. M. Bardi.

Reidy não estava mais querendo saber de burocracias. De coisas e complicações oficiais. E foi aí que Maria Carlota de Macedo Soares entrou em cena. No início do governo de Carlos Lacerda — primeiro governador do agora estado da Guanabara, criado em função da transferência da capital do país para Brasília, em 1961 —, Lota recebeu a missão de tocar a Urbanização do Aterro Glória-Flamengo. E quis Reidy a seu lado. Conta Carmen Portinho, citada por Bonduki: "[...] ela não teve dúvidas: sabia que existia um projeto feito pelo Reidy no Departamento de Urbanismo e, era muito informada, sabia que ele estava afastado, que ele estava lá no Departamento de Habitação Popular [onde o arquiteto se "exilava" sempre que se chocava de encontro a uma visão predominante na Secretaria], acompanhando o projeto do MAM. [...] Ela bateu lá em casa e pediu para o Reidy retomar o projeto. Ele disse: eu nem quero ouvir falar disso aí. [...] Ela ia lá todo domingo, sempre com o mesmo assunto, até que ela convenceu o Reidy: [...] ela foi nos arquivos do Departamento de Urbanismo e desencravou os projetos do Reidy, levou para a casa dela lá em Samambaia, perto de Petrópolis, e nos convidou para almoçar. Quando chegamos lá, o projeto estava espalhado no chão, começava aqui e acabava lá, a casa dela era enorme, vi o projeto dele em cores. Ela disse: vamos realizar este projeto. [...] Aí ele concordou e disse: mas eu não vou trabalhar mais na Prefeitura, eu não vou sofrer outra coisa dessas. Ela então foi ao Lacerda, nomeou uma comissão em que o Reidy era o urbanista; foi para o aterro, botou um barracão lá e fez o escritório do Parque do Flamengo. Fez lá, no próprio local, pois o Reidy recusou-se a trabalhar na Prefeitura". Como se vê, a urbanista sabia o que queria e era incansavelmente insistente: não desistia de cumprir o que estabelecia em sua cabeça. E tinha disposição para vencer o que aparecesse no caminho, ameaçando atrapalhar a realização de seu projeto. Ainda bem. E assim, conquistando os quadros que desejava, Maria Carlota montou o Grupo de Trabalho para Urbanização do Aterrado. Um time de primeira linha. Eis a ficha oficial: "Presidente: Maria Carlota (Lota) de Macedo Soares; Affonso Eduardo Reidy, urbanismo; Roberto Burle Marx, projeto paisagístico; Luiz Emygdio de Mello Filho, botânica; Jorge Machado Moreira, arquitetura; Bertha Leitchic, engenharia; Hélio Mamede, arquitetura". Em tempo: Bertha Leitchic nascera na Rússia, veio para cá ainda criança, foi uma das primeiras mulheres a se formar em engenharia no Brasil, calculando diversas pontes e viadutos, comandando campanhas contra as enchentes que tomavam o Rio e mesmo realizando estudos sobre a mortandade de peixes na Lagoa Rodrigo de Freitas. Em 1937 — juntamente com Carmen Portinho, Clara Steinberg e Lícia Prado Lopes —, fundou a Associação Brasileira de Engenheiras e Arquitetas.

Esta, no entanto, é somente a face visível do desempenho de Lota, levando à frente e à finalização os trabalhos do Aterro do Flamengo. Havia, evidentemente, o outro lado. Sempre há — principalmente quando a pessoa, vindo de fora, é obrigada a lidar com aqueles que se acham há tempos encastelados ou incrustados na máquina pública, comportando-se como donos da casa e sabotando na surdina, diariamente, as iniciativas do "forasteiro", "intruso" ou, no mínimo, "estrangeiro", que ali caiu de paraquedas. A burocracia brasileira, que nada ou quase nada tem de meritocrática, considera que a tartaruga é um competidor muito ágil e veloz, comporta-se como se o público fosse privado — e é inimiga de toda e qualquer novidade. Deixando de parte a ladroagem dos políticos, que vem da velha república aos corruptos do PT, os piores adversários cotidianos da ação pública no país são realmente a burocracia e seu *petit pouvoir*. Temos um funcionalismo público execrável, protegido pelo escudo da famigerada "estabilidade no emprego", que faz de imbecis e preguiçosos um bando de intocáveis. Lota teve de se ver com isso, atropelando hienas, raposas velhas, cágados e lesmas (sem ofender o mundo natural). Era amiga de Carlos Lacerda, que a admirava muito. Eleito governador, Lacerda perguntou o que ela desejaria fazer na administração dele. Lota não pestanejou: pediu que ele deixasse em suas mãos as obras do aterro Glória-Flamengo. Faria, do entulho imenso, um parque exemplar, admirável, que se converteria numa das marcas do Rio de Janeiro, como o Pão de Açúcar e as calçadas lisboetas de Copacabana. Lacerda a nomeou então para tratar da urbanização das áreas decorrentes do aterro. Daí, ela reuniu a equipe de craques que mencionamos, com Reidy e Burle Marx no time, e entrou em choque com os burocratas da Superintendência de Urbanização e Saneamento (Sursan), cujos nomes nem vale a pena citar — como diz o ditado, não devemos gastar vela com defunto ruim. Aos 50 anos, vestindo camisas e calças de homem, Lota — na boa observação de Carmen L. Oliveira, em *Flores Raras e Banalíssimas* (livro importante, ainda que mesclando o documental e o subliterário) — "tinha o ar nobre de um índio norte-americano". E não estava ali para brincar em serviço. Fez o que tinha de ser feito. Teve até problemas no terreno delicado e muitas vezes confuso da amizade. Mas deu ao Rio o Aterro do Flamengo.

Numa visada geral, podemos dizer que Lota de Macedo Soares redefiniu e redirecionou o projeto do Aterro com extrema lucidez e alta sensibilidade. Armou um barracão no aterro e levou a equipe com ela para trabalhar lá, da manhã à noite. Tinha uma disposição e uma inteligência notáveis. Aliás, Lina Bo Bardi costumava dizer que Lota fora a mulher mais inteligente que tinha conhecido em toda a sua vida. Além de inteligente, Lota era muito bem informada. Quem lê seu texto de 1964 sobre o Aterro e Parque do Flamengo, por exemplo, percebe de imediato a presença, ali, do pensamento de Lewis Mumford e Jane Jacobs, devidamente assimilado e traduzido para aquela circunstância brasileira. Não nos esqueçamos, aliás, de que Lota era mulher de formação e informação sempre atualizadas, criada principalmente em termos franceses, mas devidamente familiarizada com a cultura de língua inglesa. E de que *The Death and Life of Great American Cities*, a obra central de Jane Jacobs, é de 1961. Vale a pena ler o texto que ela escreveu sobre o Aterro, estampado originalmente na *Revista de Engenharia do Estado da Guanabara*:

"O maior inimigo da beleza e do conforto de uma grande cidade é o automóvel. As pistas cada vez mais largas, os estacionamentos cada vez maiores, vão destruindo rapidamente os edifícios antigos, as travessas estreitas, os jardins, os becos, as tortuosas ruas que desembocam inesperadamente em pequenas praças, e que dão à cidade aquele elemento de surpresa e de originalidade que a distingue das outras. Assim, a cidade vai perdendo o seu caráter e a sua personalidade para se parecer cada vez mais com os subúrbios de Los Angeles. E quanto mais se abrirem pistas e mais se fizerem estacionamentos, mais carros usarão essas pistas e esses estacionamentos. O conjunto do pedestre cada dia interessa menos aos que planejam as tais pistas, que só veem do problema do trânsito o seu aspecto mais simples. O problema do transporte na sua totalidade, já que dele depende toda a vida de uma cidade, é, claro, um dos maiores do nosso tempo, contudo até hoje em nenhum país do mundo foi ele tratado com a importância que merece e os erros, os mais evidentes, continuam a ser cometidos nas pequenas e grandes cidades.

O Rio de Janeiro, cidade tão bonita quanto 'difícil' em todos os sentidos e, sobretudo, em relação ao trânsito, vai melhorar com a abertura de nossos túneis, que irão diminuir as distâncias, diluir o tráfego e sobretudo salvar a orla do mar. Na teoria de se fazer o mais fácil, não importando o que isto representa de falha de lógica e de realismo, foram se traçando pistas rápidas, cortando literalmente ao carioca o acesso ao mar, glória e beleza do Rio. Pistas de velocidade só são admissíveis na saída da cidade, não dentro dela, como as temos praticamente da Niemeyer ao cais do Porto.

Fica, pois, ao governador Carlos Lacerda, a tarefa de devolver o mar ao carioca, cortando as pistas com sinais, com guardas, com passagens, para que o mortífero tráfego dê ao cidadão o direito de usar o que é dele; fazer novas praias, reconstruir as antigas, demolir as muradas que aprisionam a cidade, roubando-lhe a vista, e tendo como aparente e única finalidade o aprego de cartazes eleitorais.

Iniciou-se em governos anteriores o Aterro Glória-Flamengo, e a gigantesca obra começada há sete anos parecia não ter outro destino senão abrir espaço às pistas de velocidade, onde dezesseis fileiras de carros passariam a cem quilômetros a hora diante de um dos mais espantosos panoramas do mundo. Quis este governo, ao continuar as obras do Aterrado, fazê-lo sob inspiração menos mecanizada e anti-humana; infelizmente, duas das pistas já iniciadas tiveram que ser mantidas, cortando o Aterrado ao meio, mas no resto trata-se de construir agora o maior jardim do Brasil. Criou esta divisão pelo centro grandes problemas para a sua urbanização, não somente pelo lado estético como pelo lado utilitário, no relativo ao aproveitamento das áreas e à forçada travessia dos pedestres pelas pistas de velocidade. Esta foi imperfeitamente solucionada com três passagens inferiores, uma ponte grande da Avenida Beira Mar ao Museu de Arte Moderna, e quatro pontes pequenas sobre os morrotes. Ainda será necessário instalar dois sinais luminosos diante dos Pracinhas e diante do Museu do Catete. O futuro dirá, e vai dizer mesmo, que outros sinais luminosos serão necessários para que os milhares de pessoas que procurarão atravessar as pistas para o seu banho de mar ou o seu passeio, o possam fazer sem aquele ar esgazeado que é a marca do pedestre no Rio de Janeiro.

A própria configuração do Aterrado, faixa longa e estreita, também apresenta dificuldades para a organização e distribuição das áreas de lazer e divertimento.

Dada a sua posição estratégica, serve o Parque do Flamengo tanto à Zona Norte quanto à Zona Sul e será fator de vital importância para a saúde mental e física do carioca de ambas as zonas; a falta de jardins, praças e *playgrounds* no Rio será de certo modo compensada pelos novecentos e trinta mil metros quadrados do Aterrado. A ideia básica do projeto é, pois, dar a todos os cariocas e às suas famílias a oportunidade de passar o seu domingo ao ar livre.

A dificuldade, naturalmente, é dosar e escolher o que é necessário para isso, fazendo o mínimo de arquitetura para não tirar a vista do mar e não converter os jardins em praças de esporte ou parque de diversões. Não esquecer também que, apesar do mar ser a grande atração e o jardim ser uma passagem para o mar, o parque também será usado como tal e deverá ser tratado como um todo em si mesmo. Os problemas da urbanização são grandes e variados, por exemplo, o da economia e durabilidade dos materiais empregados, a quantidade de vestiários e sanitários necessários, assim como os de outros serviços públicos, a escolha de elementos educacionais que possam servir a um máximo de crianças e adolescentes, com um mínimo de gastos e manutenção, e, '*last but not least*', a luta contra os pedidos esdrúxulos que venham a perturbar ou desvirtuar completamente a unidade do projeto.

O planejamento já terminado consta dos seguintes projetos:

Restaurante no Morro da Viúva e Churrascaria na enseada da Glória, *playgrounds* cercados com pavilhão para educadores, sala de curativos, sanitários para crianças, áreas para piquenique com bancos e mesas baixas e cestas para detritos. Teatro de Fantoches e Marionetes, duas pistas de Aeromodelismo, cinco estações e quatro composições de trenzinho para passeios, na pista de quatro metros que também servirá para caminhão de limpeza, de abastecimento, ambulância. Postos de Socorro, Polícia, Informações sobre crianças perdidas, telefones, etc. Piers para Bateau Mouche, para pescadores, atracamento de lanchas. Sinalização e mapas. Estacionamentos nas faixas mais estreitas do lado do Flamengo. Vestiários, sanitários, irrigação, drenagem, iluminação, etc., etc. Teremos também o mais belo e variado conjunto de palmeiras da América do Sul, desde o popular Dendê até a raríssima palmeira laca da Índia. Os grupos de flores terão toda a escala cromática que oferece a flora tropical, além de árvores notáveis por suas formas esculturais.

Entregue pois ao Governo os projetos para a Urbanização do Aterrado, cabe agora ao Governo executar a obra.

Neste mundo de hoje, em que se pensa tão pouco no indivíduo, na criatura humana de carne e osso, nas suas necessidades de repouso moral e físico, parece que o Aterrado da Glória, tal como o concebeu o Grupo de Trabalho, é obra urgente e inédita: cuida tanto da beleza e conservação da paisagem, quanto da utilidade dela, põe as necessidades do homem diante das reivindicações da máquina, ousa oferecer ao pedestre, pária da idade moderna, o seu quinhão de sossego e lazer, ao qual ele tem direito, mas que nenhum Governo até agora pensou em lhe garantir."

Ao contrário de Carmen Portinho e Lina Bo Bardi, a também irrequieta Lota de Macedo Soares não fizera nenhuma opção preferencial pela esquerda. Até onde se sabe, não tinha conexões com o PCB ou com organizações políticas do gênero. É inegável sua sensibilidade social e há testemunhos de que sabia lidar de forma franca e fraternal com os trabalhadores que se engajavam em suas obras — fosse uma obra particular, como a construção de sua casa em Samambaia, em meio à vegetação luxuriante da serra fluminense; fosse uma obra pública, como a do "aterrado" Glória-Flamengo. Queria melhores condições de vida para todos (incluindo, aqui, a questão da qualidade ambiental). E falava de um urbanismo humanista, pensado em função das pessoas. Mas seus vínculos eram com a direita. Com seu amigo (e vizinho de casa de campo em Samambaia) Carlos Lacerda, que a visitava sempre, antes de se eleger governador e não dispor de tempo para mais nada que não fossem as tramas políticas de um Brasil que logo seria trancafiado e sufocado pelo golpe militar que derrubou o presidente João Goulart, Jango, queridíssimo pela população brasileira. Lacerda pensou que seria um dos comandantes do Brasil pós-Goulart, mas os militares não demoraram a cortar suas asas (de corvo, diriam seus muitos adversários). Lota, louca para finalizar a sua obra do Flamengo, tratou então de se aproximar dos milicos no poder. De Castello Branco, primeiro chefe do novo regime. Em vão. Castello Branco, que adoraria ser cortejado por artistas e intelectuais, tratou Lota com a gentileza de que poderia ser capaz, mas não comprou suas propostas. Falava educadamente, mas da boca para fora. Lota foi enganada aqui e ali, sem saber se mover no labirinto entre Brasília e o Rio. Tentou se aproximar ainda da mulher do segundo ditador do período, Costa e Silva. Fez praça de anticomunista. Para nada. O Aterro do Flamengo era coisa secundária para os militares. Ficou em círculo lateral. E, aqui, Lota foi derrotada pela politicagem e a burocracia. Avançava, além disso, na reta final de um caso amoroso. Perdia Elizabeth Bishop. E desistiu. Pegou um avião para os Estados Unidos. Lá chegando, se matou.

Para finalizar, digamos que Lota encarnou um urbanismo de vanguarda, com consciência histórica, atenção ambiental e sensibilidade estética. Carmen L. Oliveira cita a seguinte passagem de uma carta sua a Carlos Lacerda: "Acho uma barbeiragem tirar os ficus da Praça Paris e substituí-los por palmeiras... A beleza de uma cidade vem em parte da conservação rigorosa dos elementos através dos diversos séculos. O Passeio Público século XVIII — a Praça Paris século XIX — e o Aterro século XX — apesar da Praça Paris ter sido feita no começo deste século [XX], ela é desenhada como um jardim do século XIX e deve assim ser conservada". Lota via a natureza — agreste ou já culturalizada — como patrimônio público, bem precioso da população citadina. Defendia, por exemplo, a preservação do Parque Lage, como uma espécie de jardim-clube cheio de vida, que o governo deveria manter em colaboração com os moradores da zona do Jardim Botânico. E era também em defesa do patrimônio natural carioca que não hesitava em acusar o arquiteto Sérgio Bernardes de estragar a cidade em troca de mais dinheiro na sua conta bancária. Exemplo disso seria o projeto que fez para um hotel monstruoso no morro do Pasmado. Carmen: "Lacerda sabia de antemão que para Lota os elementos da paisagem eram patrimônio dos cidadãos, parte do acervo cultural de uma cidade e portanto inalienáveis. [...] Lota argumentava que, tendo em vista a beleza e a diversidade do relevo do Rio, era *um barbarismo, uma estupidez e um crime* emperiquitar o que quer que fosse em cima de suas montanhas". Por fim, Lota, que amava imensamente o Rio, batia na mesa contra o fato de se construir ou planejar a expansão de uma cidade em função do automóvel. Bem ao contrário disso, o Parque do Flamengo, obra de sua vida, era um espaço para o Rio "reaprender a arte de andar a pé". Foi esta a dádiva que nos deixou.

LINA BO BARDI

Architettura e *vita* de Lina Bo Bardi. Embora não tenha sido expulsa da Itália pela projeção avassaladora do nazifascismo na Europa, que gerou uma diáspora atlântica de vanguardistas europeus em busca das Américas, Lina Bo Bardi, como o maestro-compositor Hans Joachim Koellreutter (alemão que namorava uma judia), também veio para o Brasil num momento de desencanto. De desilusão com o rumo tomado pela Itália depois da Segunda Guerra Mundial. Formada pela Faculdade de Arquitetura da Universidade de Roma, Lina logo se deslocou para Milão, cidade então culturalmente mais agitada, a fim de mergulhar em águas propícias ao desenvolvimento de sua personalidade estética e intelectual. Veio a Segunda Guerra Mundial e vieram os bombardeios aéreos. Num deles, ela perdeu seu escritório de arquitetura. Ainda assim, não se aninhou sob as asas frias da desistência. "Em tempo de guerra, um ano corresponde a cinquenta anos, e o julgamento dos homens é um julgamento de pósteros. Entre bombas e metralhadoras, fiz um ponto da situação: importante era sobreviver, de preferência incólume, mas como? Senti que o único caminho era o da *objetividade* e da *racionalidade*, um caminho terrivelmente difícil quando a maioria opta pelo 'desencanto' literário e nostálgico. Sentia que o mundo podia ser salvo, mudado para melhor, que esta era a única tarefa digna de ser vivida, o ponto de partida para poder sobreviver", escreveu. Daí à Resistência, ao ingresso e à militância no Partido Comunista Italiano. Em horizonte carregado, sinistro: "[...] aqueles que deveriam ter sido anos de sol, de azul e alegria, eu passei debaixo da terra correndo e descendo sob bombas e metralhas". E mais: "Cada minuto vivido era uma vitória. Escondida, escutava a Rádio BBC de Londres que, todos os dias, abria sua transmissão internacional com a V Sinfonia de Beethoven. Acompanhava atentamente as notícias sobre a heroica resistência em Stalingrado". Veio, enfim, a vitória dos "aliados". Um novo tempo se abria. O sentimento de Lina é anotado por ela mesma de modo cristalino: "1945. A Guerra acaba. A esperança de construir ao invés de destruir anima a todos. Tínhamos tudo nas mãos; nós, da esquerda e da centro-esquerda, éramos felizes". Lina parte para a batalha da vida.

Juntamente com Bruno Zevi e Carlo Pagani, funda o semanário *A — Cultura della Vita*. Mas a alegria dura pouco. "1946. Os velhos fantasmas voltam, os velhos nomes retornam, a Democracia Cristã toma o poder. Com ela, figuras de passados governos, tudo aquilo que pensávamos derrotado para sempre." Lina casa com Pietro Maria Bardi — e o casal toma um navio em direção ao Brasil. O que eles sentem que deixam para trás é uma Europa arruinada, decadente, exausta. O que eles buscam à frente é um mundo novo, vital e energético. "Chegada ao Rio de Janeiro de navio, em outubro. Deslumbre. Para quem chegava pelo mar, o Ministério da Educação e Saúde avançava como um grande navio branco e azul contra o céu. Primeira mensagem de paz após o dilúvio da Segunda Guerra Mundial. Me senti num país inimaginável, onde tudo era possível. Me senti feliz, e no Rio não tinha ruínas. [...] Naquele tempo, no imediato pós-guerra, foi como um farol de luz a resplandecer em um campo de morte... Era uma coisa maravilhosa." Pouco depois, em 1951, Lina se naturalizaria brasileira. Escolhera o país inimaginável, onde tudo era possível.

Mas enquanto Koellreutter veio parar aqui num ambiente esteticamente hostil ao experimentalismo, dominado então pelo nacionalismo musical de Villa-Lobos e as pregações toscas de um poeta menor (um paulista pseudoerudito, folclórico e muito pouco criativo chamado Mário de Andrade, ainda hoje inexplicavelmente tido em alta conta por nossa "casa-grande" universitária), a arquiteta Lina Bo Bardi teve outra sorte, encontrando ventos abertamente favoráveis ao seu fazer. O Brasil era um país jovem, onde Bauhaus e Corbusier tinham sido muito bem recebidos e assimilados criativamente. Ao chegar aqui, por sinal, o casal Lina-Pietro foi recepcionado no IAB do Rio pela "primeira vanguarda internacional do Brasil", como ela mesma definiu o grupo formado por Lúcio Costa, Oscar Niemeyer, Athos Bulcão, Burle Marx e outros. Visto em perspectiva histórica, o movimento modernista em arquitetura repercutira no Brasil já na década da Semana de Arte Moderna (1922), sob o influxo direto de Corbusier. No decênio seguinte, expressar-se-ia em diversas obras pelo país, a exemplo do que fez Alexander Buddeüs na Bahia, no expressionismo do Instituto do Cacau e no prédio claramente bauhausiano da Escola Normal (hoje, ICEIA), no bairro do Barbalho. Bem antes da chegada de Lina, portanto, Flávio de Carvalho dera o ar de sua graça, Rino Levi falara em estética das cidades, Buddeüs construíra seus prédios e Gregori Warchavchik sublinhara o caráter histórico da "lógica da beleza", reclamando da arquitetura ornamental e adotando a visão corbusieriana da casa como "máquina de morar". Em seguida, Gustavo Capanema (ainda hoje, o único ministro da Educação e da Cultura digno de tal título em nosso país) e Lúcio Costa se responsabilizariam pela deflagração de um processo inovador que, adiante, iria desembocar na Pampulha e, sobretudo, em Brasília. Não havia maiores obstáculos ao vanguardismo arquitetônico, portanto. E Lina Bo Bardi trazia ainda, em sua bagagem, a formação na área do *industrial design*, então visto como uma espécie de ponta de lança vanguardista, destino ou fim da estética e da arte numa cultura industrial. Um entrelaçamento que, no fim das contas, bem poderia ser definido como "natural". Na verdade, é possível falar de intersecções, ou de uma zona de fronteira entre a arquitetura industrializada e o desenho industrial. Coisas como *brises*, turbinas, altos-fornos, etc., povoam essa região fronteiriça. E diante de uma ideia como a "cúpula geodésica", de Buckminster Fuller — o autor de *Untittled Epic Poem on the History of Industrialization*, palmilhando com John Cage as trilhas de uma "prosa porosa" —, ficamos de fato indecisos, sem saber o que dizer: arquitetura ou *design*? Pouco importa, no fundo. O mobiliário moderno, por exemplo, é uma criação de arquitetos. E o certo é que também aqui, na área do desenho industrial, Lina não encontraria oposição alguma. O tema praticamente inexistia no debate cultural público brasileiro daquela época, embora já se encontrasse na prática dos arquitetos mais inovadores, ao menos desde a década de 1930, manifestando-se então em *brises*, cobogós, luminárias e móveis. Em todo caso, a ESDI (Escola Superior de Desenho Industrial) surgiria somente em 1963, no Rio de Janeiro, então a capital cultural — e não em São Paulo, a capital industrial — do país.

    A vanguarda arquitetônica é, mais obviamente do que a vanguarda literária ou a vanguarda das artes plásticas, filha da Revolução Industrial. A arquitetura depende diretamente da cultura técnica e econômica da época em que se produz. Quando Trótski, em sua polêmica com a escola formalista russa, num dos textos de *Literatura e Revolução*, diz que é supérfluo pensar que a poesia veio de Homero a Maiakóvski independentemente da invenção da lâmpada elétrica, aponta para uma evidência que, se enunciada numa discussão sobre arquitetura, venceria qualquer concurso de truísmos. O aparecimento do aço, do concreto e da lâmpada elétrica subvertem toda ideia anterior do que seja edificar. Permitem, por exemplo, que surjam os arranha-céus. Mas deixemos o óbvio de lado e vamos falar um pouco da configuração da nova arquitetura novecentista, quando nosso olhar deve se concentrar na Bauhaus e na irrupção de Corbusier. Aqui se define o campo magnético do moderno racionalismo arquitetônico europeu. Bauhaus: fusão arte/técnica, trabalho interdisciplinar em grupo, preparação de projetistas, formas novas para um mundo novo, entrelaçamento arquitetura/desenho industriais, didática social: Lazlo Moholy-Nagy no laboratório de metais, Marcel Breuer fazendo os primeiros móveis em tubos metálicos, Gropius projetando prédios e mesmo bairros. Ao lado dessa prática pedagógica, da experiência coletiva, da paciente disciplina cotidiana da Bauhaus (a que são submetidos, entre outros, Paul Klee e Kandinsky), voltada para a modificação constante mas gradual do ambiente, Corbusier mais sugere um terrorista, um agitador carismático e incendiário, no melhor estilo vanguardista do começo do século. No horizonte, a "civilização da máquina"; em foco, a busca de uma arquitetura que fosse realmente contemporânea da nova realidade tecnocientífica do mundo. Estética industrial, lógica, exatidão mecânica. Vêm dessa viagem as soluções práticas que se universalizaram: os pilotis, o terraço-jardim, a janela horizontal, assim como a arquifamosa visão da casa como *machine à habiter*. Arquitetura racional, funcional, internacional, objetiva — são alguns dos rótulos que apareceram então para designar os cortes que os volumes claros da arte novecentista de construir vieram realizando, como raios e âmbitos claros, no espaço da modernidade. E é evidente que essas informações chegaram à Itália, ainda que numa atmosfera bastante confusa. A nova arquitetura internacional não foi propriamente um terreno de brilho italiano, no tempo que vai do aparecimento à queda de Mussolini. Em *A Cidade e o Arquiteto*, Leonardo Benevolo fala até de uma incerta desorientação italiana, com idas e vindas entre o tradicionalismo e a invenção, o vernacular e a novidade sociotécnica, tendo como pano de fundo uma espécie de *karma* histórico ou clássico. Na Itália, o racionalismo arquitetônico chegou a tentar um caso amoroso com Mussolini (o que bem mostra que o vocábulo "razão" pode ser acionado nas mais diversas e contrárias direções), via Pietro Bardi, inclusive, e até mesmo, em escala bem mais grandiosa, com Ezra Pound, assim como a vanguarda russa se apresentou como bolchevique, com Eisenstein e Maiakóvski, embora as ditaduras stalinista e fascista tenham sido igualmente assassinas de vanguardistas, ordenando um retorno ao neoclássico.

Lina Bo Bardi — que, estranhamente, detestava ser tratada como "a" arquiteta, exigindo que a chamássemos "o" arquiteto, embora não fosse lésbica — se criou justamente aí, em meio a relíquias do mundo romano e a estilhaços da cultura europeia de vanguarda. Mais precisamente, em meio a monumentos históricos e a princípios e obras de uma cultura arquitetônica transformada por gente como Gropius, Corbusier e Ludwig Mies van der Rohe. Enfim, estava decididamente no território da vanguarda, trabalhando no escritório de Gió Ponti, que passara do neoclássico para o racionalismo. E foi dirigir a revista *Domus*, voltada para os novos idiomas da arquitetura e do desenho industrial. Ficou, ainda, ao lado do arquiteto e teórico da arquitetura e do urbanismo Bruno Zevi, autor de uma *Storia dell'Architettura Moderna*, e integrou o *Studio d'Arte Palma*, de Pietro Bardi, incansável promotor das vanguardas no mundo italiano. E veio desembarcar num país que convidara Corbusier para trabalhar, num momento em que a Europa ainda era incapaz de aceitá-lo, e até sorria, com indisfarçável desdém, de suas investidas mais ousadas. Na verdade, o caso da arquitetura brasileira foi especial. Mencionei antes que o ideário da vanguarda chegou aqui na década da Semana de Arte Moderna, evento-fetiche de boa parte da intelectualidade brasileira. Mas é bom acrescentar que a Semana não teve nada a ver com isso — nem com o cinema (*Limite*, nosso belo passo *avant-garde*, é de 1931 — e Mário Peixoto não deveu um centavo às pregações modernistas) ou o desenho industrial, além de ter contribuído para o atraso de nossa linguagem musical, no plano erudito. Oswald e Mário de Andrade não entendiam nada de arquitetura ou urbanismo, embora gostassem de dar pitacos aparentemente cultos sobre o assunto. De fato, o Modernismo de 1922 se responsabilizou apenas pela formação, no Brasil, de uma "ecologia" favorável ao experimentalismo, à novidade artístico-intelectual. Não despertou nem produziu a nova arquitetura brasileira. Os historiadores da criação arquitetônica brasileira são unânimes, categóricos mesmo, a esse respeito. E também ao afirmar que quem deu o pontapé inicial na nova partida estético-industrial foi Gregori Warchavchik, trazendo para cá princípios teóricos funcionalistas da vanguarda europeia e levando seus projetos da prancheta para a via pública, a partir da casa cubista, para-mondrianesca, de Vila Mariana (São Paulo), construída entre 1927 e 1928.

Com suas casas, Warchavchik conheceu a reprovação, o aplauso, a polêmica e, finalmente, a consagração. Era um arquiteto que, como o engenheiro do poema de João Cabral, sonhava coisas claras — prédios limpos e lógicos. Mas sua obra, elogiada por Corbusier e Frank Lloyd Wright, foi apenas um primeiro passo. Aconteceu, em seguida, o movimento pernambucano (o trio Luís Nunes-Joaquim Cardozo-Roberto Burle Marx), que teve a bela ideia de transformar o cobogó em *brise-soleil*. Mas a cartada decisiva ocorreu no Rio de Janeiro, no meado da década de 1930, com Lúcio Costa à frente. E ainda aqui topamos, mais uma vez, com a presença poderosa de Corbusier, ao lado das de Gropius e Mies van der Rohe, a linha de frente da vanguarda arquitetônica internacional. Corbusier foi convidado em 1936, por Gustavo Capanema, para "assessorar" os arquitetos brasileiros encarregados de projetar, sob a coordenação de Lúcio, o edifício do Ministério da Educação e Saúde, no centro do Rio. Corbusier veio (o Brasil o fascinava, não sei exatamente como), e esse contato direto do guru "racionalista" e seus discípulos tropicais é considerado fundamental para os novos passos da arquitetura modernista brasileira, que logo ganharia projeção internacional. Os brasileiros se exercitaram em ligação íntima e direta com Corbusier e "canibalizaram" os anteprojetos que ele elaborou, oferecendo ao fim uma criação original. Realizava-se o sonho de Corbusier, mas com o arranha-céu cartesiano exibindo — verticalizado e dinamizado, com quebra-sol horizontal — o *touch* de Lúcio Costa e Niemeyer, especialmente no plano estético. O sucesso foi total, aqui e no exterior. "Admirado universalmente, publicado em todas as grandes revistas de arquitetura, tornou-se um símbolo nacional habilmente explorado pelo governo brasileiro na propaganda interna e externa", lembra Yves Bruand, em *Arquitetura Contemporânea no Brasil*. Foi esse o prédio que Lina Bo e Pietro Bardi descortinaram maravilhados, ainda a bordo do navio que os trazia da Itália, à entrada do Rio de Janeiro. Para a arquitetura brasileira, ficara desde aí gravada a orientação central da vanguarda, mas também a liberdade da invenção plástica, incontível nos limites do dogmatismo funcionalista. Veio então o conjunto da Pampulha, Niemeyer jogando completamente solto, sem algemas "racionalistas", da marquise hans-arpiana do salão de danças às abóbadas da capela de São Francisco de Assis — aula de plasticidade, sentido da forma, imaginação: a fantasia arquitetural movendo-se livre no espaço. Ao fim da Segunda Guerra Mundial, portanto, a "nova arquitetura" era, no Brasil, original e madura a um só tempo. Fundada nos ensinamentos de Corbusier, mas autônoma frente ao estilo internacional, pois soubera caminhar luminosamente do padrão ortogonal de Warchavchik para a sinuosidade neobarroca de Niemeyer.

A velocidade do processo foi espantosa. "De um dia para outro a arquitetura moderna era lançada e parecia ter adquirido a maturidade", registrou Mário Pedrosa, em *Dos Murais de Portinari aos Espaços de Brasília*. Com toda a razão. Ainda no início do século XX, nossa arquitetura como que permanecia presa, em grande medida, à estrutura da sociedade escravista colonial. "Os primeiros anos do século XX assistiram à repetição, sob várias formas, dos esquemas de relações entre arquitetura e lote urbano, que haviam entrado em voga com a República. Conservando-se ainda as técnicas de construção e uso dos edifícios, largamente apoiados na abundância de mão de obra mais grosseira [...], era natural que se repetissem os esquemas de fins do século XIX, com soluções mais ou menos rústicas, com edifícios sobre o alinhamento da via pública, a revelar, em quase todos os detalhes, os compromissos de um passado ainda recente com o trabalho escravo e com os esquemas rígidos dos tempos coloniais", panoramiza Nestor Goulart Reis

Filho. O ecletismo e o neocolonial, ainda que elevando o padrão técnico das edificações, não subverteram nada em profundidade. O que significa que, no campo dos procedimentos arquitetônicos, o século XX chegou ao Brasil depois que o século XX havia começado. As coisas só principiaram a mudar sob o impacto das teses extremas e dos *slogans* de Corbusier, o panfletário da matemática sensível, com sua visão das formas do mundo industrial, sua celebração das "alegrias da geometria", seus "lembretes" sobre o volume, a superfície e a função geratriz da planta, a "nova planta" que a "vida moderna" solicitava, em regime de urgência, para a casa e a cidade. Mesmo assim, é curioso rever o rol de dificuldades que Warchavchik precisou superar para fazer suas casas "modernistas", ao apagar das luzes da década de 1920. Entre outras coisas, ele teve de empregar tijolo em vez de concreto e mandar fabricar esquadrias e mobiliário. Mas até aí, tudo bem — eram obstáculos técnicos, decorrentes da ausência de uma produção industrial, explicável pelo fato de a demanda estar se antecipando à oferta. O anedótico, do ponto de vista atual, foi que Warchavchik esbarrou na burocracia do município. A fachada da casa de Vila Mariana era totalmente despojada, limpa de qualquer ornamento. Acontece que havia então em São Paulo "um serviço de censura de fachadas que, em nome do bom gosto, aprovava elocubrações pseudo-históricas as mais inadmissíveis, mas não tolerava a nudez integral, característica do projeto de Warchavchik". O arquiteto teve de justapor penduricalhos fictícios ao seu desenho plano, a fim de que o projeto fosse aprovado pela prefeitura. Recebido o alvará, construiu o que realmente concebera, alegando falta de recursos para justificar o "inacabamento" da obra, perante a fiscalização municipal, conta-nos Yves Bruand. Oito anos depois, tínhamos o prédio do Ministério da Educação e Saúde. Mais sete — e a Pampulha. A arquitetura brasileira ostentava, com brilho e vigor, seus traços distintivos, na mescla de monumentalidade e leveza; na consciência de que não há *one best way* ditado pelos materiais empregados nas construções — e sim um conjunto de soluções possíveis; na transcendência do funcionalismo estrito pela beleza plástica; no pan-estetismo, envolvendo painéis (quase sempre, mais defasados do que felizes, a não ser quando entravam no jogo os azulejos de Athos Bulcão) e os jardins tropicoloridos de Burle Marx. Uma das mais importantes realizações urbanístico-arquitetônicas do século XX, em escala planetária, Brasília não foi, por isso mesmo, raio caído de um céu azul. Mas o coroamento de um curso histórico-cultural que atingira a autonomia e a maturidade. Maturidade de vanguarda, bem entendido.

Mas passemos ao outro objeto da reflexão e da práxis de Lina Bo Bardi: o desenho industrial. É claro que podemos recuar no tempo, com o Affonso Ávila de *O Poeta e a Consciência Crítica*, para falar de "desenho industrial" em dias antigos da Grécia. Afinal, Xenofonte pode aparecer, sob o foco de uma leitura moderna, como aquele que primeiro colocou em discussão, no âmbito da cultura ocidental, a relação entre beleza e funcionalidade. "Em *Memorabilia* de Xenofonte (III, 8; IV, 6), Sócrates apresenta o conceito do belo como aquilo que convém (isto é, o 'funcional' — um cesto de estrume, quando bem-feito, é belo; um escudo de oiro, se não for bem-feito, é feio)", anotam Wimsatt e Brooks, em sua *Crítica Literária: Breve História*. Há ainda quem, como o italiano Gillo Dorfles, em *O Desenho Industrial e a sua Estética*, remeta a elaboração teórica do conceito de *industrial design* à reflexão kantiana. Como se sabe, Kant incluía, no campo da produção estética, não somente coisas como a pintura, por exemplo, mas também o mobiliário e a jardinagem, ou arquitetura de jardins. Mas a questão, como disse, vai pelo plano teórico. "Para além da beleza pura (*pulchritudo vaga*), existe para o filósofo alemão a beleza aderente (*adhaerens*), ou seja, a beleza que implica também o fim a que a coisa deve servir (e é sabido que para Kant a finalidade é o princípio *a priori* da faculdade estética). Não obstante, o que deve chamar-nos a atenção não é apenas a possibilidade de assimilar essa finalidade da coisa artística à sua funcionalidade, mas o fato de que o próprio conceito de adequação (a *fitness* dos empiristas) se identifica, para ele, com a perfeição do objeto artístico", observa Dorfles. Mas, seja como for, prefiro deixar Xenofonte e Kant em paz. Se quisermos, sempre descobriremos antecessores e antecedentes para tudo. Menos, talvez, para Deus.

A liberdade cronológica, se tem um lado positivo, também costuma produzir indistinções nem sempre bem-vindas. Verdade que podemos falar do desenho industrial como uma área de produção de objetos úteis. Mas tal definição é parcial e insatisfatória. Por três motivos, ao menos: 1) pede a delimitação de um subconjunto nessa área, de modo que possamos distinguir, na seara dos objetos utilitários, entre os objetos artesanais e os industriais — filho da Revolução Industrial, o *industrial design* diz respeito unicamente a objetos fabricados em série por meios mecânicos; 2) todo produto industrial — como, antes, muitos utensílios pré-históricos — é, por assim dizer, anfíbio: seu projeto carrega uma intenção estética — desse modo, diante do *design*, estamos sempre frente a um objeto que se quer simultaneamente útil e belo, com todas as complicações que uma "estética funcional" pode gerar; 3) nem mesmo a dimensão mesclada, estético-utilitária, é suficiente para a inclusão de um produto no rol do desenho industrial, na medida em que objetos "inúteis", como algumas peças de decoração, podem pertencer ao *design* por sua "funcionalidade" e produção em série. O fato é que entre a poltrona

Barcelona, de Mies van der Rohe, ou a máquina de costura Mirella, desenhada por Marcelo Nizzoli, e uma lança neolítica ou um tear medieval, o corte é brusco. O que distingue o produto industrial é a existência de um projeto programaticamente reprodutível. Ao contrário do que ocorre no artesanato, a meta é eliminar qualquer desvio singularizante. A "série" tende idealmente à reprodutibilidade perfeita. É necessário um controle preciso da produção para que o protótipo gere objetos rigorosamente similares. Ou seja: o que se busca, em última análise, é a identidade absoluta. Na produção artesanal existe controle, mas é um controle relativo: não há a obsessão do idêntico. A diferença é, portanto, de método produtivo. O que se quer do objeto industrial é que ele seja inteiramente fiel ao seu protótipo — e isto só é possível graças à máquina. Como se vê, os conceitos de "protótipo" e "série" são fundamentais, entendendo-se "série" como reprodução industrial controlada de um protótipo (norma, modelo, *standard*). Daí que Gillo Dorfles diga que, para que um objeto possa pertencer à esfera do *industrial design*, é necessário que tenha caráter de série, que sua produção seja mecânica e que exista "a presença nele de um coeficiente estético que se deve ao projeto inicial e não à posterior intervenção manual de um artífice".

Lina Bardi encontrou o desenho industrial não exatamente engatinhando por aqui, mas quase. Ou, antes, chegando à primeira dentição. E foi um dos motores de sua história em nossos trópicos. Vou seguir, neste passo, o esquema histórico proposto anos atrás por Rogério Duarte ("Notas sobre Desenho Industrial", *Revista Civilização Brasileira*, 1965), *designer* tecnicamente aplicado, mas de temperamento essencialmente filosófico, coisa que o converteu, de resto, num dos gurus do movimento contracultural no Brasil, depois dos raios e das trovoadas do tropicalismo. "É de estranhar que o movimento [modernista] de 1922 não tenha introduzido entre nós conceitos de então sobre o desenho industrial. Um movimento típico de uma descoberta de vida moderna se restringiu às manifestações artísticas tradicionais", sinaliza Rogério, apontando o caráter limitado e protocolar de nossa primeira quase-vanguarda, que só viria a explodir mesmo uns anos depois, com Oswald de Andrade no comando, disparando os manifestos da poesia pau-brasil e da antropofagia. Mas vamos ao esquema de Rogério: a) no século XIX, conta apenas o poeta romântico Manuel de Araújo Porto Alegre na direção da Escola de Belas-Artes, no Rio de Janeiro — "reformou os métodos de ensino, dando especial relevo ao desenho de arte aplicada à indústria"; b) o hiato: de Porto Alegre a 1930, "quando Lúcio Costa, calcado em Le Corbusier, reacende entre nós o reflexo das mais recentes preocupações culturais europeias"; c) o norte-americanismo — "Depois de Lúcio Costa é Loewy [autor da frase "estético é o que faz soar a máquina registradora"] quem ocupa nossa cena através da abertura em São Paulo da *Raymond Loewy & Associates*. Passamos a usar desenhos da linha americana que decorre... de uma tentativa de resolver pela superfície dos objetos o problema da vendagem"; d) 1948: Lina Bo Bardi e Giancarlo Pallanti criam em São Paulo o estúdio Palma, "onde se começa a desenhar os primeiros móveis modernos no Brasil" (desenhar-e-fabricar, seria mais exato dizer, já que o desenho somente data de antes, pelo menos desde Warchavchik); e) criação da Escola Superior de Desenho Industrial, no Rio de Janeiro, sob a direção de Carmen Portinho. Por esse esquema sucinto, vemos já que Lina vai se colocar numa posição-chave na trajetória do desenho industrial no Brasil. Como a referência ao romântico Porto Alegre (poeta excepcionalmente medíocre — e chato), embora historicamente correta, atende mais a um capricho erudito de Rogério, devemos situá-la a meio caminho entre o ensaio de Lúcio Costa e o surgimento da ESDI (curiosamente, aliás, não encontro uma só palavra de Lina sobre Carmen Portinho). De saída, encabeçando a produção brasileira de "móveis modernos", em parceria com Pallanti, e introduzindo o *design*, como nova disciplina curricular, no sistema universitário brasileiro. A bem da verdade, Lina fora contratada pela Faculdade de Arquitetura e Urbanismo da Universidade de São Paulo (FAU-USP) como professora da cadeira de "Composição Decorativa", que ela transformou, na prática, em cadeira de Desenho Industrial. Além disso, Rogério ignora que Lina planejou criar uma "universidade popular" na Bahia, centralizada numa Escola de Desenho Industrial, voltada para a formação de projetistas e mestres-de-ofício. São dados que têm a sua relevância — e que não deverão faltar quando um dia alguém resolver recompor a história do desenho industrial no Brasil.

Entre as décadas de 1950 e 1960, Lina Bo Bardi aceitou o convite para trabalhar na Bahia, que então buscava se reafirmar como centro cultural do país, ao lado de São Paulo e do Rio, com o governador Juracy Magalhães (patrocinador da arquitetura modernista na região) e o reitor Edgard Santos, criando a Universidade da Bahia em pauta claramente experimental, tanto no Instituto de Física e Matemática ou na Escola de Geologia quanto no Seminário de Música, na Escola de Dança e no Centro de Estudos Afro-Orientais, iniciativas pioneiras no sistema universitário do país. Na Bahia, Lina radicalizou uma dimensão de sua personalidade. Foi, como nunca antes, o olhar antropológico da vanguarda captando e iluminando produtos da mestiçaria local. Olhar antropológico que procurava a diferença — e dela se aproximava se desvencilhando de preconcepções. A *avant-garde*, desde o seu nascimento, se deixou fascinar pelo exótico, o diferente, o "outro". Alguns de seus deuses, como Rimbaud, se apresentavam como o "outro", em sua recusa à sociedade que os viu nascer. Rimbaud encarnava o estigma sociorracial para ferir, desferindo ataques ferozes — era o jovem gaulês de olhos azuis se dizendo negro: "sou negro... sou de raça inferior por toda a eternidade". A vanguarda se constituiu apelando para o diverso, trazendo o "outro" para a sua trincheira. De modo profundo, como os cubistas em sua leitura estrutural da visualidade negroafricana; ou folclórico-superficial, como o Blaise Cendrars do manifesto publicado em *Der Sturm* para anunciar *La Prose Du Transsibérien*: "Amo as lendas, os dialetos, os erros de gramática, os romances policiais, a carne das meninas, o sol, a Torre Eiffel, os apaches, os bons negros, e esse astucioso europeu que zomba da modernidade". Esses *bons nègres* que, como coxas adolescentes e narrativas subliterárias, servem sobretudo para compor o *make up* exótico-erótico-populista com que a vanguarda procurou escandalizar a academia e o homem comum. Não era este o jogo de Lina, apesar de seus deslizes. Seu olhar, dirigido a artefatos e mentefatos populares, era denso. Sob este aspecto, aliás, ela viveu num contexto italiano propício à inclinação antropológica. A busca ou o gosto da concretude, da espessura cotidiana, das formas populares, dos "dialetos" subculturais, aparece como um dos traços mais marcantes da cultura italiana do imediato pré-e-pós-guerra. É o que vemos, no campo da arquitetura e do *design*, com Gió Ponti (e Lina a seu lado, como assistente, nas trienais de Milão) liderando o movimento pela valorização do artesanato italiano. No pensamento de Antonio Gramsci, com toda a sua atenção crítico-teórica para o "nacional-popular". Ou na onda do cinema neorrealista de Roberto Rossellini (*Roma, Città Aperta*) e Vittorio de Sica, ou mesmo no do primeiro Fellini, o de *La Strada* e *Noites de Cabíria*.

Por tudo isso, Lina já veio da Itália preparada, inclusive pela prática da criação arquitetural efêmera (feiras, estandes, exposições, equipamentos temporários), para encarar o que encontraria em suas andanças brasileiras. Daí a sua virada no espaço do *design*. Ainda que abusando do sintagma "realidade brasileira", coisa comum naqueles dias, Rogério Duarte ressalta que, na época do estúdio Palma, "a produção é ainda pequena e sem levar em conta a realidade brasileira. Os operários que construíam esses móveis eram italianos como os seus projetistas". Mas esta "fase" foi rápida — e rapidamente superada. "A partir das primeiras experiências, Lina Bardi evoluiu para uma pesquisa aprofundada da realidade brasileira, desde os aspectos físicos aos antropológicos; fazendo um levantamento dos objetos de uso popular, encontrando na sua propriedade formal e conteudística e na sua autenticidade as verdadeiras raízes do desenho industrial brasileiro. Em

Lina Bardi nós temos o exemplo da tomada de consciência de que os problemas artísticos são somente uma face do problema social. Ela se desloca de uma visão superintelectualizada e europeia para a arte popular brasileira." Mas concordo apenas parcialmente com Rogério. Não apenas por seu texto trazer "ideologemas" claramente datados ("autenticidade", "raízes", etc.), rendições intelectuais às ladainhas esquerdistas da época, mas sobretudo porque, já no trabalho do Palma, comparece a sensibilidade de Lina com relação à matéria-prima brasileira, além do uso de chitas e couro. Como ela mesma escreveu sobre aqueles móveis: "O ponto de partida foi a simplicidade estrutural, aproveitando-se a extraordinária beleza das veias e da tinta das madeiras brasileiras, assim como seu grau de resistência", diz ela. Em resumo, o que encontramos em Lina, da cadeira do MASP (dobrável, em madeira e couro) aos móveis do Palma, é um misto de atenção climática (corte do excessivo estofamento, por exemplo) e de preocupação com a singularidade da madeira brasileira. Como disse, sua vocação antropológica começou a se manifestar quando ela ainda se achava na península itálica.

Em suas aquarelas de 1929, encontramos já a atenção para as cores e os movimentos da vida popular. E Lina caminhou francamente para o aberto, como diria o Cortázar de *Prosa do Observatório*, apostando em várias direções. Da maquete "Maternidade para Mães Solteiras" (1939) a vitrines e estandes, passando por artigos, ilustrações, roupas, capas de revistas, cenografia para teatro e cinema, Lina foi ampliando sempre o leque do seu fazer. Sustentando a diversificação das atividades, uma base razoavelmente sólida de pensamento: visada antropológica e preocupação social. O museu de arte deve se dirigir às massas, a missão da arquitetura é transformar a vida, etc. Diante das realidades brasileiras — contemplando o país que "não tinha classe média, mas somente duas grandes aristocracias: a das Terras, do Café, da Cana... e o Povo" —, o que ela fez foi acentuar e aprofundar sua postura primeira. De uma parte, aprendendo a reconhecer e a ler a nossa especificidade cultural. De outra, realizando intervenções onde é nítido o peso conferido ao caráter ou alcance social — no sentido político e não "científico" — do vocábulo. Lina soube olhar a rede, por exemplo, a um só tempo leito e poltrona, cuja "aderência perfeita à forma do corpo, o movimento ondulante, fazem dela um dos mais perfeitos instrumentos de repouso". Soube ver uma colcha de retalhos, numa feira nordestina, pelo prisma de quem fora educada em meio a quadros de Albers e Mondrian, mas sem extraí-la de seu contexto. Etc. Lembre-se do seu elogio ao artista plástico Rubens Gerchman, pelo fato de ele ter tentado transformar o "museu de horrores" da Escola de Belas-Artes do Parque Lage, no Rio de Janeiro, "em uma verdadeira escola, ligada aos problemas das artes brasileiras, sobre bases antropológicas". E de sua "opção", digamos, pela "procura antropológica no campo das artes contra a procura estética".

Em suma, apesar de toda a sua vocação pessoal autoritária, Lina possuía e cultivava, em grau realmente raro, o "amor ao diálogo", alma da antropologia. E sempre foi incisiva ao falar da compreensão que tinha do seu ofício: "Fique claro que, ao falar de arquitetos, não nos referimos a todos os que se formaram em arquitetura, mas apenas àqueles que compreenderam o profundo alcance social da arquitetura moderna". Ou ainda, mais ou menos na mesma batida, ingenuamente, como se a "personalização" das obras pudesse se desculpar a si mesma, erro que um arquiteto socialista como João Filgueiras Lima, Lelé, jamais cometeu: "Eu tenho projetado algumas casas mas só para pessoas que eu conheço, por quem tenho estima. Tenho horror em projetar casas para madames, onde entra aquela conversa insípida em torno da discussão de como vai ser a piscina, as cortinas... Tenho feito mais obras públicas, sempre em trabalhos coletivos. Gostaria muito de fazer casas populares. Tenho diversos estudos pessoais nesse sentido mas, por enquanto, parece que não há possibilidade". Havia, sim. Lina é que não apostou fundo nessa viagem, ficando sempre mais próxima das madames do que de necessidades operárias — afinal, nunca deixou de ser uma bonita burguesa, sempre colada ao poder. Mas chegou também a pensar em atuar no campo da arquitetura hospitalar (não sabemos se pública ou privada), coisa que, caso tivesse se concretizado em termos públicos, poderia ter resultado num belo dueto bitonal entre ela e a criação esplêndida de João Filgueiras Lima, responsável por joias primas nessa área, como os hospitais da rede Sarah Kubitschek em Salvador, Fortaleza e no Lago Norte, em Brasília. E não foi por acaso que ela entrou no campo da projeção e produção de joias. Com toda a ambivalência possível. Sabia, antropologicamente, que ornamentos corporais acompanham a humanidade desde tempos paleolíticos, dos cocares e pulseiras dos ameríndios a Christian Dior. Sabia, ainda, deter o seu olhar até em tabuleiros de camelô, inspirando-se no campo das joias populares, opondo o brilho então quase impuro das pedras brasileiras à redundância dos brilhantões. Seu intuito era produzir joias refinadas com material não exatamente "nobre", *design* para quartzo e água-marinha, na típica postura vanguardista de reciclar o mundo. Mas, também, pensando em ganhar dinheiro: Lina sabia que não estava fazendo coisas para pobres, mas para dondocas, pessoas ricas do país.

E aqui devo salientar duas coisas. A primeira delas está mais para o lado da antropologia. A segunda, para o da estética. Tentando definir o pensamento de Lina Bo Bardi, em seu eixo central, talvez possamos resumir tudo numa fórmula: a arquitetura se integra no urbanismo e o urbanismo se resolve na dimensão antropológico-humanista. Não que ela tivesse um pensamento urbanístico sistêmico, coeso, que funcionasse como matriz de projetos técnicos. Não, nunca teve. Lina fez apenas considerações vagas, genéricas, e muito pouco "cartesianas", sobre o assunto. Sua inteligência se concentrou na casa. É importante dizer isso: na casa. Mas ela sabia muito bem que uma cidade não é um aglomerado de delírios pontuais. Suas formulações sobre a cidade, todavia, nunca se quiseram "femininas" — Lina, na verdade, tinha uma boa dose de desprezo pelas mulheres. Repito, de momento, que suas concepções urbanísticas nunca foram mais do que difusas e esporádicas. Ela nunca se dedicou a um desenvolvimento sistemático de suas ideias e intuições. Quando toquei nesse ponto, numa conversa com Roberto Pinho (mescla de antropólogo e planejador urbano), ele discordou, argumentando com o projeto "Anhangabaú Tobogã" (1981). A ideia de Lina e sua equipe era liberar o Vale do Anhagabaú para o verde e os pedestres, fazendo um *central park* (com um lago) em São Paulo, jogando os transportes motorizados para o alto, com pistas em chapa vazada numa imensa estrutura tubular de aço (os suportes verticais seriam estilizações, também no aço, do pé-de-loko, a gameleira sagrada dos candomblés), passando inclusive por cima do Viaduto do Chá. É certo que isto significaria uma alteração vasta e radical na paisagem paulistana. Contra-argumentei dizendo que admirava o projeto, mas que, apesar da escala, a intervenção seria um raio solitário, num tecido urbano já existente. E que Lina não tinha articulado um *corpus* urbanístico teórico, geral, que a capacitasse inclusive para raciocinar no vazio, no deserto, à maneira de um Lúcio Costa propondo a criação de Brasília. Talvez tenha sido um exagero dizer isso, reconheço hoje — e é muito provável que Lina alimentasse o seu sonho feliz de cidade. Mas, enfim, ela não se moveu entre nós em pauta urbanística — o que um arquiteto pode fazer com suas construções, como vemos na obra de Affonso Reidy, por exemplo. Lina restaurou coisas, mas não instaurou qualquer foco urbano.

 Em todo caso, pelo que me é dado ver, Lina Bo Bardi encarava a cidade como uma espécie de casa ampliada — e, no centro da casa, situava a pessoa. Com relação à cidade, que se preservasse o que devia ser preservado — a arquitetura colonial-barroca dos primeiros centros urbanos brasileiros, por exemplo —, e que a sua expansão fosse orientada pelos princípios da nova arquitetura ("a verdadeira", ela faria questão de frisar, não a modernosa). E a verdade é que Lina acertou no alvo em ambos os planos, da Casa de Vidro (Morumbi, São Paulo) ou da casa do Chame-Chame (Salvador) ao Solar do

Unhão (também em Salvador); ou do MASP (Avenida Paulista, São Paulo) à Casa do Benim (Pelourinho, Bahia). E sempre colocando em primeiro lugar não a parede, as molduras de madeira ou a vidraçaria — e, sim, as pessoas. "A função do arquiteto é, antes de tudo, conhecer a maneira de viver do povo em suas casas e procurar estudar os meios técnicos de resolver as dificuldades que atrapalham a vida de milhares de pessoas", afirmou certa vez, numa tirada tipicamente sua. E é por aí que devemos acompanhar a sua atenção para a arquitetura popular amazônica, o centro histórico de Salvador, a realidade presente e as possibilidades de desenvolvimento futuro das cidades. Além disso, Lina não vê problemas na coexistência do tradicional (que não deve ser confundido com sua perversão ideológica: o "tradicionalismo", a reação ao novo) e do contemporâneo — e assim tocamos o ponto estético. A "poética sincrônica" de Lina Bardi, como se verá um pouco adiante.

Antes, vamos ouvi-la falando em 1958 a propósito da Cidade da Bahia, em textos que podemos encontrar nos seus livros *Lina Bo Bardi* e *Tempos de Grossura*. "Planificar, sanear, antes que a especulação imobiliária, fantasiada de filantropia, transforme as casas humildes, as ruas, as praças, o ambiente onde se desenvolve uma vida pobre, mas rica de fermentos vivos, de realidades pulsantes, em uma massa amorfa. [...] Arquitetos, urbanistas, precisamos defender-nos da invasão do *Qualquer*. [...] Na Cultura, na Tradição e na História e também na Arte, incluímos a igreja colonial e o barroco, a casa-grande de origem portuguesa, os azulejos, as pequenas casas de fim de século, pintadas em cores vivas, com decorações de estuque prateado e colorido. Acreditamos nos técnicos, nos urbanistas, nos arquitetos, mas é dever fundamental [deles] estudar e compreender, no seu profundo sentido espiritual, aquilo que se poderia chamar a alma de uma cidade: sem essas premissas, uma planificação, um plano de urbanização serão um esforço estéril e pior uma colaboração com o rolo compressor da especulação. As necessidades humanas começam onde acabam a limpeza, a ordem, o mínimo necessário a que todos têm direito. Lutar, assegurar este mínimo necessário, é problema urgente. Este mínimo é representado pela Casa, mas precisa necessariamente salvaguardar o patrimônio espiritual do povo, que não é a chamada 'cor local', mas a essência mesma da cultura [...] conjunto de seus hábitos e tradições, estritamente ligado ao desenvolvimento moderno e atual da vida." No mesmo tom, batalhando ainda pela "resistência" de Salvador: "Quem agora vive nesta cidade não deve ser substituído pelos habitantes amorfos dos bairros surgidos sob a dura lei das especulações... Bem-vindas sejam as novas construções de materiais modernos, expressão da consciência coletiva e do respeito à humanidade, elas se integrarão perfeitamente à cidade, assim como ela é". Numa cidade que, com a cumplicidade da imprensa e sob o protesto praticamente solitário de Jorge Amado, assistiu à destruição *planejada* do seu centro histórico, Lina bate na mesa. Mas sem saudosismo. Ela acredita no diálogo histórico das formas. Sabe do horizonte em que se encontram a honestidade construtiva do passado e a honestidade construtiva do presente. Tem consciência de que a invenção contemporânea se vê na invenção transata. Por isso é que poderia adotar, como divisa, as palavras seguintes de Augusto de Campos, em seu *Verso Reverso Controverso*: "Assim como há gente que tem medo do novo, há gente que tem medo do antigo. Eu defenderei até à morte o novo por causa do antigo e até à vida o antigo por causa do novo. O antigo que foi novo é tão novo como o mais novo novo".

Graças à sensibilidade antropológica, Lina vai ver a chamada cultura popular como *cultura*. Some-se a isto a sua abertura estética e o produto cultural popular é então encarado como tal, apreciado pelo seu valor intrínseco. Não é mera "curiosidade", resquício ou documento de época, fetiche sub-romântico, receptáculo de nostalgias e sentimentalismos inarticulados, construção imperfeita resgatada pela "cor local" ou abrigada pela complacência paternalista. Lina é adversária dos futurófobos, do passadismo profissional e do folclorismo. "A nossa reação não é uma reação romântica. Nem conservadorismo obtuso, de múmias. Nem antimodernismo. Nem 'reação'. Se algum resmungador do passado desfraldasse a nossa bandeira para fins de mumificação, nós ficaríamos profundamente ofendidos; se algum amante da cor local e do folclore barato se colocasse ao nosso lado, seríamos obrigados a lhe pedir que nos deixasse só. Somos modernos." Lina era o antifolclore. Em princípio, olhava para um produto do artesanato popular não com o fascínio esnobe por um suposto frescor do objeto, pelo que nele talvez houvesse de ingênuo ou espontâneo. Não era dos que sublimavam imperfeições em "primitivismo". Nem submetia à idealização o que estava comprometido pela pobreza. Ela tentava ver o objeto popular em sua inteireza e dignidade. Respeitá-lo como trabalho humano e como solução criativa diante de uma certa questão e a partir de determinados materiais. Socioantropologicamente. "Cada país tem uma maneira própria de encarar não somente o desenho industrial, mas também a arquitetura e todas as formas de vida humana, entre as quais o desenho industrial dá a sua contribuição. Eu acredito numa solidariedade internacional, num concerto de todas as vozes particulares. Agora, é um contrassenso se pensar numa linguagem comum aos povos se cada um não aprofunda suas raízes que são diferentes.

É uma abstração, não em senso matemático, mas em senso comum. A realidade à beira do São Francisco não é a mesma que à beira do Tietê. O Brasil, por exemplo o Nordeste, tem coisas maravilhosas de manualidades, todos os apetrechos, os instrumentos de trabalho dos pescadores do São Francisco são de um aprimoramento maravilhoso. Essa realidade é tão importante como a realidade da qual saiu Alvar Aalto ou as tradições japonesas... Não no sentido folclórico, mas no sentido estrutural. Antes de enfrentar o problema do *industrial design* em si mesmo, você tem que enquadrá-lo dentro de um contexto sócio-econômico-político", reflete Lina acerca da "cadeira de beira de estrada". Escreve mal, sim. Mas pensa bem. E é isso o que importa. Ela quer saber, ao mesmo tempo, da estrutura da realidade em que se produz certo utensílio e da estrutura do utensílio que habita certa realidade. Consciência socioantropológica e consciência de linguagem. Simultaneamente.

No terreno específico da reflexão e da prática estéticas, Lautréamont e Kurt Schwitters podem ser chamados à cena. Lautréamont, por uma frase. Schwitters, por sua práxis. O Lautréamont que Lina cita — e o Schwitters que ela nunca mencionou. Num texto escrito em parceria com o diretor de teatro Martim Gonçalves para apresentar a exposição da Bahia no Ibirapuera (V Bienal de São Paulo, 1959), Lautréamont é estampado na epígrafe: "La poésie doit être faite par tous, non par un" — "a poesia deve ser feita por todos, não por um". Lautréamont foi deificado pelos surrealistas não só porque parecia promover a panaceia da "libertação do inconsciente", mas também por essa "antevisão" — que mereceu aplausos frenéticos, ainda, de marxistas e anarquistas. No maio de 1968 francês, ela voltaria à tona — e houve quem visse a sua confirmação na poesia supostamente coletiva dos grafites que tomaram conta de Paris. Em Lina Bardi, vibrava ainda o sonho dadaísta-surrealista. A explosão das fronteiras da arte, a utopia da fusão arte/vida, a emergência e realização de uma humanidade artística. Caminharíamos de qualquer forma em direção ao advento de uma sociedade estética, "schilleriana". E aqui topamos com o comunismo integral de Lina. Um dia, numa sociedade sem classes, não mais teríamos uma categoria especializada em criação artística. A "arte" perderia sua aura, seu caráter diferencial, para ser apenas a manifestação tangível da necessidade estética de todo ser humano. Nem era outra a visão de Marx. A realização da Grande Utopia significaria a estetização da vida. E o que Lina via, no artesanato popular do Nordeste, era uma espécie de "amostra grátis" do que poderia ocorrer sabe-se lá em que futuro. Anterior a todas as definições, classificações e gradações da arte, lá estava o ser humano criador, agindo em resposta a uma necessidade fundamental de todos nós. E o que ele fazia era *belo*. "Fora das 'categorias', não mais se terá receio de reconhecer o valor estético numa flor de papel ou num objeto fabricado com lata de querosene", diz ela, juntamente com Martim Gonçalves. Mais que isso, reconhecer o estético no lixo, em objetos que, como aqueles exibidos na Exposição Nordeste apresentada no Solar do Unhão (Bahia, 1963), eram feitos a partir de lâmpadas queimadas, recortes de tecidos, latas de lubrificantes, caixas velhas, jornais. Mas é que a vanguarda também a ensinara a cumprimentar essa beleza. E é aqui que me lembro de Kurt Schwitters, exemplo radical, com sua arte *merz* — livre e lírico *one-man movement*, como disse John Elderfield, em seu *Kurt Schwitters* —, de *fabbro* do precário e do detrito. A própria Lina faz a ponte entre artesanato e vanguarda: "A precariedade dos materiais, aquele sentido de contingência que, da colagem ao papel recortado, dos detritos aos retalhos, é peculiar à arte moderna"... e à criação artesanal popular, solidariza o artífice *merz* e o artesão nordestino. Em ambos: o *júbilo do objeto*, para lembrar a expressão de Haroldo de Campos, em *A Arte no Horizonte do Provável*. Com muitas diferenças, é claro. No que aqui me interessa, destaco somente uma delas, fundamental. Digamos, de um modo geral, que, enquanto Schwitters é essencialmente sintático-semântico, o artesanato popular é essencialmente semântico-pragmático. Schwitters está preocupado sobretudo com a sintaxe, com as relações dos signos entre si na mensagem plástica, e com o significado da obra tanto no campo artístico quanto no social. No criador popular, o plano sintático conta — e, não raro, muito —, mas é sempre sobrepujado pela dimensão pragmática do *uso*. São *bricolages* tão próximas quanto inconfundíveis, da fatura à finalidade principal do objeto. Lina: "Cada objeto risca o limite do 'nada' da miséria. Esse limite e a contínua e martelada presença do 'útil' e 'necessário' é que constituem o valor desta produção, sua poética das coisas humanas não gratuitas, não criadas pela mera fantasia". Daí a passagem do artesanato ao *design*.

Não por acaso o museu de arte moderna dirigido por Lina se desdobrou num museu de arte popular. Não por acaso, também, a *designer* foi ao encontro do artesanato. Neste caso, em busca de resultados bem práticos, convergindo para o projeto de desenvolvimento nordestino formulado pela Sudene, com Celso Furtado à frente, durante a presidência de Juscelino Kubitschek. "Procurar com atenção as bases culturais de um país (sejam quais forem: pobres, míseras, populares), quando *reais*, significa avaliar as possibilidades criativas originais. Os materiais modernos, os modernos sistemas de produção tomarão depois o lugar dos meios primitivos, conservando não as formas, mas a estrutura profunda daquelas possibilidades. [...] O Desenho Industrial e a Arquitetura de um país baseados sobre o *nada*, são *nada*. Esta *procura* numa base rigorosamente científica ridiculariza os romantismos populistas, as falsas tradições, todas as formas de enlanguescimento cultural, assim como as atitudes da tecnocracia ideológica. [...] É a rede de Che Guevara, são os 'buracos' e as flechas do Vietnã contra o requinte do mundo ocidental", como ela escreveu em "Testemunho Nordeste — Arsenal da Miséria", acreditando, ainda, que a sua busca era "científica", assim como Bertold Brecht tinha plena certeza de ser "científico" a cada peça (experimento sociológico, preferia dizer) do seu "teatro épico". Logo, o que Lina queria, teoricamente, não era a conservação, a permanência, o imobilismo — mas o salto. Buscava, no artesanato, as bases para chegar a uma alternativa brasileira, no campo do *design*, à linha norte-americana dos *gadgets*, das engenhocas elétricas da sociedade de consumo. Para falar em seus termos, caminharíamos do "pré-artesanato" (com base em sua cultura ítalo-medieval, Lina vinculava o "artesanato" à existência de "corporações", implicando um razoável grau de padronização-estagnação da produção — coisas que dificilmente seriam encontradas no Brasil) à indústria. O Museu de Arte Popular (Bahia, 1960), tendo como sua "esfera de influência" o Recôncavo Baiano e o chamado Polígono das Secas, foi criado "visando a passagem de um pré-artesanato primitivo à indústria moderna". Tínhamos "uma fartura cultural ao alcance das mãos, uma riqueza antropológica única". E era possível construir, a partir daí, um *design* brasileiro, de garfos a garrafas, de copos a luminárias. O economista Celso Furtado concordava. Em carta a Lina, comentou: "[...] a visão romântica da miséria do Nordeste, que tanto se acomoda com o espírito da gente da classe média. Confesso, entretanto, que não tenho aptidão para interessar-me pelas formas como as sociedades humanas se acomodam à miséria e esgotam o seu engenho no simples esforço de sobrevivência. Por temperamento ou deformação profissional, me inclino a pensar que tudo que contribui para compatibilizar a vida do homem com a miséria deve ser destruído, ainda que por esse meio estejamos tornando inviável a sobrevivência da comunidade. O que é inviável não é imóvel, e o pior nas sociedades humanas é o imobilismo. Reconheço que identificar as artes de uma comunidade pode ser a forma mais segura e menos custosa de dar início ao desenvolvimento da base material dessa comunidade". O problema, para Furtado, era não se deter na "fase de identificação" — e assim estacionar como "a literatura nordestina, que terminou dando volta em torno dos 'castelos' e servindo de tranquilizante para os que não têm sono na hora da sesta".

É fascinante: pela via do redimensionamento socioantropológico, uma inteligência produzida no caldeirão da vanguarda europeia vai acabar se imiscuindo criativamente numa experiência brasileira de desenvolvimento regional, voltando-se para uma questão central de equilíbrio econômico no país que tem o semiárido mais populoso do mundo. Neste passo, Lina se aproxima dos movimentos de "cultura popular", ensaiados pela esquerda urbana brasileira, mas sem se confundir com eles — "romantismos populistas", sentencia. E se engaja no planejamento para o Nordeste. É o lance da Sudene, nascida sob o impacto da seca de 1958. Concluiu-se ali que, para tentar solucionar a questão nordestina, era insuficiente aumentar a oferta de água. Tratava-se de superar o "*approach* hidráulico", como dizia então Celso Furtado, concebendo e acionando todo um elenco de medidas que garantissem o desenvolvimento econômico da região e elevassem o nível de renda do seu povo. Além de depender das chuvas, a economia nordestina dependia também da exportação de produtos primários, algodão e açúcar, ambos conhecendo um declínio histórico em seus preços e sempre sujeitos às oscilações do comércio internacional. Era preciso romper com essa dependência pluviométrica-comercial, estimulando e incrementando outras atividades na região. Em primeiro lugar, a indústria. A Agrária Nordestina, digamos assim, parecia não ter muito futuro. Havia que implantar centros manufatureiros. Criar setores metalúrgicos e mecânicos, incentivar empreendimentos fabris montados na matéria-prima disponível, ressuscitar as indústrias tradicionais. Este era o plano geral da empreitada. "Em 1961, a Sudene [...] criava a ARTENE, órgão dedicado à ajuda ao 'artesão'. Não era uma iniciativa romântica do Nordeste, era um frio plano de financiamento *sem preocupações estéticas*. Um plano intermediário que desapareceria com o desenvolvimento e a elevação das rendas. Na 'base' estava o levantamento das condições socioeconômicas do povo nordestino rural e semirrural dedicado ao 'artesanato': rendeiras, ceramistas, funileiros, marceneiros, tecelões, etc.", relembra Lina em "Testemunho Nordeste". Sociólogos, antropólogos e economistas estavam envolvidos na operação. E é nessa contexta que devemos apreciar a interferência de Lina. O primeiro passo estava no mapeamento da produção artesanal nordestina — e o museu instalado no Solar do Unhão era tão pouco "museológico" que foi pensado como centro de documentação da arte popular e de estudos técnicos sobre o Nordeste. Em seguida, a partir de uma leitura estrutural dos objetos e das formas dessa criação popular, ter-se-ia a passagem para a produção em escala industrial. O artesanato daria as fundações para o assentamento de um desenho industrial brasileiro.

Nenhum "folclorismo", em princípio: vanguarda na Sudene, desenho industrial no Polígono das Secas, semiótica no sertão. Com a palavra, Darcy

Ribeiro, em depoimento no filme *Lina*, de Aurélio Michiles e Isa Grinspum Ferraz: "Lina queria que o Brasil tivesse uma indústria a partir das habilidades que estão na mão do povo, do olhar da gente, com originalidade. Poderíamos reinventar os talheres de comer, os pratos, a camisa de vestir, o sapato. Havia toda uma possibilidade de que o mundo fosse refeito. O mundo do consumo como alguma coisa que tivesse ressonância em nosso coração. Lina era uma pessoa que ajudava a pensar nesse rumo, uma prosperidade que fosse de todos, uma beleza que fosse alcançável, atingível". Ainda era possível pensar essas coisas naquela circunstância histórica — pensar a possibilidade de um desenho industrial brasileiro, quando a incrível proliferação de *gadgets* ainda não havia asfixiado a paisagem. Estava-se, afinal, no Brasil anterior ao "milagre econômico" que nosso empresariado centro-sulista promoveu, sob a chancela agressiva de botas e baionetas, a partir do golpe militar de 1964. Mas a verdade é que sua disputa por um nosso desenho industrial seria uma partida dificílima, talvez condenada de antemão ao fracasso, desde que se armou na mesma década em que o *design* dos países já industrializados começou a atravessar todas as fronteiras; em que a "sociedade de consumo" providenciou fantasias psicovisuais para recobrir o "ascetismo" das formas da vanguarda europeia, caprichando no "fetiche da mercadoria"; e em que a classe dominante brasileira fora já forçada a escolher, apesar de algumas bravatas independentistas, a via da integração econômica internacional, estando logicamente muito mais para Loewy (o *designer* do Studebaker e da garrafa de Coca-Cola) ou para Harley Earl (o homem do *dream car*, que atrasou tecnologicamente a indústria automobilística norte-americana, ao fazê-la se concentrar em cromos e *fins*) do que para Lina e o que ela sonhava fazer com seus bichos de barro, suas conchas e colheres de pau, seus bules e pilões, suas colchas de algodão, seus ex-votos de umburana, suas carrancas em madeira natural ou policromada, suas rendas de papel de seda, suas lamparinas de folha de flandres. Em todo caso, veio o corte. O golpe de 1964. E os militares, pisando com pé de lama no tapete da vida, cancelaram o curso das coisas que consideraram perigosas. Entre elas, os sonhos de Lina.

Mas vamos, agora, matizar nossa leitura. Lina era maravilhosa, mas nem por isso merece a nossa adesão total. Ela nem sempre primava pelo rigor e a clareza. Conseguia, muitas vezes, ser apenas confusa. E, por vacilar em suas conceituações e abrir a guarda diante de certas tendências românticas e certos pendores folclórico-populistas, não deixava de fornecer álibis para todas as complacências das artesanias. E é também que, não raro, ela se deixava romanticamente seduzir pelas criações do povo. Parecia acreditar, como Euclydes da Cunha, que ali se encontrava a alma nacional brasileira, pulsando em pedaços de pano recolhidos numa barraca de feira ou na transformação de latinhas de querosene em luminárias de casebres de barro. "O povo" é a armadilha onde muitas vezes ela derrapa e cai. A armadilha onde ela se deixa gostosamente espernear. E, antes de remeter aquelas formas e objetos para um salto no futuro, sente um certo prazer em se manter aprisionada ali, degustando signos de uma sabedoria rural. Mas é um pragmatismo que, adotando a rede e o fifó, se esquece da televisão e das linhas industriais de montagem. Sim: muitas vezes, Lina perde a visão do horizonte urbano em que se inscreve, deliciando-se com uma perspectiva de roça e curral, de vacas mugindo, do milho brotando para os festejos de junho, das mãos fabricando vasilhames de argila. Algumas de suas exposições evidenciavam isso, na celebração de um mundo campestre. Mas é que o fascínio pelo povo nunca se dá pela rasura inteira dos seus fazeres. Nunca acontece sem um certo ou incerto grau de "folclorismo". De admiração eruditamente surpreendida e cativada pelo uso de uma cor, o reuso de um retalho, ou pelo volteio do barro na forma de uma panela. E São Paulo alimentava esse fascínio por tudo que fosse pré-industrial. Por seus próprios extremismos urbanoides, era e é uma cidade seduzida por ruralismos, ambientalismos, naturalismos. E assim favorecia uma viagem equivocada de Lina, que tantas vezes celebrou o suposto meio como um fim, e parecia definitivamente condenada a não saber lidar com a cultura de massa. Amostragens suas revelavam isso, como a exposição dos fazeres caiçaras no Sesc Pompeia. Era onde Lina manquitolava, perdendo-se entre a leitura *avant-garde* e o culto fácil daquelas formas, sempre celebráveis por todos os populismos.

Por fim, vamos falar alguma coisa sobre a arquitetura ("propriamente dita") de Lina Bo Bardi. Ela desembarcou na Bahia não somente com a invenção vanguardista, mas, igualmente, com o zelo memorial, o cuidado histórico. E podemos começar por aqui, pelo que ela fez no Solar do Unhão. Mas avisando: o que temos diante de nós, com Lina, é um jogo lógico, lúdico-racional, feito com tempos diversos e diversas texturas culturais, mas nunca no sentido da mera justaposição eclética, do museu anódino e complacente, da miscelânea acrítica, comodista e *kitsch* do neoconservadorismo "pós-moderno". Sua alma antropológica e sua visão estrutural dos objetos fizeram com que ela chegasse não a uma salada de estilos, mas a uma síntese própria, que definiu, ainda que provisoriamente e caprichando no charme que nunca a desacompanhou, com o sintagma *arquitetura pobre*: "[...] é necessário achar soluções simples, pobres, não no sentido da indigência, mas no sentido oriental... vamos dizer, por exemplo, da grande arquitetura japonesa, séria, graciosa, alegre, humana e pobre". Leiam o que ela diz a propósito do MASP: "Na projetação do Museu de Arte de São Paulo, na Avenida Paulista, procurei uma arquitetura simples, uma arquitetura que pudesse comunicar de imediato aquilo que, no passado, se chamou de 'monumental'... Aproveitei ao máximo a experiência de cinco anos passados no Nordeste, a lição da experiência popular, não como romantismo folclórico mas como experiência de simplificação. Através de uma experiência popular cheguei àquilo que poderia chamar de Arquitetura Pobre. Insisto, não do ponto de vista ético. Acho que no Museu de Arte de São Paulo eliminei o esnobismo cultural tão querido pelos intelectuais (e os arquitetos de hoje), optando pelas soluções diretas, despidas". Bobagem pretender que tinha eliminado o esnobismo: a "arquitetura pobre" de Lina é a "poesia com sinal de menos", de que fala Augusto de Campos. Mas tanto o MASP quanto o *Poetamenos*, com suas referências a Anton Webern e E. E. Cummings, são obras eruditas, criadas por pessoas que falam da perspectiva de uma cultura superior, sem concessões a massas analfabetas. A lição popular nordestina, assim como a que vemos na poesia das *Galáxias* (Haroldo de Campos) musicada por Caetano Veloso ("Circuladô"), estava perfeitamente inscrita no âmbito da vanguarda, do racionalismo arquitetônico internacional, assim como o despojamento do auditório do museu aproxima a simplificação, também nordestina, da nudez teatral preconizada por Antonin Artaud, e o belvedere é erudita e simplificadamente pavimentado com paralelepípedos, "na tradição ibérica brasileira". Na prancheta de Lina, a criação cultural popular, o racionalismo de Corbusier e Mies van der Rohe e os velhos paralelepípedos convergem não para um arranjo neoeclético, "pós-moderno", mas para constelar materialmente uma *poética sincrônica*.

Mas não vamos apressar o passo. Em primeiro lugar, cabe pensar o que ela fez no Solar do Unhão, bela chácara ou quinta da Cidade da Bahia, surgida no longínquo século XVI, com Gabriel Soares de Sousa, misto de bandeirante, político e escritor, autor do maravilhoso *Tratado Descritivo do Brasil em 1587*. Quando Lina chegou à Bahia, o Solar do Unhão tinha sido salvo da destruição derradeira por uma vigorosa intervenção pública do arquiteto Diógenes Rebouças. A história é a seguinte. Ao longo do século XIX, o prédio do Unhão só experimentou o declínio. Na primeira metade do século XX, a mesma coisa. A casa, embora tombada pelo IPHAN em 1943, virou depósito de inflamáveis. Durante a Segunda Guerra Mundial, quando bombas caíram no escritório de Lina na Itália, o solar baiano serviu de quartel para fuzileiros navais. A caminho do final da década de 1960, quando a capela será utilizada como serraria, a decadência é completa. Em

1958, na administração do governador Antonio Balbino, tiveram início as obras da Avenida de Contorno, que ligaria o Comércio à Barra. E a equipe de Balbino não se mostrou preocupada com a perspectiva de que o plano viário desmantelasse o complexo arquitetônico do Unhão. O traçado original da avenida previa que uma de suas pistas passasse justamente pelo meio do Unhão, entre o solar e a capela, e a outra destruísse o aqueduto e a fonte. Houve reações — e a polêmica chegou à imprensa. Foi então que o arquiteto Diógenes Rebouças apareceu com um traçado alternativo para a avenida: em vez de atropelar a quinta, subir, ladeando, o alto morro. Felizmente, a proposta foi aceita. Graças a isso, vemos hoje a Avenida de Contorno subir ao longo da falha geológica de Salvador, em direção ao Campo Grande. A solução proposta por Diógenes não só deu elegância à avenida, que agora sobe sobre arcos, acompanhando a encosta, como preservou a beleza natural proporcionada pela falha geológica, abrindo-se em visão ampla da extensão azul da baía — e evitou que o Solar do Unhão fosse destruído.

Mas, se o solar foi salvo do estupro urbanístico, permaneceu abandonado, servindo de depósito de ferro-velho. Ou seja: apesar de tombado pelo IPHAN, o solar prosseguia tombando aos poucos. A discussão em torno da Avenida de Contorno, no entanto, serviu para que a cidade começasse a abrir os olhos para a antiga construção e sua capela, deixando-se encantar por aquela beleza e aprendendo a reverenciar seu significado histórico e cultural. Naquele momento, uma pequena parcela da elite cultural e política da Bahia principiou a pensar na preservação de nossa memória. Em 1959, Juracy Magalhães voltou a assumir o governo estadual. Desde o início daquela década, a Bahia começara a ser envolvida pela expansão nordestina do capitalismo brasileiro, com os desempenhos da Petrobras, da Sudene e da CHESF. Retornando ao comando do aparelho estatal, Juracy se posicionou nessa conjuntura, juntamente com os educadores Edgard Santos e Anísio Teixeira, o escritor e político Nestor Duarte, o economista Rômulo Almeida e o banqueiro Clemente Mariani. Era a hora de apostar todas as fichas na modernização regional. E Lina desembarcou na Bahia em resposta a um chamado de Juracy Magalhães, que a convidou para implantar um "museu de arte moderna" em Salvador. Tudo apontava para a modernidade, a linha de frente, a vanguarda. Mas, justamente por esse caminho, Lina acabaria se deparando com o Solar do Unhão, onde comandaria mais um dos capítulos da série de encontros entre *avanguardia* e *tradizione*. É assim que ela vai se mover na Bahia. Comandar o Museu de Arte Moderna. Restaurar os prédios da Quinta do Unhão. Projetar o Museu de Arte Popular. E se constituir numa das figuras centrais da arrojada e energética movimentação cultural que tomou conta da cidade entre as décadas de 1950 e 1960 — e da qual logo se projetariam, na cena estético-cultural do país, os movimentos do Cinema Novo e da Tropicália.

A 6 de janeiro de 1960, dia da Festa de Reis, aconteceu a inauguração do Museu de Arte Moderna da Bahia (MAMB), sediado no *foyer* do Teatro Castro Alves. Na frente do teatro, uma pedra enorme, pesando dez toneladas, ali colocada por sugestão do artista plástico Mário Cravo. Na entrada, uma mostra de vegetais e minerais tomados de empréstimo à Bolsa de Mercadorias da Bahia. Os visitantes passavam, assim, entre cocos e gusas de cristal de rocha, antes de chegar às exposições, que apresentavam, como seu ponto mais alto, vinte estatuetas de Degas. Além de celebrações da elite, foi enorme a curiosidade popular. Em declarações ao *Diário de Notícias*, Lina não se conteve: "Estou maravilhada diante do interesse do público baiano — digo 'público', quando deveria dizer *povo*... Fico intimidada pelo público da Bahia. Nunca vi niguém deixar uma cesta ou uma trouxa de roupa aí do lado de fora, para entrar e 'olhar o museu'. Era isto o que eu secretamente esperava, razão pela qual aceitei colaborar na formação do museu baiano. Mas a realidade ultrapassou minhas esperanças". É claro que o MAMB dividiu a opinião pública. De um lado, os que aplaudiam a iniciativa, achando que a Bahia, modernizando-se, precisava contar, também, com um museu dedicado à arte moderna. De outro, os que não conseguiam assimilar os produtos dessa mesma arte. Nenhuma surpresa no fato, aliás. Ainda hoje, a arte moderna é um osso duro de roer. Basta reunir um grupo de pessoas comuns diante de um quadro como *Demoiselles d'Avignon*, de Picasso — e pagar para ver. Com os artistas e intelectuais locais, a conversa não foi muito diferente. Mário Cravo Júnior, Walter da Silveira e Vivaldo da Costa Lima logo se plantaram do lado de Lina — mas Cravo Júnior era um artista moderno, Silveira cultuava a vanguarda cinematográfica internacional e Vivaldo era um intelectual informado, treinado no relativismo antropológico. Em meio aos mais jovens, ela recebeu os aplausos de Glauber Rocha e Caetano Veloso. Mas o fato é que parte considerável da elite artístico-letrada da província, apenas semi-intelectualizada, reagiu, não economizando restrições, intrigas, fofocas e mesmo ataques pessoais a Lina, então chamada, entre outras coisas, de comunista, fascista, corrupta, prostituta e lésbica. Daí que Glauber Rocha, em artigos no *Jornal da Bahia*, tenha caracterizado o museu como "uma fonte permanente de polêmica". Explicando: "Hoje, a Bahia popular, política e intelectual se encontra dividida entre aqueles que apoiam e aqueles que criticam o MAMB". Glauber, claro, saía em defesa de Lina: "Em menos de um ano, o MAMB introduziu uma nova atmosfera na Bahia.

Sem dúvida, aqueles que ainda não acreditam no MAMB estão cada vez mais perdidos. A evidência dos fatos consagra a capacidade de sua diretora". Lina sabia o que estava fazendo. Referia-se com superioridade a seus adversários. E seduzia. Também no *Jornal da Bahia*, Jayme Maurício nos deixou um retrato interessante desse momento: "Lina continua a mesma, personalíssima, elegante, olhar malicioso e movimentado, frases sibilinas, *double sens*, misteriosíssima... Às vezes, lembra uma baronesa italiana fazendo espionagem na Áustria... Descobrimos, entretanto, um lado mais esportivo na Lina bem-humorada, dançante, cantante... Quando quer, é gentilíssima, tolerante, compreensiva, e cuida da gente que é uma beleza... A Bahia está fazendo maravilhas em Lina Bardi".

Lina ficou encantada com o Solar do Unhão, desde a primeira vez em que o viu. Resolvida a implantar ali, na velha quinta, o Museu de Arte Popular, vinculado ao MAMB, conseguiu com o governador dinheiro para restaurar o prédio. E meteu as mãos na massa, restaurando pessoalmente, aliás, os azulejos lusitanos da casa. O conjunto arquitetônico se achava em estado deplorável. A Capela de Nossa Senhora da Conceição, por exemplo, estava arrasada, sem um só santo, "culturalmente oca", servindo de garagem de carros e de depósito de madeiras e ferro-velho. Lina resolveu então utilizar a capela como escola e auditório para conferências. Fez uma praça, onde um velho guindaste ficou como "monumento". Manteve os trilhos sobre pedras. Carentes de valor arquitetônico, os pavilhões industriais de uma fábrica suíça, que ali se tinha instalado entre as décadas de 1930 e 1940, não foram "restaurados", mas reconcebidos. Num flerte com o chamado "brutalismo", *en vogue* na época, Lina, aqui e ali, substituiu o reboco liso pelo chapiscado. Mas, sobretudo, desenhou uma esplêndida escada helicoidal. E, nesta escada do Solar do Unhão (hoje espremida, desfigurada em sua escala, em decorrência de uma reforma tão insensível quanto desnecessária, feita por um dos diretores do museu, o empresário-*marchand* Heitor Reis), topamos com o cerne mesmo de sua criação: o sistema de encaixes dos carros de boi numa *Gestalt* contemporânea, *avant-garde*, com o pilar central em pau--d'arco e o piso em ipê-amarelo — uma joia engastada na antiga estrutura de madeira de lei. (Lina, aliás, gostava de projetar escadas: inclusive, trazendo de volta o falso degrau, a abertura térrea da escada, com o chamado "convite" — venha, suba aqui.) "A restauração incorporou as intervenções significativas que o conjunto sofreu durante a sua história. Todos os aspectos dramáticos do ambiente foram respeitados", disse ela em declarações à imprensa. Esta sua postura restauradora tinha, como fundamento, "o respeito absoluto por tudo aquilo que o monumento representava como poética, dentro da interpretação moderna da continuidade histórica, procurando não embalsamar o monumento, mas integrá-lo ao máximo na vida moderna". Em vez de "recompor" um prédio, enquadradando-o a vácuo num passado em suspensão, como se a história não tivesse prosseguido em seu curso dialético, Lina preferia encará-lo do ponto de vista do presente. Isto é: não como peça decorativa, desfuncionalizada, imune ao espaço urbano atual. Mas como algo de realmente existente, presente na paisagem contemporânea, em diálogo com a cidade e, por isso mesmo, capaz de desempenhar novas funções. De se imiscuir no movimento vivo do real histórico. De participar do jogo da vida.

Não foi diferente a postura de Lina diante do centro histórico de Salvador, quando a convidamos, em meados da década de 1980, para integrar o quadro de intelectuais-trabalhadores da então recém-criada Fundação Gregório de Mattos. Tudo ali foi diferente do que fizeram em Ouro Preto, levando o estudioso Hugo Segawa a afirmar, em *Arquiteturas no Brasil 1900-1990*, que a reforma/restauração daquela cidade mineira resultou na "mais extensa concentração de arquitetura neocolonial" do país, que "teve a maior parte das construções que caracterizam seu atual cenário 'colonial' erguida após a década de 1920". Lina veio com dois assistentes — os "marcelos" Ferraz e Suzuki — para operar numa administração municipal que contava com o planejador urbano Roberto Pinho e o arquiteto-urbanista João Filgueiras Lima, Lelé. E todos se entenderam maravilhosamente. A respeito do projeto piloto da Ladeira da Misericórdia, onde Lina e Lelé trabalharam juntos, Marcelo Ferraz escreveu, num dos textos de *Arquitetura Conversável*: "Havia ali um mix de situações e problemas: ruínas dos séculos XVIII, XIX e XX, terrenos baldios, muralhas de contenção da encosta e vegetação exuberante. Adotamos um programa variado: um restaurante, um bar, três casarões transformados em apartamentos, com pontos comerciais em seus térreos. Chegamos a desenhar todo o mobiliário e a executar grande parte dele. A ideia dos contrafortes de concreto era a solução adotada como elemento de estabilização das ruínas e linguagem contemporânea para as novas construções. Ao final da realização, tudo deveria aparecer como numa radiografia daquele momento. Seria dizer com a arquitetura: aqui, o que sobrou de uma ruína do século XVIII, em alvenaria mista; aqui, uma construção do século XX: todos em harmonia e prontos para uma vida nova. Adotando o princípio da honestidade de propósitos recomendado pela *Carta de Veneza*, estávamos advertindo: este é o estado a que chegaram a destruição e o abandono; e esta é uma recuperação que respeita e expõe o passado com dignidade de uso na atualidade".

Mas o Brasil é o Brasil: com a eleição da direita populista comandada por Antonio Carlos Magalhães e a mudança na administração pública, o trabalho de Lina e Lelé foi deixado de lado. Logo em seguida, o governo estadual investiu pesado na recuperação do centro histórico. Mas o que então se fez não pode ser olhado de forma acrítica. Em seu projeto, Lina pretendia que os fundos de quadra, os quintais verdes, virassem quintais coletivos. Seria a surpresa do verde na cidade lusa de pedra e cal. Em vez disso, o que se fez? A transplantação de "praças" de *shopping centers* para os miolos das quadras. Onde havia uma casa já caída ou o vazio de um ex--casarão, criou-se uma nova entrada para esse fundo de quadra, desvirtuando o traçado que motivou o próprio tombamento do Pelourinho. Fachadas frontais foram reproduzidas em fachadas de fundo do casario. Uma tremenda confusão, passando bem ao largo da história e do respeito patrimonial. Mais, nas palavras de Marcelo Ferraz: "Uma paleta de cores pastéis variadas foi aplicada às casas, algo que nunca existiu — e, pior, à base de tinta acrílica ou látex e não do velho e bom 'leite de cal'. Nítida e deliberada intervenção de cenário para novelas de segunda categoria. E o pior é que, com a publicidade e o sucesso da recuperação, o 'efeito Pelourinho' se alastrou pelo país. Muitas cidades, históricas ou não, começaram a pintar suas casas à la 'sorveteria' multissabores". João Filgueiras Lima bate na mesma tecla, no livro-depoimento *Ser Arquiteto*: "A gente vive num período em que só as coisas superficiais valem, o que interessa é a fachada, não o que está dentro. A ideia de resgatar a memória é fazer um lindo cenário em volta, e o que é fundamental, que é como aquele prédio funcionava, não é mantido". Ainda Lelé: "O projeto de recuperação do centro histórico que Lina idealizou, e com o qual colaborei, era muito abrangente, mas foi abandonado na administração seguinte e nada foi aproveitado nessa revitalização que foi feita. Fizeram de outra maneira, a recuperação toda baseada na manutenção de fachadas, e ainda assim sem manter de uma forma autêntica. Na Alfama, centro histórico de Lisboa, que tem uma arquitetura parecida com a do Pelourinho, todos os prédios são clarinhos, branquinhos. Existia alguma cor sempre, principalmente nas fazendas — o rosa-colonial, o azul-colonial —, mas eram cores esmaecidas, porque não havia tecnologia para fixar as cores. As cores eram à base de cal, eram corantes que o sol destruía rapidamente. O aspecto da arquitetura dessa época, e a Alfama mantém isso, é quase tudo branco. Aquelas cores 'suvinil', que botaram no Pelourinho, nunca existiram". Depois de Ouro Preto, portanto, o Pelourinho vai aparecer como vasta obra de arquitetura *kitsch*, neocolonial. E, desse ponto de vista, uma obra ridícula. Como se não bastasse, aquelas casas do centro histórico soteropolitano, de um modo quase geral, foram recuperadas sem um programa de uso claramente definido. Os antigos moradores foram expulsos delas. Enxotados. Faltaram delicadeza humana e consistência social e urbanística à intervenção. Faltou responsabilidade. Faltou respeito. Com as casas, as pessoas e a cidade.

Mas é claro que Lina não executou somente "obras de restauro". E, assim, quero dizer alguma coisa sobre projetos pessoais que ela realizou. Com relação ao MASP, por exemplo, não posso deixar de pensar em algumas coisas. Primeiro, na obra do engenheiro uruguaio Joaquim Eugênio de Lima, hoje nome de rua nos Jardins, que rasgou a Avenida Paulista naquele dorso de elevação geográfica, nos últimos anos do século XIX, deixando que tudo descaísse em duas direções opostas: os espaços do centro da cidade, resolvendo-se na Praça da República, e futuras avenidas se somando aos matos do Ibirapuera, lugar de negros fugidos em tempos do escravismo colonial. Eugênio de Lima, quando estabeleceu sua avenida, teve a sensibilidade de demarcar o espaço de um mirante voltado para a bela visão da atual Avenida Nove de Julho. Lina simplesmente preservou o mirante, que se tornou o vão do MASP, hoje um dos principais espaços de convívio e lugares de manifestações públicas na capital paulista. Segundo, embora Lina acentue sua experiência com a cultura popular nordestina na elaboração do MASP, é evidente que o cálculo estrutural daquele prédio jamais seria feito por um artesão de Caruaru ou de Santo Amaro da Purificação. O cálculo não seria coisa de aritmética, de sapos improvisando métricas numa lagoa, mas de matemática, com exigências de alta precisão. O MASP, aula de arquitetura numa avenida que não prima exatamente por edificações que possamos admirar, é uma obra-prima da arquitetura modernista, da criação arquitetural de vanguarda, no Brasil. Uma caixa de vidro com a surpresa de apresentar duas fachadas. Algumas de nossas casas barroco-coloniais apresentavam duas fachadas, como vemos no sobrado que hoje abriga a Fundação Casa de Jorge Amado, no Pelourinho. Mas eram uma fachada frontal e uma lateral (duas fachadas, de fundo e frente, só foram surgir outro dia, no que há de mais ridículo e confuso, como disse, na reforma do centro histórico de Salvador). No MASP, temos uma fachada para a Avenida Paulista e uma plantada na encosta, voltada, com suas flores, para a Nove de Julho. Terceiro: o MASP mudou São Paulo. Pensamos, muitas vezes, que uma obra de arte ou arquitetura não tem poder para tanto. Mas a verdade é que pode ter. Existe uma São Paulo anterior ao MASP — e uma São Paulo posterior. Não foi por acaso que o MASP se converteu na marca visual mais impressiva da cidade. Aquele museu transformou a mentalidade e o comportamento dos paulistanos. E ainda hoje é o seu referencial transformador — e até libertário, da contracultura aos movimentos homoeróticos. Quarto: o MASP é um lugar de luz e um espaço de convívio. Um ponto de encontro interétnico que transcende divisões sociais de classe. Um produto industrial que abriga feira de artesanato. Um signo da democracia com que sonhamos. Feita de requinte, invenção e rigor.

Mas temos de falar também sobre a Casa de Vidro, a moradia de Lina e Pietro Bardi, construída em 1951 no então "Jardim Morumby", como se chamava a antiga fazenda que existiu ali. "Era uma grande 'reserva' de mata brasileira, cheia de bichos selvagens: jaguatiricas, tatus, veadinhos, preás, saguis, preguiças... Era também uma reserva de pássaros, aparecendo durante o dia, almas de gato, peiticas, sabiás-laranjeiras e sabiás-pretos, anús, bem-te-vis, anhambus, juritis, seriemas, e à noite: curiambós, caborés, corujas e outras aves noturnas. Muitos sapos e gias cantavam à noite. Havia também belíssimas cobras e muitas cigarras. Atrás da antiga 'Casa da Fazenda' toda branca e azul, que conservava ainda os ferros e as correntes do tempo da escravidão, e os enormes tachos, bacias de cobre e outros utensílios, e atrás ainda da senzala cor-de-rosa e das grandes figueiras, estendia-se o 'lago', ladeado de araucárias, com uma 'mata atlântica' ao fundo, cheia de orquídeas e plantas raras. Um enorme silêncio e muitas lendas populares envolviam a casa-grande e a mata: lendas de índios (por ali foram encontrados utensílios de pedra), de escravos e de jesuítas, especialmente nos confins da Vila Tramontano onde, na capelinha dedicada a São Sebastião, reunia-se o povo do Real Parque para o leilão de prendas que ocorria a cada primeiro domingo do mês. A casa, chamada pelo povo do Real Parque e do Brooklin de 'Casa de Vidro', foi construída em 1951 [...] O engenheiro Tullio Stucchi executou os cálculos estruturais da casa, toda em cristal [...] O conjunto resultou 'très elegante' como disse o arquiteto Max Bill quando de sua visita ao Brasil... Hoje, a casa representa, com seu resto da antiga mata brasileira, uma lembrança poética daquilo que podia ter sido uma grande 'reserva', o grande Parque da Cidade, com suas plantas valiosas e seus bichos, com a pequena capelinha [...], residências alegres de pessoas humildes e pobres, mas proprietárias de casinhas simples e de alegres quintais, exemplo de conjunto popular que denuncia as atuais soluções do problema habitacional."

A Casa de Vidro, com sua bela escada de entrada e sua estante em cristal e ferro, surpreende pelo seu caráter algo paradoxal. De cara, é uma intervenção radicalmente artificial, vanguardista, "racionalista", num espaço verde que convidava a todas as idealizações ambientalistas e naturalistas, mesmo naquela década de 1950. É um susto que encanta: Mies van der Rohe na Mata Atlântica. Pelo ano em que foi feita, é certamente um marco na história de nossa arquitetura. Concreto e vidro, concreto e cristal, numa das estruturas mais lógicas e dos desenhos mais limpos que já vi, na linhagem mais clara da vanguarda arquitetônica internacional. É uma casa que, como disse, descende diretamente de Mies van der Rohe, para se plantar no meio de uma chácara. Não como as "casas nobres" do Rio de Janeiro do século XIX, espalhando-se entre o Botafogo e a Tijuca. Nada a ver com qualquer tipo de ecletismo arquitetural. Pelo contrário. É como se fosse Mondrian, neoplasticismo holandês, suprematismo russo, Maliévich, a clareza de El Lissítski, a poesia concreta brasilo-germânica na sua fase mais ortodoxa de *ostinato rigore* e "matemática da composição". Como o prédio que Tátlin imaginou para um poder comunista em Moscou: tudo transparente, tudo perfeitamente visível. Fascínio vanguardista pelo vidro. Estrutura e tecnologia. Sempre que piso ali, sinto que a arquitetura brasileira não tinha somente dado um salto, mas, mais que isso, que, depois do prédio de Lúcio Costa para o Ministério da Saúde e da Educação e da Casa de Vidro, com seu salão deslumbrante, não haveria mais nenhum caminho de volta. Lina, no entanto, continuaria a nos surpreender. Com, pelo menos, duas obras incontornáveis: a casa no bairro do Chame-Chame, em Salvador, e mais um espaço de convívio em São Paulo, no Sesc Pompeia, quando me convenci de que ela não andava com nada definitivamente pronto em seus cadernos, tratando de tentar se inventar e se reinventar diante de cada coisa que calhava de aparecer no seu caminho.

Lina aprendeu as lições de Corbusier e Mies. Aprendeu os ensinamentos da vanguarda internacional. Mas, também, se alimentou de Frank Lloyd Wright, como vemos na casa do Chame-Chame (1958), na Bahia, no avesso do "racionalismo" da Casa de Vidro. Esta casa baiana foi projetada em 1958, mas só ficou pronta no começo da década seguinte. Parecia um bicho, uma verdadeira casa vegetal, com a fachada de cimento pontilhada de conchas marinhas. Sim: estava muito mais para a arquitetura de Wright do que para projetos de Corbusier e Mies. Além disso, não vamos nos esquecer de que Lina era fascinada por Gaudí. No prefácio que preparou para a edição brasileira de *Conversas com Gaudí*, de Cesar Martinell Brunet, o arquiteto Joaquim Guedes escreveu: "Lina Bardi [...] Citava Gaudí em seus trabalhos, o que víamos como exageros lúdicos em momentos de falência do conceito. Por outro lado, a intensidade contundente dos seus discursos admirativos paralisava-nos, também pela contradição entre uma crise romântica extemporânea, inaceitável no grande arquiteto, e a razão agnóstica de sua forte presença intelectual e política em São Paulo. Tudo motivo de grandes discussões. [...] Tive Lina por guia em Barcelona... Ela estava tão alegre e encantada com o reencontro com Gaudí que eu sentia não estar à altura de sua experiência e do prazer que nos comunicava e expandia por toda Barcelona. Luz, comida, as feiras, cheiros, os amigos. Também as Ramblas, a Cidade Gótica, o Porto... Nunca vi alguém tão transportado de admiração diante de uma obra de arte, como Lina diante de Gaudí". E é claro que vamos ver Gaudí na obra de Lina, olhando desde o buraco-janela do Sesc Pompeia, em São Paulo, ou do buraco-janela da Fundação Gregório de Mattos, na Bahia, assim como nos ladrilhos quebrados para revestir os banheiros da antiga fábrica paulistana. É Gaudí com seus *trincadis* — azulejos antigos da Bahia quebrados e aplicados na entrada da Casa de Vidro. Aliás, essa casa, tão claramente Mies van der Rohe, tornou-se também Gaudí em seus jardins, nas muretas de pedrinhas e caquinhos que pontuam o verde. Totalmente influenciada por Gaudí é, ainda, a Casa Valéria P. Cirell, construída também em São Paulo, no Morumbi, em 1958, com seus cacos de cerâmica e a cobertura da varanda em sapé. A própria casa do Chame-Chame, aliás, se é Wright, é também Gaudí. Muito Gaudí. Principalmente, Gaudí. Em "Sincretismo y Discontinuidad en la Casa de Chame-Chame", a arquiteta espanhola Silvia Perea sublinhou a influência: "Na casa do Chame-Chame, Lina se alinha com os arquitetos 'orgânicos', especialmente com o espanhol Antoni Gaudí, a quem considerava entre 'as grandes personalidades do primeiro movimento moderno'". Silvia, por sinal, faz uma surpreendente analogia entre essa casa e o antigo Forte do Mar, construído no século XVII. E se deixei para falar só agora do arquiteto da Catalúnia foi pelo que ele significa de inesperadas novidades na cabeça e na alma da arquiteta (vamos chamá-la assim, fazendo coincidir palavra e sexo), ou da *architetto-pensatore* ítalo-brasileira. Da Lina que tanto foi e é amada pelos jovens baianos de vanguarda.

CARMEN PORTINHO

Carmen Velasco Portinho, filha de pai gaúcho e mãe boliviana (natural de Cochabamba), nasceu em 1903, na cidade de Corumbá, no Mato Grosso anterior à divisão territorial. Hoje, a cidade fica no Mato Grosso do Sul, zona de fronteira, bem próxima de Puerto Suarez, já boliviana. Uma região de antigas mesclas de línguas e etnias. Em 1911, Carmen se mudou com a família para o Rio de Janeiro, então Distrito Federal — capital cultural e política do país, vivendo sua *belle époque* —, onde os pais a matricularam num colégio de freiras francesas. Vem daí a curiosa formação linguística de nossa personagem, como ela mesma conta em *Por Toda a Minha Vida*, longo depoimento que concedeu a Geraldo Edson de Andrade em 1999, quando, absolutamente lúcida, contava já com seus 96 anos de idade: "Em Corumbá, fronteira com a Bolívia, falava-se o espanhol porque as empregadas eram *cholas*, isto é, índias, que se comunicavam ou em espanhol ou em sua língua nativa. Minha mãe, por sua vez, naquela época, não falava ainda o português. Então, como não podia deixar de ser, meu primeiro idioma foi o espanhol. [...] Aqui [no Rio], obviamente, todo mundo falava português [...]. Resultado: me tornei uma criança bilíngue, falando o espanhol em casa e o português ainda incipiente na cidade para a qual os meus pais tinham se mudado. Posteriormente, depois que aprendi a ler, a escrever e a contar, meu pai matriculou-me semi-interna num colégio de freiras francesas, o Sacré Coeur de Jésus, localizado na Glória. Assim, durante a minha primeira infância, aconteceu de falar francês o dia todo no colégio (as freiras só permitiam meia hora em nosso idioma) e, em casa [...] falava o espanhol. Somente com meu pai e os amigos exercitava o português. Enfim, diariamente, eu me comunicava em três idiomas".

Mas vamos adiante. Quando penso em nossa engenheira e feminista, a tentação é dizer que, ao longo das décadas de 1920 e 1930, a paisagem da vida de Carmen apresenta dois rios correndo paralelamente com o mesmo volume de águas e a mesma intensidade. Mas a imagem não corresponderia com justeza aos fatos. Melhor falar de duas linhas ou vertentes que se cruzam e se mesclam sem cessar. Numa vertente, a engenharia, o urbanismo e o desenho industrial. Noutra, a militância feminista numa sociedade ainda opressivamente patriarcal e francamente machista. É assim que, em 1920, a adolescente de 17 anos de idade ingressa na Escola Politécnica da Universidade do Brasil, para, adiante, diplomar-se engenheira-geógrafa e começar a trabalhar na Prefeitura do Distrito Federal, na Diretoria de Obras e Viação. Ao mesmo tempo, em 1922, entre uma coisa e outra, ela aparece ao lado de Bertha Lutz, na fundação da Federação Brasileira pelo Progresso Feminino — FBPF. De imediato, temos o I Congresso Internacional Feminino, realizado no Rio de Janeiro. Vem então a militância no movimento pelo voto feminino, pela cidadania da mulher. E onde essas águas se misturam? Já no próprio fato da escolha estudantil e profissional, é claro. Carmen foi uma das duas ou três primeiras mulheres a se formar em engenharia no Brasil. Aparecia, assim, na linha de frente da afirmação feminina em nosso país, plantando os pés num terreno profissional que era visto como monopólio "natural" dos homens. Em 1930, ao fundar a União Universitária Feminina, da qual foi a primeira presidente, ela vem para se articular em defesa da presença e dos interesses femininos no campo formador das profissões liberais. E o certo é que Carmen vai se mover sempre assim. Ora vamos encontrá-la no II Congresso Pan-Americano de Estradas de Rodagem, por exemplo, ora representando a Federação Brasileira pelo Progresso Feminino e a União Universitária Feminina na VII Conferência Pan-Americana, acontecida em Montevidéu, no Uruguai. Não raro, com suas lutas e preocupações se fundindo num só e mesmo momento, como na Associação Brasileira de Engenheiras e Arquitetas (ABEA), que ela fundou em 1937. Mas vamos ver isso com mais vagar.

    Carmen mergulhou fundo na militância feminista num país em que, ainda naquela época e conjuntura, as mulheres nem sequer podiam trabalhar sem autorização do marido. Só em 1943 a necessidade de tal autorização foi suspensa — e teríamos de esperar pelo Estatuto da Mulher Casada, de 1962, para que fosse retirado do Código Civil o direito de o marido impedir sua mulher de trabalhar fora de casa. E como estavam as coisas quando Carmen entrou em campo? Entre 1920 e 1940, conforme especialistas na matéria, houve uma redução da presença feminina no setor fabril. Para explicar essa diminuição, fala-se de coisas tão diversas quanto de mudanças em nossa realidade industrial (com o crescimento de setores produtivos considerados "masculinos", como o metalúrgico e o siderúrgico, por exemplo) e até de posicionamentos do movimento operário (de cariz anarquista, socialista ou comunista) contra o trabalho feminino, devido às condições condenáveis em que este se realizava. "Concomitantemente com o refluxo da participação feminina no setor industrial, as mulheres passaram a ocupar mais espaço em empregos menos visíveis [?] e estáveis, particularmente no serviço doméstico e no trabalho no domicílio. Também começaram a exercer novas funções no comércio e na burocracia dos escritórios — possibilidades abertas, a partir da década de 1920, com o desenvolvimento do setor terciário. Jovens balconistas, por exemplo, eram muito procuradas pelos varejistas; entretanto, apesar de ser uma alternativa frente ao trabalho fabril, o exercício desta função exigia longas jornadas retribuídas com baixa remuneração. Nos estabelecimentos bancários, comerciais e de seguros, as mulheres foram incorporadas em postos na telegrafia, telefonia, contabilidade e como escriturárias, secretárias, guarda-livros, entre outros cargos burocráticos de menor *status*. A difusão da máquina de escrever abriu para as mulheres o promissor ofício de datilógrafa. Todos esses empregos demandavam preferencialmente moças solteiras (consideradas mais disponíveis), ágeis, assíduas, dóceis e submissas", escrevem Andrea Borelli e Maria Izilda Matos, em "Espaço Feminino no Mercado Produtivo", na antologia *Nova História das Mulheres no Brasil* (organizada por Carla Pinsky e Joana Maria Pedro). Andrea e Maria Izilda lembram ainda que, embora desde 1879 a legislação brasileira autorizasse as mulheres a cursar instituições do ensino dito superior, o ingresso no mundo universitário era coisa rara. Difícil o acesso feminino às profissões de maior prestígio. Quase não tínhamos médicas, engenheiras e advogadas. Nossas primeiras médicas, por sinal, foram francamente hostilizadas — mulher era para ser, no máximo, farmacêutica ou enfermeira, talvez dentista. E ainda havia algumas profissões que continuavam estigmatizadas: ser florista, atriz, bailarina ou cantora, por exemplo, era coisa de puta. Pesquisadores lembram que a nadadora Maria Lenk — primeira sul-americana a participar de uma Olimpíada, em 1932 — foi excomungada na década de 1940 pelo bispo de Amparo, no interior paulista, com o argumento de que dar aula de natação "não era próprio para uma mulher". Verdadeiro atestado de loucura, aliás, era mulher séria pretender ter direito a sexo e prazer. A gozar em suas transas eróticas. No terreno sociopolítico, ainda em princípios da década de 1930, as mulheres não tinham a cidadania reconhecida em sua inteireza: não podiam votar, nem teriam acesso a diversos cargos públicos (a primeira brasileira a ingressar no serviço público precisou se apoiar num parecer de Ruy Barbosa). Enfim, embora os tempos da casa--grande tivessem ficado para trás, a mulher brasileira permanecia sob forte domínio masculino.

"Acho que nasci feminista. Por isso não me lembro quando nem por quê — estava na Escola Politécnica, isso eu sei — resolvi assumir esse meu lado contestatório e reivindicatório", Carmen Portinho chegou a dizer. Mas a primeira movimentação feminista em que ela entrou com tudo foi a campanha pelo voto feminino. Uma luta que já vinha desde o final do século XIX, esbarrando sempre no machismo de nossos políticos. Ficaram conhecidos os casos de Myrthes de Campos, primeira mulher aceita na Ordem dos Advogados, e da professora Leolinda Daltro, que tiveram indeferidos seus pedidos de alistamento eleitoral. Em resposta, Leolinda fundou o Partido Republicano Feminino e, em 1917, comandou uma passeata de mulheres pelas ruas do Rio. Não conseguiram o que queriam e ainda foram objeto de ataques verbais machistas, como vemos nas críticas corrosivas que Lima Barreto alinhou contra o movimento — críticas disparadas pela imprensa e depois reunidas no volume *Coisas do Reino de Jambom*. O romancista atacava Leolinda, tomava posição contra o voto feminino e desancava o "feminismo burocrático", vale dizer, o acesso das mulheres a postos no serviço público. Mas, apesar das reações, elas tocaram o barco, buscando o apoio de lideranças políticas e da opinião pública. Consideravam a educação e o trabalho como essenciais para a emancipação das mulheres. E apostavam na causa sufragista. A Federação Brasileira pelo Progresso Feminino (de cuja diretoria Carmen logo passou a fazer parte) era, obviamente, uma consequência direta, no ambiente brasileiro, do movimento europeu pelo voto feminino, deflagrado nas últimas décadas do século XIX — aqui questionando, particularmente, a ordem e os princípios mofados da República Velha. Formada quase inteiramente por mulheres da alta classe média, a entidade cultivava um discurso político moderado (era minoritária e praticamente desconsiderada a postura feminista mais radical, como a de Maria Lacerda de Moura, que falava de "amor livre" e controle da natalidade, investindo contra a Igreja e a ordem econômico-social vigente), centrado em tópicos relativos à educação, à defesa da maternidade e da infância, à proteção do trabalho feminino. Sua questão mobilizadora central estava, como foi dito, na luta para instituir o voto da mulher, negado ou eclipsado nas cartas constitucionais até então promulgadas, entre a que foi imposta no reinado de Pedro I e a de 1891, já nos primeiros dias do regime republicano. A passagem da monarquia à república não destronou o machismo e, assim, nossa primeira constituição republicana não se dispôs a igualar direitos políticos de homens e mulheres. Permaneceram no ar, todavia, as palavras que Machado de Assis escreveu numa de suas crônicas: "Elevemos a mulher ao eleitorado; é mais discreta que o homem, mais zelosa, mais desinteressada. Em vez de a conservarmos nesta injusta minoridade, convidemo-la a colaborar com o homem na oficina da política".

Derrotas não esmoreciam as moças. Elas agiam em direção a vitórias que julgavam inevitáveis. "As líderes feministas procuravam manter a questão do voto feminino na ordem do dia e, a partir de então, o debate tomou grande impulso, tanto que juristas conhecidos chegaram a se pronunciar favoravelmente à constitucionalidade do voto feminino. Jornais da época já comentavam com frequência o assunto. Além disso, a pressão das feministas no Congresso Nacional começou a dar frutos com a conquista de novos apoios nos meios políticos", resume Rachel Soihet, em "A Conquista do Espaço Público" (*Nova História das Mulheres no Brasil*). Nesse momento, Carmen Portinho estava inteiramente engajada no movimento. "Me empolguei, essa é a verdade. Me empolguei pelas ideias, pelo entusiasmo das companheiras, pelas lutas que teríamos pela frente; me empolguei pela forte oposição que, sem dúvida, teríamos de enfrentar do machismo, uma constante na sociedade brasileira da época e que, disfarçadamente, não podemos negar, continua até hoje. Queríamos mudar a mentalidade machista do país e teríamos que ser muito ousadas para atingirmos nosso alvo. [...] A principal reivindicação de todas as participantes da Federação era uma só: o voto feminino. A mulher, sem conscientização política, não podia almejar nada. Ela sequer poderia ser eleita para qualquer cargo público, portanto o nosso principal objetivo era o voto", Carmen mesma nos conta. E ela não era mulher de se contentar com meros exercícios retóricos. "Nos anos [19]20, não era difícil vê-la a bordo de um pequeno [avião] *junker* soltando folhetos do ar para convocar as mulheres cariocas a se incorporarem à luta feminista", anota Geraldo Edson de Andrade, em "Uma Mulher Admirável", prefácio ao livro-depoimento *Por Toda a Minha Vida*. "Queríamos a todo custo motivar a população. Os jornais noticiavam as nossas iniciativas e realizações, fosse tomando chá na Confeitaria Colombo, nas excursões à deserta Barra da Tijuca, ou soltando panfletos sobre a cidade a bordo de aviões *junkers*. Eu mesma viajei num desses incipientes aviões, em 1928", completa Carmen. Em sua edição de 13 de maio daquele ano, *O Jornal* noticiou a chuva de panfletos feministas sobre a cidade do Rio de Janeiro, à altura do edifício do Congresso.

A primeira vitória significativa do movimento pelo voto feminino aconteceu em 1927, no Rio Grande do Norte, onde o governo inseriu artigo pró-sufrágio feminino na constituição estadual, medida que seria desprezada, em seguida, pelo Tribunal Eleitoral, que anulou então os votos das mulheres. E talvez seja o caso de dizer que não por acaso isso aconteceu no Rio Grande do Norte, a terra de Clara Camarão e Nísia Floresta, com sua história marcada por fortes personalidades femininas. Aliás, aquele seria ainda o primeiro estado brasileiro a eleger uma mulher, Alzira Soriano, para comandar uma prefeitura — a do município de Lages —, embora Carmen Portinho faça a ressalva seguinte: "A primeira mulher brasileira a entrar de verdade na política foi a baiana Maria Luiza Dória Bittencourt, uma das nossas militantes, eleita deputada pelo estado da Bahia". Em 1930, veio a revolução que levou Getúlio Vargas ao poder, como desfecho de uma série de iniciativas e lutas (armadas, inclusive, como no caso das rebeliões tenentistas) pela modernização do Brasil, em termos econômicos, sociais e políticos (eleitorais, especialmente). No ano seguinte, a FBPF organizou o II Congresso Internacional Feminino (centralizado em questões trabalhistas), no qual Carmen atuou como vice-presidente e cujas conclusões foram encaminhadas a Vargas. Rachel Soihet relata: "Diante da impossibilidade de fechar os olhos para as reivindicações de amplos setores da sociedade pela moralização da política e o aperfeiçoamento do sistema eleitoral (e também para dar maior legitimidade ao governo recém-instalado), Getúlio Vargas nomeara uma comissão para criar uma nova lei eleitoral. Entretanto, apesar da pressão das feministas, o anteprojeto apresentado por essa comissão estabelecia ainda inúmeras restrições ao voto feminino ["O exercício do voto seria limitado às mulheres maiores de 21 anos, solteiras, viúvas e casadas que auferissem renda própria; àquelas que, por declaração judicial da ausência do marido, estivessem na direção dos bens do casal; às desquitadas e àquelas que tivessem sido deixadas pelo marido por um período maior que dois anos, encontrando-se este em lugar sabido"]. Isso provocou o protesto da líder feminista Carmen Portinho que, ante a afirmação de Vargas de que ele era feminista, porque às mulheres se devia metade da Revolução, retrucou: 'Senhor presidente, é por isso que só querem dar a metade do voto?'. Vargas, manifestando estranheza, perguntou: 'Metade como?'. 'Sim, o voto qualificado a determinadas categorias de mulheres' — respondeu Carmen — 'Nós não queremos assim. Ou tudo, ou nada!'. Ao final, tais restrições foram eliminadas". Logo adiante, em 1932, o direito feminino ao voto foi reconhecido no código eleitoral — e, por fim, tal direito foi claramente fixado na Constituição de 1934. Carmen convenceu Getúlio a abrir o leque e o Brasil se tornou um dos primeiros países do mundo a conceder à mulher o direito de votar — quase vinte anos depois de a Noruega fazê-lo, mas antes que países como a França e a Itália o fizessem e, aqui em nossa vizinhança, a Argentina e o Uruguai, então tratado pelo epíteto de "Suíça sulamericana", se movessem nessa direção.

Mas Carmen, como ela mesma gostava de sublinhar, nunca foi somente uma sufragista. Via-se em meio às "batalhadoras de uma nova condição de vida para a mulher brasileira". É assim que devemos entender sua militância universitária e profissional pela mulher, bem como suas preocupações feministas com relação a obras de engenharia e arquitetura. Tome-se o exemplo da União Universitária Feminina, fundada na sua própria casa, em Vila Isabel, no ano de 1932, época em que Noel Rosa ainda circulava vivo por ali, criando a nova poesia do samba carioca. Segundo Carmen, o objetivo da entidade era "apoiar as mulheres na carreira que escolhessem e defender os seus interesses nas profissões liberais; auxiliar por todos os meios as alunas das escolas superiores e concientizar a mocidade feminina a adquirir preparo técnico superior [de nada adiantaria emancipação política sem emancipação econômica, insistia Carmen], estimular o desenvolvimento da intelectualidade feminina, colaborar nas questões de alcance geral, que se relacionassem com o progresso dos povos". Era preciso batalhar nessas direções, sim. Mas Carmen ficou com uma coisa. Apesar de tudo, o sistema universitário brasileiro estava já, de uma ponta a outra, franqueado oficialmente à mulher. Não era isso, porém, o que acontecia nos EUA: "Nos Estados Unidos, ao contrário, com todo o liberalismo, a mulher sofria vetos, sim. Aconteceu comigo. Depois de formada, sentindo necessidade de me especializar no exterior, escrevi à Harvard solicitando os seus estatutos. Fiquei espantada com a resposta: Harvard era somente para homens, não aceitava mulheres no corpo discente". O que não significa que era possível afrouxar a luta no Brasil. De modo algum. "Meu passo seguinte — prossegue Carmen — foi a criação da Associação Brasileira de Engenheiras e Arquitetas (ABEA), de cuja fundação, em 19 de julho de 1937, participei e da qual fui a primeira presidente. [...] Na ocasião, a ABEA foi a única entidade profissional de classe composta exclusivamente de mulheres. Desenvolveu-se entre as associadas o espírito de cooperação, procurando abrir caminhos mais fáceis para as futuras profissionais, criando ambientes, assegurando direitos e demolindo preconceitos. [...] logo nos primeiros anos de existência da ABEA, Sílvia Vacani Mota, uma de suas sócias fundadoras, foi catedrática da cadeira de mineralogia da Escola Nacional de Engenharia; Elsa Pinho ocupou o cargo de engenheira-chefe do Laboratório de Análises e Tratamento do Serviço Federal de Águas e Esgotos e construiu a primeira Estação da Penha; Maria Esther Ramalho foi engenheira-chefe da prefeitura. [...] Com o passar do tempo e graças às conquistas obtidas, muitas dessas associações feministas foram perdendo a finalidade. Atualmente, nas universidades brasileiras, as mulheres incontestavelmente são maioria nas mais diversas e variadas carreiras. Com distanciamento, vejo que tudo por que lutamos, política e socialmente, a sociedade brasileira finalmente reconheceu."

De qualquer modo, é sempre um prazer registrar que toda essa militância nunca fez de Carmen uma fanática, uma sectária levantando automaticamente a guarda diante do sexo masculino. Não. Carmen teve sempre ótimo relacionamento com os homens. E nunca teve nada do estereótipo da militante sisuda, missionária inflexível, com dedicação em tempo integral a reuniões, pregações e ações ativistas. Geraldo Edson de Andrade: "Amiga dos seus amigos, faz questão de acentuar que, em matéria de amizade, sempre teve a maior empatia com os homens, talvez pelo longo convívio que com eles manteve, talvez pelo fato de abraçar uma carreira que nos idos de 1920 fosse presumivelmente reservada ao sexo masculino. O fato é que em todas as fotografias da época, a figura de Carmen Portinho aparece isolada no meio daqueles jovens engenheiros ou arquitetos que fizeram a revolução modernista na nossa engenharia e arquitetura". Enfim, Carmen nunca deixou de cultivar a feminilidade e o bom relacionamento entre os sexos. Numa visão retrospectiva, chegou a observar, entre referências ao carnaval e à praia: "Tudo isso, contado assim, parece que não deixava tempo para o lazer, que nem eu nem as companheiras de luta sequer tínhamos tempo para divertimentos próprios da mocidade. Nossa luta era pelos nossos direitos e não contra a feminilidade. [...] Como toda moça, fui muito vaidosa, gostava de namorar, de me divertir, de dançar. Adorava carnaval, principalmente os bailes do Teatro Municipal, onde eu e minhas irmãs íamos com fantasias de luxo, como exigiam. Cheguei a ir diversas vezes aos bailes do Bola Preta, ali na Cinelândia, de cunho mais popular, e gostei muito, muito mesmo. [...] Continuava fazendo minhas escaladas aos morros cariocas e fluminenses com o Centro Excursionista Brasileiro. Na companhia de amigos, caminhávamos pela Floresta da Tijuca, principalmente no verão, para tomar banho naquelas deliciosas cascatas. Frequentava as praias com os colegas da Politécnica, com os quais mantinha convivência, e as moças das Belas-Artes. [...] Quando ia a Niterói, para a casa de minha amiga Astreia Matos, gostávamos muito da praia de Icaraí para nadar, uma vez que ainda não havia poluição. Nas férias, no sítio da sua família, em Miguel Pereira, passava horas cavalgando. [...] Aos domingos, passeávamos em Copacabana, do Posto 2 ao Posto 4, os mais elegantes e concorridos na época, para nos reunirmos com rapazes e moças, tomar sorvete, essas coisas de gente jovem. Enfim, me divertia o quanto podia". Além disso, Carmen ia a balés, óperas, concertos. "E lia, lia muito, que é uma das coisas de que mais gosto."

Mas vamos retomar o outro fio da meada. Carmen surpreendeu a família quando chegou a hora de escolher uma carreira. "Em casa, ao me perguntarem o que queria ser, não pestanejei: 'Quero estudar engenharia'.

Ninguém entendeu nada. Eu não tinha nenhum parente engenheiro, nem sequer conhecia um engenheiro. Minha escolha deveria estar ligada ao meu gosto pelas disciplinas exatas, como a matemática. [...] Ninguém da família foi contra minha escolha. Meu pai, homem esclarecido, adiantado, um revolucionário gaúcho, aceitou bem minha decisão; minha mãe, também mulher avançada, gostava de ler histórias, já que minha avó tinha sido professora e diretora de escola primária em Puerto Suárez. Não houve, pois, nenhum conflito familiar quanto à minha decisão de estudar engenharia." Além do gosto pela matemática, havia também um aspecto mais pedestre nessa escolha: "O que queria mesmo era ser engenheira. Sabia que, uma vez formada, seria fácil arranjar emprego, enquanto, na [Escola de] Belas-Artes, as oportunidades de uma colocação seriam mais remotas e demoradas". Seja como tenha sido, Carmen fez seu curso — bem — e se formou. Numa nota do jornal *A Noite* sobre a formatura daquela turma de novos engenheiros, lê-se: "A nota mais interessante, sem dúvida, foi-nos dada pela graça comunicativa da senhorita Carmen Velasco Portinho, a única engenheira de 1925, que leu, pelos seus colegas de turma, o compromisso solene dos engenheiros civis". Carmen conta, ainda, que não encontrou um ambiente preconceituoso na Escola Politécnica, então dirigida por Paulo de Frontin. "Apesar de ser a única mulher da turma, nunca fui discriminada na Escola Politécnica". E ainda: "Por incrível que pareça, nunca senti na Escola Politécnica nenhuma discriminação por parte dos colegas em relação ao meu sexo ou à causa que defendia. Foram sempre solidários e apoiavam nossa luta". O preconceito só foi se manifestar mais tarde, e sempre no âmbito da administração pública. Primeiro, vindo do próprio ministro da Justiça. Em seguida, na prefeitura do Distrito Federal. "Antes mesmo de me formar — cursava então o último ano —, para ganhar alguns trocados, lecionei no internato do Colégio Pedro II, em São Cristóvão. Como precisava ganhar algum dinheiro para ajudar a família [o pai-provedor tinha falecido], fui falar pessoalmente com o diretor, expliquei-lhe minha necessidade de colaborar para a renda familiar, e consegui o emprego. Foi um grande escândalo. O corpo docente do colégio, todo masculino — afinal, era um internato de meninos —, não viu com bons olhos a minha indicação, mas o diretor não se incomodou, me aceitou como professora de matemática, aritmética, álgebra, etc. Um dia, muito sem graça, ele veio conversar comigo e me disse: 'Fiz tudo para mantê-la aqui, porém o ministro da Justiça faz questão de ter uma entrevista com a senhora'. O ministro chamava-se Viana do Castelo. Ele não podia entender como uma moça recém-saída da faculdade estava ensinando num colégio de garotos, onde nenhuma outra mulher ensinara anteriormente. Depois de muito falatório, aceitou minhas justificativas ao mostrar-lhe o rendimento dos alunos, e acabou deixando-me ficar."

Por isso aí, vê-se como o Brasil era de fato, naquela época, uma republicazinha provinciana, onde o ministro da Justiça não devia ter o que fazer para se preocupar com a presença de uma professora num internato de garotos... Mas Carmen logo deixou o Pedro II. "O prefeito Alaor Prata, no dia seguinte à formatura, resolveu me nomear para a Diretoria de Obras e Viação da Prefeitura do Distrito Federal, talvez pelo fato de ser a única mulher da turma, não sei, o certo é que foi através dele que consegui o meu primeiro emprego público na profissão. [...] De posse da nomeação, me apresentei ao diretor da Secretaria de Obras para a qual fora indicada. O diretor, um velho engenheiro rabugento que nunca tinha visto na vida uma mulher na sua profissão, ao me ver torceu o nariz, visivelmente contrariado, e me indicou para trabalhar em próprios [bens imobiliários] municipais. Os outros engenheiros da Secretaria, como o diretor, também não gostaram muito da minha presença entre eles. Mas eu fora nomeada por ato do prefeito, queria trabalhar para ajudar minha mãe a criar meus oito irmãos, portanto, eles tinham que me aguentar." E aguentaram. Carmen, pelo seu desempenho, conheceu promoções e recebeu elogios da imprensa. Em matéria de 1929 ("Mulheres Engenheiras"), o jornal *O Paiz*, do Rio de Janeiro, por exemplo, elogiou seus conhecimentos técnicos e fez uma revelação interessante: Carmen achava-se "incumbida da instalação elétrica de todos os próprios municipais, incluindo instalações em quase todas as escolas públicas, fator este que favoreceu a inauguração de cursos noturnos que deixavam de funcionar por falta de iluminação". E a relação engenharia/feminismo acaba sendo registrada: "[...] equivale a um eloquente atestado de valor intelectual e profissional da mulher brasileira, a segurança com que vai fazendo carreira pelo seu esforço e competência a jovem e distinta engenheira Carmen Portinho, figura de destaque da geração feminina, líder conhecida do movimento universitário feminino que visa difundir a cultura técnica entre as mulheres brasileiras". Mais tarde, a própria Carmen (que considerava o serviço público menos preconceituoso que o setor privado, pelo menos na década de 1930) fez uma apreciação geral do assunto, distinguindo a particularidade de sua situação: "No caso específico da engenharia, minha profissão, ainda hoje mulheres diplomadas encontram sérios empecilhos pela frente. O mais comum é o de que engenharia civil não é trabalho apropriado para mulher, por ela ter de trabalhar em obra, com operários. Comigo nunca houve problema desse tipo, pelo contrário, sempre fiz boas relações com os peões e nunca desejei sair da construção civil. Em contato com eles aprendi e desenvolvi certos aspectos do meu caráter e, igualmente, o gosto por um bom vinho, um boa pinga, um bom chope. Já que eles gostavam de um trago, por que não acompanhá-los? Afinal, pelo que eu saiba, bebida não é privilégio de homem".

Mas, de início, a mão pesada do machismo tentou bloquear seu caminho. A primeira tarefa confiada a Carmen, pela administração municipal do Rio de Janeiro, foi pensada sob medida para desmoralizar a pretensão de uma moça em ser engenheira. O secretário a chamou para dizer que ela teria de subir no telhado da prefeitura, a fim de inspecionar o para-raios instalado lá no alto. Carmen comenta retrospectivamente (de forma irônica) o assunto: "A ordem foi transmitida mais ou menos assim: 'A senhora vai consertar o para-raios da prefeitura. É próprio municipal'. O velho engenheiro queria a todo custo me ver em cima do telhado e eu não podia decepcioná-lo por hipótese alguma". Aqueles basbaques reacionários só não contavam com uma coisa. Carmen, àquela altura, não só já militava nas movimentações feministas, como era sócia, juntamente com outras mulheres, do Centro Excursionista Brasileiro, onde se destacava como alpinista. Vamos ver suas relembranças: "Tudo bem, nunca tinha visto um para-raios, achei a ordem discriminatória, uma espécie de teste; mas enquanto ele [o diretor] ficou pensando em como eu iria escalar o telhado, [eu] estava preocupada em ler e estudar alguma coisa sobre para-raios, do qual não sabia absolutamente nada. [...] Lendo alguns livros técnicos, alguma coisa aprendi. Chamei Mariozi, o chefe da eletricidade, e anunciei que acataria as ordens do diretor: subiria, sim, ao telhado, para ver que diabo tinha aquele para-raios. 'A senhora vai subir?', ele me perguntou, espantado. 'Vou', respondi resoluta. [...] Naquela época... era... sócia do Centro Excursionista Brasileiro, onde praticava alpinismo. Como tal, semanalmente escalava, com minhas amigas, os morros da Gávea, o Pão de Açúcar, Maria Bonita, enfim, a maioria dos morros cariocas. Sempre gostei de alpinismo. Particularmente, gostava de vestir aqueles coletes, pôr o cantil e a mochila na cintura, acordar cedo nas madrugadas de sábados ou domingos para me encontrar com o grupo. Geralmente, começávamos a escalar pelos morros de acessos mais fáceis; o meu primeiro, se não me engano, foi o do Cantagalo, em Botafogo. Mas o mais difícil que subi foi a Pedra da Gávea, porque tem uma passagem muito estreita e, se você for gordo, não passa. Depois dessa passagem, fica-se lá em cima o dia todo à frente de uma paisagem deslumbrante, sensacional [...]. Só após subir todos os morros do Rio, vai-se tentar os morros de Teresópolis e de outros lugares. [...] De modo que subir num telhado, francamente, subir numa escadinha, foi fácil demais; difícil mesmo foi aprender como se consertava para-raios".

Engenheira e alpinista, Carmen, além de gostar de muitas novidades, era mulher elegante. Andava sempre discretamente bem-vestida, num padrão típico de mulheres elegantes da época, sem maiores ousadias. Mas teve de definir uma roupa ou farda, uma espécie de traje de trabalho. E ela, depois dessa experiência no telhado, resolveu que o modelo a ser adotado era o vestual da alpinista. "Pois é, para alguma coisa o que se aprende nas horas de lazer e fora da profissão sempre ajuda. Até as calças cáqui do uniforme do Centro Excursionista Brasileiro serviram para o meu primeiro trabalho profissional. Só não levei a mochila e o cantil... Quer dizer, a discriminação machista do diretor não vingou. A partir daquele dia, adotei calças compridas para meu trabalho, numa época em que a mulher só usava saias. Calças compridas ficavam bem nas artistas de cinema, tipo Marlene Dietrich, Jean Harlow, Joan Crawford ou Katharine Hepburn, que lançaram a moda e todas nós, depois, adotamos, por serem confortáveis e, para que não dizer, elegantes. Melhor, muito melhor do que aquelas saias compridas que iam até o tornozelo." Mas a pintura ainda não estava completa. Vestindo calças, trepando em telhados de prédios municipais, a engenheira, por influência do pelotão de trabalhadores que comandava, adotou ainda, como vimos, o hábito de tomar uns tragos de cachaça. Ela mesma conta: "Cheguei a ter sob minha direção cerca de seiscentos operários, quando trabalhei na direção da seção de edificações municipais. Com eles, para não ficar de fora, aprendi a apreciar uma boa pinga. Nessas ocasiões é preciso angariar a simpatia e obter a confiança daqueles homens, pois às vezes é difícil conseguir um bom rendimento de trabalho sem essa troca de gentilezas. Beber uma cachacinha e uma cervejinha bem gelada, até que ajuda os nossos ânimos". Quando vi essas palavras de Carmen, aliás, me lembrei de uma conversa que tive em inícios da década de 1990, no campus de uma universidade norte-americana, com o linguista e antropólogo nigeriano Olabiyi Babalola Yai, um iorubano erudito e muito bem-humorado, a quem mostrava minhas traduções de orikis de orixá do iorubá para a língua portuguesa (versões depois reunidas no livro *Oriki Orixá*). Perguntei a ele, naquela ocasião, sobre o desempenho de um outro antropólogo, amigo nosso, na pesquisa de campo. Olabiyi: "Ele bebe — então, se enturma fácil na comunidade, conversa sobre tudo com todo mundo". Fiquei rindo, porque já ouvira de Pierre Verger observação algo parecida. Birita e *workfield*, no fim das contas. Disse então a Olabiyi: "Precisamos explicitar e espalhar isso: o álcool como parte importante do método antropológico...". Mas nem só de trabalho vive o ser humano. Carmen manteve a boa prática mesmo quando não havia mais peões a comandar, nem era preciso angariar a simpatia de trabalhadores da construção civil.

Em seu livro *Carmen Portinho: o Moderno em Construção*, a arquiteta carioca Ana Luiza Nobre conta que, ao visitar Carmen na casa de Jacarepaguá, quando a nossa engenheira-feminista já estava com 96 anos de idade, foi recebida com graças etílicas: "um bom trago oferecido na chegada anuncia suas ousadias, sua história".

Em inícios da década de 1930, aconteceu uma experiência diferente para a nossa engenheira já carioca. Carmen fez uma viagem pelo sertão nordestino. "Na prefeitura do Distrito Federal desenvolvi intensamente a profissão para a qual me preparei. Havia política de bastidores, evidentemente, mas muitas compensações. Uma dessas foi o convite do então ministro da Viação, José Américo de Almeida [o autor do romance *A Bagaceira*], para fazer parte de uma comissão para inspecionar as obras contra a seca, no Nordeste do país. Viajei por toda a região, Pernambuco, Paraíba, Ceará e Rio Grande do Norte, para fazer um levantamento das condições de vida do povo e as possíveis soluções governamentais para aquela gente sofrida. Viajamos cerca de quatro mil quilômetros, visitando construções de açudes e de estradas de rodagem, tomando conhecimento ao vivo de uma realidade pungente do povo nordestino", relembra. Em *Carmen Portinho*, Ana Luiza Nobre reproduz trecho do relato de Maurício Joppert, engenheiro e ex-professor de Carmen, sobre a mesma viagem: "A nossa excursão pelo Nordeste brasileiro começou, por assim dizer, no dia 7 de dezembro, em trem da *Great Western*, percorrendo a Comissão deste modo os 270 km entre aquela capital [Recife] e Rio Branco, em pleno sertão de Pernambuco. Varamos, nesta viagem, a faixa de luxuriante vegetação tropical que borda a orla marítima pernambucana; penetramos e atravessamos a região do agreste, onde o verde se enfraquece e se descora e surgem os primeiros representantes da flora característica do sertão; embrenhamo-nos, afinal, na caatinga esturricada por três longos anos de estiagem inclemente, de cuja perspectiva afogante só nos livramos ao galgarmos as encostas abençoadas verdejantes da serra de Guaramiranga, no Ceará, e assim mesmo por poucas horas, para afundarmos de novo no semideserto ressequido e escaldante". Comenta Carmen: "Isso foi em 1932 e parece que até os dias atuais a situação nordestina não se alterou muito. Houve esforços do governo, reconheço, muitos estudos foram realizados. A situação porém, por motivos políticos, continua inalterada", recorda. É certo que as coisas têm mudado significativamente neste século XXI; especialmente, com a arrancada de Pernambuco nos últimos dez anos. Mas não é isso o que desejo realçar. O que me vem à mente, quando penso nesta "excursão" de Carmen, é a diferença entre a sua passagem nordestina e a experiência de Lina Bo Bardi, envolvendo a Sudene e o desenho industrial, como vimos no tópico anterior. Mas o fato é que Carmen passou apenas doze dias no Nordeste. E nada do que viu parece ter-se gravado objetivamente nos seus fazeres, das primeiras construções que comandou aos dias experimentais da Escola Superior de Desenho Industrial, já na década de 1960.

Ainda pela época de seu périplo nordestino, Carmen ganhou um novo chefe no departamento da prefeitura em que trabalhava: o capitão Delso Mendes da Fonseca, então nomeado secretário de Obras — um sujeito ligado ao tenentismo, que ela conhecera como estudante da Escola Politécnica. Graças a isso, pôde nascer a *Revista da Diretoria de Engenharia* da prefeitura do Rio, situando-se na luta cultural pela afirmação da arquitetura modernista em nosso país. "Dada a intimidade que tínhamos, logo depois [da nomeação de Delso] sugeri que a Secretaria precisava de um meio de comunicação, uma revista técnica que divulgasse as realizações não só da prefeitura como dos nossos engenheiros e arquitetos. Ele gostou da ideia. Nomeou para diretor um velho professor de mineralogia, Everardo Backheuser, logo substituído pelo professor Armando de Godoy, mas revelou compungidamente que não tinha verbas para editá-la, ou seja, a Secretaria não dispunha de dinheiro para publicar a revista; de forma que permitia que pedíssemos publicidade a empresários que trabalhavam para as obras da cidade para subsidiá-la. Surgiu, então, a *Revista da Diretoria de Engenharia da Prefeitura do Distrito Federal*, cujo primeiro número foi lançado em julho de 1932 e na qual exerci múltiplas funções: secretária, redatora-chefe e diretora durante muitos anos. Logo no primeiro número publicamos, entre outros, o primeiro projeto de autoria de Reidy — um edifício para as dependências de serviços municipais —, o projeto de Lúcio Costa e Warchavchik para uma série de 14 apartamentos na Gamboa [Rio] e um artigo meu sobre arquitetura moderna na Holanda. [...] Nas suas páginas, saíram, portanto, os primeiros ensaios sobre a arquitetura moderna no Brasil que, anos depois, graças ao talento de uma nova geração de arquitetos, jovens e idealistas, dispostos a romper com um tipo de arquitetura passadista e ultrapassada, seria uma das grandes expressões da nossa criatividade e daria ensejo à construção dos edifícios do MES [Ministério da Educação e Saúde, sob Gustavo Capanema], da Associação Brasileira de Imprensa, do Conjunto Habitacional Pedregulho, dentre outros que deram renome mundial à arquitetura do Brasil", rememora Carmen, que escreveu ainda, no primeiro número da revista, sobre as condições climáticas em que deveria ser pensada a arquitetura prisional brasileira. No juízo dos estudiosos, a revista criada por Carmen se tornou, nas décadas de 1930 e 1940, "uma espécie de trincheira", principal órgão de divulgação dos projetos de arquitetura moderna em nosso país. E assumiu ainda, aos olhos de hoje, alto valor documental.

Engenheira e apaixonada por arquitetura, Carmen chegou quase naturalmente, por assim dizer, ao terreiro do urbanismo. Lógica e naturalmente, seria melhor dizer. E chegou na frente. Foi a terceira mulher a se formar em engenharia por aqui, mas a primeira brasileira a ter o título de urbanista, conquistado na Universidade do Distrito Federal. E dizia ter muito orgulho do fato. Para isso, teve inclusive de defender uma tese. E o tema que escolheu, em meados da década de 1930, surpreende pela ousadia, tanto no sentido da novidade, quanto no da amplitude da matéria: "Anteprojeto para a Futura Capital do Brasil no Planalto Central". Como urbanista, Carmen não sonhava menos do que com a construção repentina de uma cidade inteira num espaço até então deserto de gente, falto de habitação humana. E, para elaborar o projeto, mergulhou em ideias e papéis. "Durante um ano pesquisei e estudei as condições do local. Tinha por base um estudo de 1892, de uma comissão nomeada pelo governo brasileiro para determinar o local ideal para a construção da nossa futura capital. [...] Como era impossível ir ao planalto no interior brasileiro, inacessível na época, consegui por empréstimo [...] o relatório daqueles cientistas para estudar o meio ambiente e pesquisar condições climáticas, reservatórios de água, vegetação, meios de transporte, enfim, tudo o que era necessário ao planejamento de uma cidade. [...] Para determinar o ponto ideal para a construção da nova capital, depois de muito pesquisar, escolhi uma área entre os rios Torto e Gama que, posteriormente, viria a ser o mesmo da capital atual traçada por Lúcio Costa. Essa é a razão pela qual me perguntam o porquê das semelhanças existentes entre o meu anteprojeto e o dele para a construção de Brasília. Acredito que foi porque partimos das mesmas pesquisas. [...] Meu anteprojeto já previa para a futura cidade a divisão em áreas, sistema viário, passagem para pedestres, sistemas de esgotos, edifícios com gabarito de andares determinados por um motivo simples: tanto eu como Lúcio nos baseamos em projetos modernos." Dito em poucas palavras, eram, ambos, discípulos de Le Corbusier, que, aliás, realizara uma série de conferências no Brasil, em 1929 — "sempre lotadas pelos interessados numa nova concepção de arquitetura, como eu e os alunos da Politécnica, também eles insatisfeitos com o ensino oficial da engenharia e da arquitetura entre nós".

Ana Luiza Nobre examinou de perto a tese de Carmen, com seus acertos e exageros evidentes. Vamos acompanhar aqui a sua leitura. Basicamente, o que Carmen fez foi "recorrer ao projeto da *Ville Radieuse* (Cidade Radiosa) de Le Corbusier, reconhecida pela autora como 'um imenso parque, onde a habitação representa o elemento primordial; todos os demais — trabalho e lazer — foram dispostos de modo a evitar trajetos estéreis'. Era uma proposta audaciosa e sem concessões: a aplicação integral, e pela primeira vez no Brasil, da doutrina arquitetônico-urbanística formulada por Le Corbusier e sintetizada pouco antes no IV Congresso Internacional de Arquitetura Moderna, realizado na Grécia (origem da 'Carta de Atenas', a mesma matriz da qual se servirá posteriormente o Plano Piloto de Lúcio Costa)". Para Carmen, a "cidade dos tempos modernos" deveria ter sua construção corbusierianamente embasada nos seguintes princípios:

— A habitação deve ser considerada como o centro das preocupações urbanísticas.
— Os materiais do urbanismo contemporâneo são o céu, as árvores, o aço e o cimento, nessa ordem e nessa hierarquia.
— O pedestre não deve nunca encontrar o automóvel. 100% do solo devem ser restituídos ao pedestre.
— "Morte da rua". A acepção milenar da rua se apaga. A circulação automóvel (velocidade multiplicada por 20) conduz a um novo emprego do solo.
— Nenhum apartamento deve ficar mal orientado.
— A cidade contemporânea deve ser uma "cidade verde"; o esporte deve ficar ao pé das casas.
— A cidade contemporânea deve ter uma superdensidade de 1.000 hab. por ha, aproximadamente, em vez de 300, que é a geralmente admitida; assim, as distâncias serão três vezes mais curtas e a cidade, três vezes menor — solução à crise dos transportes.

Prossegue Ana Luiza: "Cada um dos elementos constitutivos do projeto indicava a assimilação completa, por parte de Carmen, da cartilha do urbanismo moderno ditada por Le Corbusier e pouco a pouco difundida no mundo todo — dos Estados Unidos à Índia, da França à União Soviética. Mas nem por isso o projeto ignorava as condições específicas da área onde seria implantado — o quadrilátero de 14.400 km^2 demarcado pela Comissão Exploradora do Planalto Central (nomeada em 1892) para abrigar o futuro Distrito Federal. Foi a partir da análise pormenorizada dos dados colhidos pela Comissão quanto ao clima, estrutura geológica, topografia e flora local que Carmen escolheu o vale do Rio Torto, mesma zona que havia merecido a preferência de Glaziou, botânico da Comissão (responsável pelo desenho dos jardins do Campo de Santana, no Rio). [...] Com esse projeto, Carmen colocava-se claramente a serviço de um ideal, por meio de uma operação que parecia sobretudo visar à confirmação da solução universalizante da *Ville Radieuse*. Dividia o terreno basicamente em zona residencial, centro de negócios e zona industrial; além da Cidade Universitária, organismo independente e locado fora do perímetro urbano". A preocupação com a industrialização — vale dizer, o barateamento — da construção de casas é explícita. Nos prédios residenciais, erguidos sobre pilotis, "o primeiro nível abrigaria os serviços comuns; e a cobertura — o chamado 'teto-jardim' — teria praias artificiais e solários. Nos parques estariam os 'prolongamentos da morada': as creches e escolas e, junto a elas, os campos de recreação, piscinas e ginásios de esportes. Tudo fazia referência explícita aos princípios urbanísticos de Le Corbusier, sendo esse, de fato, o modelo adotado na década seguinte no projeto de um punhado de conjuntos habitacionais exemplares introduzidos por Carmen Portinho no Rio de Janeiro".

Em texto estampado no livro organizado por G. E. de Andrade, a arquiteta goiana Eline Maria Moura Pereira Caixeta faz uma avaliação geral altamente favorável ao projeto de Carmen Portinho para a futura capital planaltina brasileira, que destronaria o Rio de Janeiro às primeiras luzes da década de 1960: "Resgatar a importância de Carmen, como precursora da ideia de construir uma cidade inteiramente moderna no Brasil, é a dívida que temos para com esta mulher, vanguardista em todos os aspectos. [...] Foi no mínimo uma atitude de coragem propor um projeto de tal envergadura em um momento em que não se acreditava na viabilidade da construção de uma nova capital para o país, pese as determinações do governo provisório. Além de contribuir efetivamente para a definição da localização da futura cidade de Brasília, seu plano foi também precursor daquele apresentado por Lúcio Costa em 1956, na medida em que partiu dos mesmos princípios — que eram defendidos por Le Corbusier — quando o conceito de urbanismo predominante no Brasil ainda estava ligado à ideia de 'melhoramentos', tendo como exemplo e modelo o plano de Agache para o Rio de Janeiro. A intenção do seu plano era projetar uma cidade como um imenso parque onde a habitação representasse seu elemento primordial e os demais serviços — trabalho e lazer — fossem dispostos de modo a evitar trajetos desnecessários. Lúcio Costa retomou este mesmo sentido vinte anos depois. [...] A cidade determinada por Carmen é o protótipo da cidade funcional definida nos CIAMs, ocorridos entre 1928 e 1937, pois revela uma postura otimista, maravilhada pelas possibilidades do mundo moderno e convencida de um novo funcionamento para sua sociedade. [...] Ela antevê uma sociedade completamente socializada e organizada em cooperativas. [...] Carmen concebe sua cidade sobretudo como símbolo e espaço educativo de uma nova sociedade. Antes de representar o Estado, busca evocar [sic] o futuro da nação que se desenvolveria a partir desta sociedade. Neste sentido aproxima-se mais do ideal de cidade de Le Corbusier que do projeto de Lúcio Costa para Brasília, fazendo prevalecer o centro de negócios sobre o centro administrativo como momento maior de referência urbana. O caráter educativo de sua cidade vai desde a concepção da *unidade de habitação*, que pressupunha a adequação da sociedade existente a um ideal social, até à criação do Museu do Conhecimento do Brasil, 'expressão sintética da vida brasileira'. Carmen registra através do seu plano uma questão-chave para o contexto ideológico da época: a ideia de que para se regenerar, o Brasil deveria, antes de tudo, se reconhecer".

Em 1944, Carmen se candidatou a uma bolsa de estudos oferecida pelo Conselho Britânico. Queria ver de perto os trabalhos das comissões de construção de cidades novas e de recuperação ou remodelação de cidades bombardeadas. A guerra estava perto do fim, mas ainda não tinha acabado. E ela se mandou a bordo de um cargueiro holandês, 24 dias no mar, ainda com medo de bombas e submarinos, em direção a um "porto inglês qualquer". No caso, foi dar em Liverpool. E de lá chegou a Londres ("fiquei quatro meses numa Londres destruída pelas bombas nazistas e os foguetes V 2"). Percorreu a Inglaterra de uma ponta a outra, concentrada no conhecimento da questão da habitação. "Eles queriam sobretudo construir casas porque a guerra estava terminando e não haveria residências suficientes para os que estavam voltando. Aprendi muita coisa com eles, não só a parte de urbanismo, mas igualmente a solidariedade, a parte social que, infelizmente, no Brasil é desprezada, mas que lá era fundamental, todo mundo só pensava em construir para o soldado, para a família que vinha de fora, porque o país estava semidestruído. Lá realmente aprendi da infraestrutura de uma cidade às construções de casas, que eles chamavam de residências temporárias, com duração prevista para oito ou dez anos." Foi a partir dessa rápida (mas intensa) experiência inglesa que Carmen se voltou, no Brasil, para a área da habitação social. Ao retornar ao Rio, propôs à prefeitura a criação e logo assumiu a direção do Departamento de Habitação Popular, que ocuparia por quase treze anos. Naquela época, o Rio se encontrava numa situação complicada. Milhares e milhares de pessoas moravam em dezenas de favelas, combatidas sem descanso pela administração municipal, que pretendia simplesmente erradicá-las, coisa que Carmen considerava fadada ao fracasso. Mas não era só: para Carmen, no rastro de Gropius e da social-democracia europeia, a habitação era "um serviço de utilidade pública" que o governo deveria obrigatoriamente fornecer, assim como fornecia água, gás, esgoto e luz. E a perspectiva feminista não estava ausente dessas preocupações. Foi aí, por esse tempo, que Carmen começou de fato a trabalhar em parceria com o arquiteto Affonso Eduardo Reidy, seu companheiro por décadas, até à morte prematura dele em 1964. Juntos, fizeram o conjunto habitacional do Pedregulho. Sob a orientação de Carmen, observa Ana Luiza Nobre, "o Pedregulho representava a possibilidade de superação da prática de erradicação de favelas — por ela julgada ultrapassada — pela implantação de um conceito de morar associado a uma nova era, na qual se supunha que a classe trabalhadora iria viver mais socializada, e a mulher, mais independente".

Figura pública e mesmo polêmica, Carmen era discretíssima quando o assunto era sua vida amorosa, de modo que quase nada sabemos sobre o assunto. Apenas que ela e Reidy viviam e trabalhavam juntos, sem casamento formal, como pregavam algumas feministas da época. O vínculo profissional antecedeu a ligação amorosa. A primeira escola que Carmen construiu, aliás, já era projeto de Reidy. Sobre o companheiro, comentou: "Além de seu evidente talento, Reidy lutava por uma arquitetura social e comunitária. Toda a sua obra foi realizada nesse sentido. Não se conhece um só projeto seu que não fosse para a comunidade. Não projetou palácios nem prédios suntuosos, ciente que era da responsabilidade social da arquitetura. Excetuando as duas casas que projetou para mim, em Jacarepaguá e Itaipava, foi sempre um arquiteto sóbrio e revolucionário no que fez". Nabil Bonduki, na abertura do volume *Affonso Eduardo Reidy*, o define como "arquiteto de espaços públicos". E podemos pensar a definição em três planos. "A atividade de Reidy, entre 1929 e 1964, corresponde ao período (entre a Revolução de 1930 e o golpe militar de 1964) em que a arquitetura brasileira pôde contribuir para o projeto de desenvolvimento nacional, que buscava compatibilizar a industrialização e a modernização do país com a preocupação social e ampliação do acesso à educação e à cultura. Sua obra, portanto, não pode ser vista isoladamente, mas como parte de um esforço coletivo para edificar o espaço de um novo país que se construía. É neste contexto que se insere a preocupação que Reidy teve em dar feição social e pública à sua arquitetura", panoramiza Bonduki. Em segundo lugar, "funcionário público, Reidy trabalhou apenas marginalmente para clientes particulares, raramente projetou habitação individual, foi pouco solicitado pela iniciativa privada, ficou à margem da iniciativa suntuária e das injunções imobiliárias especulativas". Ainda neste sentido funcional, lembre-se que, da tríade principal da arquitetura brasileira na época, Reidy foi o único a buscar a segurança do emprego no aparelho estatal, eterno integrante do serviço público municipal do Rio. Mas, mesmo aqui, é correta a observação feita por Geraldo Ferraz (que fora integrante do movimento antropofágico liderado por Oswald de Andrade e companheiro de Patrícia Galvão, Pagu, com a qual escreveria o romance *A Famosa Revista*): "Temos nele [em Reidy] um raro exemplo de arquiteto que se destacou trabalhando quase exclusivamente para o poder público, mas de maneira alguma burocratizado ou oficializado". Nesse sentido, podemos colocá-lo lado a lado com João Filgueiras Lima (Lelé) — embora insistentemente assediado por grandes empresas (como a Camargo Corrêa), Lelé se recusou a ficar dentro de um escritório, projetando casas e prédios de apartamentos particulares; sua obra se construiu publicamente, com edificações voltadas para funções e usos coletivos.

Bonduki: "A dupla Carmen-Reidy nunca mais se desfez. De temperamentos diferentes, ela mais expansiva e política, ele mais tímido e reflexivo, a combinação da engenheira com o arquiteto gerou algumas das mais importantes obras de arquitetura brasileira, projetadas por Reidy, construídas por Carmen: os conjuntos do Departamento de Habitação Popular, Pedregulho e Gávea; o Museu de Arte Moderna; as casas de Jacarepaguá e de Itaipava, onde viveram vários anos. Sem o dinamismo de Carmen, que não mediu esforços para viabilizar do ponto de vista administrativo, financeiro e construtivo empreendimentos de grande vulto como Pedregulho e MAM, talvez as obras que projetaram Reidy como um dos principais arquitetos brasileiros nunca tivessem se viabilizado". Sobre o conjunto do Pedregulho, um dos projetos arquitetônicos brasileiros mais badalados em todo o mundo, Lúcio Costa anotou: "Esse empreendimento singular — pois não se enquadra, por seu programa social ou sua feição artística, nem muito menos pela persistência requerida para garantir-lhe continuidade, nos nossos moldes habituais de planejar e fazer — se deve a duas pessoas cujo trato bem-humorado, cortês e discreto não trai, à primeira vista, as reservas de paixão, de fibra, de engenho e de malícia de que têm sabido dar prova, durante anos a fio, a fim de assegurar, nos altos e baixos das sucessivas administrações indiferentes ou hostis, a sobrevivência da obra encetada: Carmen Portinho, administradora que idealizou e conduz nos mínimos detalhes o empreendimento — inclusive ensinando a morar — e Affonso Eduardo Reidy, que concebeu arquitetonicamente o conjunto e o realizou, ambos assistidos por um corpo técnico dedicado e capaz". A vanguarda internacional aplaudiu. Ficou célebre o comentário feito pelo suíço Max Bill, o arquiteto da *Hochschule für Gestaltung* (Escola Superior da Forma, Ulm, Alemanha), quando esteve no Brasil em 1954: "Considero esse belo conjunto como um notável êxito, não somente de arquitetura, mas ao mesmo tempo de urbanismo, e de todos os problemas sociais. Para mim, Pedregulho é o mais importante exemplo neste domínio e eu estaria contente se na Suíça existissem muitas realizações como esta. Infelizmente, há poucas. O sentido humano em Pedregulho me parece perfeito, de primeira ordem, pois cada vez que entro numa residência, pergunto-me: desejaria eu morar neste apartamento? Pois bem, minha resposta, logo que visitei um daqueles apartamentos, foi a seguinte: amanhã mesmo, se alguém me convidasse, eu me mudaria com grande prazer para tão confortáveis apartamentos". E quando Lúcio diz que Carmen estava ali para, entre outras coisas, "ensinar a morar", a referência é a seguinte. Carmen acionou assistentes sociais para ensinar aos mais pobres, segundo ela mesma, "novos hábitos de higiene, saúde e, principalmente, como usar as construções modernas".

A propósito, escreve Ana Luiza Nobre: "Este, decididamente, era o projeto: *ensinar a habitar*. Introduzir novos hábitos nas casas populares, intervir na organização dos seus espaços, reeducar o homem do povo na maneira de comer, dormir, sentar. A tal ponto que Reidy chegou a desenhar e mobiliar um apartamento completo, que permaneceu em exposição por algum tempo (assim como no Ministério da Educação [e Saúde] havia feito a equipe reunida em torno de Lúcio Costa, desenhando tudo, das mesas de trabalho aos cinzeiros). Mesmo os vestiários da piscina foram estudados de modo que os frequentadores fossem forçados a passar antes pelos chuveiros, como lembra Carmen Portinho". Era o mito vanguardista: buscava-se uma nova sociabilidade; acreditava-se que a arquitetura, por si mesma, poderia ser capaz de criar um novo modo de vida, antecipando uma futura sociedade ideal. É assim que vemos a implantação da lavanderia coletiva em Pedregulho, no caminho indicado por Gropius: aliviar o peso dos encargos femininos, contribuir para libertar a mulher. Ana Luiza: "Além da escola, um equipamento de importância era a lavanderia, construída num bloco independente, anexo ao mercado. Em substituição aos tanques individuais nos apartamentos, ficavam ali concentrados os equipamentos mais modernos — máquinas de lavar e secar, calandras para passar peças grandes —, tudo colocado a serviço de todos os moradores do conjunto. Se a centralização, por um lado, prometia economia, por outro mantinha as fachadas dos edifícios imaculadas, ao afastar de vez os varais e roupas penduradas, sempre vistos com grande incômodo. Cabe lembrar que esse era um programa arquitetônico novo, ao qual Reidy respondeu com uma planta definida prioritariamente em função da circulação e da cadeia de processamento dos serviços — recepção, lavagem, secagem, passagem, armazenagem e expedição das roupas. Bem de acordo com o sentido igualitário norteador do Pedregulho, foi instalado um complexo sistema de funcionamento para garantir anonimato às peças: logo na recepção, um código invisível era impresso nas roupas, identificando o apartamento de onde provinham; depois as peças eram processadas em conjunto com outras; e finalmente, após passadas, eram decodificadas e iam para o escaninho correspondente a cada apartamento, de onde eram então retiradas pelos moradores. Assim, esclarece Carmen Portinho, 'ninguém sabia se a roupa era isso ou aquilo, ninguém tinha vergonha de levar peças excessivamente sujas ou rasgadas'".

Mas este quadro é idealizado. A realidade parece ter sido bem outra. Com a boa intenção e a boa vontade frustradas por um complexo e poderoso obstáculo cultural. Socioantropológico. Em *Quando o Brasil Era Moderno: Guia de Arquitetura 1928-1960*, o antropólogo e arquiteto Lauro Cavalcanti, frisando que ali estava "um dos mais belos conjuntos modernistas", sublinhou a "grande ingenuidade" de Carmen e Reidy quanto aos aspectos antropológicos e sociais da intervenção. Vale a pena recordar a análise: "Pedregulho foi um dos mais retumbantes malogros em termos de habitação para os mais pobres. Não funcionou a utilização de assistentes sociais como ponte entre os moradores e os arquitetos. O desejo de civilizar os mais pobres através da sofisticação dos espaços residenciais esbarrou na ignorância do repertório e gostos daqueles que lá foram habitar, que deram uso distinto ou depredaram alguns dos elementos previstos pelos realizadores. Exemplar é o caso da lavanderia. Preocupados em propiciar mais horas de lazer às donas de casa, assim como desejosos de evitar que pendurassem roupas nas fachadas, os realizadores eliminaram os tanques dos apartamentos, assim como não previram qualquer outro local de lavagem, a não ser a lavanderia automatizada. Sucede que para as mulheres mais pobres cariocas daquela época, lavar era muito mais que uma ocupação funcional de trabalho; era o momento ritual de conversa e convívio. Passaram, então, a lavar roupas na piscina semiolímpica. A imprensa conservadora comemorou o fato, sublinhando a inutilidade de se querer melhorar as condições de tão selvagem população. Houve, entretanto, antes de tudo, um 'ruído' de repertórios distintos, demonstrando que fornecer espaços organizados segundo a lógica dominante, sem alterar a condições econômica e social de seus moradores, acaba redundando em uma outra forma de opressão, que será respondida com desentendimento ou violência". Por motivos bem diversos e mais estúpidos, Carmen e Reidy também não deram sorte com o conjunto habitacional da Gávea, que restou inacabado na Marquês de São Vicente. A pedido da Igreja, o conjunto foi estuprado durante a ditadura militar, quando fizeram pistas automobilísticas atravessá-lo (em função do túnel Dois Irmãos), com a supressão de vários apartamentos dos dois primeiros pisos. Carmen reclamou, mas para nada. O crime estava cometido. "Não faz muito tempo, fiz uma visita ao local. Depois que fizeram aquele malfadado túnel, fiquei com medo que a estrutura estivesse abalada. Foi uma visita rápida porque para uma visita mais profunda eu precisaria de um especialista ao meu lado e também dos cálculos, que não sei onde estão. Os moradores, porém, se queixaram muito, e com razão, do barulho e do tremor causado pelo tráfego intenso que passa abaixo de suas moradias. E, no entanto, o Departamento de Urbanismo da Prefeitura conhecia o projeto de Reidy, sabia que a auto-estrada estava programada para passar atrás dos muros da PUC [Pontifícia Universidade Católica]. Aí, naturalmente, os padres reclamaram, pois, segundo eles, o tráfego perturbaria suas atividades, inclusive seus computadores; quer dizer, os moradores poderiam sofrer as consequências do tráfego nas suas casas, os alunos da PUC, não. Coisas nossas, bem nossas." No caso dos moradores pobres do Pedregulho, ignorância. No caso da Igreja e de sua universidade, egoísmo e ganância. O avesso mesmo da famigerada fraternidade cristã, no descaso com relação à população mais pobre, aqui abertamente humilhada e agredida.

Saltando na escala social, passemos dos conjuntos habitacionais ao Museu de Arte Moderna do Rio de Janeiro. Como se sabe, o circuito artes plásticas-galerias-museus era coisa da gente rica que, tempos atrás, formava o assim chamado *high society*. Não foi diferente, é claro, com o MAM carioca. Um grupinho da elite carioca fundou o museu em 1949 e logo adiante convidou o dono do jornal *Correio da Manhã* para apoiar à nova entidade. Ele disse que sim, mas desde que a diretora executiva da instituição fosse a baiana Niomar Moniz Sodré, sua nova mulher. Mas como ele e ela passavam muito tempo no apartamento que mantinham em Paris, chegou-se ao nome de Carmen Portinho (que era irmã de um alto funcionário dele) para o cargo de "diretora executiva adjunta". Não demorou muito e Rodrigo de Mello Franco de Andrade assumiu a presidência do museu, mantendo Niomar e Carmen em seus postos e com Walter Moreira Salles como diretor tesoureiro. Assim começou a trajetória de quinze anos de Carmen no MAM. Além de engenheira civil e urbanista, Carmen era agora, também, diretora de museu e crítica de arte.

E começou tendo de lidar com algo que é lamentavelmente corriqueiro entre nós: "O primeiro impasse que encontrei pela frente foi recolher as obras do acervo que estavam espalhadas pelas residências de vários conselheiros, alguns dos quais relutaram muito em devolvê-las, como se a eles pertencessem. O MAM possuía, inclusive, uma tela de Chagall, que figura na capa de um dos seus primeiros catálogos, que jamais recuperamos. Ainda hoje me pergunto: com quem estará?". Com algum larápio da elite carioca, obviamente, mas, como de hábito, ninguém sabe, ninguém viu. O que se sabe é que o museu andou por sedes provisórias. Até que recebeu a doação de um terreno que não era bem um terreno: 40 mil m² nas águas da Baía de Guanabara, à espera do futuro Aterro do Flamengo, que começara a ser feito com o desmonte do Morro de Santo Antônio. Reidy fez o projeto, mas o prefeito o recusou, diz Carmen, "sob a alegação de que diante da praia ele queria abrir uma avenida com edifícios, à maneira de Copacabana. Só assim, com a venda dos terrenos, a municipalidade conseguiria dinheiro para urbanizar aquela área. [...] Anos depois, quando Carlos Lacerda assumiu o poder, e graças à intervenção de Lota de Macedo Soares, Reidy retomou o mesmo projeto e o aterro pôde ser concretizado como estava previsto originalmente, com tratamento paisagístico de Roberto Burle Marx". Um prédio com vista para o mar, na beira da Baía de Guanabara, pensado para não ferir, interferir ou sequer perturbar a paisagem.

Nisto, aliás, Reidy era admirável. No conjunto do Pedregulho, por exemplo, o grande bloco principal, "serpenteante", é um exemplo da mais precisa e feliz inserção ambiental. No dizer de Lauro Cavalcanti, o bloco está tão bem integrado à montanha que parece se erguer como anfíbio numa zona de fronteira entre natureza e cultura — "parece pertencer a um reino intermediário de afirmação racional da cultura e parte integrante da paisagem natural". O projeto do museu revela igualmente extremo cuidado com a paisagem esplendorosa do Rio. Ainda assim, no caso do MAM, quase a obra não acontece. Era mais um entrevero da dupla Carmen-Reidy, o casal mais influente da arquitetura modernista no Rio de Janeiro, com a Igreja. Agora, com o bispo Hélder Câmara, que queria, para o Congresso Eucarístico Internacional, o espaço prometido ao museu. Mas o MAM acabou acontecendo. E o presidente Juscelino Kubitschek inaugurou oficialmente o prédio.

Carmen era incansável. Agitava sem parar o museu, mobilizando toda uma nova geração de artistas brasileiros — de Antonio Dias a Rubens Gerchman, passando por Hélio Oiticica. Com cursos lotados, sucessivas exposições (brasileiras e estrangeiras), debates e conferências, o ateliê de gravura e a cinemateca funcionando a mil, o MAM virou mesmo um grande *point* cultural — ou, no dizer algo exagerado de Carmen Portinho, "era a própria vida cultural do Rio de Janeiro", especialmente, a partir do golpe militar de 1964. Mas não se trata, aqui, de recontar cronologicamente a peripécia de

Carmen à frente do museu carioca. O que realmente importa é outra coisa. Com o MAM, ela ampliou sua movimentação, mas dentro de um mesmo campo ou espectro de princípios, ideias e formas. Quem já lutava há anos pela arquitetura e pelo urbanismo modernos, de extração principalmente corbusieriana, passou a lutar também pela arte moderna. Ao lado de Mies van der Rohe e de Alvar Aalto, colocava agora, em ação igualmente pública, a vanguarda das artes plásticas — internacional e local.

Curiosamente, por sinal, a vanguarda arquitetônica se manteve à distância do museu. Mas tudo concorria para que a instituição se fizesse vitoriosa. Ana Luiza Nobre lembra que, em 1957, poucos meses antes da inauguração do MAM, o Ibope fez uma pesquisa para o *Jornal do Brasil* sobre a relação do carioca com a arte. E a maioria (44,6%) revelou preferir a "arte moderna" à "arte clássica" (38,5%) — e o curioso é que, entre os entrevistados, 44,3% disseram nunca ter ido a um museu, exposição ou galeria de arte. Bem vistas as coisas, reinava no Rio uma "ideologia da modernidade", que ia do culto ao modo de vida moderno de Copacabana às artes plásticas, passando, entre outras coisas, pela bossa nova e pelo "presidente bossa nova". Em entrevista daquele mesmo ano ao *New York Times*, aliás, Niomar Moniz declarava que o MAM estava voltado para a arte do século XX ("A pintura mais antiga de nossa coleção é uma obra cubista de Picasso, datada de 1909"). Enfim, o Brasil queria ser "moderno". Não poderia haver conjuntura mais propícia ao surgimento e ao sucesso de um museu de arte moderna. Somando-se a isto o fato de o museu ter sido criado pela elite dirigente (com o envolvimento de Nelson Rockefeller, que trouxe a cartilha do MoMA — o museu de arte moderna de Nova York; e o apoio de nosso mundo artístico-cultural, fração-dominada-da-classe-dominante, para usar a expressão sociológica marxista), temos explicação fácil para os ventos favoráveis da mídia, aplaudindo o MAM. Entre outros, Oswald de Andrade e Carlos Drummond celebraram o museu. Uma outra consequência da instituição foi a formação e formalização do mercado de arte no Rio. Surgiram as primeiras galerias e, é claro, a figura do atravessador, também chamado *marchand* ou "galerista". Mercado que se foi consolidar no início da década de 1970, quando, ainda no dizer de Ana Luiza, "o negócio de arte passou a representar uma alternativa considerável no mercado de capitais, e a aquisição de trabalhos de arte — telas e esculturas, sobretudo — passou a ser sinônimo de investimento financeiro". O museu foi assim uma peça central na história da mercantilização das artes plásticas no país.

Mas não devemos falar da história do MAM sem mencionar o escândalo provocado ali por uma intervenção de Hélio Oiticica, com passistas da

Mangueira vestindo os "parangolés" que ele acabara de criar. Foi em agosto de 1965, quando organizaram a exposição coletiva "Opinião 65", com a pretensão de promover algo de caráter contestador do *establishment* e do regime militar. Mas se a contestação programada nem sempre tem força, uma manifestação realmente nova e livre pode virar a mesa. E foi o que aconteceu com a exibição de Hélio e seus parangolés. Ele chegou com a crioulada da Mangueira becando os parangolés e sambando (era na dança que se mostrava a criação). O MAM, lugar onde o acesso a *vernissages* exigia o uso de paletó e gravata, poderia até supostamente querer o "popular", mas não suportaria uma presença real da favela em seu salão. Hélio e seu cortejo negromestiço foram simplesmente impedidos de entrar no museu. Fizeram então a festa do lado de fora, sambando nos jardins de Burle Marx. E Hélio botou a boca no trombone, inclusive atacando o MAM, então dirigido por Carmen Portinho e Aloysio de Paula, como instituição racista. "O 'amigo da onça' apareceu para bagunçar o coreto: Hélio Oiticica, sôfrego e ágil, com sua legião de hunos. Ele estava programado [para a exposição], mas não daquela forma bárbara que chegou, trazendo não apenas seus Parangolés, mas conduzindo um cortejo que mais parecia uma congada feérica com suas tendas, estandartes e capas. Que falta de boas maneiras! Os passistas da escola de samba Mangueira, Mosquito (mascote do Parangolé), Miro, Tineca, Rose, o pessoal da ala *Vê se Entende*, todos gozando para valer o apronto que promoviam, gente inesperada e sem convite, sem terno e sem gravata, sem lenço nem documentos, olhos esbugalhados e prazerosos entrando MAM adentro. Uma evidente atividade de subversão de valores e comportamentos. Barrados no baile. Impedidos de entrar: Hélio, bravo no revertério, dispara seu fornido arsenal de palavrões", escreveu anos depois Waly Salomão, em *Hélio Oiticica, Qual É o Parangolé?*. De outra parte, por mais que tenha procurado, nunca encontrei uma só palavra de Carmen sobre o assunto. Ficou envergonhada? Não sei. Hélio é que não desistiu. "Oiticica participou de alguns eventos coletivos com esses Parangolés. A manifestação mais mediatizada foi a que se chamou *Apocalipopótese*, também nos jardins de Burle Marx no Aterro do Flamengo, com outros artistas, como Lygia Pape, Antonio Manuel e Rogério Duarte, os passistas da Mangueira e um grande público, que participava ativamente, com direito até a produzir seus próprios Parangolés. No meio desse público anônimo, Oiticica notou a presença de um turista especialmente impressionado com o evento, o compositor John Cage, um dos 'papas' do *happenning*, do grupo Fluxus, de passagem pelo Rio", registra Paola Berenstein Jacques, em *Estética da Ginga: a Arquitetura das Favelas através da Obra de Hélio Oiticica*.

Mas deixemos de parte o tremendo tropeço de Carmen, na atitude repressiva e talvez mesmo racista diante do trabalho de Hélio com o pessoal da Mangueira. Em 1966, Niomar deu o golpe e demitiu Carmen, numa trama nunca bem esclarecida. A grã-finagem, como se dizia, passou a reinar sozinha. No ano seguinte, Carmen aceitou o convite para assumir a direção da Escola Superior de Desenho Industrial (ESDI), criada poucos anos antes pelo governador Carlos Lacerda. Foi outro governador, Negrão de Lima, quem a nomeou. Ou seja: apesar do entrevero com Niomar, Carmen continuou circulando à vontade pelas salas, corredores, varandas e cozinhas da elite carioca. Poderíamos retraçar a história da ESDI aos velhos tempos de Manuel de Araújo Porto Alegre, mas vamos nos ater à conjuntura mais imediata e real, com Carmen no comando. Nesse caso, o que interessa é que a ESDI não deixou de ser filha da cultura projetual bauhausiana, que se prolongou em Ulm, com Max Bill e o argentino Tomás Maldonado. A escola foi criada em 1962, pelo governador Carlos Lacerda, então interessado em formar um polo de desenvolvimento industrial no Rio. Uma escola autônoma, instalada na velha Lapa, numa vila arborizada, com ipês e *flamboyants*, ruas de paralelepípedo e até galinhas ciscando. E não deixa de ser interessante que uma escola de desenho industrial se tenha implantado num casarão antigo, que funcionava então como cortiço, em ambiente urbano de feitio praticamente rural, uma vila tranquila no centro mesmo do Rio, com tudo explodindo em cores e sons ao seu redor. Naquela época, o desenho industrial brasileiro já tinha realizado alguns avanços. Seus movimentos iniciais se deram mais ou menos ao mesmo tempo em São Paulo e no Rio de Janeiro. Em São Paulo, basicamente, com Lina Bardi e o MASP, como vimos no tópico anterior. No MASP, em 1951, criou-se o Instituto de Arte Contemporânea (IAC), onde Lasar Segall e Thomas Farkas foram professores. Dez anos depois, abriu-se curso de *design* na Faculdade de Arquitetura e Urbanismo da USP, por iniciativa de Vilanova Artigas. Do Rio, as primeiras notícias nos chegam com exercícios de *design* gráfico, reconfigurações visuais dos jornais *Correio da Manhã* e *Jornal do Brasil* — este, redesenhado por Amílcar de Castro. Ainda na primeira metade da década de 1960, tivemos também a sinalização do Parque do Flamengo, por Alexandre Wollner, e o programa de identidade visual do IV Centenário da Cidade do Rio de Janeiro, assinado por Aloísio Magalhães. Mas tudo caminhando de modo muito lento.

Carmen assumiu a direção da ESDI em 1967 e permaneceu no posto até 1988. Já entrou em cena, portanto, num momento histórico tumultuado. No meio do redemoinho. Entre outras coisas, com a revolução estética da

Tropicália e o renascimento do movimento estudantil, em luta contra a ditadura. E a repressão militar não passou ao largo da ESDI. Fala-se que Carmen chegou a ter simpatias pelo trotskismo, por influência de seu amigo Mário Pedrosa. Não sei. O que sei é que ela sempre recusou ser definida como comunista, tanto no caso da tomada de posição pela propriedade estatal da habitação popular, quanto no caso da ESDI... Chegou certa vez a pedir uma carta a um certo cônego Távora, presidente da Ação Social Diocesana e secretário do cardeal Jaime Câmara, dizendo que ela não tinha nada a ver "com o comunismo nem com o partido [PCB]". E isso em fevereiro de 1946, quando o Brasil ingressara já num período de redemocratização, pós-ditadura estado-novista. De qualquer sorte, o que conta é que Carmen soube defender com disposição a escola e seus alunos, quando a mão pesada da ditadura militar quis asfixiar o que havia por ali, silenciando tudo. Na ESDI, aliás, a moçada produzia faixas e cartazes para as pesseatas. Quando a polícia matou o jovem Édson Luís no Calabouço, restaurante estudantil, saiu da escola a faixa "Bala Mata Fome?", bolada pelo poeta Décio Pignatari. E é claro que as coisas não passariam em branco. Em setembro de 1968, a ESDI foi invadida pela Polícia Militar, portando cassetetes e bombas de gás lacrimogêneo. No relato de Maria Valderez Coelho da Paz, presidente do diretório acadêmico da escola: "Carmen estava no bar da escola quando viu a patrulha entrando. Dirigiu-se ao comandante, perguntou o que era aquilo. Ele disse que queria visitar a escola. Ela respondeu que aquilo era uma invasão e que isso ela não permitiria, mas se eles quisessem conhecer a escola, nesse caso ela poderia acompanhá-los. Então convidou-os para um cafezinho e, nesse meio-tempo, conseguiu que os alunos fossem avisados, evitando prisões". No dia seguinte, a ESDI pediu garantia de funcionamento à Secretaria de Educação e Cultura, num texto assinado pelos professores, que argumentava que a "ideia de ordem" não era "um privilégio fardado", mas sim "uma criação viva e dinâmica do exercício da liberdade". Além de driblar a repressão, etc., Carmen teve de lidar com uma greve que parecia não ter fim. Foram 14 meses, de junho de 1968 a agosto de 1969, com as aulas paralisadas para a escola rediscutir seu ensino, em assembleia geral permanente. "À mesa de negociações, entre os professores, Frederico Morais, Zuenir Ventura, Renina Katz e Décio Pignatari, de um lado; jovens faces ainda anônimas, de outro. E Carmen Portinho entre os dois, procurando manter a escola de pé" (Ana Luiza). O que os alunos queriam? A reforma total do curso: fim da divisão em séries, fim das provas, nada de aulas, nem de currículo fixo... A ESDI surpreendia. E as coisas mais inusitadas podiam acontecer ali, como no seminário "O Artista e a Iconografia de Massa", organizado por Frederico Morais. A linha de frente estético-cultural da época compareceu em peso: Augusto e Haroldo de Campos, Hélio Oiticica (celebrando o bandido Cara de Cavalo), Cacá Diegues, Rubens Gerchman (com sua "Lindoneia"), Nara Leão, Luiz Costa Lima, Anatol Rosenfeld, etc. O problema foi o debate: o sujeito tinha trinta segundos para formular sua pergunta — e o perguntado dispunha só de dois minutos para responder. Foi aí que, ao ouvir uma pergunta de razoável complexidade, Décio Pignatari olhou em volta, pulou a janela e foi embora.

Anos depois, o centro do Rio assistiu a uma passeata pela preservação da ESDI. A história é simples: quando a escola completou 25 anos, quase dança. "Um dia chegaram os peritos para fazer a avaliação do terreno. Noutro dia, instalaram-se as sondas para fazer a análise do solo. Ninguém sabia, mas num de seus últimos decretos, o presidente Figueiredo havia feito a doação do terreno ocupado pela escola à Academia Brasileira de Ciências [ABC], que já caminhava para construir ali sua sede. E como a permuta feita [em 1962] por Lacerda nunca tivesse sido oficializada, a ESDI quase veio abaixo para ceder lugar a duas torres de 12 e 14 pavimentos. Com Carmen à frente, os 130 alunos da escola voltaram às ruas [...], dessa vez vestindo camisetas com os dizeres 'Especulação? Não, obrigado'. Ensurdeceram o centro com passeatas, acamparam nos gabinetes das autoridades, cobriram de faixas de protesto as escadarias da Câmara de Vereadores. O muro sem cor da escola foi tomado de grafites coloridos, desenhos e *slogans* de protesto. [...] E Carmen foi intransigente: 'Não existe conversa, não debato nada, nem negocio o que é inegociável', respondeu ao ser convocada pelo presidente da ABC para 'discutir o assunto'. Tanta resistência deu resultado; Carmen conseguiu manter a ESDI ali, alegando que não poderia ser despejada ou demolida por pertencer ao Corredor Cultural. E, apesar do veto do prefeito Saturnino Braga, logrou aprovar o projeto de lei do vereador Emir Amed, que transformou em área de preservação o terreno cheio de árvores centenárias ocupado pela escola" (Ana Luiza Nobre). Carmen: "Foi um momento bonito na minha vida ver alunos, professores e muitos amigos empenhados numa causa justa, caminhando em passeata pela Rua Evaristo da Veiga, empunhando faixas e cartazes rumo à Cinelândia, onde fica a Câmara de Vereadores, com a certeza de que estávamos indo em busca de uma vitória".

Aqui chegando, uma avaliação. A longa gestão de Carmen na ESDI não é vista positivamente por todos. A própria Ana Luiza Nobre reconhece: "Carmen esteve longe de ser uma unanimidade. Hoje, alguns creditam à sua permanência dilatada na direção a endogenia que cristalizou o corpo docente e fez a escola fechar-se sobre si mesma. Outros evocam um período de reprodução mimética, mesmo uma estagnação relativa da escola na sua gestão". De outra parte, há os que louvam o período. Ana Luiza cita alguns deles. Como Freddy van Camp, que fala do "clima de inovação, pioneirismo e estrutura antiacadêmica da escola (absolutamente inédita no país da época) que criava condições para a reflexão e o questionamento, bem como abria possibilidades de atuação nunca antes vislumbradas por um jovem recém-saído do secundário". O artista Antonio Manuel: "Na ESDI estavam as melhores cabeças pensantes do país. Os cursos eram instigantes, os grupos de alunos organizados. Discutiam-se muitas ideias revolucionárias, de força. A ESDI era um laboratório. [...] A ESDI, pela liberdade que Carmen Portinho dava aos alunos, era um território livre de experimentação". Entre um extremo e outro, a posição do *designer* João de Souza Leite, formado pela ESDI: "Ela [Carmen] não tinha uma proposta objetiva para a escola, mas administrava tudo, desenvolvia intensa atividade cultural, realmente tinha uma visão estratégica da sua importância. Vinha muita gente de fora, havia muitas palestras. Estiveram na ESDI, por exemplo, o Umberto Eco, o Pierre Cardin, o Vittorio Gregotti... Quem articulava tudo isso era a Carmen, com a ajuda do Décio Pignatari e do Aloísio Magalhães. [...] Ela foi, sim, muito hábil politicamente, conseguiu manter a escola aberta durante o período mais negro da ditadura. Imagine, nos anos 1960, 1970, a ESDI era um caldeirão. Estava bem no centro da cidade, a dois passos da Cinelândia, os alunos eram de classe média alta, bem informados, mantinham relações com o meio artístico... A moviola do Cinema Novo, por exemplo, era dentro da ESDI, onde hoje é o Laboratório de Informática da escola. Glauber Rocha, Arnaldo Jabor, Joaquim Pedro, todos montavam seus filmes ali. Artistas plásticos de vanguarda também estavam sempre na escola, algumas vezes produzindo seus trabalhos lá. Enfim, a Carmen tinha essa qualidade extraordinária. Ela mantinha ótimas relações com os artistas, os cineastas, era muito ativa, viajava sempre, visitava todos os museus, etc. Tudo isso ela trazia para a ESDI. Durante aquele período, talvez não houvesse alguém mais preparado para tocar a escola. Definitivamente, ela não fez uma reviravolta no ensino [manteve-se no esquema da escola de Ulm, que ela conhecera ainda em projeto], mas provavelmente isso não estava ao seu alcance, naquele momento".

Observei, no tópico anterior, que nunca me deparei com qualquer comentário de Lina Bardi sobre Carmen Portinho. É estranho. Talvez Lina tenha tido algum ciúme, sonhasse dirigir uma entidade como a ESDI, não sei. O que vejo, de certo, é que havia fortes laços de indentidade entre as duas. Na escolha da esquerda social, na opção pela linha de frente da invenção arquitetônica, no gosto pelo consumo de aguardente. Lina gostava de cachaça. Carmen, também. Deixou o uísque de lado desde que, como engenheira circulando no canteiro de obras, resolveu acompanhar os operários não somente nas concretagens e outros afazeres, mas também na escolha etílica. Geraldo Edson de Andrade, por sua vez, fala de almoços com Carmen "num restaurante árabe na tradicional Rua das Marrecas, próximo à ESDI, sempre regados a caipirinha de limão ou a um bom chope gelado, que ela não dispensava". Não acho que a coerência seja, em princípio, uma virtude. Mas, no caso de Carmen, foi coisa admirável. No campo do feminismo: em 1987, aos 86 anos de idade, Carmen esteve à frente das trezentas mulheres (como Jacqueline Pitanguy, do Conselho Nacional dos Direitos da Mulher, a escritora e militante Ana Montenegro, primeira mulher brasileira a ser exilada pelo golpe militar de 1964, etc., etc.) que compareceram ao Congresso para entregar ao presidente da Assembleia Nacional Constituinte, Ulysses Guimarães, a "Carta das Mulheres" — documento elaborado pelo Conselho Nacional dos Direitos da Mulher que, a partir de aspirações e propostas colhidas em todo o país, no resumo de Ana Luiza Nobre, "reivindicava, entre outras coisas, igualdade no mercado de trabalho e na ascensão profissional; garantia do direito de determinar livremente o número de filhos; acesso à educação e aos métodos adequados à regulação da fertilidade, assegurados pelo Estado; assistência do Estado tanto à maternidade quanto à paternidade e criação de delegacias especializadas". No campo da vanguarda estético-cultural: a senhora Portinho, com anos e anos de estrada, mantendo-se à frente do desenho industrial brasileiro. Veja-se um de seus retratos, aos 96 anos de idade, segundo Ana Luiza Nobre: "Carmen parece ignorar o peso da idade. Não faz dieta, continua firme nas suas doses de cachaça, usa óculos ocasionalmente. Visita o cabeleireiro com frequência, mantém o corte e a cor dourada dos cabelos. E segue, bem-disposta, nas suas idas e vindas diárias — da sua casa de Jacarepaguá ao campus da UERJ; da UERJ ao apartamento de sua sobrinha, quase filha, no Leme; dali ao refúgio de fim de semana em Itaipava. Ainda agora, quando convidada a participar de seminários, comparece. Seja no Rio, na Bahia ou em Manaus. 'Basta que haja alguém para me levar ao aeroporto e alguém que vá me buscar', costuma dizer". Sem baixar os olhos: "Agora, é preciso que nos preparemos para o próximo milênio. Às vezes me pergunto como serão os dias do ano 2000, como se desenvolverá a arquitetura, como os artistas vão enfrentar os seus desafios, como as mulheres serão preparadas para continuarem suas reivindicações que ainda estão longe de serem atendidas. São perguntas que aos

96 anos faço porque, por toda a minha vida, um ideal sempre me perseguiu, qual seja, o de fazer mais, sempre mais. O futuro continua sendo o meu maior desafio".

E assim Carmen chegou aos 98 anos de idade, quando se foi: firme em sua postura de mulher compromissada com a mudança e com o novo. No fazer arquitetônico, na viagem da cultura, na práxis social.

REFERÊNCIAS BIBLIOGRÁFICAS

AB'SÁBER, Tales. "Crônica da Província de São Paulo". In: DUARTE, Fábio; KON, Sérgio (orgs.). *A (des)construção do caos*. São Paulo: Perspectiva, 2008.

_____. *Lulismo, carisma pop e cultura anticrítica*. São Paulo: Hedra, 2011.

AGREST, Diana; CONWAY, Patricia; WEISMAN, Leslie Kanes (orgs.). *The Sex of Architecture*. Nova York: Harry N. Abrams, 1996.

ALLABACK, Sarah. *The First American Women Architects*. Champaign: University of Illinois Press, 2008.

AMERICANO, Jorge. *São Paulo naquele tempo (1895-1915)*. São Paulo: Carrenho Editorial, 2004.

ARENDT, Hannah. *A condição humana*. Rio de Janeiro: Forense Universitária, 2010.

ARIÈS, Philippe. *História social da criança e da família*. Rio de Janeiro: LTC, 1978.

ARNT, Ricardo (org.). *O que os economistas pensam sobre sustentabilidade*. São Paulo: Editora 34, 2010.

ASSIS, Machado de. *Obra completa: Volume I — Romances*. Rio de Janeiro: Nova Aguilar, 1997.

AZEVEDO, Thales de. *A praia: espaço de socialidade*. Salvador: EDUFBA, 1988.

BACHELARD, Gaston. *A poética do espaço*. São Paulo: Martins Fontes, 2ª ed., 2008.

BENEVOLO, Leonardo. *A cidade e o arquiteto*. São Paulo: Perspectiva, 1984.

_____. *História da cidade*. São Paulo: Perspectiva, 2005.

BENJAMIN, Walter. "Paris, capital do século XIX". In: LIMA, Luiz Costa (org.). *Teoria da literatura em suas fontes*. Rio de Janeiro: Francisco Alves, 1975.

BENOIST, Jean. "La organización social de las Antillas". In: FRAGINALS, Manuel Moreno (org.). *África en América Latina*. Paris/Cidade do México: Unesco/Siglo Veintiuno Editores, 1977.

BERGGRUEN, Nicolas; GARDELS, Nathan. *Governança inteligente para o século XXI: uma via intermediária entre Ocidente e Oriente*. Rio de Janeiro: Objetiva, 2013.

BRITO, Rodrigues de. *A economia brasileira no alvorecer do século XIX*. Salvador: Livraria Progresso Editora, s/d.

BRONTË, Emily. *Wuthering Heights*. Londres: Penguin Books, 1974.

BROWN, Norman O. *Closing Time*. Nova York: Random House, 1973.

BRUAND, Yves. *Arquitetura contemporânea no Brasil*. São Paulo: Perspectiva, 1981.

BUDD, Leslie; GOTTDIENER, Mark (orgs.). *Key Concepts in Urban Studies*. Londres: Sage Publications, 2009.

BURCKHARDT, Jacob. *A cultura do Renascimento na Itália*. São Paulo: Companhia das Letras, 2009.

BUXÓ REY, Maria Jesús. *Antropología de la mujer: cognición, lengua e ideología cultural*. Barcelona: Anthropos, 1988.

CALDEIRA, Jorge. *Mulheres no caminho da Prata*. São Paulo: Mameluco, 2006.

CASCUDO, Luís da Câmara. *História da alimentação no Brasil*. São Paulo: Global Editora, 2004.

CLAPP, James A. *The City: a Dictionary of Quotable Thoughts on Cities and Urban Life*. New Brunswick: Rutgers University Press, 1984.

COLE, Doris. *From Tipi to Skyscraper: A History of Women in Architecture*. Cambridge: The MIT Press, 1978.

COLEMAN, Debra; DANZE, Elizabeth; HENDERSON, Carol (orgs.). *Architecture and Feminism*. Nova York: Princeton Architectural Press, 1996.

CORBIN, Alain. *O território do vazio: a praia e o imaginário ocidental*. São Paulo: Companhia das Letras. 1989.

CURTIS, William J. R. *Arquitetura moderna desde 1900*. Porto Alegre: Bookman, 2008.

DAMATTA, Roberto. *O que faz o Brasil, Brasil?* Rio de Janeiro: Rocco, 1986.

DANTAS, Beatriz Góis. *Vovó nagô e papai branco*. São Paulo: Paz e Terra, 1988.

DAVIS, Angela Y. *Women, Race & Class*. Nova York: Random House, 1981.

DAVIS, Mike. *Planet of Slums*. Londres/Nova York: Verso, 2006.

DORFLES, Gillo. *O desenho industrial e a sua estética*. Lisboa: Editorial Presença, 1991.

DÓRIA, Carlos Alberto. *Formação da culinária brasileira: escritos sobre a cozinha inzoneira*. São Paulo: Três Estrelas, 2014.

DUARTE, Rogério. "Notas sobre Desenho Industrial", *Revista Civilização Brasileira*, ano I, nº 4, Rio de Janeiro, Civilização Brasileira, 1965.

DUNEIER, Mitchell. *Sidewalk*. Nova York: Farrar, Straus and Giroux, 1999.

EADE, John; MELE, Christopher. *Understanding the City: Contemporary and Future Perspectives*. Oxford: Blackwell Publishers, 2002.

EGGAN, Fred. *Social Organization of the Western Pueblos*. Chicago: University of Chicago Press, 1950.

ELIADE, Mircea. *Lo sagrado y lo profano*. Madri: Ediciones Guadarrama, 1973.

ELIAS, Norbert. *O processo civilizador*. Rio de Janeiro: Zahar, 1990.

FERRAZ, Marcelo. *Arquitetura conversável*. Rio de Janeiro: Azougue Editorial, 2011.

FIGUEIREDO, Luciano. *O avesso da memória: cotidiano e trabalho da mulher em Minas Gerais no século XVIII*. Rio de Janeiro/Brasília: José Olympio/EdUnB, 1993.

FREDERICK, Christine. *Household Engineering: Scientific Management in the Home*. Chicago: American School of Home Economics, 1923.

FREYRE, Gilberto. *Sobrados e mucambos: decadência do patriarcado rural e desenvolvimento do urbano*. Rio de Janeiro: José Olympio, 1968.

GILMAN, Charlotte. *Women and Economics*. Boston: Small, Maynard & Company. 1898.

GOLDENWEISER, Alexander. "Sex and Primitive Society". In: CALVERTON, V. F.; SCHMALHAUNSEN (orgs.). *Sex in Civilization*. Nova York: Macaulay, 1929.

GROPIUS, Walter. *Bauhaus: Novarquitetura*. São Paulo: Perspectiva, 1972.

HARVEY, David. *Rebel Cities: From the Right to the City to the Urban Revolution*. Londres/Nova York: Verso, 2012.

HAYDEN, Dolores. *The Grand Domestic Revolution: A History of Feminist Designs for American Homes, Neighborhoods, and Cities*. Cambridge: The MIT Press, 1981.

HENDERSON, Susan R. "A Revolution in the Woman's Sphere: Grete Lihotzky and the Frankfurt Kitchen". In: COLEMAN, Debra; DANZE, Elizabeth; HENDERSON, Carol Henderson (orgs.). *Architecture and Feminism*. Nova York: Princeton Architectural Press, 1996.

HUGHES, Robert. *Barcelona*. São Paulo: Companhia das Letras, 2000.

HUTTER, Mark. *Experiencing Cities*. Boston: Allyn & Bacon, 2006.

JACOBS, Jane. *The Death and Life of Great American Cities*. Nova York: Random House, 1961.

KARASCH, Mary C. *A vida dos escravos no Rio de Janeiro (1808-1850)*. São Paulo: Companhia das Letras, 2000.

KLAPISCH-ZUBER, Christiane. "A mulher e a família". In: LE GOFF, Jacques (org.). *O homem medieval*. Lisboa: Presença, 1989.

KOSTOF, Spiro (org.). *The Architect: Chapters in the History of the Profession*. Oxford: Oxford University Press, 1977.

_____. *The City Shaped: Urban Patterns and Meanings Through History*. Nova York: Bulfich Press, 1991.

_____. *A History of Architecture: Setting and Rituals*. Oxford/Nova York: Oxford University Press, 1985.

KOTKIN, Joel. *The City: A Global History*. Nova York: Random House, 2005.

_____. *The Next Hundred Million: America in 2050*. Nova York: Penguin, 2010.

LANDES, Ruth. *Cidade das mulheres*. Rio de Janeiro: Civilização Brasileira, 1947.

LANGER, Susanne K. *Ensaios filosóficos*. São Paulo: Cultrix, 1971.

LANUZA, José Luis. *Morenada: una historia de la raza africana en el Río de la Plata*. Buenos Aires: Schapire, 1967.

LAPA, Manuel Rodrigues. *Estilística da língua portuguesa*. Lisboa: Seara Nova, 1945.

_____. *Lições de literatura portuguesa: a época medieval*. Coimbra: Editora Coimbra, 1952.

LE CORBUSIER. *Por uma arquitetura*. São Paulo: Perspectiva, 7ª ed., 2014.

LE GOFF, Jacques (org.). *O homem medieval*. Lisboa: Presença, 1989.

LEITE, Dante Moreira. *O caráter nacional brasileiro: história de uma ideologia*. São Paulo: Livraria Pioneira Editora, 1969.

LEMOS, Carlos. *História da casa brasileira*. São Paulo: Contexto, 1989.

LEROI-GOURHAN, André. *O gesto e a palavra 2: memória e ritmos*. Lisboa: Edições 70, 2002.

LÉVI-STRAUSS, Claude. *A antropologia diante dos problemas do mundo moderno*. São Paulo: Companhia das Letras, 2012.

_____. *Antropologia estrutural II*. Rio de Janeiro: Tempo Brasileiro, 1976.

_____. *Tristes trópicos*. São Paulo: Companhia das Letras, 1996.

LIMA, João Filgueiras. *O que é ser arquiteto*. Rio de Janeiro: Record, 2004.

LIMA, Manuel de Oliveira. *D. João VI no Brasil*. Rio de Janeiro: Topbooks, 1996.

LIMA, Vivaldo da Costa. *Lessé orixá: nos pés do santo*. Salvador: Editora Corrupio, 2010.

LOFLAND, Lyn. *The Public Realm: Exploring the City's Quintessential Social Territory*. Nova York: Aldine de Gruyter, 1998.

_____. *A World of Strangers: Order and Action in Urban Public Space*. Nova York: Basic Books, 1973.

LOPES GAMA, Padre. *O Carapuceiro*. São Paulo: Companhia das Letras, 1996.

LUKACS, John. "The Bourgeois Interior", *American Scholar*, vol. 39, n° 4, Washington, 1970.

MAGALHÃES, Couto de. *O selvagem*. Belo Horizonte/São Paulo: Itatiaia/Editora da Universidade de São Paulo, 1975.

MALINOWSKI, Bronislaw. *Argonautas do Pacífico Ocidental*. São Paulo: Abril Cultural, 1976.

MARCUSE, Herbert. *Contrarrevolução e revolta*. Rio de Janeiro: Zahar, 2ª ed., 1981.

MARROU, Henri-Irénée. *Les Troubadours*. Paris: Le Seuil, 1961.

MARTINE, George; MCGRANAHAN, Gordon; MONTGOMERY, Mark; FERNANDÉZ-CASTILLA, Rogelio (orgs.). *The New Global Frontier: Urbanization, Poverty and Environment in the 21st Century*. Nova York, Routledge, 2008.

MARX, Murillo. *Cidade brasileira*. São Paulo: Melhoramentos, 1980.

MATTOS, Gregório de. *Crônica do viver baiano seiscentista*. Salvador: Editora Janaína, 1969.

MAURO, Frédéric. *O Brasil no tempo de Dom Pedro II (1831-1899)*. São Paulo: Companhia das Letras, 1991.

MCLUHAN, Marshall. *Understanding Media: The Extensions of Man*. Nova York: McGraw-Hill, 1964.

MEHTA, Suketo. *Bombaim: cidade máxima*. São Paulo: Companhia das Letras, 2011.

MEZZETTI, Fernando. *De Mao a Deng: a transformação da China*. Brasília: UNB, 2000.

MORUS, Thomas. *A Utopia*. Brasília: UNB, 1982.

MUMFORD, Lewis. *A cidade na história: suas origens, transformações e perspectivas*. São Paulo: Martins Fontes, 1982.

NATALE, Oscar. *Buenos Aires, negros y tango*. Buenos Aires: Peña Lillo Editor, 1984.

NOBRE, Ana Luiza. *Carmen Portinho: o moderno em construção*. Rio de Janeiro: Relume Dumará, 1999.

OLDENZIEL, Ruth; ZACHMANN, Karin (orgs.). *Cold War Kitchen: Americanization, Technology and European Crisis*. Cambridge: The MIT Press, 2008.

OLIVEIRA, Carmen L. *Flores raras e banalíssimas: a história de Lota de Macedo Soares e Elizabeth Bishop*. Rio de Janeiro: Rocco, 1995.

PALEN, J. John. *The Urban World*. Oxford/Nova York: Oxford University Press, 10ª ed., 2014.

PICCHIO, Luciana Stegagno. *História da literatura brasileira*. Rio de Janeiro: Nova Aguilar, 1997.

PIGNATARI, Décio. *Semiótica da arte e da arquitetura*. São Paulo: Cultrix, 1981.

PINSKY, Carla Bassanezi; PEDRO, Joana Maria (orgs.). *Nova história das mulheres no Brasil*. São Paulo: Contexto, 2012.

PINTAUDI, Silvana Maria; FRÚGOLI JR., Heitor (orgs.). *Shopping centers: espaço, cultura e modernidade nas cidades brasileiras*. São Paulo: Editora da Universidade Estadual Paulista, 1992.

PORTINHO, Carmen. *Por toda a minha vida*. Rio de Janeiro: Eduerj, 1999.

PRIESTLAND, David. *Uma nova história do poder: comerciante, guerreiro, sábio*. São Paulo: Companhia das Letras, 2014.

REIS FILHO, Nestor Goulart. *Quadro da arquitetura no Brasil*. São Paulo: Perspectiva, 1983.

ROSSI, Aldo. *A arquitetura da cidade*. São Paulo: Martins Fontes, 2001.

RYBCZYNSKI, Witold. *Home: A Short History of an Idea*. Nova York: Viking, 1986.

_____. *Vida nas cidades: expectativas urbanas no novo mundo*. Rio de Janeiro: Record, 1996.

RYKWERT, Joseph. *A casa de Adão no Paraíso*. São Paulo: Perspectiva, 2003.

SAFFIOTI, Heleieth. *A mulher na sociedade de classes: mito e realidade*. Petrópolis: Vozes, 1976.

SANDEL, Michael J. *O que o dinheiro não compra: os limites morais do mercado*. Rio de Janeiro: Civilização Brasileira, 2012.

SCHPUN, Mônica Raisa. *Beleza em jogo: cultura física e comportamento em São Paulo nos anos 20*. São Paulo: Editora Senac/Boitempo Editorial, 1999.

SEGAWA, Hugo. *Arquiteturas no Brasil: 1900-1990*. São Paulo: Edusp, 1999.

SEN, Amartya. *The Argumentative Indian: Writings on Indian Culture, History and Identity*. Nova York: Farrar, Straus and Giroux, 2005.

SENNETT, Richard. *Flesh and Stone: The Body and the City in Western Civilization*. Nova York: W. W. Norton, 1994.

SHIKIBU, Murasaki. *The Tale of Genji*. Nova York/Toronto: Everyman's Library, 1992.

SILVA, Maria Beatriz Nizza da. *Cultura e sociedade no Rio de Janeiro (1808-1821)*. São Paulo: Companhia Editora Nacional, 1978.

SILVEIRA, Renato da. *O Candomblé da Barroquinha: o processo de constituição do primeiro terreiro baiano de keto*. Salvador: Edições Maianga, 2006.

SOIHET, Rachel. "A conquista do espaço público". In: PINSKY, Carla Bassanezi; PEDRO, Joana Maria (orgs.). *Nova história das mulheres no Brasil*. São Paulo: Contexto, 2012.

STENDHAL. *O vermelho e o negro*. São Paulo: Editora Nova Cultural, 1993.

SVEVO, Italo. *A consciência de Zeno*. Rio de Janeiro: Nova Fronteira, 2006.

VIANA, Francisco José de Oliveira. *Populações meridionais do Brasil*. Brasília: Câmara dos Deputados, 1982.

VICENTE, Gil. *Auto da Lusitânia*. In: SPINA, Segismundo (org.). *Obras-primas do teatro vicentino*. São Paulo: Difusão Europeia do Livro/Editora da Universidade de São Paulo, 1970.

VILHENA, Luiz. *A Bahia no século XVIII*. Salvador: Editora Itapuã, 1969.

WILSON, Edward O. *Da natureza humana*. São Paulo: T. A. Queiroz, 1981.

WRIGHT, Gwendolyn. "On the Fringe of the Profession: Women in American Architecture". In: KOSTOF, Spiro. *The Architect: Chapters in the History of the Profession*. Oxford: Oxford University Press, 1977.

ZUMTHOR, Paul. *A Holanda no tempo de Rembrandt*. São Paulo: Companhia das Letras, 1989.

SOBRE O AUTOR

Antonio Risério nasceu em Salvador, na Bahia, em 1953. Poeta e ensaísta, defendeu tese de mestrado em Sociologia, com especialização em Antropologia. Fez política estudantil em 1968 e mergulhou na viagem da contracultura. Integrou grupos de trabalho que implantaram a televisão educativa, as fundações Gregório de Mattos e Ondazul, o Centro da Referência Negromestiça (Cerne) e o hospital Sarah Kubitschek, na Bahia. Na década de 1980, criou e dirigiu, na prefeitura de Salvador, o projeto de proteção e recuperação dos terreiros de candomblé da cidade. Coordenou o Cebran, centro de estudos e pesquisas da Rede Sarah de hospitais, em Brasília. Elaborou o projeto geral para a implantação do Museu da Língua Portuguesa (São Paulo) e do Cais do Sertão Luiz Gonzaga (Pernambuco). Tem feito argumentos e roteiros de cinema e televisão, entre eles, a adaptação do livro *O Povo Brasileiro*, de Darcy Ribeiro. Diversas composições suas foram gravadas por estrelas da música popular brasileira. Integrou os núcleos de criação e estratégia das campanhas vitoriosas de Lula da Silva (2002 e 2006) e Dilma Rousseff (2010) à Presidência da República (o primeiro operário e a primeira mulher eleitos para tal cargo no país). Escreveu, entre outros, os livros *Carnaval Ijexá* (Salvador, Corrupio, 1981), *Caymmi: Uma Utopia de Lugar* (São Paulo, Perspectiva, 1993), *Textos e Tribos: Poéticas Extraocidentais nos Trópicos Brasileiros* (Rio de Janeiro, Imago, 1993), *Avant-Garde na Bahia* (São Paulo, Instituto Lina Bo e P. M. Bardi, 1995), *Oriki Orixá* (São Paulo, Perspectiva, 1998), *Ensaio sobre o Texto Poético em Contexto Digital* (Salvador, Fundação Casa de Jorge Amado, 1998), *Uma História da Cidade da Bahia* (Rio de Janeiro, Versal, 2004), a novela *A Banda do Companheiro Mágico* (São Paulo, Publifolha, 2007), *A Utopia Brasileira e os Movimentos Negros* (São Paulo, Editora 34, 2007) e *A Cidade no Brasil* (São Paulo, Editora 34, 2012).

Este livro foi composto em Sabon
pela Bracher & Malta, com CTP da
New Print e impressão da Graphium
em papel Pólen Soft 70 g/m² da Cia.
Suzano de Papel e Celulose para a
Editora 34, em junho de 2015.